72510

NOMOSLEHRBUCH

Prof. Dr. Dr. Markus Thiel
Fachhochschule für öffentliche Verwaltung
Nordrhein-Westfalen

Polizei- und Ordnungsrecht

3. Auflage

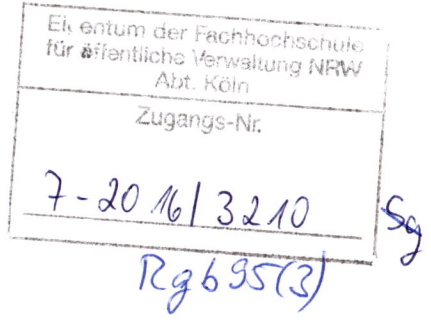

Die Deutsche Nationalbibliothek verzeichnet diese Publikation in
der Deutschen Nationalbibliografie; detaillierte bibliografische
Daten sind im Internet über http://dnb.d-nb.de abrufbar.

ISBN 978-3-8487-2580-9 (Print)
ISBN 978-3-8452-6681-7 (ePDF)

3. Auflage 2016

Vorwort zur dritten Auflage

Das vorliegende Lehrbuch erscheint nunmehr in dritter, überarbeiteter und aktualisierter Auflage. Die Kapitel wurden um weitere Nachweise ergänzt; an einigen Stellen sind die Darstellungen erweitert bzw. modifiziert worden, um ihren Gebrauchswert für Studierende weiter zu erhöhen.

Für die zahlreichen hilfreichen Anregungen und Hinweise aus dem Leserkreis zur zweiten Auflage bin ich sehr dankbar; selbstverständlich sind weitere Vorschläge sehr willkommen (markus.thiel@fhoev.nrw.de).

Ich danke dem Nomos-Verlag sehr herzlich für die Gelegenheit, dieses Lehrbuch bereits in dritter Auflage publizieren zu können.

Köln, im Januar 2016   *Markus Thiel*

Inhalt

TEIL 3. GRUNDLAGEN DER VERWALTUNGSVOLLSTRECKUNG ("SEKUNDÄREBENE")

TEIL 4. GRUNDLAGEN DES KOSTENRECHTS ("TERTIÄREBENE")

TEIL 5. GEFAHRENABWEHRBEHÖRDLICHE VERORDNUNGEN

Teil 6. Grundlagen des Versammlungsrechts

Abkürzungsverzeichnis

A.A., a.A.	andere(r) Ansicht/Auffassung
a.a.O.	am angegebenen Ort
a.E.	am Ende
a.F.	alte Fassung
a.M.	andere(r) Meinung
abl.	ablehnend
Abs.	Absatz/Absätze
abw.	abweichend
AEUV	Vertrag über die Arbeitsweise der Europäischen Union
AG	Amtsgericht
allg.	allgemein(e/er)
Anh.	Anhang
Anm.	Anmerkung(en)
AöR	Archiv für öffentliches Recht (Zeitschrift)
Art.	Artikel
Aufl.	Auflage
ausdr.	ausdrücklich
ausf.	ausführlich
Az.	Aktenzeichen
Bay.	Bayern / Bayerisch(e/es)
BayObLG	Bayerisches Oberstes Landesgericht
BayVBl.	Bayerische Verwaltungsblätter (Zeitschrift)
BayVerfGH	Bayerischer Verfassungsgerichtshof
Bbg.	Brandenburg / Brandenburgisch(e/es)
Bd.	Band
Begr.	Begründung
Bek.	Bekanntmachung
Berl.	Berlin(er)
bes.	besonders
Beschl.	Beschluss
BGB	Bürgerliches Gesetzbuch
BGBl.	Bundesgesetzblatt
BGHSt	Entscheidungen des Bundesgerichtshofs in Strafsachen
BGHZ	Entscheidungen des Bundesgerichtshofs in Zivilsachen
Bl.	Blatt
Brem.	Bremen / Bremisch
bspw.	beispielsweise
BVerfG	Bundesverfassungsgericht
BVerfGE	Entscheidungssammlung des Bundesverfassungsgerichts
BVerfGG	Bundesverfassungsgerichtsgesetz
BVerfG (K)	Kammerentscheidung des Bundesverfassungsgerichts
BVerwG	Bundesverwaltungsgericht
BVerwGE	Entscheidungssammlung des Bundesverwaltungsgerichts
BW	Baden-Württemberg
bzgl.	bezüglich
bzw.	beziehungsweise

d.h.	das heißt
dass.	dasselbe
ders.	derselbe
dies.	dieselbe
Dok.	Dokument
DÖV	Die öffentliche Verwaltung (Zeitschrift)
Drs.	Drucksache
DuD	Datenschutz und Datensicherheit (Zeitschrift)
DVBl.	Deutsches Verwaltungsblatt (Zeitschrift)
DVP	Deutsche Verwaltungspraxis (Zeitschrift)
e.V.	eingetragener Verein
ebd.	ebenda
EGMR	Europäischer Gerichtshof für Menschenrechte
Einf.	Einführung
Einl.	Einleitung
einschl.	einschließlich
EMRK	Europäische Menschenrechtskonvention
Entsch.	Entscheidung
entspr.	entsprechend
Entw.	Entwurf
Erkl.	Erklärung
Erl.	Erlass, Erläuterung
etc.	et cetera
EU	Europäische Union
EUV	Vertrag über die Europäische Union
EuG	Europäisches Gericht erster Instanz
EuGH	Europäischer Gerichtshof
evtl.	eventuell
f.	folgende
ff.	fortfolgende
Fn.	Fußnote(n)
FS	Festschrift
geänd.	geändert
gem.	gemäß
GewArch.	Gewerbearchiv (Zeitschrift)
GG	Grundgesetz
ggf.	gegebenenfalls
grds.	grundsätzlich
GS	Gedächtnisschrift
h.A.	herrschende Auffassung
h.L.	herrschende Lehre
h.M.	herrschende Meinung
Halbs.	Halbsatz
Hbg.	Hamburg / Hamburgisch(e/es)
Hdb.	Handbuch

Hess.	Hessen / Hessisch(e/es)
Hg.	Herausgeber
Hs.	Halbsatz
HSOG	Hessisches Gesetz über die öffentliche Sicherheit und Ordnung
i.A.	im Auftrag
i.d.F.	in der Fassung
i.d.R.	in der Regel
i.e.S.	im engeren Sinne
i.Erg.	im Ergebnis
i.H.v.	in Höhe von
i.S.	im Sinne
i.S.d.	im Sinne der/des
i.S.v.	im Sinne von
i.Übr.	im Übrigen
i.V.m.	in Verbindung mit
i.w.S.	im weiteren Sinne
inkl.	inklusive
insb.	insbesondere
insg.	insgesamt
JA	Juristische Ausbildung (Zeitschrift)
JöR (n. F.)	Jahrbuch des öffentlichen Rechts, neue Folge (Zeitschrift)
JR	Juristische Rundschau (Zeitschrift)
Jura	Jura (Zeitschrift)
JuS	Juristische Schulung (Zeitschrift)
JZ	Juristenzeitung (Zeitschrift)
K & R	Kommunikation und Recht (Zeitschrift)
Kap.	Kapitel
KG	Kammergericht
KommJur	Kommunaljurist (Zeitschrift)
krit.	kritisch
KritV	Kritische Vierteljahresschrift für Gesetzgebung und Rechtswissenschaft (Zeitschrift)
lit.	littera (Buchstabe)
Lit.	Literatur
L, Ls.	Leitsatz
LKRZ	Zeitschrift für Landes- und Kommunalrecht Hessen – Rheinland-Pfalz – Saarland (Zeitschrift)
m.Anm.	mit Anmerkung
m.w.N.	mit weiteren Nachweisen
m.W.v.	mit Wirkung vom
ME	Musterentwurf
mind.	mindestens
Mitt.	Mitteilung(en)
MV	Mecklenburg-Vorpommern

n.F.	neue Fassung
n.r.	nicht rechtskräftig
n.v.	nicht veröffentlicht
Nachw.	Nachweis(e)
Nds.	Niedersachsen / Niedersächsisch(e/es)
NJW	Neue Juristische Wochenschrift (Zeitschrift)
NJW-RR	Neue Juristische Wochenschrift – Rechtsprechungsreport (Zeitschrift)
Nr./Nrn.	Nummer/Nummern
NVwZ	Neue Zeitschrift für Verwaltungsrecht (Zeitschrift)
NVwZ-RR	Neue Zeitschrift für Verwaltungsrecht – Rechtsprechungsreport (Zeitschrift)
NW	Nordrhein-Westfalen / Nordrhein-westfälisch(e/es)
NWVBl.	Nordrhein-Westfälische Verwaltungsblätter (Zeitschrift)
o.a.	oben angegeben
o.g.	oben genannt
OBG	Ordnungsbehördengesetz
OLG	Oberlandesgericht
OVG	Oberverwaltungsgericht
POG	Polizeiorganisationsgesetz
PolG	Polizeigesetz
PrOVG	Preußisches Oberverwaltungsgericht
PrOVGE	Entscheidungssammlung des Preußischen Oberverwaltungsgerichts
Rn.	Randnummer(n)
RP	Rheinland-Pfalz / Rheinland-pfälzisch(e/es)
Rspr.	Rechtsprechung
s.	siehe
S.	Seite(n)
s.o.	siehe oben
s.u.	siehe unten
SA	Sachsen-Anhalt / Sachsen-anhaltinisch(e/es)
Sachs.	Sachsen
Sächs.	Sächsisch(e/es)
SächsVBl.	Sächsische Verwaltungsblätter (Zeitschrift)
SH	Schleswig-Holstein / Schleswig-holsteinisch(e/es)
Slg.	Sammlung
sog.	sogenannt(e/er/es)
SOG LSA	Gesetz über die öffentliche Sicherheit und Ordnung des Landes Sachsen-Anhalt
SPolG	Saarländisches Polizeigesetz
StGB	Strafgesetzbuch
StPO	Strafprozessordnung
str.	streitig
SVR	Straßenverkehrsrecht (Zeitschrift)

Thür.	Thüringen / Thüringisch(e/es)
ThürVBl.	Thüringer Verwaltungsblätter (Zeitschrift)
u.a.	unter anderem
u.U.	unter Umständen
umstr.	umstritten
unstr.	unstreitig
UPR	Umwelt- und Planungsrecht (Zeitschrift)
usw.	und so weiter
v.	von / vom
VBlBW	Verwaltungsblätter für Baden-Württemberg (Zeitschrift)
VerfGH	Verfassungsgerichtshof
VG	Verwaltungsgericht
VGH	Verwaltungsgerichtshof
vgl.	vergleiche
Vorb.	Vorbemerkung
vorl.	vorläufig
VVDStRL	Veröffentlichungen der Vereinigung der Deutschen Staatsrechtslehrer
VwGO	Verwaltungsgerichtsordnung
VwVfG	Verwaltungsverfahrensgesetz
VwVG	Verwaltungsvollstreckungsgesetz
VwZG	Verwaltungszustellungsgesetz
Z.	Zeichen
z.B.	zum Beispiel
z.T.	zum Teil
ZfW	Zeitschrift für Wasserrecht (Zeitschrift)
Ziff.	Ziffer
zit.	zitiert / Zitat
ZPO	Zivilprozessordnung
ZRP	Zeitschrift für Rechtspolitik (Zeitschrift)
ZUM	Zeitschrift für Urheber- und Medienrecht (Zeitschrift)
zust.	zustimmend
zutr.	zutreffend
ZWE	Zeitschrift für Wohnungseigentumsrecht (Zeitschrift)
zweif.	zweifelnd
zzgl.	zuzüglich

TEIL 1. EINFÜHRUNG

§ 1 Das Polizei- und Ordnungsrecht als allgemeines Sicherheitsrecht

I. Polizei- und Ordnungsrecht und Sicherheitsgewährleistung

Das Polizei- und Ordnungsrecht gehört zu den Teilgebieten des besonderen **Verwaltungsrechts**, die nach den rechtswissenschaftlichen Ausbildungsvorschriften regelmäßig zum Pflichtstoffkanon gehören. Es regelt das Recht der (staatlichen) Gefahrenabwehr im weiteren Sinne.[1] Polizei- und Ordnungsrecht als allgemeines Gefahrenabwehrrecht trägt damit im Verbund mit anderen Rechtsgebieten – insbesondere dem „repressiven" Straf- und Strafprozessrecht (das gemeinsam mit dem Polizei- und Ordnungsrecht in der polizeilichen Ausbildung auch zum Fach „Eingriffsrecht" zusammengeführt ist), dem Versammlungsrecht und weiteren Materien des besonderen Verwaltungsrechts (z.B. dem Bauordnungsrecht, Gewerberecht, Gaststättenrecht, Umweltrecht, Migrationsverwaltungsrecht usw.) – zur Gewährleistung und Aufrechterhaltung der **inneren Sicherheit** bei.[2] Diese ist als **Staatsaufgabe** konzipiert.[3] Die Gefahrenabwehraufgabe des Staates, die als originäre staatliche „Kernaufgabe"[4] qualifiziert werden kann und eine wesentliche Rechtfertigung für die Existenz des Staates selbst liefert, steht in engem Zusammenhang mit dem staatlichen „Gewaltmonopol" im Sinne eines **staatlichen Rechtsdurchsetzungsmonopols**.[5] Grundsätzlich ist der Staat mit dem Vollzug des Rechts betraut; private gewaltsame Rechtsdurchsetzung („Selbstjustiz", „Faustrecht") ist weitestgehend untersagt.

▶ Ausnahmen bilden beispielsweise die privaten Notwehr-, Notstands- und Selbsthilferechte, etwa gemäß §§ 227 ff., 860, 904 BGB, §§ 32–35 StGB und – bislang ohne praktische Relevanz – das Widerstandsrecht gemäß Art. 20 Abs. 4 GG. ◀

II. Die praktische Bedeutung des Polizei- und Ordnungsrechts

Das Polizei- und Ordnungsrecht besitzt für die **Praxis** erhebliche Bedeutung. Maßnahmen der Polizei- und Ordnungsbehörden zum Zwecke der Schaffung und Aufrechterhaltung der inneren Sicherheit können dabei in vielfältigen Erscheinungsformen getroffen werden:

Beispiel 1: H ist Halter einer großen dänischen Dogge, die es liebt, ohne Leine durch die Fußgängerzone der Innenstadt zu streifen und ihren Kopf neugierig in die Einkaufstüten der Passanten zu stecken, um nach Fressbarem zu suchen. Die Passanten fühlen sich durch das Tier belästigt und bedroht. Die Polizeibeamten P und Q erteilen H die mündliche Anordnung, den Hund in der Öffentlichkeit anzuleinen und ihm einen Maulkorb anzulegen.

Beispiel 2: Eine gefahrenabwehrrechtliche Verordnung der Stadt verbietet ausdrücklich das Füttern von Tauben in einem öffentlichen Park. Die ältere Dame O kümmert sich nicht um das Verbot und füttert täglich die Tiere mit vom Frühstück aufbewahrten Brotresten. Ein Beamter der Ordnungsbehörde (B) fordert O auf, dies zu unterlassen. Als O auch am nächs-

1 (margin)

2 (margin)

---

1 Instruktive Beiträge zur Einführung in die Gesamtproblematik: Möstl, DVBl. 2007, 581; Schoch, Jura 2006, 664; ferner Schoch in: Schoch (Hrsg.), 2. Kap. Rn. 1 ff.
2 Zu den Begriffen der „inneren" und „äußeren" Sicherheit eingehend Pieroth/Schlink/Kniesel, § 2 Rn. 2a f.
3 Kugelmann, 5. Kap. Rn. 10 ff.; Pieroth/Schlink/Kniesel, § 2 Rn. 1 f.; Schoch in: Schoch (Hrsg.), 2. Kap. Rn. 2.
4 Schoch in: Schoch (Hrsg.), 2. Kap. Rn. 21: „notwendige Staatsaufgabe".
5 Vgl. Hammer, DÖV 2000, 613.

ten Tag wieder Tauben füttert, ordnet B ihr gegenüber an, den Park zu verlassen, und untersagt ihr, sich in den nächsten drei Monaten im Park aufzuhalten.

Beispiel 3: Auf einem Jahrmarkt lässt sich der kleinwüchsige A gegen ein geringes Entgelt und mit Schutzhelm und gepolsterter Kleidung ausgestattet von den Besuchern auf eine Mattenbahn „werfen". Wird eine gewisse Wurfweite erreicht, gewinnt der Werfer einen Preis. Die auf Streife über den Jahrmarkt gehenden Polizeibeamten P und Q untersagen das „Zwergenwerfen" unter Hinweis auf die darin liegende Verletzung der Menschenwürde des A.

Beispiel 4: W ist Wirt in einer Eckkneipe. Mit Hygiene nimmt er es nicht so genau. Insbesondere verkauft er in seiner Gaststätte Fleischbällchen zum Verzehr, die mehrere Tage ungekühlt unter einer Plastikabdeckung im überheizten Schankraum lagern. Die Ordnungsbehörde ordnet nach mehrfachen fruchtlosen Aufforderungen, die Gaststätte in einem hygienisch einwandfreien Zustand zu halten sowie die angebotenen Speisen kühl zu lagern und nach zwei Tagen ordnungsgemäß zu entsorgen, schriftlich die Schließung der Gaststätte an.

Beispiel 5: Die Polizeibeamten P und Q haben eine mobile Geschwindigkeitskontrollstation an einer Landstraße eingerichtet. Autofahrer A hält dies für „Abzocke" und stellt sich mit seinem PKW etwa 500 m von der Station entfernt an den Straßenrand. Er schaltet die Warnblinkanlage an und bringt ein gut lesbares Schild an seiner Heckscheibe an: „Achtung Geschwindigkeitskontrolle!". Als P und Q dies bemerken, ordnen sie A gegenüber an, mit seinem Fahrzeug wegzufahren.

Beispiel 6: Auf einem beliebten, von zahlreichen Schank- und Speisebetrieben mit Außengastronomie umgebenen Platz im Zentrum einer kleinen kreisangehörigen Stadt ist es nach Schließung der Gaststätten in der jüngeren Vergangenheit häufiger zu Krawallen verfeindeter dörflicher Jugendgruppen mit Körperverletzungen und Vandalismus gekommen. Die zuständige Behörde bringt daher an sechs zentralen Stellen des Platzes Überwachungskameras an, die 24 Stunden am Tag Videoaufnahmen vom Platz anfertigen und zur Speicherung an eine Zentrale übermitteln, wo die Aufnahmen später gesichtet und sodann aufbewahrt werden.

Beispiel 7: B und seine Freunde gehören einer gewalttätigen rechtsextremistischen Vereinigung, der „Kameradschaft K", an. Sie planen, mit etwa 200 Sympathisanten mit brennenden Fackeln und Fahnen in den Farben schwarz-weiß-rot sowie unter Absingen nationalistischen Liedgutes durch die Innenstadt zu ziehen. Die Versammlung wird unter Hinweis auf die von ihr ausgehenden Gefahren für die öffentliche Sicherheit und Ordnung verboten. Als B und etwa 20 Teilnehmerinnen und Teilnehmer entgegen dem Verbot dennoch zu einem Aufmarsch zusammenkommen, löst die zuständige Behörde die Versammlung auf und fordert B und die übrigen anwesenden Personen dazu auf, den Ort zu verlassen. Als B auf der Durchführung der Veranstaltung beharrt, nehmen ihn die Polizeibeamten P und Q in Gewahrsam, verfrachten ihn in ein Polizeifahrzeug und setzen ihn etwa 15 Kilometer von der Innenstadt entfernt an einer Landstraße aus.

Beispiel 8: Der linksradikale L plant einen Umsturz der politischen Verhältnisse in Deutschland. Er will die freiheitliche demokratische Grundordnung beseitigen. Zu diesem Zweck hat er auf seinem Computer zum einen umfangreiche Einsatzpläne für künftig geplante gewaltsame Anschläge auf Gebäude, in denen staatliche Behörden und Einrichtungen ihren Sitz haben, zum anderen Namen und Kontaktdaten derjenigen Personen gespeichert, die seinem politischen „Netzwerk" angehören. Das Bundeskriminalamt schleust über das Internet ein Softwareprogramm – einen sog. „Bundestrojaner" – auf seinen Rechner ein, um einerseits die auf seinem Computer befindlichen Dateien zu sichten und auszuwerten und andererseits mittels sog. „Key-Loggings" die Eingaben des T über die Tastatur, etwa in Chat-Räumen, zu protokollieren.

Beispiel 9: Der 40jährige A lebt mit seiner Mutter M zusammen, die ihn regelmäßig körperlich misshandelt, weil er seinen umfangreichen Haushaltspflichten nicht nachkommt. Als sie ihn wieder einmal schlägt, rufen Nachbarn die Polizei. Die Polizeibeamten P und Q verweisen M aus der Wohnung und untersagen ihr die Rückkehr in die Wohnung und ihre unmittelbare Umgebung für eine Dauer von zehn Tagen.

Die Beispiele verdeutlichen das **breite Spektrum gefahrenabwehrbehördlichen Handelns**: Es werden mündliche oder schriftliche Verfügungen erlassen (Verwaltungsakte), tatsächliche Handlungen vorgenommen (sog. „Realakte" wie etwa die Verbringung einer Person, das „Einschleusen" von Softwareprogrammen in Computer), es handeln unterschiedliche Behörden (allgemeine und besondere Polizei- bzw. Ordnungsbehörden), die Maßnahmen dienen dem Schutz unterschiedlicher Rechtsgüter, die Gefahrenlage hat sich bereits als Schaden realisiert oder eine Rechtsgüterbeschädigung steht wahrscheinlich bevor, als Adressat der fraglichen Maßnahme wird der Verursacher der Gefahrenlage in Anspruch genommen oder ein unbeteiligter Dritter usw. Weiterhin zeigen die Beispiele, dass im Gefahrenabwehrrecht vor allem die Kriterien der Gefährdung von Rechtsgütern sowie die Frage nach der Wahrscheinlichkeit eines Schadens eine maßgebliche Rolle spielen (s.u. § 8 Rn. 4 ff.).

3

III. Polizei- und Ordnungsrecht als „Eingriffsrecht"

Die beispielhaft genannten Maßnahmen (Rn. 2) besitzen durchgehend **Eingriffscharakter**, da sie nicht lediglich dem Schutz von Rechtsgütern dienen, sondern zugleich Rechtsgüter der jeweiligen Maßnahmenadressaten einschränken – zumindest ihr (Auffang-)Grundrecht der allgemeinen Handlungsfreiheit gemäß Art. 2 Abs. 1 GG (oder wie etwa im Falle des Wirtes Art. 12 Abs. 1 GG). Ein „Eingriff" liegt nach heute gängigem, weitem Verständnis vor, wenn eine staatliche Maßnahme ein grundrechtlich geschütztes Verhalten erschwert oder unmöglich macht. Gefahrenabwehrrecht ist damit im Wesentlichen Eingriffsrecht und – als „klassischer" Referenzbereich – dem staatlichen Tätigkeitsbereich der **Eingriffsverwaltung** zuzuordnen. So sind zahlreiche rechtliche Instrumente und Argumentationsmuster im Regelungsfeld des traditionell eingriffsrechtlich geprägten Polizei- und Ordnungsrechts entwickelt und erprobt worden.

4

Als belastende, eingreifende Maßnahme bedarf gefahrenabwehrbehördliches Eingriffshandeln nach dem verfassungsrechtlichen Grundsatz des **Vorbehalts des Gesetzes**, der dem Rechtsstaatsprinzip zuzuordnen ist und sich aus Art. 20 Abs. 3 GG ergibt, einer (formal-)gesetzlichen oder auf ein (formelles) Gesetz zurückzuführenden **Ermächtigungsgrundlage**. Art. 20 Abs. 3 GG bindet die gesetzgebende Gewalt an die „verfassungsmäßige Ordnung" (hier anders als bei Art. 2 Abs. 1 GG nicht im Sinne der Gesamtheit der verfassungsgemäß zustande gekommenen Rechtsnormen, sondern im Sinne des bindenden Verfassungsrechts zu verstehen), Exekutive und Judikative an Recht und Gesetz. Daraus resultieren zum einen das Gebot des Vorrangs des Gesetzes – die Verwaltung und die Gerichtsbarkeit müssen sich rechtstreu verhalten, zum anderen die Notwendigkeit einer gesetzlichen, mithin hinreichend demokratisch legitimierten Grundlage für belastende Maßnahmen („Vorbehalt des Gesetzes"). Diese gesetzliche Grundlage ergibt sich in den Beispielfällen aus ganz unterschiedlichen Vorschriften: So finden sich Ermächtigungsgrundlagen für die Polizei- und Ordnungsbehörden in „Spezialgesetzen" (z.B. im Versammlungsgesetz) oder in den allgemeinen Gefahrenabwehrgesetzen der Länder. Dort wiederum sind einerseits sog. „Standardermächtigungen" geregelt, die die Gefahrenabwehrbehörden unter differenziert normierten Voraussetzungen zu „typischen", häufig aus grundrechtlichem Blickwinkel besonders eingriffsintensiven Maßnahmen (z.B. die Verweisung einer Person von einem Ort, die Durchsu-

5

chung von Personen, Sachen oder Wohnungen, die Sicherstellung gefährlicher Sachen oder Tiere) ermächtigen, andererseits finden sich sog. „Generalklauseln", die Ermächtigungsgrundlage für solche Maßnahmen sein können, die sich nicht auf spezialgesetzliche Normen oder Standardermächtigungen stützen lassen (dazu eingehend § 6 Rn. 1 ff.).

IV. Kompetenzverteilung im Gefahrenabwehrrecht

6 Das allgemeine Polizei- und Ordnungsrecht fällt jedenfalls grundsätzlich in die **Gesetzgebungs- und Verwaltungszuständigkeit der Länder.** Da sich sicherheitsrechtliche Fragen jedoch durchgehend in nahezu allen gesetzlichen Regelungsbereichen stellen können, handelt es sich nicht um ein in kompetenzieller Hinsicht homogenes Regelungsfeld.[6] Die Frage der Zuordnung von Legislativ- und Exekutivzuständigkeiten kann daher nur differenziert beantwortet werden. Ausgangspunkt für die Bestimmung der Kompetenzverteilung im Gefahrenabwehrrecht ist das Grundgesetz.[7]

1. Gesetzgebungskompetenzen

7 Nach **Art. 70 Abs. 1 GG** haben die Länder das Recht der Gesetzgebung, soweit das Grundgesetz nicht dem Bund Gesetzgebungsbefugnisse verleiht. Eine Bundeskompetenz kann sich als ausschließliche bzw. als konkurrierende Zuständigkeit aus Art. 71, 73 bzw. 72, 74 GG oder aber (ungeschrieben) kraft Sachzusammenhangs, aus der Natur der Sache oder als Annexkompetenz ergeben.

8 Die Kataloge der grundgesetzlichen Legislativkompetenzzuweisungen an den Bund nennen einige Regelungsfelder, die dem Recht der inneren und äußeren Sicherheit im weiteren Sinne zugeordnet werden können.[8] Nach **Art. 73 Abs. 1 Nr. 1 GG** steht dem Bund die ausschließliche Gesetzgebungszuständigkeit für den Bereich der **Verteidigung** einschließlich des **Schutzes der Zivilbevölkerung** zu. Unter „Verteidigung" versteht man die Gesamtheit der Maßnahmen der Abwehr bewaffneter Angriffe sowie den Regelungszusammenhang der Aufstellung, des Unterhalts und des Einsatzes von Streitkräften;[9] ausschließlich der Bund darf Regelungen über militärische Streitkräfte treffen, so dass es zwar Landespolizeibehörden gibt, nicht aber parallel zur Bundeswehr existierende „Landeswehren". Mit „Schutz der Zivilbevölkerung" ist – insoweit in restriktiver Auslegung – lediglich der Schutz gegenüber kriegsbedingten Gefahren gemeint;[10] es handelt sich mithin um keine allgemeine Kompetenz zur Rechtsetzung im Bereich der Gefahrenabwehr. Gleichwohl wird Nr. 1 im Sinne einer umfassenden Gesetzgebungskompetenz für den Bereich der „äußeren Sicherheit" verstanden und schließt nach der Rechtsprechung als „Annexkompetenz" die Zuständigkeit zur Regelung von „Sonderpolizeirecht"[11] und des „Brandschutzrechts" für die Streitkräfte[12] ein. Art. 73 Abs. 1 Nr. 3 GG weist die Zuständigkeit für die Gesetzgebung des Rechts der **Ein- und Auswanderung** ebenfalls dem Bund zu. Damit ist ihm insbesondere die Regelungskompetenz für Grenzkontrollen einschließlich der Personenüberprüfung zu-

---

6 Vgl. Götz, § 1 Rn. 2.
7 Vgl. allgemein Papier, DVBl. 1992, 1.
8 Knemeyer, Rn. 27.
9 S. im Einzelnen etwa Degenhart in: Sachs, GG, 6. Aufl. 2011, Art. 73 Rn. 6.
10 BVerfGE 115, 118, 140 f.
11 BVerwE 84, 247.
12 VGH Mannheim DVBl. 1995, 365.

gewiesen. Nach Nr. 5 ist der Bund für die Regelung des **Zoll- und Grenzschutzes** zuständig. Diese (und andere) Aufgaben werden von der Bundespolizei auf der Grundlage des BPolG wahrgenommen, die bis 2005 Bundesgrenzschutz geheißen hat (§ 3 Rn. 2 f.).

In Art. 73 Abs. 1 Nr. 6 GG wird dem Bund die Gesetzgebungskompetenz für den **Luftverkehr** eingeräumt; diese Ermächtigung schließt die Luftsicherheit ein, die von der Bundespolizei gewährleistet wird. Ähnliches gilt für die bahnpolizeilichen Aufgaben, da der **Eisenbahnverkehr** nach Nr. 6a ebenfalls in die Legislativzuständigkeit des Bundes fällt.   9

Art. 73 Abs. 1 Nr. 9a GG weist dem Bund die Zuständigkeit für den Erlass gesetzlicher Regelungen zur **Abwehr von Gefahren des internationalen Terrorismus** durch das Bundeskriminalpolizeiamt in denjenigen Fällen zu, in denen eine „länderübergreifende Gefahr" vorliegt, die Zuständigkeit einer Landespolizeibehörde nicht erkennbar ist oder die oberste Landesbehörde um eine Übernahme ersucht. An diesem Beispiel zeigt sich die trotz zahlreicher Einzelzuweisungen festzustellende Zurückhaltung des Verfassunggebers bei der Zuweisung polizeilicher Befugnisse an den Bund: Dieser soll lediglich subsidiär in bestimmten Fallkonstellationen zuständig sein, wenn die Länder ihrer Aufgabe der Gefahrenabwehr nicht (hinreichend) gerecht werden können.   10

Art. 73 Abs. 1 Nr. 10 GG regelt die Gesetzgebungszuständigkeit hinsichtlich der **Zusammenarbeit des Bundes und der Länder** in verschiedenen gefahrenabwehrrechtlich relevanten Bereichen, etwa bei der Kriminalpolizei und beim Verfassungsschutz. Zudem wird dem Bund in Nr. 10 ausdrücklich die Befugnis zur Einrichtung eines Bundeskriminalpolizeiamtes zugebilligt.   11

▶ Art. 87 Abs. 1 S. 2 GG erlaubt es, durch Bundesgesetz Bundesgrenzschutzbehörden, Zentralstellen für das polizeiliche Auskunfts- und Nachrichtenwesen, für die Kriminalpolizei und zur Sammlung von Unterlagen für Zwecke des Verfassungsschutzes und des Schutzes gegen Bestrebungen, die auswärtige Belange der Bundesrepublik gefährden, einzurichten. Der Bund hat von diesen Befugnissen Gebrauch gemacht und die Bundespolizei als Bundesgrenzschutzbehörde sowie das Bundeskriminalamt errichtet. ◀

Auch hinsichtlich der Normsetzung bezüglich im weiteren Sinne gefahrenabwehrrechtlicher Aufgaben, die keinen unmittelbaren Bezug zu vollzugs- oder kriminalpolizeilichen Funktionen aufweisen, sondern die klassischen **verwaltungspolizeilichen Funktionen** (wie etwa die Gesundheitspolizei) betreffen, finden sich zahlreiche Zuweisungen der konkurrierenden Gesetzgebungszuständigkeit, vgl. etwa Art. 74 Abs. 1 Nr. 19 und 20 oder Nr. 24 u.a. zur Luftreinhaltung und Lärmbekämpfung. Für letzteren Bereich hat der Bund im Bundes-Immissionsschutzgesetz Sonderregelungen zum Schutz von Immissionen, die von Anlagen ausgehen, getroffen, während der allgemeine Lärmschutz in Landes-Immissionsschutzgesetzen normiert ist. Nr. 11 weist das „Recht der Wirtschaft" der konkurrierenden Gesetzgebung zu; es umfasst etwa die Aufgaben der Gewerbepolizei, wie an der Nennung des „Gewerbes" in der Aufzählung hinter dem Begriff „Recht der Wirtschaft" verdeutlicht. Im Zuge der Föderalismusreform sind jedoch einige ordnungsrelevante Gesetzgebungskompetenzen in diesem Regelungsfeld an die Länder zurückgefallen (Recht des Ladenschlusses, der Gaststätten, der Spielhallen usw.).   12

13   Bedeutsam ist in diesem Zusammenhang die Anerkennung von ungeschriebenen **Annexkompetenzen** des Bundes im Bereich des Gefahrenabwehrrechts.[13] Der Bund darf in solchen Regelungsbereichen, für die ihm durch das Grundgesetz die Gesetzgebungskompetenz zugewiesen ist, die sicherheits- und damit gefahrenabwehrrelevanten Aspekte (mit-)regeln. Das Bundesverfassungsgericht hat dazu ausgeführt:

> „Normen, die der Aufrechterhaltung der öffentlichen Sicherheit und Ordnung dienen, sind für die Abgrenzung der Gesetzgebungskompetenzen (…) dem Sachbereich zuzurechnen, zu dem sie in einem notwendigen Zusammenhang stehen. (…) Nur solche Regelungen, bei denen die Aufrechterhaltung der öffentlichen Sicherheit und Ordnung nicht als Teil einer bundesrechtlich geregelten Sachmaterie gesetzlich bestimmt ist, können einem selbstständigen Sachbereich zugerechnet werden, der als allgemeines Polizeirecht bezeichnet wird und in die Zuständigkeit der Landesgesetzgebung fällt."[14]

Solche Annexkompetenzen bestehen vor allem für das Ausländerrecht (Art. 74 Abs. 1 Nr. 4 GG), das Vereinsrecht (Art. 74 Abs. 1 Nr. 3 GG), das Gewerberecht (Art. 74 Abs. 1 Nr. 1 GG – „Recht der Wirtschaft"), das Lebensmittelrecht (Art. 74 Abs. 1 Nr. 20 GG) und das Abfall- und Immissionsschutzrecht (Art. 74 Abs. 1 Nr. 24 GG). Der Bund hat hierzu Regelungen getroffen, z.B. in der Gewerbeordnung (vgl. etwa die gewerberechtlichen Eingriffsbefugnisse in §§ 15 Abs. 2, 35 GewO) und im Bundes-Immissionsschutzgesetz (vgl. § 20 BImSchG). Daraus resultiert, dass die Länder nur noch unter den Voraussetzungen des Art. 72 GG (ergänzend) gesetzgebungsbefugt sind. Wesentlich ist allerdings die Einschränkung, dass diese Annexkompetenz nicht das grundsätzliche Kompetenzgefüge des Grundgesetzes aushebeln darf. So ginge es zu weit, zur Begründung einer Gesetzgebungskompetenz schlicht auf die bloße Funktionsfähigkeit von Bundesbehörden und -einrichtungen abzustellen und zu ihrer Gewährleistung umfassende gefahrenabwehrrechtliche Bestimmungen auf Bundesebene zu schaffen. Ist die Gefahrenabwehr, also die Gewährleistung der öffentlichen Sicherheit und der öffentlichen Ordnung, der alleinige und unmittelbare Gesetzeszweck, entfällt die Annexkompetenz des Bundes.[15]

14   Art. 74 Abs. 1 Nr. 1 GG weist dem Bund die konkurrierende Gesetzgebungszuständigkeit auf dem Gebiet des **Strafrechts** und des **gerichtlichen Verfahrens** (ohne das Recht des Untersuchungshaftvollzugs) zu. Da die Polizei nicht nur für die Gefahrenabwehr, sondern auch für die Erforschung und Verfolgung von Straftaten zuständig ist (vgl. § 163 StPO i.V.m. – z.B. – § 1 Abs. 4 PolG NW) und ihr damit nicht allein präventive, sondern auch repressive Aufgaben zugewiesen sind, ist diese Kompetenzzuweisung für die polizeiliche Arbeit jenseits des Gefahrenabwehrrechts von erheblicher Bedeutung (zur Unterscheidung von präventiver und repressiver Tätigkeit § 4 Rn. 17 ff.). Auf der Kompetenznorm der Nr. 1 beruhen etwa die Strafprozessordnung und das Ordnungswidrigkeitengesetz. Nach der Rechtsprechung des Bundesverfassungsgerichts sind jedoch die Länder zur Gesetzgebung hinsichtlich der Verhütung von Straftaten befugt. Dies gilt selbst dann, wenn die Verhütung vorbeugend für den Zeitraum vor dem Beginn einer konkreten Straftat vorgesehen wird. Wie weit der Gesetzgeber derartige Verhütungsmaßnahmen in das Vorfeld künftiger Rechtsgutverletzungen vorverlagern darf,

---

13   Gusy, Rn. 39; Kugelmann, 3. Kap. Rn. 9 ff.; Schenke, Rn. 25; Schoch in: Schoch (Hrsg.), 2. Kap. Rn. 37.
14   BVerfGE 109, 190, 215.
15   Schoch in: Schoch (Hrsg.), 2. Kap. Rn. 42.

ist allein anhand der Vorgaben des materiellen Rechts zu beurteilen und hat keine Auswirkungen auf die Gesetzgebungskompetenz der Länder.[16]

Trotz dieser vielfältigen Bundeskompetenzen erstreckt sich die „Restzuständigkeit" der   15
Länder auf den gesamten Bereich des **allgemeinen Polizei- und Ordnungsrechts**. Die
auf dieser Grundlage in den Ländern geltenden Gefahrenabwehrgesetze (u. Rn. 19 f.)
orientieren sich inhaltlich mehr oder minder an den sog. „**Musterentwürfen**" der ständigen Konferenz der Innenminister.[17] 1976 legte die Konferenz nach langjährigen Vor-
arbeiten erstmals einen „Musterentwurf eines einheitlichen Polizeigesetzes" vor; Ziel
war es, die teilweise recht divergenten Auffassungen der Landesgesetzgeber jedenfalls
in materieller Hinsicht, also hinsichtlich der Eingriffsbefugnisse und -voraussetzungen,
zu harmonisieren. 1979 folgte ein „Alternativentwurf einheitlicher Polizeigesetze des
Bundes und der Länder", der in einigen wesentlichen Aspekten vom Musterentwurf
abwich. 1986 wurde der Musterentwurf durch einen Ergänzungsentwurf umfassend
revidiert – Anlass war das sog. „Volkszählungs"-Urteil des Bundesverfassungsgerichts
vom 15. Dezember 1983,[18] in dem das Gericht das Grundrecht auf informationelle
Selbstbestimmung als eine (weitere) Ausprägung des allgemeinen Persönlichkeitsrechts
(Art. 2 Abs. 1 i.V.m. Art. 1 Abs. 1 GG) herausgearbeitet hat. Das Grundrecht sichert jedem Einzelnen die Befugnis zu, selbst darüber zu entscheiden, welche Informationen
welchem Personenkreis über seine eigene Person bekannt werden sollen, und auf welche Weise diese Informationen genutzt oder verbreitet werden dürfen. Die ständige
Konferenz der Innenminister hat dazu einen „Vorentwurf zur Änderung des Musterentwurf" vorgelegt. Namentlich die Regelungen der Polizei- und Ordnungsgesetze hinsichtlich der datenbezogenen Eingriffsermächtigungen und über den Umgang mit (personenbezogenen) Daten wurden im Anschluss an die „Volkszählungs"-Entscheidung in
diesen Vorentwurf aufgenommen und von den Landesgesetzgebern in Novellen der
Gefahrenabwehrgesetze jedenfalls in Grundzügen umgesetzt.

2. Verwaltungszuständigkeit

Von der Gesetzgebungszuständigkeit zu unterscheiden ist die **Verwaltungs- bzw. Exe-**   16
kutivkompetenz. Selbstverständlich exekutieren die Länder ihre eigenen Landesgesetze
und damit auch die Vorschriften des allgemeinen Polizei- und Ordnungsrechts selbst.
Auch die Ausführung der Bundesgesetze erfolgt jedenfalls im Grundsatz durch die
Länder, wie sich aus Art. 83 GG ergibt. Dementsprechend finden sich in den Landesgesetzen teilweise klare Zuweisungen der Gefahrenabwehraufgaben an die Länder, vgl.
etwa § 1 POG NW: „Die Polizei ist Angelegenheit des Landes".[19]

Das Grundgesetz räumt dem Bund jedoch in verschiedenen Bereichen die Möglichkeit   17
zu, die Bundesgesetze durch eigene Behörden – also im Wege der **bundeseigenen Ver-**
waltung – auszuführen. Zu nennen ist zunächst Art. 87 Abs. 1 S. 2 GG, der dem Bund
die Einrichtung sog. „sonderpolizeilicher Behörden"[20] gestattet (zu den Gefahrenabwehrbehörden des Bundes § 3 Rn. 2 ff.). Die Norm ermöglicht es, durch Bundesgesetz
Bundesgrenzschutzbehörden, Zentralstellen für das polizeiliche Auskunfts- und Nachrichtenwesen, für die Kriminalpolizei und zur Sammlung von Unterlagen für Zwecke

---

16 BVerfGE 113, 348, 368.
17 Vgl. Knemeyer, Rn. 11 ff.; Möller/Warg, Rn. 19 ff.
18 BVerfGE 65, 1 ff.
19 Vgl. auch BVerfGE 97, 198, 218.
20 BVerfGE 97, 198, 217.

des Verfassungsschutzes und des Schutzes gegen Bestrebungen im Bundesgebiet, die durch Anwendung von Gewalt oder darauf gerichtete Vorbereitungshandlungen auswärtige Belange der Bundesrepublik Deutschland gefährden, einzurichten. Daneben tritt Art. 87 Abs. 3 S. 1 GG.[21] Der Vorschrift zufolge können für Angelegenheiten, für die dem Bund die Gesetzgebung zusteht, selbstständige Bundesoberbehörden und neue bundesunmittelbare Körperschaften und Anstalten des öffentlichen Rechts durch Bundesgesetz errichtet werden.

V. Rechtsgrundlagen und Rechtsquellen des allgemeinen Polizei- und Ordnungsrechts

18   Das Recht der inneren und äußeren Sicherheit ist eine „Querschnittsmaterie", die aus einem breiten Spektrum unterschiedlichster Rechtsquellen gespeist wird. Das allgemeine Polizei- und Ordnungsrecht als Teil des Sicherheitsrechts ist, soweit es nicht um das „repressive", also namentlich der Verfolgung und Ahndung von Straftaten und Ordnungswidrigkeiten dienende Handeln oder um die Tätigkeit der Polizei- und Ordnungsbehörden des Bundes (§ 3 Rn. 2 ff.) geht, **Landesrecht**. In den Bundesländern finden sich daher jeweils eigenständige gefahrenabwehrrechtliche Regelwerke. Sie haben von der Gesetzgebungskompetenz im Hinblick auf die Behördenorganisation sowie auf die formellen und materiellen Anforderungen an gefahrenabwehrbehördliches Handeln in sehr unterschiedlicher Weise Gebrauch gemacht, wenngleich in sachlicher Hinsicht eine intensive Anbindung an die der Vereinheitlichung dienenden Entwürfe der ständigen Innenministerkonferenz (o. Rn. 15) und eine zunehmende „Abschleifung" bisheriger Unterschiede festzustellen sind.

19   Die Art und Weise der normativen Regelung hängt zudem von der Wahl des „Modells" (Einheitsmodell, Trennmodell, s. § 3 Rn. 12 ff.) ab. Teilweise finden sich jeweils eigene Gesetze für die Polizei(-behörden), für die Ordnungsbehörden und für die Polizeiorganisation, die gegebenenfalls durch eigene Regelwerke zur Anwendung des sog. „Verwaltungszwangs", also zum Recht der Verwaltungsvollstreckung ergänzt werden. In **Nordrhein-Westfalen** sind einschlägig das Polizeigesetz des Landes Nordrhein-Westfalen (PolG NW) und das Gesetz über Aufbau und Befugnisse der Ordnungsbehörden – Ordnungsbehördengesetz (OBG NW). Sie werden ergänzt durch das Gesetz über die Organisation und die Zuständigkeit der Polizei im Lande Nordrhein-Westfalen – Polizeiorganisationsgesetz (POG NW). In **Baden-Württemberg** gilt das Polizeigesetz (PolG BW).

20   In den anderen Bundesländern sind folgende Gesetze einschlägig (zu den für die Verwaltungsvollstreckung geltenden Gesetzen § 11 Rn. 2 f.): In **Bayern** das Gesetz über die Aufgaben und Befugnisse der Bayerischen Staatlichen Polizei – Polizeiaufgabengesetz (PAG Bay), das Gesetz über die Organisation der Bayerischen Staatlichen Polizei – Polizeiorganisationsgesetz (POG Bay), das Gesetz über das Landesstrafrecht und das Verordnungsrecht auf dem Gebiet der öffentlichen Sicherheit und Ordnung – Landesstraf- und Verordnungsgesetz (LStVG). In **Berlin** das Allgemeine Gesetz zum Schutz der öffentlichen Sicherheit und Ordnung in Berlin – Allgemeines Sicherheits- und Ordnungsgesetz (ASOG Berl). In **Brandenburg** das Brandenburgische Polizeigesetz (PolG Bbg) sowie das Gesetz über Aufbau und Befugnisse der Ordnungsbehörden – Ordnungsbehördengesetz (OBG Bbg). In **Bremen** das Bremische Polizeigesetz (PolG Brem). In

---

21   Schoch in: Schoch (Hrsg.), 2. Kap. Rn. 45, weist zu Recht darauf hin, dass Art. 87 Abs. 3 S. 1 GG nicht subsidiär gegenüber Art. 87 Abs. 1 S. 2 GG ist.

Hamburg das Gesetz zum Schutz der öffentlichen Sicherheit und Ordnung (SOG Hbg). In **Hessen** das Hessische Gesetz über die öffentliche Sicherheit und Ordnung (HSOG). In **Mecklenburg-Vorpommern** das Gesetz über die öffentliche Sicherheit und Ordnung in Mecklenburg-Vorpommern – Sicherheits- und Ordnungsgesetz (SOG MV) und das Gesetz zur Organisation der Landespolizei in Mecklenburg-Vorpommern – Polizeiorganisationsgesetz (POG MV). In **Niedersachsen** das Niedersächsische Gesetz über die öffentliche Sicherheit und Ordnung (SOG Nds). In **Rheinland-Pfalz** das Polizei- und Ordnungsbehördengesetz (POG RP). Im **Saarland** das Saarländische Polizeigesetz (SPolG). In **Sachsen** das Polizeigesetz des Freistaates Sachsen (SächsPolG). In **Sachsen-Anhalt** das Gesetz über die öffentliche Sicherheit und Ordnung des Landes Sachsen-Anhalt (SOG SA). In **Schleswig-Holstein** das Allgemeine Verwaltungsgesetz für das Land Schleswig-Holstein – Landesverwaltungsgesetz (LVwG SH) und das Gesetz über die Organisation der Polizei in Schleswig-Holstein – Polizeiorganisationsgesetz (POG SH). In **Thüringen** das Thüringer Gesetz über die Aufgaben und Befugnisse der Polizei – Polizeiaufgabengesetz (PAG Thür), das Gesetz über die Organisation der Polizei des Landes Thüringen – Polizeiorganisationsgesetz (POG Thür) und das Thüringer Gesetz über die Aufgaben und Befugnisse der Ordnungsbehörden – Ordnungsbehördengesetz (OBG Thür). Neben diese gesetzlichen Regelungen treten in einigen Ländern allgemeine Durchführungsverordnungen und – insbesondere für den Gewahrsam – spezielle Verordnungen („Gewahrsamsordnungen").

Angesichts der zunehmenden Kodifikation des Gefahrenabwehrrechts in Spezialnormen kann von einer jedenfalls normativen „Auszehrung"[22] des allgemeinen Polizei- und Ordnungsrechts der Länder gesprochen werden. Gleichwohl bleibt es in der Praxis auch gegenwärtig von großer Bedeutung, zumal auf seine Regelungen und Rechtsgedanken jedenfalls subsidiär zurückgegriffen werden kann und es daher „systembildende" Funktionen erfüllt. Je nach Zuständigkeitsverteilung finden sich entsprechende Spezialnormen auf Bundesebene, wie etwa im Versammlungsgesetz, im Waffengesetz, im Gaststättengesetz oder in der Gewerbeordnung, oder auf Landesebene (z.B. im Bauordnungsrecht der Länder). Das **repressive Handeln**, also die Verfolgung und Ahndung von Straftaten bzw. von Ordnungswidrigkeiten, ist in der Strafprozessordnung (StPO) bzw. (mit umfassenden Verweisungen auf das Strafprozessrecht) im Ordnungswidrigkeitengesetz (OWiG) geregelt. Namentlich die StPO enthält eine Vielzahl von Normen, die Maßnahmen mit Eingriffscharakter gestatten; einige davon decken sich mit den Eingriffsermächtigungen der (präventiven) allgemeinen Gefahrenabwehrgesetze (zur Unterscheidung von repressivem und präventivem Handeln der Polizei § 4 Rn. 17 ff.).

21

Von wachsender Bedeutung auch für die Tätigkeitsfelder der allgemeinen Gefahrenabwehrbehörden sind das **Europarecht**[23] und **internationalrechtliche Bindungen**.[24]

22

▶ Für die gefahrenabwehrrechtliche Fallbearbeitung sind diese Vorgaben regelmäßig von untergeordneter Bedeutung, soweit nicht eine spezifische „grenzüberschreitende" Problematik besteht. Aus diesem Grunde werden die europa- und völkerrechtlichen Einflüsse hier nicht weiter vertieft. ◀

Das **Primärrecht** enthält relativ wenige Regelungen. Die Grundsätze der **polizeilichen und justiziellen Zusammenarbeit** regeln Art. 67 ff. AEUV. Im Zentrum steht das Ziel

---

22 Schoch in: Schoch (Hrsg.), 2. Kap. Rn. 6, unter Hinweis auf Gewerberecht, Ausländerrecht und Lebensmittelrecht.
23 Hier kann auf die sehr ausführliche vertiefende Darstellung bei Kugelmann, 14. Kap., verwiesen werden.
24 Eingehend Kugelmann, 15. Kap. Rn. 1 ff.

der Schaffung eines Raumes der Freiheit, der Sicherheit und des Rechts; damit besteht ein „Ansatz für Aspekte einer europäischen Innenpolitik".[25] Die Bestimmungen sehen Kompetenzen der Union vor allem in den Regelungsfeldern Asyl, Einwanderung, Visa sowie für sonstige Politiken hinsichtlich des freien Personenverkehrs vor, also namentlich die Bekämpfung der mit diesen Bereichen zusammenhängenden Kriminalität.[26] Art. 87–89 AEUV erlauben, dass die Organe der Europäischen Union Regelungen zur **polizeilichen Zusammenarbeit** der Mitgliedstaaten treffen können;[27] sie unterliegen dabei allerdings dem Grundsatz der begrenzten Einzelermächtigung in Art. 5 Abs. 2 EUV. Art. 87 Abs. 2 AEUV gestattet Regelungen, die die Koordinierung der Arbeit der Polizeibehörden der Mitgliedstaaten zur Informationsgewinnung und zum Informationsaustausch, die personelle und technische Weiterbildung und die Entwicklung gemeinsamer Ermittlungstechniken zur Aufdeckung schwerwiegender Formen organisierter Kriminalität zum Gegenstand haben. Für Maßnahmen zur Verbesserung der operativen Zusammenarbeit der Polizeibehörden der Mitgliedstaaten sieht Art. 87 Abs. 3 AEUV für das Normsetzungsverfahren Einstimmigkeit im Ministerrat voraus; dies knüpft an die vor Inkrafttreten des Vertrags von Lissabon für den gesamten Regelungsbereich geltende „intergouvernementale Kooperation" an.[28] Art. 74 AEUV ermächtigt den Rat der Europäischen Union, Vorschriften zur Gewährleistung der Verwaltungszusammenarbeit zwischen den zuständigen Dienststellen der Mitgliedstaaten zu erlassen; derartige Vorschriften könnten künftig unmittelbare Auswirkungen auf das nationale allgemeine Polizei- und Ordnungsrecht haben. Die Mitgliedstaaten der Europäischen Union organisieren ihre **Kooperation** zum einen durch eine „Harmonisierung" der Vorschriften über die Gewinnung, den Austausch und die gegenseitige Anerkennung von Beweismitteln, zum anderen in eigenen Einrichtungen (z.B. Europol,[29] Eurojust, OLAF,[30] FRONTEX).[31]

VI. Gefahrenabwehr durch Private

23   Obwohl die Sicherheitsgewährleistung im Kern eine staatliche Aufgabe ist und im Wesentlichen durch Eingriffsrecht gesteuert wird, kommt der **Einbeziehung des privaten Sektors** in die Herstellung und Aufrechterhaltung von Sicherheit in der Praxis erhebliche Bedeutung zu.[32]

▶ In der rechtswissenschaftlichen Ausbildung spielt die private Einbindung dagegen allenfalls eine untergeordnete Rolle, weshalb sie hier nicht im Detail behandelt wird. ◀

24   Das Gefahrenabwehrrecht der Länder sieht verschiedene Formen der Beteiligung Privater an der Aufgabe der Gefahrenabwehr vor.[33] So können etwa aufgrund gesetzlicher Ermächtigung Private seitens staatlicher Stellen mit der eigenverantwortlichen Erfüllung hoheitlicher Aufgaben **„beliehen"** werden;[34] als Beliehene nehmen sie sodann Hoheitsaufgaben eigenständig wahr („mittelbare Staatsverwaltung") und sind „Behör-

---

25 Kugelmann, 14. Kap. Rn. 82; ähnlich Pitschas, DÖV 2004, 231, 233.
26 Eingehend Kugelmann, 14. Kap. Rn. 82 ff.
27 Kugelmann, 14. Kap. Rn. 96 ff.
28 Eingehend Möller/Warg, Rn. 27.
29 Kugelmann, 14. Kap. Rn. 132 ff.; Schenke, Rn. 465 ff.; Schoch in: Schoch (Hrsg.), 2. Kap. Rn. 77 ff.
30 Kugelmann, 14. Kap. Rn. 165 ff.
31 Eingehend Gusy, Rn. 27 f.; zu FRONTEX Kugelmann, 14. Kap. Rn. 155 ff.
32 Knemeyer, Rn. 16 ff.: „dritte Entpolizeilichung".
33 Schoch in: Schoch (Hrsg.), 2. Kap. Rn. 23 ff.
34 Möller/Warg, Rn. 57.

de" im Sinne der Verwaltungsverfahrensgesetze (vgl. § 1 Abs. 4 VwVfG Bund; § 1 Abs. 2 VwVfG NW; § 1 Abs. 2 VwVfG BW).

▶ Das *Gesetz über den Freiwilligen Polizeidienst* in Baden-Württemberg regelte die Möglichkeit, ehrenamtliche Mitglieder eines Freiwilligen Polizeidienstes durch die örtlichen Polizeibehörden im Wege der Aushändigung einer Urkunde zu bestellen und zur Erfüllung verschiedener Gefahrenabwehraufgaben einsetzen zu können (z.b. zur Gebäude- und Anlagensicherung, zur Sicherung und Überwachung des Straßenverkehrs, zum „Streifendienst" und zum Kraftfahrzeugdienst, zum Fernmeldedienst sowie zu ähnlichen technischen Diensten). Nach dem Regierungswechsel 2011 wurde die mittelfristige Abschaffung des Dienstes beschlossen. Freiwillige Polizeidienste bestehen aber etwa noch aufgrund des *Gesetzes über die Sicherheitswacht in Bayern* sowie des *Gesetzes für die aktive Bürgerbeteiligung zur Stärkung der Inneren Sicherheit* in Hessen. ◀

Rechtlich fragwürdig ist die Möglichkeit einer Beleihung von Bewachungs- und Sicherheitsunternehmen mit hoheitlichen Aufgaben, soweit dies nicht ausdrücklich gesetzlich erlaubt ist (vgl. § 1 Abs. 3 UZwGBw – Bewachung von Einrichtungen der Bundeswehr durch private Wachdienste). Bedenken werden insbesondere wegen Art. 33 Abs. 4 GG und im Hinblick auf das staatliche Gewaltmonopol geäußert.[35] Eine **Beleihung mit Hoheitsaufgaben** zum Schutz öffentlich-rechtlich geschützter Rechtsgüter wird daher nach zutreffender Auffassung nur in Betracht kommen, wenn eine gesetzliche Grundlage dies ausdrücklich gestattet (vgl. § 5 Abs. 5 LuftSiG, der den Einsatz privater Sicherheitskräfte an Flughäfen gestattet), ein wirksamer Beleihungsakt vorliegt und eine entsprechende Kontrolle durch staatliche Behörden eingerichtet ist.[36]

25

Neben diese Ergänzungstätigkeiten durch Beliehene treten umfangreiche Gefahrenabwehrtätigkeiten durch **private Bewachungs- und Sicherheitsgewerbe** im privaten Sektor.[37] Die Einsatzfelder sind dabei vielfältig und umfassen z.b. den Personen- und Objektschutz und die Verwendung als Ordnungskräfte bei Versammlungen und Aufzügen oder als „Ladendetektive". Für derartige Unternehmungen bestehen restriktive gewerberechtliche Bindungen gemäß §§ 34a GewO i.V.m. der *Verordnung über das Bewachungsgewerbe*, 35a Abs. 1 Nr. 5 GewO.[38] Im Rahmen der Erfüllung vertraglich mit Privaten (oder auch einem Hoheitsträger) vereinbarter Aufgaben kommen den Bediensteten solcher Unternehmer selbstverständlich keine hoheitlichen Befugnisse zu; sie dürfen ihr Handeln insbesondere nicht auf die Befugnisnormen des allgemeinen Polizei- und Ordnungsrechts stützen. Ihnen stehen allerdings dieselben Rechte zu wie anderen Privaten, namentlich die Notwehr- und Nothilferechte nach §§ 859, 226 ff. BGB, §§ 32 ff. StGB sowie das Verfolgungs- und Festnahmerecht nach § 127 StPO.[39] Dass die Wahrnehmung dieser Rechte „organisiert" und im Auftrag erfolgt und nicht als „punktuelle" Ausübung ausnahmsweise unter Umgehung des staatlichen Gewaltmonopols eingeräumter Notrechte, hat gelegentlich zu der Annahme geführt, der Einsatz privater Sicherheitsunternehmen sei verfassungsrechtlich bedenklich.[40] Im Ergebnis

26

---

35 Kugelmann, 5. Kap. Rn. 211.
36 Schenke, Rn. 475.
37 Eingehend Gusy, Rn. 160 ff.; Kugelmann, 5. Kap. Rn. 204 ff.; Schenke, Rn. 472 ff. Zu Beschäftigungs- und Umsatzzahlen vgl. Götz, § 16 Rn. 41; Möller/Warg, Rn. 58; s. ferner Roggan, KJ 2008, 324.
38 Einzelheiten bei Möller/Warg, Rn. 58 m.w.N.; Schenke, Rn. 473.
39 Gusy, Rn. 162; Kugelmann, 5. Kap. Rn. 214; Schenke, Rn. 473.
40 Vgl. etwa Hoffmann-Riem, ZRP 1977, 277; von Danwitz, KritV 2002, 347, 360 ff.; Schenke, Rn. 473, geht diese Deutung zu weit.

wird man diesen aber jedenfalls solange für zulässig erachten können, bis die „regulären" Gefahrenabwehrbehörden herbeigerufen wurden und tätig werden können.[41]

27 Gefahrenabwehrbehörden und private Unternehmer können schließlich auch zum Zwecke der Gefahrenabwehr **kooperieren** – beispielsweise bei sportlichen und musikalischen Großveranstaltungen. In der Praxis gängig sind schließlich „Sicherheitspartnerschaften" als Kooperationsform (z.B. mit gemeinsamen Streifengängen).[42]

WIEDERHOLUNGS- UND VERSTÄNDNISFRAGEN

1. Was versteht man unter dem staatlichen „Gewaltmonopol"? (Rn. 1)
2. Erläutern Sie die Grundsätze der grundgesetzlichen Kompetenzverteilung für das Sicherheitsrecht. (Rn. 6–15)
3. Können private Sicherheitsdienste Maßnahmen auf der Grundlage gesetzlicher Ermächtigungsgrundlagen für die Gefahrenabwehrbehörden erlassen? (Rn. 26)

---

41 Vgl. Schenke, Rn. 474.
42 Kugelmann, 5. Kap. Rn. 21; Peilert, DVBl. 1999, 282; Pitschas, DVBl. 2000, 1805; DÖV 2004, 231, 234; Rixen, DVBl. 2007, 221.

§ 2 Der Begriff der „Polizei"

I. Begriffliche Traditionen

Der Begriff der „Polizei" geht sprachlich auf das griechische Wort *politeia* (πολιτεία) zurück, das die Verfassung des Stadtstaates (πόλις, *pólis* = Stadt(-staat)) und im Anschluss daran in weiterem Sinne das gesamte staatliche Gemeinwesen bezeichnete.[1] Soweit ersichtlich, hat er gegen Ende des 15. Jahrhunderts Eingang in die Amtssprache gefunden.[2]

1

Der Begriff umfasste allerdings ein weitaus größeres Bedeutungsspektrum als gegenwärtig. So untersagten die **Polizeiordnungen** des 16. Jahrhunderts eine Vielzahl von Verhaltensweisen, die als gesellschaftlich unerwünscht oder sozial schädlich betrachtet wurden. Die Herstellung und Bewahrung der „Policey" wurde mithin umfassend als Aufrechterhaltung der „guten Ordnung" im Gemeinwesen durch breit gefächerte Maßnahmen des Landesherrn verstanden. Die historische Entwicklung von Polizei und Polizeirecht soll hier nicht im Einzelnen nachgezeichnet werden; es kann dazu auf instruktive Darstellungen im Schrifttum verwiesen werden.[3] Soweit geschichtliche Aspekte für den aktuellen dogmatischen Stand des Polizei- und Ordnungsrechts von Bedeutung sind, wird im jeweiligen Kontext auf sie hingewiesen.

2

Auf zwei Einzelheiten aus der Geschichte des Polizei- und Ordnungsrecht muss indes zum Verständnis des Status Quo dieses Rechtsgebietes ein „Schlaglicht" geworfen werden. Ein einschneidendes Ereignis war die sog. „**Kreuzberg**"-Entscheidung[4] des Preußischen Oberverwaltungsgerichts vom 14. Juni 1882:

3

▶ Ein Berliner Grundstückseigentümer hatte eine Baugenehmigung für ein mehrstöckiges Wohnhaus beantragt. Diese wurde versagt, weil das Gebäude die Aussicht auf die Stadt und auf das ab 1818 von König *Friedrich Wilhelm III.* errichtete Nationaldenkmal für die Siege Preußens in den Befreiungskriegen gegen das napoleonische Frankreich auf dem Kreuzberg beeinträchtigt hätte. Eine Polizeiverordnung des Berliner Polizeipräsidiums enthielt eine Regelung, der zufolge „in dem das Siegesdenkmal auf dem Kreuzberg umgebenden Bauviertel (...) Gebäude fortan nur in solcher Höhe errichtet werden (dürfen), daß dadurch die Aussicht von dem Fuße des Denkmals nicht beeinträchtigt wird." Auf der Grundlage dieser Bestimmung wurde der Bauantrag abgelehnt. Der Eigentümer klagte auf Erteilung der Genehmigung und erhielt Recht. Die Verordnung und das Bauverbot wurden vom Preußischen Oberverwaltungsgericht am Maßstab des § 10 Abs. II Titel 17 des *Allgemeinen Landrechts für die Preußischen Staaten* (PrALR) von 1794 gemessen, der den folgenden Wortlaut hatte:

> „Die nöthigen Anstalten zur Erhaltung der öffentlichen Ruhe, Sicherheit und Ordnung, und zur Abwendung der dem Publico, oder einzelnen Mitgliedern desselben, bevorstehenden Gefahr zu treffen, ist das Amt der Policey".

---

1 Eingehend Knemeyer, Rn. 1 ff.; Möller / Warg, Rn. 2.
2 Preu, S. 15.
3 S. etwa Drews / Wacke / Vogel / Martens, S. 2 ff.; Götz, § 2 Rn. 1 ff.; Knemeyer, Rn. 1 ff.; Kugelmann, 2. Kap. Rn. 2 ff.; Möller / Warg, Rn. 2 ff.; Pieroth / Schlink / Kniesel, § 1 Rn. 1 ff.; Schenke, Rn. 2 ff.; von Unruh, DVBl. 1972, 469. Instruktive Übersicht bei Schoch in: Schoch (Hrsg.), 2. Kap. Rn. 3 ff.; s. auch Preu, S. 15 ff.; grundlegend schon von Justi, Grundsätze der Policey-Wissenschaft, 1756.
4 PrOVGE 9, 353 ff.; eingehend Kugelmann, 2. Kap. Rn. 9 ff.; Möller / Warg, Rn. 7.

Das Preußische OVG sah darin eine Beschränkung der „Polizei" auf die Aufgaben der Gefahrenabwehr. Zuvor war die polizeiliche Tätigkeit deutlich weiter verstanden worden, nämlich im Sinne einer Erhaltung der „allgemeinen Wohlfahrt". Die Verordnung und das Bauverbot dienten jedoch, so das PrOVG, nicht der Gefahrenabwehr, sondern lediglich der Förderung der Wohlfahrt durch den Erhalt eines ästhetischen Stadtbildes. Dies sei durch § 10 Abs. II Titel 17 PrALR nicht gedeckt. Die Grenze der (Bau-)Polizei sei dort erreicht, wo „nicht die Erhaltung der Ruhe, Sicherheit und Ordnung, nicht die Abwendung einer Gefahr, sondern nur eine Förderung des gemeinen Wohls in Frage steht". Das Kreuzberg-Erkenntnis ist u.a. deshalb bedeutsam, weil es den Abschied vom mittelalterlichen und frühneuzeitlichen weiten, sämtliche Lebensbereiche erfassenden Verständnis von den Aufgaben der „Polizei" und die Hinwendung zu einem durch die Direktiven des aufkeimenden bürgerlich-liberalen Rechtsstaats verengten Polizeibegriff markiert.[5] ◄

4   Eine klare Zäsur in der Entwicklung des Polizei- und Ordnungsrechts setzte die Zeit der **nationalsozialistischen Gewaltherrschaft**. Während der Weimarer Republik wurden in einzelnen Ländern (Preußen, Thüringen, Lippe-Detmold, Mecklenburg-Strelitz) polizeiliche Kodifikationen erlassen; in den übrigen Ländern blieb das Polizeiwesen im Wesentlichen durch Gewohnheitsrecht gesteuert.[6] Im Staat des Nationalsozialismus erfolgten eine enge organisatorische Verflechtung der Polizeibehörden mit dem Parteiapparat der NSDAP („Gleichschaltung" und „Entstaatlichung"),[7] eine „Verschmelzung" der kommunalen und Landespolizeibehörden in einen zunehmend aus der inneren Verwaltung herausgelösten und mit Parteigruppierungen wie „SA" und „SS" zusammengeführten reichseinheitlichen Polizeiapparat[8] und der Aufbau der „Geheimen Staatspolizei" („Gestapo"), der die Aufgabe zugewiesen war (§ 1 des *Gesetzes über die Geheime Staatspolizei* von 1936),

> „alle staatsgefährlichen Bestrebungen im gesamten Staatsgebiet zu erforschen und zu bekämpfen, das Ergebnis zu sammeln und auszuwerten, die Staatsregierung zu unterrichten und die übrigen Behörden auf dem laufenden zu halten und mit Anregungen zu versehen. Welche Geschäfte im einzelnen auf die Geheime Staatspolizei übergehen, bestimmt der Chef der Geheimen Staatspolizei im Einvernehmen mit dem Minister des Innern."

Durch Verordnung wurde die Gestapo u.a. zu polizeilichen Ermittlungen im Bereich des Hoch- und Landesverrats sowie bei sonst strafbaren Angriffen auf Partei und Staat, ferner zur Verwaltung der Konzentrationslager ermächtigt.[9]

5   Neben diese strukturellen Veränderungen trat eine erhebliche **Ausweitung des (materiellen) Polizeibegriffs**, also der Vorstellung von den Aufgaben und Befugnissen der Gefahrenabwehrbehörden.[10] Unter dem Einfluss der nationalsozialistischen Ideologie wurde vor allem der Anwendungsbereich der sog. „Generalklausel" in § 14 des in Kraft gebliebenen *Preußischen Polizeiverwaltungsgesetzes* von 1931, einer Auffang-Ermächtigungsnorm für polizeiliches Einschreiten (zu den Generalklauseln im geltenden Recht § 9 Rn. 1 ff.), erheblich erweitert bzw. durch weit reichende allgemeine Kompe-

---

5   Schoch in: Schoch (Hrsg.), 2. Kap. Rn. 4 Fn. 9, und Preu, S. 303 ff., weisen darauf hin, dass das Kreuzberg-Urteil als „Fehlurteil" gelten müsse, u.a. weil § 10 II 17 PrALR eigentlich als Kompetenznorm zur Abgrenzung der Zuständigkeiten von polizeilicher und ordentlicher Gerichtsbarkeit ausgestaltet gewesen sei.
6   Drews/Wacke/Vogel/Martens, S. 9 f.
7   Vgl. Möller/Warg, Rn. 9 ff.
8   Pieroth/Schlink/Kniesel, § 1 Rn. 23.
9   Eingehend Drews/Wacke/Vogel/Martens, S. 11 f.
10 Drews/Wacke/Vogel/Martens, S. 12 f.

tenzzuweisungen an die Polizei ersetzt. So sollte die Polizei nach der damaligen Rechtslehre dazu berechtigt sein, jedes von der „völkischen Ordnung" bzw. der „Führung des Reiches" „für wichtig gehaltene Gut" bzw. die „Ordnung des Zusammenlebens" mit polizeilichen Mitteln zu schützen. Damit wurde die Tätigkeit der Polizei weitgehend von rechtlichen Bindungen freigestellt,[11] die Generalklausel zur Gefahrenabwehr in eine Generalermächtigung zur Aufrechterhaltung der nationalsozialistischen totalitären Ordnung pervertiert.[12] Polizei und Polizeirecht waren – unter weitgehender Billigung der Gerichtsbarkeit[13] – zu einem reinen Machtinstrument verkommen.

Die Besatzungsmächte haben unter dem Eindruck dieser Entwicklungen nach dem Zweiten Weltkrieg und dem Ende der nationalsozialistischen Herrschaft nach 1945 eine Politik der „**Entpolizeilichung**" durchgesetzt, die einerseits zu einer strikten organisatorischen, personellen und kompetenziellen Trennung der Aufgaben und Befugnisse von Streitkräften, Nachrichtendiensten und Polizeibehörden, andererseits zu einer Differenzierung auch der allgemeinen Gefahrenabwehrbehörden in Polizei-*Vollzugskräfte* und administrativer Ordnungs- (auch: „Polizei"-)*Verwaltung* geführt hat (zu den Organisationsmodellen in den Ländern § 3 Rn. 15 ff.).[14]   6

II. Geltende Polizeibegriffe

Da eine allgemeingültige, positive inhaltliche Beschreibung des Begriffs der „Polizei" nicht zuletzt angesichts dieser historischen Entwicklungen kaum möglich erscheint, orientiert sich die gegenwärtige Polizeirechtswissenschaft an funktionalen Beschreibungen und unterscheidet im Wesentlichen einen **formellen**, einen **materiellen** und einen **institutionellen Polizeibegriff**. Diese sind nicht im Sinne alternativer, sich wechselseitig ausschließender Definitionsansätze bzw. -„theorien" zu verstehen. Vielmehr dienen sie dazu, je nach Normkontext eine Auslegung des Tatbestandsmerkmals „Polizei" zu ermöglichen, und sind damit rechtswissenschaftliches „Handwerkszeug".   7

Der **formelle Polizeibegriff** versteht unter „Polizei" diejenigen Aufgaben und Befugnisse, die ausdrücklich (durch Gesetz) den Polizeibehörden zugewiesen sind.[15] In historischer Perspektive wäre daher die Wohlfahrtspflege zum formellen Polizeibegriff zu rechnen gewesen, solange und soweit sie noch als normativ zugewiesene Aufgabe der Polizei vorgesehen war. Zum Polizei*recht* gehören nach dem formellen Polizeibegriff (im Sinne einer „Handlungssubjektorientierung") alle Normen, die die Polizeibehörden organisieren, berechtigen bzw. verpflichten.   8

Demgegenüber knüpft der **materielle Polizeibegriff** an die „Polizeigewalt" und ihre Gefahrenabwehraufgaben, mithin – ohne Rücksicht auf die Zuordnung der handelnden Behörde oder Person – an den Regelungsgegenstand der gesetzlichen Aufgabenzuweisungsnormen an.[16] Jede gefahrenabwehrende Verwaltungsfunktion (gegebenenfalls unter Einschluss der zwangsweisen Durchsetzung von Gefahrenabwehrverfügungen) ist   9

---

11 Drews/Wacke/Vogel/Martens, S. 13.
12 Vgl. Pieroth/Schlink/Kniesel, § 1 Rn. 23; Götz, § 2 Rn. 12; Kugelmann, 2. Kap. Rn. 15 ff.
13 Dazu Möller/Warg, Rn. 12 sowie schon Drews/Wacke/Vogel/Martens, S. 13.
14 Knemeyer, Rn. 10; Kugelmann, 2. Kap. Rn. 19 ff.; Möller/Warg, Rn. 13 f.; Pieroth/Schlink/Kniesel, § 1 Rn. 24 ff.
15 Knemeyer, Rn. 24.
16 Knemeyer, Rn. 23; Schoch in: Schoch (Hrsg.), 2. Kap. Rn. 7, der auch darauf hinweist, dass der materielle Polizeibegriff, der historisch betrachtet vor allem der Begrenzung staatlicher Eingriffstätigkeit diente und in dieser Funktion durch die verfassungsrechtlichen Vorgaben des Grundgesetzes und der Landesverfassungen ersetzt wurde, nicht obsolet sei; insbesondere sei er zur Abgrenzung von präventivem und repressivem Handeln unerlässlich (dazu § 4 Rn. 17 ff.); so i. Erg. auch Pieroth/Schlink/Kniesel, § 1 Rn. 28. Götz, § 2 Rn. 19,

damit „Polizei" im materiellen Sinne. Damit gehören zur „Polizei" etwa Tätigkeiten der Baupolizei, der Gewerbepolizei, der Gesundheitspolizei und der Feuerpolizei, soweit diese mit Aufgaben der Gefahrenabwehr verbunden sind. Sofern in den Ländern eine Trennung von Polizei- und Ordnungsbehörden vorgesehen ist, sind auch die Ordnungsbehörden, die ebenfalls mit der Gefahrenabwehr betraut sind, dem materiellen Polizeibegriff zuzurechnen.[17]

10   Der **institutionelle Polizeibegriff** liegt gewissermaßen „quer" zu diesen an Aufgaben und Befugnissen orientierten Polizeibegriffen. Ihm zufolge ist „Polizei" (lediglich) die „Polizeiorganisation", also diejenigen Behörden, die durch landesgesetzliche Regelung organisationsrechtlich als „Polizei" oder Polizeibehörden definiert werden.[18] Die gesetzlichen Aufgabenzuweisungsnormen und ihr Regelungsgehalt sind damit für den institutionellen Polizeibegriff unerheblich.

WIEDERHOLUNGS- UND VERSTÄNDNISFRAGEN

1. Erläutern Sie die Herkunft des Begriffs der „Polizei". (Rn. 1–2)
2. Beschreiben Sie die wesentlichen Erkenntnisse der „Kreuzberg"-Entscheidung des PrOVG. (Rn. 3)
3. Erklären Sie den formellen, den materiellen und den institutionellen Polizeibegriff. (Rn. 7–10)

---

hält den materiellen Polizeibegriff u.a. nur unter Berücksichtigung der verfassungsrechtlichen Bindung für künftig weiter verwendbar.

17 A.A. Möller/Warg, Rn. 15, die zur Vermeidung eines zu weiten Polizeibegriffs und unter Berücksichtigung der im Zuge der „Entpolizeilichung" erfolgten Differenzierung zwischen Vollzugspolizei und (allgemeiner) Verwaltungs-„Polizei" lediglich die Gefahrenabwehraufgaben der Vollzugspolizei unter den materiellen Polizeibegriff fassen.

18 Schoch in: Schoch (Hrsg.), 2. Kap. Rn. 7.

§ 3 Organisation der Gefahrenabwehrbehörden

Der dargestellten Kompetenzverteilung entsprechend bestehen Polizei- und Ordnungs-behörden des Bundes (u. Rn. 2 ff.) sowie Gefahrenabwehrbehörden der einzelnen Län-der (u. Rn. 12 ff.). Beispielhaft dargestellt wird die Organisation der Landesbehörden anhand Baden-Württembergs und Nordrhein-Westfalens.

1

I. Gefahrenabwehrbehörden des Bundes

1. Polizeibehörden des Bundes

Die **Bundespolizei** (bis 30. Juni 2005: Bundesgrenzschutz, 1951 mit dem BGSG ge-gründet), deren Recht im *Gesetz über die Bundespolizei* (BPolG) normiert ist, ist eine in bundeseigener Verwaltung nach Art. 87 GG geführte Behörde des Bundes im Ge-schäftsbereich des Bundesministerium des Innern (§ 21 Abs. 1 BPolG).[1] Ausgangs-punkt der Entwicklungen war die dem Bund zugewiesene Aufgabe des „Grenzschut-zes" gemäß Art. 73 Abs. 1 Nr. 5 GG. Schon der **Bundesgrenzschutz** wurde jedoch suk-zessive mit weiteren Aufgaben betraut, beispielsweise mit der Funktion der Bahnpoli-zei. Das Bundesverfassungsgericht hatte sich bereits früh mit dieser Ausweitung der Aufgaben und Befugnisse des Bundesgrenzschutzes zu befassen. Es hat festgestellt, dass der Bundesgrenzschutz – und damit nunmehr auch die Bundespolizei – zwar trotz der grundsätzlichen Zuweisung der Gefahrenabwehraufgaben an die Länder zum Zwecke des Grenzschutzes und etwa auch zum Schutz der Bahn und des Schienenverkehrs prä-ventivpolizeiliche Funktionen erfüllen und durch Gesetz zugewiesen erhalten könne. Der Bundesgrenzschutz dürfe jedoch nicht zu einer mit der Landespolizei konkurrie-renden, umfassende polizeiliche Aufgaben wahrnehmenden Bundespolizei ausgebaut werden.[2]

2

Die **Aufgaben der Bundespolizei** sind umfassend im *Gesetz über die Bundespolizei* ge-regelt (BPolG). Sie sollen hier nur im Überblick nachgezeichnet werden. Nach § 2 BPolG obliegt der Bundespolizei der grenzpolizeiliche Schutz des Bundes. § 3 BPolG weist ihr die (eigenständige)[3] Aufgabe der Bahnpolizei zu, die Gefahrenabwehr auf dem Gebiet der Bahnanlagen der Eisenbahnen des Bundes. Eine vergleichbare Zustän-digkeit kommt ihr im Rahmen der Luftsicherheit (vgl. § 4 BPolG) einschließlich der Kontrolle der Einreise von Personen auf dem Luftweg zu. Gemäß § 4a BPolG sind der Bundespolizei ferner Aufgaben im Zusammenhang mit der Terrorismusbekämpfung an Bord von Luftfahrzeugen zugewiesen – die Bundespolizeibeamten nehmen dabei die Funktionen einer Art von „*Sky Marshalls*" wahr. Nach § 5 BPolG ist die Bundespolizei ferner als Objektschutzpolizei für Organe und Einrichtungen des Bundes tätig. Weitere Aufgaben bestehen im Notstands- und Verteidigungsfall (§ 7 BPolG) sowie zur Ge-währleistung der Sicherheit auf See (§ 6 BPolG). § 8 BPolG, dessen Reichweite im Ein-zelnen (verfassungs-)rechtlich und rechtspolitisch umstritten ist, erlaubt unter engen Voraussetzungen den nichtmilitärischen Einsatz der Bundespolizei im Ausland im Rah-men internationaler Maßnahmen auf Ersuchen und unter Verantwortung beispielswei-se der Vereinten Nationen oder der Europäischen Union (Abs. 1) sowie die Verwen-

3

---

1 Götz, § 16 Rn. 19 ff.; Gusy, Rn. 42 ff.; Knemeyer, Rn. 29 ff.; Kugelmann, 4. Kap. Rn. 4 ff.; Schenke, Rn. 439; in-struktiv Gnüchtel, NVwZ 2015, 37.
2 BVerfGE 97, 198 ff. – Wegen der nur „punktuellen" Zuständigkeiten der heutigen Bundespolizei verstößt die-se trotz ihrer Bezeichnung nicht gegen die dargestellten Vorgaben des BVerfG.
3 Gusy, Rn. 47; s. BVerwG DVBl. 2014, 1317, zur räumlichen Reichweite bahnpolizeilicher Aufgaben.

dung im Einzelfall zur Rettung von Personen aus einer gegenwärtigen Gefahr für Leib oder Leben im Ausland (Abs. 2).[4]

4   Die zentralen Aufgaben des ebenfalls 1951 eingerichteten **Bundeskriminalamts** liegen in der Unterstützung der Polizeien des Bundes und der Länder bei der Verhütung und Verfolgung von Straftaten mit länderübergreifender, internationaler oder erheblicher Bedeutung.[5] Das im BKAG normierte Aufgabenfeld ist inhomogen und umfasst sowohl präventive als auch repressive Tätigkeiten. Darüber hinaus ist das Bundeskriminalamt das „Nationale Zentralbüro" der Bundesrepublik Deutschland im Rahmen der Zusammenarbeit in der Internationalen Kriminalpolizeilichen Organisation („Interpol") sowie für die Durchführung der dienstlichen Kommunikation mit ausländischen Polizei- und Justizbehörden zuständig. Darüber hinaus kommen dem Bundeskriminalamt eigene Strafverfolgungsaufgaben zu: Gemäß § 4 BKAG z.B. in Fällen international organisierten Handels mit Waffen, Betäubungsmitteln usw. (Abs. 1 Nr. 1), bei politisch motivierten Straftaten gegen Verfassungsorgane (Nr. 2) sowie bei den in Abs. 1 Nr. 3 und 4 der Vorschrift genannten Straftaten des internationalen Terrorismus. Nach § 4a BKAG besteht eine Zuständigkeit zur Abwehr von Gefahren des internationalen Terrorismus in Fällen länderübergreifender Gefahren, wenn der Ort der Gefahr noch nicht erkennbar ist bzw. wenn eine oberste Landesbehörde um Unterstützung ersucht. Ferner ist das Bundeskriminalamt im Bereich des Objekt- und Personenschutzes zuständig für den Schutz der Mitglieder der Verfassungsorgane des Bundes sowie den inneren Schutz der Dienst- und Wohnsitze des Bundespräsidenten, der Mitglieder der Bundesregierung und unter Umständen auch der Staatsgäste (gemeinsame Zuständigkeit mit der Bundespolizei).

5   Ferner können Bundesbehörden polizeiliche Aufgaben, also Aufgaben der Gefahrenabwehr für ihre speziellen Tätigkeitsbereiche zugewiesen sein. So werden beispielsweise gemäß § 24 des Bundes-Wasserstraßengesetzes (WaStrG) Aufgaben der **Strompolizei** von den Behörden der Wasser- und Schifffahrtsverwaltung des Bundes wahrgenommen.[6] Diese haben Maßnahmen zu treffen, die nötig sind, um die Bundeswasserstraßen in einem für die Schifffahrt erforderlichen Zustand zu halten (§ 24 Abs. 1 WaStrG), und dürfen zu diesem Zweck etwa Grundstücke, Anlagen und Einrichtungen sowie Wasserfahrzeuge betreten.

6   Ebenfalls zu den Bundespolizeibehörden gehören die Polizeivollzugsdienste bei Behörden und sonstigen hoheitlichen Einrichtungen. Gemäß Art. 40 Abs. 2 S. 1 GG stehen der Präsidentin bzw. dem Präsidenten des Deutschen Bundestages das Hausrecht sowie die Polizeigewalt in den Gebäuden des Bundestages zu. Der **Polizeivollzugsdienst des Deutschen Bundestages**, dessen sich die Präsidentin bzw. der Präsident zur Ausübung des Hausrechts bedienen kann und der für die sog. „Hausinspektion" zuständig ist, ist daher ebenfalls Bundespolizeibehörde.[7] Ihm kommen präventive Befugnisse zu; zudem besitzt er einen eigenen Ermittlungsdienst zur Strafverfolgung gemäß § 163 StPO.[8] Nach § 9 Abs. 1 S. 1 Nr. 1 BPolG wird die Präsidentin bzw. der Präsident des Bundestags durch die Bundespolizei unterstützt.

---

4   Eingehend Thiel, Die „Entgrenzung" der Gefahrenabwehr, S. 457 ff.
5   Götz, § 16 Rn. 25 ff.; Gusy, Rn. 50; Knemeyer, Rn. 35; Kugelmann, 4. Kap. Rn. 20 ff.; Schenke, Rn. 440.
6   Knemeyer, Rn. 37.
7   Knemeyer, Rn. 36; Kugelmann, 4. Kap. Rn. 45; Schoch in: Schoch (Hrsg.), 2. Kap. Rn. 58; Ramm, NVwZ 2010, 1461.
8   Zu dessen umstrittenen Befugnissen Kugelmann, 4. Kap. Rn. 45.

Keine Polizeibehörden des Bundes sind demgegenüber die **Nachrichtendienste** (Militärischer Abschirmdienst, Bundesnachrichtendienst, Bundesamt für Verfassungsschutz).[9] So kommen etwa dem Bundesamt für Verfassungsschutz keine vollzugspolizeilichen Eingriffsbefugnisse zu (§ 8 Abs. 3 BVerfSchG). Dies ist Folge des sog. „Trennungsgebots", das eine organisatorische, personelle und sachliche Trennung von Polizeibehörden, Nachrichtendiensten und Streitkräften fordert und nach überwiegender Auffassung Verfassungsrang besitzt.[10] Daher fehlt es den Nachrichtendiensten an polizeilichen Eingriffsbefugnissen. Gleichwohl ist ihre Tätigkeit dem präventivpolizeilichen Bereich zuzuordnen.[11]

7

Das **Bundesamt für Verfassungsschutz**[12] ist etwa unter anderem zuständig zur Sammlung und Auswertung von Informationen über solche Bestrebungen, die sich gegen die freiheitliche demokratische Grundordnung, den Bestand oder die Sicherheit des Bundes oder eines Landes richten oder die eine ungesetzliche Beeinträchtigung der Amtsführung der Verfassungsorgane des Bundes oder eines Landes oder ihre Mitglieder zum Ziel haben. Ferner deckt das Bundesamt für Verfassungsschutz neben solchen verfassungsfeindlichen Bestrebungen sicherheitsgefährdende oder geheimdienstliche Tätigkeiten für fremde Mächte auf. Schließlich ist das Amt für die Aufdeckung von Ausländer-Extremismus zuständig, also von Bestrebungen, die durch die Anwendung von Gewalt oder darauf gerichtete Vorbereitungshandlungen auswärtige Belange der Bundesrepublik Deutschland gefährden. Zu den Aufgaben der Verfassungsschutzbehörden des Bundes und der Länder s. eingehend § 3 BVerfSchG.

8

Der **Bundesnachrichtendienst** ist der deutsche „Auslandsnachrichtendienst".[13] Er ist Bundesbehörde im Geschäftsbereich des Leiters des Bundeskanzleramtes und insbesondere zuständig zur Sammlung und Auswertung von Informationen zur Gewinnung solcher Erkenntnisse über das Ausland, die von außen- und sicherheitspolitischer Bedeutung für die Bundesrepublik Deutschland sind, vgl. § 1 Abs. 2 BNDG.[14] Daneben tritt der **Militärische Abschirmdienst** als Nachrichtendienst der Streitkräfte (vgl. § 1 MADG). Polizeiliche Eingriffsbefugnisse kommen beiden Behörden nicht zu.

9

Unter engen Voraussetzungen kommt auch der (ergänzende bzw. unterstützende) Einsatz der **Bundeswehr** zur Gefahrenabwehr im Inland in Betracht.[15] Derzeit ist eine solche Verwendung nur nach Maßgabe des Art. 35 Abs. 2 S. 2 und 3 GG verfassungsrechtlich zugelassen („innerer Notstand"); die Bestimmungen erlauben bei Naturkatastrophen oder (besonders schweren) Unglücksfällen einerseits die Anforderung von Einheiten der Streitkräfte und des Bundesgrenzschutzes (heute: der Bundespolizei) sowie anderer Länder bzw. gestatten andererseits den Einsatz dieser Kräfte auf Weisung der Bundesregierung. Nach der neueren Rechtsprechung des Bundesverfassungsgerichts dürfen die Streitkräfte bei einem Inlandseinsatz unter engen Voraussetzungen

10

---

9 Kugelmann, 4. Kap. Rn. 31 ff.; Kretschmer, Jura 2006, 336.
10 Knemeyer, Rn. 44; Pieroth/Schlink/Kniesel, § 2 Rn. 16 ff. Eingehend Nehm, NJW 2004, 3289; Fremuth, AöR 2014, 32; am Verfassungsrang, wohl auch an der rechtlichen Qualität des Trennungsgrundsatzes zweifelnd Schoch in: Schoch (Hrsg.), 2. Kap. Rn. 47.
11 Vgl. Schoch in: Schoch (Hrsg.), 2. Kap. Rn. 46.
12 Schenke, Rn. 444.
13 Schenke, Rn. 445c.
14 Pieroth/Schlink/Kniesel, § 2 Rn. 22.
15 Eingehend Schoch in: Schoch (Hrsg.), 2. Kap. Rn. 64 ff.; Thiel, Die „Entgrenzung" der Gefahrenabwehr, S. 353 ff.

auch spezifisch militärische Mittel einsetzen („besonders schwerer Unglücksfall" als „ungewöhnliche Ausnahmesituation katastrophischen Ausmaßes").[16]

2. Ordnungsbehörden des Bundes

11   Neben den Polizeibehörden bestehen auch einzelne **Ordnungsbehörden** auf Bundesebene.[17] Beispielhaft genannt werden sollen die Folgenden: Das Bundesamt für Güterverkehr (1952 als Bundesamt für Güterfernverkehr errichtet) erfüllt als selbstständige Bundesoberbehörde Aufgaben zur Herstellung und Gewährleistung der Ordnung im Güterverkehr (vgl. §§ 10 ff. GüKG). Ordnungsaufgaben im Bereich der Finanzdienstleistungen nimmt die Bundesanstalt für Finanzdienstleistungsaufsicht wahr, die 2002 durch eine Zusammenlegung der Bundesaufsichtsämter für das Kreditwesen, den Wertpapierhandel und das Versicherungswesen gegründet wurde (vgl. §§ 1 ff. FinDAG). Das *Gesetz über das Zollkriminalamt und die Zollfahndungsämter (Zollfahndungsdienstgesetz – ZFdG)* normiert die Aufgaben und Befugnisse der Zollfahndungsämter und des Zollkriminalamts. Das Zollkriminalamt war bis zum 31. Dezember 2015 eine Mittelbehörde und ist seither in die Generalzolldirektion als neue Bundesoberbehörde eingegliedert worden. Die Zollfahndungsämter sind gemäß § 1 Nr. 3 FVG örtliche Bundesfinanzbehörden; die Behörden erfüllen Aufgaben der Verhütung und Verfolgung von Straftaten und Ordnungswidrigkeiten. Weitere Bestimmungen enthält des *Zollverwaltungsgesetz (ZollVG)*. Darüber hinaus finden sich ordnungsrechtliche Einzelzuständigkeiten verschiedener Bundesbehörden.

II. Gefahrenabwehrbehörden der Länder

1. Organisationssysteme

12   Die Länder folgen bei der Organisation ihrer Gefahrenabwehrbehörden aufgrund der historischen Entwicklungen in den Besatzungszonen unterschiedlichen Modellen, die sich im Wesentlichen **zwei Systemen** zuordnen lassen.[18] Beide beruhen jedenfalls in ihren Grundstrukturen auf dem Leitgedanken der von den Besatzungsmächten nach dem Zusammenbruch des nationalsozialistischen Regimes umgesetzten „Entpolizeilichung",[19] die einen künftigen Missbrauch der Polizeigewalt vermeiden sollte und sich in einer mehr oder weniger strikt durchgeführten Trennung von Polizei und nichtpolizeilichen Ordnungsbehörden niedergeschlagen hat.[20] Die Behördenbezeichnungen sind in den Ländern – jedenfalls was die nicht der Vollzugspolizei zuzuordnenden Behörden angeht – uneinheitlich und daher keinen allgemeinen Definitionen zugänglich.

13   Im sog. „Mischsystem" oder „**Einheitssystem**" werden die Aufgaben der Gefahrenabwehr von der institutionellen „Polizei" in einheitlicher Weise durchgeführt.[21] Zu beachten ist allerdings, dass auch in den Ländern mit Einheitssystem zwischen Polizeiverwaltungsbehörden (dort auch „Ordnungsbehörden" genannt) und Polizeivollzugsbehörden zu unterscheiden ist; zudem gibt es auch in diesen Ländern allgemeine und

---

16   BVerfG, NVwZ 2012, 1239; dazu Ladiges, NVwZ 2012, 1225.
17   Eingehend Knemeyer, Rn. 38 ff.
18   Kugelmann, 4. Kap. Rn. 49 ff.
19   BVerfGE 3, 407, 431; Gusy, Rn. 54 ff.; Knemeyer, Rn. 10; Kugelmann, 2. Kap. Rn. 19 ff.; Pieroth/Schlink/Kniesel, § 1 Rn. 22 ff.; Schenke, Rn. 14.
20   Möller/Warg, Rn. 16.
21   Knemeyer, Rn. 46; Schenke, Rn. 447 f.

Sonderpolizeibehörden. In Einheitssystemen deckt sich der materielle Polizeibegriff (§ 2 Rn. 9) gleichwohl mit dem institutionellen.

▶ Ein Misch- bzw. Einheitssystem weisen folgende Bundesländer auf: Baden-Württemberg, Bremen, das Saarland und Sachsen. ◀

Im sog. „**Trenn(ungs)system**" oder „Ordnungsbehördensystem" bestehen gesonderte   14
Polizei- und Ordnungsbehörden, um die Unterscheidung zwischen Verwaltungsbehörden („Verwaltungspolizei") und (Vollzugs-)Polizei zu verdeutlichen; in einigen Ländern wird diese Trennung zudem durch eine Regelung in zwei getrennten Gesetzen verdeutlicht.[22]

▶ Dem Trennsystem mit unterschiedlichen Gesetzen folgen die folgenden Bundesländer: Bayern, Brandenburg, Nordrhein-Westfalen (PolG NRW und OBG NRW), Thüringen. In den übrigen Ländern erfolgt die Unterscheidung in einem einheitlichen Gesetz. ◀

In Ländern mit „Trennsystem" ist die Gefahrenabwehraufgabe grundsätzlich den „Ordnungsbehörden" (auch: „Sicherheitsbehörden" in Bayern, Sachsen-Anhalt; „Verwaltungsbehörden" in Hamburg, Niedersachsen; „Gefahrenabwehrbehörden" in Hessen) zugewiesen. Die Polizei ist für gesetzlich ausdrücklich enumerierte Bereiche sowie im Eilfall zuständig; darüber hinaus kann sie den Ordnungsbehörden Vollzugshilfe leisten.

2. Polizeibehörden der Länder

Die **Polizeibehörden** der Länder, also die Behörden der „Vollzugspolizei", gliedern sich   15
in unterschiedlicher Weise auf. In Ländern mit Einheits- und mit Trennsystem ist die Vollzugspolizei etwa weiter unterteilt in Schutz-, Kriminal-, Wasserschutz- und Bereitschaftspolizei.[23] Für das allgemeine Polizei- und Ordnungsrecht ist vor allem der allgemeine Polizeivollzugsdienst der „uniformierten Schutzpolizei" relevant. Die Kriminalpolizei ist zuständig vor allem für die Vorbeugung, Aufklärung und Verfolgung strafbarer Handlungen; das Bundeskriminalamt und die Landeskriminalämter koordinieren diese Tätigkeiten. Diese Aufgaben der Kriminalpolizei verdrängen nicht die „Verfolgungspflicht" des allgemeinen Polizeivollzugsdienstes (vgl. § 163 Abs. 1 StPO).[24] Beamtinnen und Beamte der Vollzugs- und der Kriminalpolizei sind zudem nach § 152 GVG Ermittlungspersonen der Staatsanwaltschaft; nähere Regelungen über die Zuordnung treffen die Länder durch Rechtsverordnung.[25] Der Bereitschaftspolizei obliegt die Aufgabe, für spezielle, meist überörtliche Veranstaltungen und Anlässe größere Verbände als „Reserve" zur Verfügung zu stellen (vgl. auch Art. 91 GG – „innerer Notstand"). Zudem ist sie zur Ausbildung des Polizeinachwuchses in Polizeischulen zuständig (vgl. etwa § 15 DVO PolG BW). Die Wasserschutzpolizei nimmt polizeiliche Aufgaben auf den schiffbaren Wasserstraßen und anderen schiffbaren Gewässern wahr. Vorrangig ist jedoch die Zuständigkeit des Bundes für seine Wasserstraßen (Art. 89 Abs. 2 S. 3 GG). Die Landeskriminalämter (vgl. etwa § 13 POG NW, § 70 Abs. 1 Nr. 3 PolG BW) bilden die Zentralstellen für kriminalpolizeiliche Aufgaben, unterstützen die Innenministerien bei der Kriminalitätsbekämpfung und die örtlichen Po-

---

22 Knemeyer, Rn. 47; Schenke, Rn. 449 ff.
23 Schoch in: Schoch (Hrsg.), 2. Kap. Rn. 92.
24 Möller/Warg, Rn. 35.
25 Gusy, Rn. 62.

lizeibehörden bei der vorbeugenden Bekämpfung sowie bei der Verfolgung und Aufklärung von Straftaten.

16   Die Polizei in **Nordrhein-Westfalen** wird gemäß § 1 POG NW vom Land getragen. Die oberste Dienstbehörde ist das Innenministerium (§§ 5, 6 POG NW). Gemäß § 2 POG NW sind Polizeibehörden das Landeskriminalamt, die Bezirksregierungen sowie die Kreispolizeibehörden. Als Kreispolizeibehörden werden in Polizeibezirken mit mindestens einer kreisfreien Stadt die Polizeipräsidien, in Kreisen, die nach Abs. 3 als Polizeibezirk festgesetzt werden, die Landrätinnen und Landräte, sowie das Präsidium der Wasserschutzpolizei benannt.

▶ Die Qualifizierung der Landrätinnen und Landräte als Kreispolizeibehörden (§ 2 Abs. 1 Nr. 3 POG NW) führt dazu, dass diese nicht in ihrer Eigenschaft als kreiskommunale Amtsträger tätig werden, sondern als staatliche Funktionsträger des Landes („Organleihe"). Eine ähnliche Regelung findet sich bezüglich der Ordnungsbehörden in § 9 Abs. 4 OBG NW (Hauptverwaltungsbeamter als „staatliche Verwaltungsbehörde").[26] ◀

17   In **Baden-Württemberg** ist jüngst eine „Polizeireform" durchgeführt worden, die in das Gesetz zur Umsetzung der Polizeistrukturreform vom 23. Juli 2013[27] gemündet ist. Die Organisation der Polizei ist in den §§ 59 ff. PolG BW geregelt. Nach § 59 PolG BW umfasst die Organisation der Polizei die Polizeibehörden sowie den Polizeivollzugsdienst mit seinen Beamten. Da Baden-Württemberg dem Einheitsmodell folgt, sind hier lediglich die Strukturen des Polizeivollzugsdienstes nachzuzeichnen (zu den Polizeibehörden u. Rn. 26), die in §§ 70 ff. PolG BW normiert sind. Nach § 70 Abs. 1 PolG BW unterhält das Land für den Polizeivollzugsdienst die regionalen Polizeipräsidien (Nr. 1), das Polizeipräsidium Einsatz (Nr. 2) sowie das Landeskriminalamt (Nr. 3). Die Aufgaben und Gliederung der Polizeidienststellen werden nach § 71 vom Innenministerium durch Rechtsverordnung bestimmt.

18   In den Bundesländern bestehen zudem weitere Behörden, die der Polizeiorganisation zuzurechnen sind. Meist sind sie als **Landesoberbehörden** organisiert. Zu nennen sind beispielsweise in Nordrhein-Westfalen das Landesamt für Zentrale Polizeiliche Dienste (LZPD NRW, vgl. § 13a POG NRW). Das Landesamt „bündelt" landeszentral verschiedene Aufgaben für sämtliche Polizeibehörden, unterstützt das Innenministerium im Bereich der Gefahrenabwehr, der Einsatzbewältigung und der Verkehrssicherheitsarbeit und koordiniert landesweit Einsatzkräfte und -mittel. Ferner ist es zuständig für die technische Ausstattung der Polizei und alle Angelegenheiten der Informations- und Kommunikationstechnik. In Baden-Württemberg besteht mit dem Präsidium Technik, Logistik, Service der Polizei (vgl. § 70 Abs. 2 Nr. 2 PolG BW) eine vergleichbare Einrichtung.

19   Neben diese Koordinationsbehörden treten in den Bundesländern **Aus- und Fortbildungsbehörden der Polizei.** In Nordrhein-Westfalen besteht das Landesamt für Ausbildung, Fortbildung und Personalangelegenheiten (LAFP NRW, § 13b POG NRW). Diese Behörden sind zuständig für die Aus- und Fortbildung der Polizei, soweit diese nicht von den örtlichen Polizeibehörden selbst oder aber durch eine zentrale Hochschule (in Nordrhein-Westfalen die Fachhochschule für öffentliche Verwaltung Nordrhein-Westfalen, in Baden-Württemberg die Hochschule für Polizei Baden-Württemberg) durch-

---

26 Zur Problematik der Haftung für Amtspflichtverletzungen entliehener Organe im Falle der Organleihe vgl. BGH DÖV 1981, 383, der im Ergebnis den Kreis für verantwortlich hält.
27 GBl. v. 20.7.2013, Nr. 11, 233.

geführt wird. Das LAFP NRW führt die Aufsicht über die Kreispolizeibehörden in dienstrechtlichen Angelegenheiten. Baden-Württemberg unterhält für den Polizeivollzugsdienst als Aus- und Fortbildungseinrichtungen die Akademie der Polizei sowie die Hochschule für Polizei Villingen-Schwenningen.

Die Regelungen zur Polizeiorganisation normieren zudem die Dienst- und Fachaufsicht   20
(vgl. etwa §§ 5, 6 POG NW, §§ 72, 73 PolG BW). Die **Dienstaufsicht** bezieht sich dabei auf den Behördenaufbau, die innere Ordnung, die allgemeine Geschäftsführung und die Personalangelegenheiten der Behörde (vgl. § 12 LOG NW, § 72 PolG BW). Die **Fachaufsicht** überwacht die rechtmäßige und zweckmäßige Aufgabenerfüllung (vgl. § 13 LOG NW, § 73 PolG BW).

In einigen Landesgesetzen ist der Einsatz von sog. „Hilfspolizeibeamten" gestattet, die   21
– ohne (Ehren-)Beamte zu sein, durch die zuständige Polizeibehörde mit bestimmten polizeilichen Aufgaben und Befugnissen betraut werden können.[28]

▶ Vgl. etwa § 99 SOG Hess; § 95 SOG Nds; § 95 POG RP; § 83 SOG SA usw.; in Nordrhein-Westfalen und Baden-Württemberg fehlen entsprechende Vorschriften. Vgl. auch § 63 Abs. 2–4 BPolG. ◀

3. Ordnungsbehörden der Länder

Bei den **Ordnungsbehörden** (in den Ländern mit Einheitssystem mit variierender Be-   22
zeichnung; in Baden-Württemberg etwa: „Polizeibehörden") sind zu unterscheiden: 1. Allgemeine Ordnungsbehörden (in Baden-Württemberg: „allgemeine Polizeibehörden") und 2. Sonderordnungsbehörden (in Baden-Württemberg: „besondere Polizeibehörden").

Den **Sonderordnungsbehörden** (bzw. besonderen Polizeibehörden) werden durch spezi-   23
algesetzliche Regelung besondere Aufgaben und Befugnisse zugewiesen; meist besteht auch eine besondere Organisationsstruktur (vgl. die Legaldefinition in § 12 Abs. 1 OBG NW; s. auch § 61 Abs. 2 PolG BW).[29] Kennzeichnend ist, dass diese Behörden meist für bestimmte Aufgaben der Gefahrenabwehr außerhalb der allgemeinen inneren Verwaltung eingerichtet sind.[30] Sie können auf unterschiedlichen Ebenen der Verwaltungshierarchie angesiedelt sein, etwa bei den unteren Landesbehörden (z.B. Kreise und kreisfreie Städte) als staatliche Forstämter, Gesundheitsämter, Bergämter; zu nennen sind ferner die unteren Bauaufsichtsbehörden (vgl. § 60 Abs. 1 S. 3 BauO NW). Sonderordnungsbehörden können auch als Landesoberbehörden ausgestaltet sein, z.B. das Landesumweltamt in Nordrhein-Westfalen. Für Sonderordnungsbehörden gelten vorrangig die jeweiligen gesetzlichen Spezialnormen. Subsidiär kann auf die Vorschriften des allgemeinen Ordnungsrechts zurückgegriffen werden (vgl. § 12 Abs. 2 OBG NW), namentlich auf die Bestimmungen zur Zuständigkeit und zum Verwaltungsverfahren.

Allgemeine Ordnungsbehörden sind alle Ordnungsbehörden, die nicht Sonderord-   24
nungsbehörden sind; ihnen sind alle (sonstigen) Aufgaben der Gefahrenabwehr übertragen. In den Ländern mit Trennsystem findet sich meist eine Dreigliederung in örtliche Ordnungsbehörden, Kreisordnungsbehörden und Landesordnungsbehörden. In Einheitssystemen treten die Ordnungsbehörden als „Allgemeine Polizeibehörden",

---

28 Götz, § 16 Rn. 12; Ungerbieler, DVBl. 1980, 409.
29 Vgl. Götz, § 20 Rn. 8 f.
30 Vgl. Möller/Warg, Rn. 33.

„Gefahrenabwehrbehörden", „Verwaltungspolizei" oder „Verwaltungsbehörden" auf, wobei die Ebenen der „Orts-" und der „Kreispolizeibehörden" unterschieden werden.

25 In **Nordrhein-Westfalen** werden gemäß § 3 Abs. 1 OBG NW die Aufgaben der örtlichen Ordnungsbehörden von den Gemeinden und die Aufgaben der Kreisordnungsbehörden von den Kreisen bzw. den kreisfreien Städten als Pflichtaufgaben zur Erfüllung nach Weisung wahrgenommen. Landesordnungsbehörden sind nach § 3 Abs. 2 OBG NW die Bezirksregierungen. Die Aufgaben der Gefahrenabwehr werden von den örtlichen und den Kreisordnungsbehörden als Pflichtaufgaben zur Erfüllung nach Weisung erfüllt (vgl. § 9 OBG NW). Aufsichtsbehörden sind gemäß § 7 OBG NW die Landrätin bzw. der Landrat als untere staatliche Verwaltungsbehörde, soweit die Aufsicht über die örtlichen Ordnungsbehörden ausgeübt werden soll. Die Bezirksregierung ist Aufsichtsbehörde über die kreisfreien Städte als örtliche Ordnungsbehörden sowie über die Kreisordnungsbehörde. Oberste Aufsichtsbehörde ist das jeweils zuständige Ministerium. Gemäß § 9 Abs. 1 OBG NW können die Aufsichtsbehörden Weisungen zur Sicherung der gesetzmäßigen Erfüllung der ordnungsbehördlichen Aufgaben erteilen. § 9 Abs. 2 OBG NW enthält zudem (striktere) Vorgaben für die Erteilung von Weisungen hinsichtlich der zweckmäßigen Aufgabenwahrnehmung.

26 In **Baden-Württemberg** ist die Organisation der „Polizeibehörden" in §§ 61 ff. PolG BW normiert. Gemäß § 61 Abs. 1 PolG BW sind allgemeine Polizeibehörden die obersten Landespolizeibehörden (die jeweils zuständigen Ministerien, § 62 Abs. 1 PolG BW), die Landespolizeibehörden (die Regierungspräsidien, § 62 Abs. 2 PolG BW), die Kreispolizeibehörden (die unteren Verwaltungsbehörden, § 62 Abs. 3 PolG BW) und die Ortspolizeibehörden (die Gemeinden, § 62 Abs. 4 PolG BW). Diese Terminologie verdeutlicht, dass die Polizeibehörden in die allgemeine Organisationsstruktur der Verwaltung eingegliedert sind. Die Dienst- und Fachaufsicht sowie die Weisungsrechte übergeordneter Behörden sind in §§ 63–65 PolG BW geregelt.

27 Neben die Polizei- und Ordnungsbehörden treten noch **weitere Behörden** mit spezifischen Gefahrenabwehraufgaben, die gesonderten rechtlichen Regelwerken unterliegen. Zu nennen sind z.B. die Feuerwehr (in Nordrhein-Westfalen geregelt im Gesetz über den Feuerschutz und die Hilfeleistung – FSHG NW), die kommunalen Rettungsdienste (vgl. Gesetz über den Rettungsdienst sowie die Notfallrettung und den Krankentransport durch Unternehmen – RettG NW) sowie die Gesundheitsbehörden. Hinsichtlich der Feuerwehr (der Gemeinden und Kreise) ist umstritten, ob es sich um eine Ordnungsbehörde handelt;[31] dieser Streit ist von untergeordneter Bedeutung, da sie jedenfalls faktisch ordnungsbehördliche (Gefahrenabwehr-)Aufgaben wahrnimmt.[32] Ihnen obliegen regelmäßig die Aufgaben des Brandschutzes sowie des Hilfs- und Rettungsdienstes bei Unfällen und öffentlichen Notständen. Dabei dürfen sie sich nach h.M. nicht auf die Befugnisnormen des allgemeinen Polizei- und Ordnungsrechts, namentlich nicht auf die Generalklausel (§ 6 Rn. 10 ff.) stützen.[33]

III. Kooperation der Gefahrenabwehrbehörden und Trennungsgebot

28 Die dargestellten Polizei- und Ordnungsbehörden des Bundes und der Länder sowie die Nachrichtendienste und Verfassungsschutzbehörden stehen, auch wenn ihnen un-

---

31 Götz, § 20 Rn. 11: keine Polizei, keine (Sonder-)Ordnungsbehörde, sondern kommunale Einrichtungen; a.A. Drews/Wacke/Vogel/Martens, S. 97.
32 Eingehend Möller/Warg, Rn. 34.
33 OVG Lüneburg NVwZ-RR 1999, 741, 742; Götz, § 20 Rn. 11.

terschiedliche Aufgabenbereiche gesetzlich zugewiesen sind und das sog. „Trennungsgebot" eine organisatorische, personelle und kompetenzielle „Vermischung" untersagt,
nicht isoliert nebeneinander. Zur Erfüllung ihrer Sicherheitsaufgaben sind sie in einer
komplexer werdenden Welt, unter den Anforderungen gewandelter Kriminalität und
im Hinblick auf den wissenschaftlich-technischen Fortschritt mit seinen neuartigen Ge-
fährdungslagen auf eine umfassende **Kooperation** angewiesen. Eine solche Kooperation wird durch das „Trennungsgebot" nicht gesperrt; im Gegenteil ist ihre Notwendigkeit mit Blick auf die Sicherheitsgewährleistungsaufgaben der Behörden anzuerkennen.
So arbeiten Sicherheitsbehörden etwa im 2004 eingerichteten „Gemeinsamen Terroris-
musabwehrzentrum" in Berlin zusammen, einer gemeinsamen Koordinierungsstelle zur
Förderung der operativen Arbeit im Zusammenhang mit der Bekämpfung des internationalen Terrorismus. Es besteht aus einer Nachrichtendienstlichen Informations- und
Analysestelle sowie einer Polizeilichen Informations- und Analysestelle.

In der Praxis ist vor allem eine **„informationelle" Kooperation** gebräuchlich. Diese Ko-   29
operation ist in den vergangenen Jahren zunehmend ausgeweitet und institutionalisiert
worden. So wurde Ende 2006 die sog. „Anti-Terror-Datei" rechtlich in Kraft gesetzt.
Das Bundeskriminalamt, die Bundespolizeidirektion, die Landeskriminalämter, die
Verfassungsschutzbehörden des Bundes und der Länder, der Militärische Abschirmdienst, der Bundesnachrichtendienst und das Zollkriminalamt führen zur Erfüllung
ihrer jeweiligen gesetzlichen Aufgaben zur Aufklärung oder zur Bekämpfung des internationalen Terrorismus mit Bezug zur Bundesrepublik Deutschland eine „gemeinsame
standardisierte zentrale Antiterrordatei" (vgl. § 1 ATDG).[34] Die Teilnahme kann unter
den in § 1 Abs. 2 ATDG normierten Voraussetzungen weiterer Polizeivollzugsbehörden gestattet werden. Die teilnehmenden Behörden speisen Informationen über Personen in die Datei ein, bezüglich derer Anhaltspunkte für einen Zusammenhang mit terroristischen Gefahren bestehen (im Einzelnen § 2 ATDG). Diese Informationen können
sodann nach Maßgabe des § 5 ATDG von den anderen Behörden abgerufen werden.
2012 haben die zuständigen Verfassungsorgane der Einrichtung einer vergleichbaren
Datei über „Rechtsextremismus" zugestimmt; das *Gesetz zur Errichtung einer standar-
disierten zentralen Datei von Polizeibehörden und Nachrichtendiensten von Bund und
Ländern zur Bekämpfung des gewaltbezogenen Rechtsextremismus* vom 20. August
2012[35] hat die rechtliche Grundlage für diese Datei geschaffen. Die Gefahrenabwehr-
und Nachrichtendienstgesetze des Bundes erlauben darüber hinaus Einrichtung und
Betrieb sog. „projektbezogener gemeinsamer Dateien". Diese können durch das Bundesamt für Verfassungsschutz, den Bundesnachrichtendienst und das Bundeskriminalamt für die Dauer einer befristeten projektbezogenen Zusammenarbeit untereinander
sowie mit den Landesbehörden für Verfassungsschutz, dem Militärischen Abschirmdienst, den Polizeibehörden des Bundes und der Länder sowie dem Zollkriminalamt
eingerichtet werden (vgl. § 22a BVerfSchG, § 9a BNDG, § 9a BKAG; ferner § 48a
PolG BW). Ein weiteres Beispiel ist das unter der Federführung des Bundesamtes für
Sicherheit in der Informationstechnik gemeinsam mit dem Bundesamt für Verfassungsschutz, dem Bundesamt für Bevölkerungsschutz und Katastrophenhilfe, dem Bundeskriminalamt, der Bundespolizei, dem Zollkriminalamt, dem Bundesnachrichtendienst
und der Bundeswehr betriebene Nationale Cyber-Abwehrzentrum (Cyber-AZ).[36]

---

34 Zu den Änderungen des ATDG von 2014 eingehend Petri, ZD 2014, 597; Tanneberger, VBlBW 2014, 41; Hör-
     auf, NVwZ 2015, 181.
35 BGBl. I 1798.
36 Dazu eingehend Linke, DÖV 2015, 128.

WIEDERHOLUNGS- UND VERSTÄNDNISFRAGEN

1. Nennen Sie die Polizeibehörden des Bundes. (Rn. 2–6)

2. Erläutern Sie die unterschiedlichen Aufgaben von Polizeibehörden, Nachrichtendiensten und der Streitkräfte. (Rn. 7–10)

3. Beschreiben Sie den Unterschied zwischen „Einheitssystemen" und „Trennsystemen". (Rn. 13–14)

4. Was unterscheidet allgemeine Ordnungsbehörden von Sonderordnungsbehörden? (Rn. 23–24)

§ 4 Aufgaben der Gefahrenabwehrbehörden

I. Einführung

Den Gefahrenabwehrbehörden der Länder sind durch Gesetz ausdrücklich verschiede- 1
ne **Aufgaben** zugewiesen. Dabei handelt es sich vorrangig um sog. „präventive" Aufgaben, also solche, die der Prävention gegenüber Gefahren dienen. Der Begriff der „Prävention" ist in diesem Zusammenhang weit zu verstehen und erfasst nicht nur die nach
allgemeinem Sprachgebrauch davon erfasste „Vorsorge", sondern auch und vor allem
die Abwehr bereits konkret bestehender Gefahrenlagen. Die Funktion des Adjektivs
„präventiv" beschränkt sich im Wesentlichen auf die der Abgrenzung zu einer anderen
polizeilichen Handlungsform, die der Vollzugspolizei zusteht: Das „repressive" Handlungsfeld, das die Verfolgung und Ahndung von Straftaten und Ordnungswidrigkeiten
einschließt. Präventives und repressives Handeln folgt teilweise grundsätzlich unterschiedlichen rechtlichen Vorgaben etwa hinsichtlich des Rechtsschutzes und der Ermächtigungsnormen für Eingriffe der Gefahrenabwehrbehörden in Rechtsgüter des
Einzelnen.

II. Gefahrenabwehr

Allen Gefahrenabwehrbehörden – den Sonderordnungsbehörden, den Polizei- und den 2
allgemeinen Ordnungsbehörden – ist gemeinsam, dass ihnen durch Gesetz die Aufgabe
der **Gefahrenabwehr** zugewiesen sind (vgl. § 1 Abs. 1 OBG NW, § 1 Abs. 1 S. 1 PolG
NW, § 11 Abs. 1 Nr. 1 POG NW; § 1 Abs. 1 PolG BW).[1] Teilweise wird betont, dass
die Gefahrenabwehrbehörden insbesondere die verfassungsmäßige Ordnung und die
ungehinderte Ausübung der staatsbürgerlichen Rechte zu gewährleisten haben (§ 1
Abs. 1 S. 2 PolG BW).

Eine Gefahr ist eine Sachlage, in der mit hinreichender Wahrscheinlichkeit ein Schaden 3
für eines der rechtlich geschützten Rechtsgüter eintreten wird oder bereits eingetreten
ist (im Einzelnen zum Gefahrenbegriff § 8 Rn. 4 ff.). Gefahrenabwehr ist (im historischen Rückblick – § 2 Rn. 1 ff. – unter Abkehr von der vormaligen Aufgabe der allgemeinen und umfassenden Wohlfahrtspflege) damit in erster Linie präventiver („vorbeugender") **Rechtsgüterschutz.**[2] Namentlich die Rechtsgüter Leben, körperliche Unversehrtheit, Gesundheit, persönliche Freiheit und Eigentum des Einzelnen sollen vor
Beeinträchtigungen und Schäden bewahrt werden. Aufgrund normativer Schutzvor-
schriften auf Verfassungsebene (Grundrechte) und einfachgesetzlicher Ebene (z.B.
strafrechtliche Vorschriften) wird dieser Rechtsgüterschutz durch einen **Rechtsnor-**
menschutz flankiert, wie auch an der Tatsache deutlich wird, dass die objektive
Rechtsordnung zu den zu schützenden Komponenten der öffentlichen Sicherheit ge-
rechnet wird, die Tatbestandsmerkmal zahlreicher gefahrenabwehrrechtlicher Ermächtigungsnormen ist (Rn. § 8 Rn. 10 ff.).

Der Gefahrenabwehr und damit dem präventiven Handlungsfeld zuzuordnen ist auch 4
die **Gefahrenvorsorge,** bei der bereits im Vorfeld konkreter Gefahren staatliche Aktivi-
täten entfaltet werden, um schon die Entstehung von Gefahren zu verhindern bzw. eine

---

1   Zu den Aufgaben der Polizei allgemein Lisken, ZRP 1990, 15; Vahle, VR 1991, 200; Bialon/Springer, Rn. 52 ff.;
    Zähle, JuS 2014, 315; zu aktuellen Entwicklungen im Ordnungsbehördenrecht Heusch/Schönenbroicher,
    NWVBl. 2015, 92.
2   Anschaulich bei Gusy, Rn. 80; Kugelmann, 5. Kap. Rn. 32 f.

wirksame Bekämpfung sich später realisierender, momentan aber noch nicht konkret drohender Gefahren zu ermöglichen. Damit schließt die Gefahrenvorsorge auch die Verhütung von (noch) nicht konkret drohenden Straftaten ein.[3]

5   In einigen Bundesländern ist den Polizeibehörden zusätzlich die Aufgabe der **Vorbereitung auf die (künftige) Gefahrenabwehr** zugewiesen (vgl. § 1 Abs. 1 S. 2 PolG NW: Aufgabe, die „erforderlichen Vorbereitungen für die Hilfeleistung und das Handeln in Gefahrenfällen zu treffen").[4] Auch hierbei handelt es sich um eine präventivpolizeiliche Tätigkeit. Es geht um die gefahrenabwehrbehördliche Bewältigung „abstrakter" Gefahren, also solcher, die noch nicht konkret bestehen, sondern nur denkbar sind – in Situationen etwa, in denen eine hinreichende Wahrscheinlichkeit des baldigen Entstehens einer konkreten Gefahrenlage besteht. Beispiele für Maßnahmen, die diesen Zwecken dienen, sind in § 11 PolG NW geregelt. So kann die Polizei z.B. Informationen (Namen, Erreichbarkeit usw.) über Personen erheben, deren Kenntnisse oder Fähigkeiten zur Gefahrenabwehr benötigt werden (Nr. 1), ferner über Verantwortliche für Anlagen oder Einrichtungen, von denen eine erhebliche Gefahr ausgehen kann (Nr. 2), und über Verantwortliche für gefährdete Anlagen oder Einrichtungen (Nr. 3).

6   Den Polizeibehörden ist in einigen Landesgesetzen ferner die **Verhütung künftiger Straftaten** als Aufgabe übertragen (vgl. § 1 Abs. 1 S. 2 PolG NW). Dabei handelt es sich, da die diesbezüglichen Regelungen des Strafgesetzbuchs als Teil der objektiven Rechtsordnung vom Schutzgut der öffentlichen Sicherheit umfasst werden (§ 8 Rn. 13), um eine der „klassischen" Gefahrenabwehraufgaben,[5] weshalb eine gesonderte Nennung neben der Gefahrenabwehraufgabe eigentlich entbehrlich ist. § 1 Abs. 1 S. 2 PolG NW verweist denn auch auf diese Aufgabe („im Rahmen dieser Aufgabe").

Beispiel: Bei einer Fußstreife in der Altstadt stoßen die Polizeibeamten P und Q auf den offensichtlich stark alkoholisierten B. Dieser wankt laut singend aus der Gaststätte „Bierschwemme" und versucht anschließend mehrfach vergeblich, mit einem Autoschlüssel die Fahrertür eines unmittelbar vor der Gaststätte abgestellten PKW zu öffnen. P und Q untersagen dem B das Führen des Fahrzeugs und stellen Autoschlüssel, Führerschein und Fahrzeugpapiere sicher.

Die Verhütung von Straftaten ist gemäß der originären Aufgabenzuweisungsnormen der Gefahrenabwehrgesetze polizeiliche Aufgabe. Hier könnte es sich um Straftaten gemäß § 315c Abs. 1 Nr. 1 lit. a) StGB (Gefährdung des Straßenverkehrs) oder (subsidiär) § 316 StGB (Trunkenheit im Verkehr) handeln, die der B möglicherweise zu begehen droht. Allerdings muss aufgrund konkreter tatsächlicher Anhaltspunkte der Schluss gerechtfertigt sein, dass eine bestimmte Person eine mit Strafe bedrohte Handlung begehen wird. P und Q durften angesichts der Sachlage zulässigerweise die Prognose anstellen, dass der B das Fahrzeug zu fahren beabsichtigte. Damit sind sie zur Verhütung einer Straftat tätig geworden. Anders wäre der Fall nur dann zu bewerten, wenn z.B. hinreichend plausible Anhaltspunkte dafür bestünden, dass B lediglich eine Jacke oder einen anderen Gegenstand aus dem Auto holen will oder beabsichtigt, sich lediglich zum Schlafen in das Fahrzeug zu setzen oder zu legen. Dies ist eine Frage der Gefahrenprognose, also der Bewertung der Wahrscheinlichkeit eines Schadenseintritts, hier: der Verletzung der strafrechtlichen Verbotsnormen (dazu eingehend § 8 Rn. 50 ff.).

---

3   Schenke, Rn. 10.
4   Soiné, DÖV 2000, 173, 174: Abwehr einer abstrakten Gefahr; Kugelmann, 5. Kap. Rn. 167 ff.; Pieroth/Schlink/Kniesel, § 5 Rn. 7.
5   Kugelmann, 5. Kap. Rn. 175.

Zur Gefahrenabwehraufgabe gehört ferner nach der Mehrzahl der für die Polizei maß- 7
geblichen Regelwerke die **vorbeugende Bekämpfung von Straftaten** (vgl. § 1 Abs. 1 S. 2
PolG NW).[6] Sie ist als originäre Aufgabe der Polizei zugewiesen und zielt darauf ab,
dass Straftaten gar nicht erst begangen zu werden drohen. In Baden-Württemberg fehlt
eine ausdrückliche Zuweisung dieser Aufgabe, einige Maßnahmenermächtigungen setzen die vorbeugende Bekämpfung aber tatbestandlich voraus (vgl. § 22 Abs. 2 PolG
BW).

Neben die vorbeugende Bekämpfung tritt die **Strafverfolgungsvorsorge**.[7] Sie dient der 8
zukünftigen Durchführung der Strafverfolgung hinsichtlich möglicherweise begangener
künftiger oder später bekannt werdender Straftaten. Die Zuordnung der Strafverfolgungsvorsorge zum präventivpolizeilichen Tätigkeitsfeld ist umstritten; im Schrifttum
wird teilweise wegen der sachlichen Nähe zum Bereich der Verfolgung bereits begangener Straftaten eine repressive Einordnung vorgenommen;[8] die Gegenmeinung ordnet
sie der Gefahrenabwehr zu.[9] Praktische Bedeutung erlangt diese Kontroverse bei der
Frage nach der Gesetzgebungskompetenz: Handelt die Polizei repressiv, besteht ein
sachlicher Bezug zum gerichtlichen Verfahren, das nach Art. 74 Abs. 1 Nr. 1 GG in die
konkurrierende Legislativkompetenz des Bundes fällt. Bei präventivem Handeln bleibt
es bei der Gesetzgebungszuständigkeit der Länder nach Art. 70 Abs. 1 GG. Die Problematik hat sich im Zusammenhang mit Bestimmungen der StPO über bestimmte polizeiliche Maßnahmen manifestiert: § 81b 2. Alt. StPO ermächtigt zu erkennungsdienstlichen Maßnahmen, § 81g StPO zur DNA-Feststellung. Hinsichtlich dieser beiden Vorschriften ist der Bundesgesetzgeber davon ausgegangen, er habe eine abschließende
bundesgesetzliche Regelung zur Vorsorge für die Verfolgung künftiger Straftaten geschaffen, so dass eine ergänzende Gesetzgebungstätigkeit der Länder gesperrt sei. Das
Bundesverfassungsgericht hat zwar eine zeitlich präventive Einordnung der fraglichen
Maßnahmen vorgenommen, jedoch gleichwohl die Gesetzgebungszuständigkeit des
Bundes anerkannt. Die Strafverfolgungsvorsorge hat das Gericht kompetenzmäßig
dem gerichtlichen Verfahren im Sinne des Art. 74 Abs. 1 Nr. 1 GG zugeordnet, namentlich im Hinblick auf den Hauptanwendungsfall der Sicherung von Beweismitteln
für ein künftiges Strafverfahren.[10]

▶ Diese Lösung überzeugt nicht uneingeschränkt, knüpft doch das Strafprozessrecht stets
an die bereits begangene Straftat an, setzt diese mithin voraus. Wurde sie noch nicht begangen, kann sie lediglich präventiv verhütet, nicht aber repressiv verfolgt werden. Zudem
liegt schon ein präventiver – weil abschreckender – Effekt in der Schaffung gesetzlicher Regelungen zur Verfolgung künftiger Straftaten. Insoweit ist dem Bundesverfassungsgericht
hinsichtlich der präventiven Einordnung zuzustimmen. Dies hat zur Folge, dass die Länder
jedenfalls ergänzend gesetzgebungsbefugt sind. ◀

Im Schrifttum werden die gesetzlich zugewiesenen Aufgaben der Straftaten- und Ge- 9
fahrenvorsorge mit der Vorbereitung auf die Gefahrenabwehr, der Verhütung von

---

6 Dazu Horn, FS Schmitt Glaeser, 2003, 435; eingehend auch Götz, § 17 Rn. 34 ff.; Kugelmann, 5. Kap. Rn. 175;
   Möller/Warg, Rn. 102b; Pieroth/Schlink/Kniesel, § 5 Rn. 4 ff. Für eine Zuordnung zum präventiven Bereich
   vgl. BVerfGE 113, 348, 368 ff.; BVerwG NJW 1990, 2765, 2766.
7 Götz, § 17 Rn. 39.
8 Möller/Warg, Rn. 102c; Zöller, Informationssysteme und Vorfeldmaßnahmen von Polizei, Staatsanwaltschaft und Nachrichtendiensten, 2002, S. 90 ff.; differenzierend Kugelmann, 5. Kap. Rn. 180 ff.
9 Schoch in: Schoch (Hrsg.), 2. Kap. Rn. 16.
10 BVerfGE 113, 348, 369; s. auch BVerwG NVwZ 2012, 457; Kugelmann, 5. Kap. Rn. 178 ff.; Schenke, Polizei-
   und Ordnungsrecht, § 2 Rn. 30; ablehnend Schoch in: Schoch (Hrsg.), 2. Kap. Rn. 18.

Straftaten und der „Verfolgungsvorsorge" gelegentlich als präventivpolizeiliche Aufgabenbereiche im Vorfeld der Gefahrenabwehraufgabe, als „prä-präventive" Aufgaben qualifiziert und als eigenständige, „dritte" **Aufgabenkategorie** neben Gefahrenabwehr und Strafverfolgung eingeordnet.[11] Mit dieser theoretischen Schöpfung ist indes rechtswissenschaftlich nichts gewonnen; vielmehr verwirrt die Annahme einer dritten Aufgabenkategorie die ohnehin oftmals schwierige Abgrenzung zwischen präventivem und repressivem Handeln der Polizeibehörden. Zu Recht ordnet die h.M. daher auch diese „Vorfeldaufgaben" der präventiven Gefahrenabwehr zu. An der grundsätzlichen Zweigliederung polizeilichen Handelns sollte festgehalten werden.

III. Sonstige gesetzlich zugewiesene Aufgaben

10   Die Polizeibehörden haben ferner diejenigen Aufgaben zu erfüllen, die ihnen **durch andere Rechtsvorschriften** übertragen sind (vgl. § 1 Abs. 4 PolG NW; § 1 Abs. 2 PolG BW). Derartige Aufgabenübertragungen finden sich sowohl in Gesetzen als auch in Rechtsverordnungen; sie können eine originäre Zuständigkeit der Polizei begründen, aber auch eine lediglich subsidiäre Aufgabenzuweisung enthalten. Zu nennen sind etwa spezialgesetzliche Zuständigkeiten für den Bereich des Versammlungswesens und des Waffen- und Munitionswesens; für diese Regelungsbereiche ist den Ländern meist gesetzlich die Befugnis zugewiesen, durch Rechtsverordnung die zuständigen Behörden selbst festzulegen (vgl. § 48 Abs. 1 WaffG; §§ 1 ff. DVO WaffG NW).

11   Die Polizeibehörden sind darüber hinaus zuständig für die „Erforschung", also die Aufklärung, und (als Ermittlungspersonen der Staatsanwaltschaft) für die Verfolgung von Straftaten. Dies ergibt sich nach überwiegender Auffassung aus § 1 Abs. 4 PolG NW (bzw. § 1 Abs. 2 PolG BW) i.V.m. § 163 Abs. 1 StPO, ergänzt durch § 11 Abs. 1 Nr. 2 POG NW.[12] Dieses Tätigkeitsfeld der **Strafverfolgung** wird häufig gegenüber den gefahrenbezogenen Aufgaben, die als „präventiv" bezeichnet werden, „repressiv" genannt.[13] Die normativen Grundlagen für entsprechende Eingriffsmaßnahmen (z.B. die Vernehmung von Beschuldigten und Zeugen, die Durchsuchung, die körperliche Untersuchung einschließlich der Blutprobenentnahme, die vorläufige Festnahme usw.) gibt im Wesentlichen die Strafprozessordnung (StPO), so dass der Bereich repressiver Tätigkeit insgesamt der strafrechtlichen Disziplin zugeordnet wird. Das Strafverfolgungsrecht wird somit auch aus den öffentlich-rechtlichen Darstellungen des Polizei- und Ordnungsrechts „ausgeklammert",[14] obwohl die Strafverfolgung eine zentrale Funktion der (Vollzugs-)Polizei ist.

12   § 163 StPO regelt, dass die Polizei bei Verdacht einer begangenen Straftat die Sache zu erforschen und alle dringenden Anordnungen zu treffen hat, um die Verdunkelung der Sache zu verhüten. Es handelt sich mithin um eine Vorschrift, die sowohl **Aufgabenzuweisungs- als auch Befugnisnorm** ist. Die Strafprozessordnung enthält jedoch zahlreiche detaillierte Ermächtigungsnormen. Bei ihrer Strafverfolgungstätigkeit unterliegen die Polizeibehörden und -beamten den Weisungen und Aufträgen der Staatsanwalt-

---

11   Knemeyer, Rn. 15 ff., 71 ff.
12   A.A. Pieper, Polizei.info-report 2011, 42, der § 1 Abs. 4 PolG NW für unanwendbar hält, weil die Strafverfolgung eine repressive Tätigkeit darstelle und die Zuständigkeit für die Verfolgung von Straftaten und Ordnungswidrigkeiten in einem Vorentwurf zu § 1 Abs. 4 MEPolG NW zunächst enthalten war, dann aber gestrichen wurde.
13   Eingehend Schoch in: Schoch (Hrsg.), 2. Kap. Rn. 9; ausführlich zum repressiven Handeln der Polizei auch Knemeyer, Rn. 400 ff.
14   Eine ausführliche Behandlung findet sich aber etwa bei Bialon/Springer, Eingriffsrecht.

schaft (§ 161 Abs. 1 S. 2 StPO).[15] Ferner gilt für sie anders als bei der Gefahrenabwehr und bei der Verfolgung und Ahndung von Ordnungswidrigkeiten (vgl. § 53 Abs. 1 S. 1 OWiG: „nach pflichtgemäßem Ermessen") nicht der Opportunitätsgrundsatz (§ 8 Rn. 155 ff.), sondern das Legalitätsprinzip – hinsichtlich der Strafverfolgung besteht kein (Entschließungs-)Ermessen; sie sind einem „Strafverfolgungszwang" unterworfen (vgl. §§ 152 Abs. 2, 160 Abs. 1 StPO).[16] Freilich kommt der Polizei jedenfalls hinsichtlich der Auswahl der zu treffenden repressiven Maßnahme und derjenigen Person(en), gegen die sich die weiteren Ermittlungen richten („Beschuldigte/r") ein Ermessensspielraum zu (z.B. hinsichtlich der Frage, welche Person zuerst vernommen werden soll, usw.), für den insbesondere auch die Bindungen des Verhältnismäßigkeitsgrundsatzes gelten (dazu § 8 Rn. 177 ff.).

Gemäß § 53 Abs. 1 OWiG ist der Polizei ferner die Aufgabe der Erforschung sämtlicher **Ordnungswidrigkeiten** zugewiesen (vgl. § 11 Abs. 1 Nr. 2 POG NW). Die Polizei ist damit „Ermittlungsbehörde", während die eigentliche Ahndung (insb. mit einem Bußgeld) der Verfolgungsbehörde obliegt. Dies ist meist die Ordnungsbehörde, sofern nicht die Polizei aufgrund spezieller (landes-)gesetzlicher Anordnung auch zur Verfolgungsbehörde erklärt ist (vgl. §§ 36 Abs. 1, 35 OWiG, § 26 StVG für Verkehrsordnungswidrigkeiten; § 5 DVO WaffG NRW für Ordnungswidrigkeiten nach dem Waffenrecht). Die allgemeine Zuständigkeitsnorm des § 53 OWiG gilt selbst für solche Ordnungswidrigkeiten, deren Verfolgung und Ahndung in den Zuständigkeitsbereich einer anderen Behörde fällt. Darüber hinaus gelten §§ 57 Abs. 2, 56, 58 OWiG; diesen Vorschriften zufolge dürfen auch Polizeibeamte Verwarnungen bei geringfügigen Ordnungswidrigkeiten aussprechen und ein Verwarnungsgeld von fünf bis fünfunddreißig Euro erheben. Obwohl §§ 46, 53 Abs. 1 S. 2, Abs. 2 OWiG auf die Regelungen des Strafverfahrensrechts verweisen, entsprechen die Befugnisse der Polizei bei der Verfolgung von Ordnungswidrigkeit nicht vollumfänglich denjenigen bei der Strafverfolgung.[17]

Eine weitere gesetzlich zugewiesene Aufgabe der Polizeibehörden ist die **Verkehrsregelung, -kontrolle und -überwachung** nach den Vorschriften der *Straßenverkehrsordnung* (vgl. § 44 Abs. 2 StVO, der unter der Überschrift „Sachliche Zuständigkeit" eine Aufgaben- und Befugnisnorm für die Polizei enthält; s. auch § 11 Abs. 1 Nr. 3 POG NW). Die Polizei hat in diesem Handlungsfeld ein Recht des „ersten Zugriffs" zur Gewährleistung und Wiederherstellung der Sicherheit des Straßenverkehrs; sie darf diesen durch Zeichen und Weisungen sowie durch die Bedienung von Lichtzeichenanlagen regeln (§§ 36 Abs. 5, 44 Abs. 2 S. 1 StVO). Bei Gefahr im Verzug ist ihr durch § 44 Abs. 2 S. 2 StVO eine gegenüber der Straßenverkehrsbehörde bzw. dem Träger der Straßenbaulast subsidiäre Eingriffsbefugnis für vorläufige Gefahrenabwehrmaßnahmen eingeräumt. Hinsichtlich der Überwachung des Straßenverkehrs bestehen daher jedenfalls bei Gefahr im Verzug Zuständigkeitskollisionen mit den Straßenverkehrsbehörden; diese sind grundsätzlich nach § 44 Abs. 1 StVO für die Überwachung des Straßenverkehrs zuständig. Damit ist den Polizeibehörden auch die Vollstreckung der auf der Grundlage der StVO erlassenen Verwaltungsakte – namentlich der Verkehrsschilder – übertragen. Wegen § 44 Abs. 2 S. 2 StVO ist aber auch hier die Zuständigkeit der

13

14

---

15 Kugelmann, 1. Kap. Rn. 31.
16 Möller/Warg, Rn. 49.
17 Möller/Warg, Rn. 47; vgl. etwa § 46 Abs. 4 OWiG bezüglich der Blutprobenentnahme und anderer geringfügiger körperlicher Eingriffe; s. Bialon/Springer, Rn. 91 ff.

Polizei als nachrangig zu betrachten, sofern nicht ein sofortiges Handeln erforderlich ist.[18] Die Polizei braucht in einem Eilfall auch nicht die im Verkehrsschild liegende Allgemeinverfügung zu vollstrecken (dafür wäre vorrangig die Ordnungsbehörde zuständig), sondern kann zum Beispiel in Nordrhein-Westfalen auf der Grundlage einer eigenen (hypothetischen) Grundverfügung im Wege des sofortigen Vollzugs vollstrecken (§ 13 Rn. 16 ff.).

IV. Vollzugshilfe

15 Den Polizeibehörden ist durchgehend, aber mit uneinheitlicher Terminologie die Aufgabe der sog. **Vollzugshilfe** zugewiesen (vgl. §§ 2 OBG NW, 47 ff. PolG NW; § 60 Abs. 5 PolG BW). Dabei handelt es sich um die Unterstützung anderer (Gefahrenabwehr-)Behörden, nach verbreiteter Auffassung um einen Sonderfall der Amtshilfe i.S.v. §§ 4 ff VwVfG.[19] Diese Zuordnung verschleiert – wenngleich einzelne Landesgesetze die Vorschriften über die Amtshilfe für bei der Vollzugshilfe ergänzend anwendbar erklären – erforderliche Differenzierungen: Die Vollzugshilfe ist der Polizei als eigenständige Aufgabe gesetzlich zugewiesen; damit greift § 4 Abs. 2 VwVfG, dem zufolge Amtshilfe nicht vorliegt, wenn die Hilfeleistung in Handlungen besteht, die der ersuchten Behörde als eigene Aufgabe obliegen.[20]

16 Vollzugshilfe bedeutet, dass die ersuchte Behörde auf Ersuchen einer anderen Behörde eine von dieser erlassene Maßnahme **vollzieht**, insbesondere **durch die Anwendung von Zwangsmitteln** (namentlich durch unmittelbaren Zwang, dazu § 12 Rn. 14 ff.). Die rechtliche Grundlage für die Vollzugshilfe bilden entweder spezialgesetzliche Vorschriften (z.B. zum Festnahmerecht nach § 87 Abs. 1 StVollzG), landesrechtliche Sonderbestimmungen (vgl. etwa § 65 Abs. 2 S. 2 PolG NW) oder die Bestimmungen der allgemeinen Gefahrenabwehrgesetze über die „allgemeine" Vollzugshilfe (vgl. §§ 47 ff. PolG NW; § 60 Abs. 5 PolG BW für den Polizeivollzugsdienst). Zu beachten ist, dass die Regelungen über die Vollzugshilfe keine eigenständigen Ermächtigungsgrundlagen für polizeiliches Handeln darstellen. Vollzugshilfe ist insbesondere nur dann rechtmäßig, wenn schon die Handlungsgrundlage für die ersuchende Behörde einen (zwangsweisen) Vollzug gestattet; die ersuchende Behörde darf sich nicht erst durch das Vollzugshilfeersuchen an die Polizei und deren Einschaltung contra legem (gewaltsame) Vollzugsmöglichkeiten erschließen.[21] Die Polizei ist dementsprechend nur für die Art und Weise der Durchführung verantwortlich, nicht für die Schaffung der „Grundverfügung".

▶ In mehreren Bundesländern ist ferner ein Handeln der Polizei auf Weisung gesondert geregelt (Art. 9 Abs. 2 POG Bay; § 9 Abs. 2 POG Thür). Weisungen können der Polizei nur im Rahmen ihrer gesetzlichen Aufgaben und Befugnisse erteilt werden; sie sind aber nicht auf bloße Vollzugsmaßnahmen beschränkt, so dass auch eine Weisung zum Erlass einer sodann gesondert vollstreckbaren „Grundverfügung" ergehen kann.[22] ◀

---

18 Möller/Warg, Rn. 42.
19 Vgl. Möller/Warg, Rn. 45; Pieroth/Schlink/Kniesel, § 5 Rn. 8. A.A. zu Recht Schenke, 409: „enge Verwandtschaft" mit der Amtshilfe.
20 Schenke, Rn. 409.
21 Knemeyer, Rn. 110 ff.
22 Knemeyer, Rn. 115.

V. Abgrenzung von präventiver und repressiver Tätigkeit

Die **Abgrenzung von präventivem und repressivem Handeln** der Polizeibehörden ist 17
nicht immer einfach und muss am konkreten Einzelfall vorgenommen werden. Zunächst ist zu betonen, dass die jedenfalls grundsätzliche Unterscheidung zwischen präventivem und repressivem Handeln entgegen Nivellierungsbestrebungen im Schrifttum[23] beizubehalten ist;[24] sie ermöglicht zumindest erste Orientierungen und besitzt
Bedeutung für die Bestimmung der Gesetzgebungszuständigkeiten (§ 1 Rn. 7 ff.), für
die Reichweite der Weisungsbefugnisse der Staatsanwaltschaft und für die Frage nach
der Einsatzleitung sowie für den Rechtsweg.[25] Vor allem aber entscheidet die Zuordnung zum präventiven oder zum repressivem Bereich polizeilicher Tätigkeit darüber,
welchen Rechtsnormen die gesetzliche Ermächtigungsgrundlage für einen Eingriff in
Rechtsgüter des Adressaten einer Gefahrenabwehrmaßnahme zu entnehmen ist.

Beispiel: Durchsucht die Polizei eine Wohnung, kann dies einerseits der Gefahrenabwehr
dienen. Die Durchsuchung kann jedoch auch erfolgen, um einen Straftäter aufzufinden und
anschließend festzunehmen. Eine präventive Durchsuchungsmaßnahme ist dann auf das allgemeinen Polizei- und Ordnungsrecht zu stützen (vgl. § 41 PolG NW; § 31 PolG BW), eine
repressive auf die Vorschriften der Strafprozessordnung (§§ 102 ff. StPO). In der Fallbearbeitung sind mithin zur Abgrenzungsproblematik Vorüberlegungen anzustellen und gegebenenfalls Ausführungen zu machen.

Die Unterscheidung zwischen präventivem und repressivem Handeln der Polizei hat 18
Konsequenzen für den Rechtsweg. Bedeutsam ist die Abgrenzung von sog. **Justizmaß-
nahmen** gemäß § 23 EGGVG, für die der Rechtsweg zu den ordentlichen Gerichten
(§ 25 EGGVG: OLG) eröffnet ist, und Verwaltungsakten, gegen die der Verwaltungsrechtsweg beschritten werden muss.[26] Bei repressivem Handeln der Polizei ist der
Rechtsweg nach den Spezialbestimmungen der StPO (vgl. § 98 Abs. 2 S. 2 StPO), sonst
nach überwiegender Auffassung nach § 23 EGGVG eröffnet.[27] Dieser setzt voraus,
dass die Polizei als „Justizbehörde" im Sinne der Vorschrift einzuordnen sowie auf
dem Gebiet der „Strafrechtspflege" tätig geworden ist. Wegen der funktionellen Wahrnehmung von Justizaufgaben kann die Polizei als „Justizbehörde" qualifiziert werden.[28] Die Rechtwegzuweisung erfasst allerdings nach h.M. nicht nur Verwaltungs-,
sondern über den Wortlaut hinaus auch Realakte,[29] obwohl § 23 Abs. 1 EGGVG von
„Anordnungen, Verfügungen oder sonstigen Maßnahmen" der Justizbehörden zur
„Regelung" einzelner Angelegenheiten spricht. Bei präventivem Handeln ist im Regelfall der Verwaltungsrechtsweg eröffnet (vgl. § 40 VwGO).

Dass überhaupt eine Zuordnung von Maßnahmen zum präventiven oder repressiven 19
Bereich polizeilicher Tätigkeit erforderlich ist, ist mithin den bereits dargestellten
Strukturen im Aufbau der Gefahrenabwehrbehörden geschuldet. Selbst in Einheitsmo-
dellen ohne Trennung von Polizei- und Ordnungsbehörden gabeln sich die Aufsichts-
strukturen und damit auch die Weisungshierarchien für den präventiven und den repressiven Bereich. Für die **Abgrenzung** sind mehrere unterschiedliche Ansätze ent-

---

23 Etwa bei Albers, Die Determination polizeilicher Tätigkeit in den Bereichen der Straftatenverhütung und
    der Verfolgungsvorsorge, 2001, S. 93 f.
24 So auch Kugelmann, 1. Kap. Rn. 67; Schoch in: Schoch (Hrsg.), 2. Kap. Rn. 9 f.
25 Vgl. Gusy, Rn. 17; Kugelmann, 1. Kap. Rn. 68.
26 Kugelmann, 13. Kap. Rn. 6 ff.
27 Schenke, Rn. 419 m.w.N.
28 Schenke, Rn. 419.
29 Gusy, Rn. 483.

wickelt worden. Eine erste Orientierung ermöglicht freilich die aus der Feststellung, dass repressives Handeln stets an eine bereits begangene Straftat bzw. an einen „Anfangsverdacht" anknüpft (vgl. auch Art. 103 Abs. 2 GG),[30] resultierende zeitliche Komponente:[31] Liegt (noch) keine Straftat vor, kann das Handeln der Polizei nicht repressiv sein. Aus Sicht der handelnden Beamten kann freilich ein Tätigwerden schon bei Vorliegen eines sog. „Anfangsverdachts" repressiven Charakter besitzen (vgl. § 152 Abs. 2 StPO).

20 Zu beachten ist allerdings, dass – bei grundsätzlichem Festhalten an der Zweiteilung – auch Maßnahmen mit „Mischcharakter", also mit präventiven und zugleich repressiven Elementen denkbar sind. Dass das Strafrecht insgesamt general- und spezialpräventive Funktionen erfüllt, ist für die Einordnung einer konkreten Maßnahme dabei freilich ohne Belang. Solche Maßnahmen mit sowohl präventiven als auch repressiven Elementen werden auch „**doppelfunktional**" genannt. Diese Doppelfunktionalität hat ihre Ursache darin, dass die Polizei mit ein und derselben Maßnahme sowohl etwa eine bestehende Rechtsverletzung beseitigen als auch den Verantwortlichen zur Verantwortung ziehen und eine Sanktionierung einleiten wollen kann.

▶ Von einer solchen Maßnahme mit kombinierter präventiver und repressiver Zielsetzung zu unterscheiden sind mehrere „serielle", also zeitlich aufeinander folgende Maßnahmen; diese müssen sich selbstverständlich jeweils auf eine eigenständige Ermächtigungsnorm stützen (§ 6 Rn. 1 ff.). ◀

Ein solcher doppelfunktionaler Charakter der rechtlich zu beurteilenden Maßnahme kann und wird im Regelfall auch von den handelnden Akteuren beabsichtigt sein. Solche Maßnahmen sind nicht verfassungsrechtlich ausgeschlossen; insbesondere ist ein präventives Handeln zur Gefahrenabwehr keine Bestrafung gemäß Art. 103 Abs. 3 GG, der ein Verbot der Doppelbestrafung statuiert, und damit parallel zur Strafverfolgung zulässig.[32] Gleichwohl bedarf es aus den dargestellten Gründen einer Zuordnung jeder einzelnen Maßnahme als präventiv, repressiv oder doppelfunktional. Diese Zuordnung bereitet häufig Schwierigkeiten[33] und kann dadurch erschwert werden, dass ein „Maßnahmenbündel" festzustellen ist, das sich gegebenenfalls nur schwer in Einzelakte aufteilen lässt.

Beispiel: Die Polizeibeamten P und Q werden zu einem öffentlichen Platz gerufen. Dort randaliert eine Gruppe Jugendlicher, beleidigt Passanten und wirft mit leeren Bierflaschen nach vorbeifahrenden Fahrzeugen. P und Q reden beschwichtigend auf die Randalierer ein. Einer der Jugendlichen, R, zieht dabei unvermittelt ein Messer aus der Tasche und greift Q wild schreiend mit den Worten „Ich steche Dich ab!" an. Nachdem R bereits mehrfach nach dem Q gestochen hat und dieser nur mit Mühe ausweichen konnte, versetzt ihm P wortlos einen Schlag mit dem Gummiknüppel auf den messerführenden Arm. R lässt das Messer zunächst fallen, hebt es sodann aber auf und läuft davon. P und Q nehmen die Verfolgung auf und laufen mehrere hundert Meter hinter R her, wobei sie immer wieder „Stehenbleiben!" rufen. Q zieht daraufhin seine Dienstpistole und gibt einen Warnschuss in die Luft ab. R bleibt stehen, woraufhin P und Q seine Identität feststellen.

Der Fall verdeutlicht, dass die Zielsetzung gefahrenabwehrbehördlicher Maßnahmen durchaus verschiedene Zwecke erfassen kann. Vorliegend kommen sowohl eine Einordnung als Strafverfolgungsmaßnahmen (Ahndung waffenrechtlicher Delikte, Verfolgung des flüchti-

30 Gusy, Rn. 18.
31 Kugelmann, 1. Kap. Rn. 45.
32 Möller/Warg, Rn. 88.
33 Eingehend Roggan, Die Polizei 2008, 112; zum Rechtsschutz ausführlich W. R. Schenke, NJW 2011, 2838.

gen Delinquenten, Abgabe eines Warnschusses, Identitätsfeststellung) als auch eine präventivpolizeiliche Zuordnung (Beseitigung der Gefahrenlage für den angegriffenen Q, Beseitigung der Gefahrenlage für die Passanten und Fahrzeugführer) in Betracht. Im Beispiel ist es allerdings möglich, für alle getroffenen Maßnahmen eine eindeutige Zuordnung zum präventiven oder repressiven Bereich vorzunehmen. Wichtig ist, die einzelnen Maßnahmen voneinander zu trennen und isoliert voneinander zu bewerten.

Anders läge der Fall, wenn P und Q auf einen zwar friedlichen, aber gleichwohl uneinsichtigen R gestoßen wären, der den Q nicht angriffe, sich aber einer Identitätsfeststellung vor Ort verweigerte. Nähmen P und Q den R mit zur Wache, um dort erkennungsdienstliche Maßnahmen durchzuführen, stellt sich die Frage nach der Zuordnung dieser Maßnahmen zum Bereich der Strafverfolgung oder der Gefahrenabwehr.

Zu beachten ist, dass im Zusammenhang der Abgrenzungsproblematik zwei Aspekte zu unterscheiden sind: 1. Die **Kriterien für die Zuordnung** einer Maßnahme zum präventiven oder zum repressiven Bereich bzw. für die Einordnung als „doppelfunktional", und 2. die Frage nach den Anforderungen an die gesetzliche Ermächtigungsgrundlage, die sich vor allem dann stellt, wenn eine Maßnahme als „doppelfunktional" zu qualifizieren ist, also sowohl präventive als auch repressive Elemente aufweist. 21

Keine Schwierigkeiten werfen Fälle auf, bei denen die Behörden bzw. die handelnden Beamten sich **ausdrücklich** entweder für ein präventives oder für ein repressives Tätigwerden entscheiden und dies auch dem Maßnahmenadressaten kommunizieren. Vor dem Handeln besitzt die Behörde (soweit beide Varianten durch eine Ermächtigungsgrundlage gedeckt sein können) eine Entscheidungsbefugnis, also ein Wahlrecht zwischen den Handlungsformen.[34] 22

Fehlt eine derartige Festlegung, ist die Frage nach den Abgrenzungskriterien aufgeworfen. Die hierzu vertretenen Ansätze bilden ein breites Spektrum; dabei wird nicht immer deutlich, ob ein Kriterium zu einer „entweder-oder"-Zuordnung zum repressiven oder zum präventiven Bereich verwendet wird, oder ob es bei „doppelfunktionalen" Maßnahmen zur Beantwortung der Frage genutzt wird, auf welche Ermächtigungsnorm diese gestützt werden können. In Rechtsprechung[35] und Schrifttum[36] wird teilweise auf den **objektiven Schwerpunkt** bzw. das Schwergewicht der Maßnahme abgestellt; ausschlaggebend soll ihr (äußerer) Gesamteindruck sein. Im Zweifel bzw. wenn kein repressiver Schwerpunkt erkennbar ist, soll nach dieser Auffassung von einer präventiven Einordnung auszugehen sein. Grund dafür ist der allgemein anerkannte „Vorrang der Prävention vor der Repression"[37] bzw. der Vorrang des Schutzauftrags vor dem Verfolgungsauftrag.[38] Die Bezugnahme allein auf diese Regel zur Begründung einer Faustformel „im Zweifel präventiv" überzeugt allerdings deshalb nicht, weil „Prävention vor Repression" im Grunde Fälle meint, in denen sich Maßnahmen auf unterschiedliche Personen beziehen können. So werden die Polizeibeamten bei einem Raubüberfall mit flüchtendem Täter zunächst dazu verpflichtet sein, sich gefahrenabwehrend um das verletzte Opfer zu kümmern, und erst dann die Verfolgung des Täters aufzunehmen bzw. zu veranlassen. Es geht also um die Auswahl zwischen zwei faktischen Handlungsweisen; für die *rechtliche* Einordnung einer einzelnen Maßnahme, die 23

---

34 Schoch in: Schoch (Hrsg.), 2. Kap. Rn. 11.
35 VGH München BayVBl. 1986, 337.
36 Bertrams, NWVBl. 2003, 289, 297 f.; kritisch Schenke, Rn. 423.
37 BVerfGE 39, 1, 44.
38 Möller/Warg, Rn. 52.

sowohl präventive als auch repressive Zielsetzungen aufweist, ist mit diesem Grundsatz daher nichts gewonnen.

24 Eine Alternative ist das Abstellen auf den **Zweck** der fraglichen Maßnahme, wobei hier wiederum zwischen dem subjektiven Zweck, also der Zielsetzung des Handelns aus Sicht der agierenden Beamten, und dem objektiven Zweck[39] (Zielsetzung des Handelns aus Sicht eines objektiven Beobachters) differenziert werden kann. Diese Ansätze kommen regelmäßig nur in denjenigen Fällen zu abweichenden Ergebnissen, in denen die handelnden Beamten über die Zielsetzung ihres Handelns irren, etwa fälschlich einen Strafverfolgungszweck annehmen, während es sich bei objektiver Betrachtung um eine präventive Maßnahme handelt.

Beispiel: Die Polizeibehörde erhält davon Kenntnis, dass der bereits mehrfach strafrechtlich relevant in Erscheinung getretene F im Keller seines Einfamilienhauses Druckplatten und anderes Zubehör zur Herstellung von gefälschten Euroscheck-Vordrucken angefertigt hat und dort aufbewahrt. Die Polizeibeamten P und Q durchsuchen den Keller und beschlagnahmen die im Keller vorgefundenen Gegenstände, um Beweismittel zu sammeln. Handelt es sich um eine präventive oder eine repressive Maßnahme?

P und Q könnten zur Verhütung einer Straftat nach § 152a Abs. 1 Nr. 1 StGB (Fälschung von Schecks) tätig werden, also präventiv handeln. Allerdings ist schon die Vorbereitung der Fälschung nach §§ 152a Abs. 5 i.V.m. § 149 StGB strafbar. Zwar werden mit der Beschlagnahme auch die eigentlichen Fälschungshandlungen für die Zukunft unterbunden, es geht jedoch P und Q im Schwerpunkt um die Sicherung von Beweismitteln für die spätere Strafverfolgung. Damit handelt es sich im Schwerpunkt und nach dem Zweck der Maßnahme um eine dem repressiven Handlungsfeld zuzuordnende Verfolgung von Straftaten.

25 Lässt sich anhand dieser Kriterien, die gelegentlich auch miteinander kombiniert werden,[40] keine klare Zuordnung vornehmen, oder verfolgen die Akteure ausdrücklich oder offenkundig sowohl präventive als auch repressive Zielsetzungen, ist von einer „**doppelfunktionalen Maßnahme**" im eigentlichen Sinn auszugehen. Für diese Rechtsfigur scheint nur noch ein kleiner Anwendungsbereich zu verbleiben, wenn man in die Bewertung einbezieht, dass nach überwiegender Auffassung im Zweifel eine Vermutung für die präventive Einordnung einer Maßnahme sprechen soll. Zu berücksichtigen ist jedoch, dass bei einer Maßnahme mit Zielsetzungen im präventiven und im repressiven Bereich die Zuordnung zu einem dieser beiden Bereiche nicht zwangsläufig von den Rechtmäßigkeitsanforderungen für Maßnahmen im anderen Handlungsfeld dispensiert. So ist bei doppelfunktionalen Maßnahmen umstritten, ob es genügt, wenn die Maßnahme – etwa in ihrem Schwerpunkt – auf eine Rechtsgrundlage für präventives oder für repressives Handeln gestützt werden kann („Lehre von der Alternativprüfung"), oder ob die Ermächtigungsnormen für beide „Handlungsrichtungen" – im Regelfall jeweils eine Norm aus der StPO und aus dem landesrechtlichen Polizei- und Ordnungsrecht – tatbestandlich erfüllt werden müssen.[41] Nach der Lehre von der Alternativprüfung soll dem Betroffenen allerdings ein Wahlrecht hinsichtlich des Rechtswegs zustehen.[42] Es erscheint indes zwingend, dass die Behörde bei doppelfunktionalen Maßnahmen die **Voraussetzungen sowohl der präventiven als auch der repressiven**

---

39 So Kugelmann, 1. Kap. Rn. 49; Schoch in: Schoch (Hrsg.), 2. Kap. Rn. 11.
40 Knemeyer, Rn. 122, will auf den objektiven Zweck der Maßnahme abstellen; sofern sich danach ergibt, dass die Maßnahme präventive und repressive Zwecke verfolgt, soll der Schwerpunkt maßgeblich sein.
41 Schoch in: Schoch (Hrsg.), 2. Kap. Rn. 11; Wolter, Jura 1992, 520, 526.
42 Götz, NVwZ 1984, 215 f.

Ermächtigungsnorm zu beachten hat („doppelgestützte" Maßnahme).[43] Die Behörde alternativ mit Blick auf die unterschiedlichen Zielsetzungen präventiver und repressiver Maßnahmen für dazu gezwungen zu halten, schon vor dem Tätigwerden eine Entscheidung zu treffen und die entsprechende Rechtsgrundlage zu wählen,[44] erscheint in den Fällen nicht sachgerecht, in denen eine Maßnahme faktischen Doppelcharakter besitzt – die Behörde kann etwa eine Maßnahme mit (auch) präventivem Charakter nicht durch ihre bloße Benennung als repressiv von den Vorgaben der präventiven Ermächtigungsnormen befreien. Zudem ist zu berücksichtigen, dass die Polizei nicht zur Durchführung präventiver Maßnahmen auf Ermächtigungsnormen für repressive Maßnahmen zurückgreifen darf. Das Befugnisinstrumentarium der StPO einerseits, der allgemeinen Polizei- und Ordnungsgesetze andererseits ist also strikt voneinander zu trennen. Anderes gilt nur bei ausdrücklicher Verweisung sowie für die Anwendung unmittelbaren Zwangs auf der Grundlage der entsprechenden vollstreckungsrechtlichen Bestimmungen, auf den die Polizei nach überwiegender Auffassung selbst dann zur zwangsweisen Durchsetzung von Strafverfolgungsmaßnahmen zurückgreifen darf, wenn dies nicht explizit gesetzlich zugelassen ist (vgl. etwa §§ 8 Abs. 2 S. 2, 57 Abs. 1 PolG NW).[45] Immerhin wird man – schon um eine „Doppelspurigkeit" des Rechtswegs zu vermeiden – der Behörde die Pflicht auferlegen müssen, auch bei faktisch doppelfunktionalen Maßnahmen den Schwerpunkt der Maßnahme vorab festzulegen (und dem von ihr Betroffenen mitzuteilen,[46] sofern nicht ohnehin eine Begründung nach § 39 Abs. 1 VwVfG erfolgt). Die Maßnahme bliebe dennoch an die normativen Voraussetzungen sowohl des präventiven als auch des repressiven Handelns gebunden, der Rechtsweg würde sich hingegen nach dem von der Behörde vor ihrem Tätigwerden festgesetzten Schwerpunkt richten. Im Schrifttum wird demgegenüber bei tatsächlich „doppelfunktionalen" Maßnahmen eine Spaltung des Rechtswegs unter Hinweis darauf bejaht, es handele sich in Wirklichkeit um zwei gesonderte Maßnahmen, die lediglich äußerlich zu einem einheitlichen Akt zusammengefasst würden.[47]

Zusätzliche Probleme werfen Konstellationen auf, in denen die „Doppelfunktionalität" der Maßnahme darauf beruht, dass mit repressiven Maßnahmen zugleich präventive Ziele der **Eigensicherung der Beamten** verfolgt werden. 26

▶ Eine ähnliche Problematik stellt sich bei der gewaltsamen Durchsetzung von Standardmaßnahmen (§ 10 Rn. 2 ff.). ◀

Die strafprozessualen Eingriffsbefugnisse ermächtigen durchgehend nur zur jeweiligen repressiven Maßnahme (freilich einschließlich der Anwendung von Zwang, der in der StPO nicht gesondert normiert ist). Nach h.M. kann ihnen keine „konkludente" Befugnis zu zusätzlichen Sicherungsmaßnahmen der handelnden Beamten entnommen werden. Ermächtigungsgrundlage für derartige Eigensicherungsmaßnahmen können daher nur die präventiven Vorschriften des allgemeinen Polizei- und Ordnungsrecht sein.[48] Es erscheint daher notwendig, auch bei lebensnaher Betrachtung möglicherweise als einheitlicher Zugriff erscheinende Maßnahmen gegebenenfalls in Einzelhandlun-

---

43 Götz, § 18 Rn. 19, der solche Maßnahmen allerdings für die Ausnahme hält.
44 So auch Knemeyer, Rn. 123.
45 Möller/Warg, Rn. 50.
46 Kugelmann, 1. Kap. Rn. 50, geht von einem subjektivrechtlichen Anspruch auf Mitteilung des Zwecks aus; s. auch Schenke, Rn. 420.
47 So Schenke, Rn. 424.
48 So auch Benfer, NJW 2002, 2688 m.w.N.

gen aufzugliedern, die dann auf der Grundlage unterschiedlicher Ermächtigungsnormen ergehen.

27   Maßnahmen können schließlich auch von einer repressiven Zielsetzung in eine präventive „umschlagen" bzw. als solche fortgesetzt werden – man könnte hier von einer „seriellen Doppelfunktionalität" sprechen. Hierbei ist zu beachten, dass auf der Grundlage einer Ermächtigung zu repressivem Handeln, etwa im Bereich der Strafverfolgung, ergangene Maßnahmen nicht schlicht ohne weitere Rechtfertigung präventiv weitergeführt werden dürfen. Vielmehr bedarf es für die präventive Fortführung einer eigenständigen, dem präventivpolizeilichen Bereich zuzuordnenden Ermächtigungsgrundlage.

Beispiel: Hat eine Polizeibehörde umfassendes Datenmaterial über einen Straftäter gesammelt und wird das Strafverfahren gegen diesen eingestellt, kann die Polizei die Daten unter Umständen fortgesetzt nutzen wollen, etwa, weil weitere Straftaten zu erwarten sind. Die Speicherung darf allerdings nicht auf der Grundlage der strafprozessualen Ermächtigungsnormen zur Datenerhebung und -speicherung erfolgen, sondern muss sich – soweit sie zu präventiven Zwecken erfolgt – auch auf eine entsprechende präventive Rechtsgrundlage stützen können (vgl. etwa § 24 Abs. 2 PolG NW).[49]

▶ **KURZSCHEMA: EINORDNUNG EINER MASSNAHME ALS PRÄVENTIV / REPRESSIV**

Wichtige Prüfungsstandorte: Bestimmung der Ermächtigungsgrundlage; Rechtsweg

I.   Bestimmung der einzuordnenden Maßnahme aus dem Sachverhalt, ggf. Aufteilung in mehrere Einzelmaßnahmen

II.   Eindeutige Zuordnung zum präventiven oder repressiven Handlungsfeld möglich?

    1.   Ausdrückliche Erklärung der handelnden Behörde

    2.   Keine begangene Straftat (dann: nur präventiv)

    3.   Abgrenzungsansätze

       a)   Objektiver Schwerpunkt der Maßnahme nach äußerem Gesamteindruck oder

       b)   Objektiver Zweck der Maßnahme oder

       c)   Subjektiver Zweck der Maßnahme

    4.   Im Zweifel: Präventiv, es sei denn:

III. „Doppelfunktionale" Maßnahme – präventiver und repressiver Charakter

Rechtsfolgen:

– hinsichtlich der Ermächtigungsgrundlage: Voraussetzungen beider Ermächtigungsgrundlagen (str.)

– hinsichtlich des Rechtswegs: „Spaltung" (h.M., str.) ◀

VI. Subsidiarität beim Schutz privater Rechte

28   Eher „unscheinbar", aber ganz fundamental bedeutsam sind die Bestimmungen zur Einschränkung der polizeilichen Aufgaben bzw. Befugnisse zum **Schutz privater Rechte** (sog. „Privatrechtsklauseln"; vgl. § 1 Abs. 2 PolG NW; § 2 Abs. 2 PolG BW).[50]

---

49   Vgl. VGH Mannheim DVBl. 1992, 1309.
50   Gusy, Rn. 90 ff.; Pieroth/Schlink/Kniesel, § 5 Rn. 42 ff.; eingehend Schoch, Jura 2013, 468.

▶ **Hinweis für die Fallbearbeitung:** Die Vorschriften können prüfungssystematisch zum einen bei der Prüfung der (sachlichen) Zuständigkeit der Polizei (§ 7 Rn. 2 ff.), zum anderen bei der Frage zu erörtern sein, ob die „öffentliche" Sicherheit betroffen ist (§ 8 Rn. 8 ff.). Zudem gilt die Beschränkung hinsichtlich des Schutzes privater Rechte nach h.M. als allgemeiner Rechtsgrundsatz auch dann, wenn er nicht ausdrücklich gesetzlich geregelt ist.[51] ◀

Sie tragen der Tatsache Rechnung, dass die Rechtsordnung zur Lösung privatrechtlicher Auseinandersetzungen zwar Regeln zur Verfügung stellt, ansonsten jedoch zur Zurückhaltung verpflichtet ist. Zudem sind sie Ausdruck der grundrechtlich garantierten Privatautonomie. Grundsätzlich haben sich die privaten Rechteinhaber selbst und eigenverantwortlich um die Realisierung ihrer Rechte zu bemühen. Gegebenenfalls müssen sie gerichtlichen Rechtsschutz in Anspruch nehmen.

Beispiel: K hat auf Rechnung einige antiquarische Bücher von V gekauft. Er weigert sich nun, den Kaufpreis zu bezahlen. V kann zur Durchsetzung seines Kaufpreisanspruchs aus § 433 Abs. 2 BGB nicht die Unterstützung z.B. der Polizei anfordern, sondern muss den K gerichtlich auf Zahlung des Kaufpreises in Anspruch nehmen. Hat er vor Gericht Erfolg und erhält einen vollstreckungsfähigen Titel, verweigert K aber weiterhin die Zahlung, muss V die Zwangsvollstreckung, etwa im Wege der Lohnpfändung oder durch Einschaltung eines Gerichtsvollziehers, selbst betreiben und (zunächst) die Kosten übernehmen.

Die ausdrücklich angeordnete Subsidiarität polizeilichen Handelns hinsichtlich des Schutzes privater Rechte erscheint problematisch, ist Gefahrenabwehr doch in erster Linie Rechtsgüterschutz (§ 8 Rn. 11). Es stellt sich also die Frage, wann der Bereich lediglich durch die Gerichtsbarkeit zu schützender privater Rechte verlassen und die **Grenze zur Notwendigkeit polizeilicher Gefahrenabwehr** überschritten ist.

29

Beispiel: A und B haben in einem China-Restaurant ein üppiges Mahl zu sich genommen. Als der Inhaber der Gaststätte, G, Feierabend machen möchte und den beiden die Rechnung präsentiert, weigern sie sich, diese zu bezahlen. Das Fleisch sei ungenießbar zäh und das Gemüse zerkocht gewesen. Auch eine längere Diskussion führt nicht zum Ziel. G ruft die Polizei und fordert die erscheinenden Beamten P und Q auf, A und B zum Bezahlen der Rechnung zu verpflichten.

G beruft sich auf einen Anspruch auf Zahlung des geschuldeten Betrags aus dem mündlich abgeschlossenen Bewirtungsvertrag. A und B machen demgegenüber eine Minderung wegen eines Mangels des gelieferten Essens geltend. Es handelt sich um einen Streit um die Bezifferung eines zivilrechtlichen Anspruchs; zur Durchsetzung zivilrechtlicher Forderungen „vor Ort" sind die Polizeibehörden indes wegen der Vorschriften über die eingeschränkte Befugnis zum Schutz privater Rechte (§ 1 Abs. 2 PolG NW; § 2 Abs. 2 PolG BW) nicht zuständig. P und Q können also A und B schon mangels Zuständigkeit nicht rechtsverbindlich zum Bezahlen der Rechnung auffordern (auch wenn sie diese möglicherweise durch „informelles" Zureden der Beamten zum Begleichen der offenen Rechnung bewegen lassen). Auch wäre es rechtswidrig, wenn P und Q von A und B mit sich geführtes Geld nach § 43 Nr. 1 PolG NW zur Erfüllung des Zahlungsanspruchs des G sicherstellten (dies schon deshalb, weil A und B möglicherweise noch weitere Gläubiger haben und eine Bevorzugung des G im Widerspruch zu den gesetzlichen Vorgaben über die Gläubigerbefriedigung stehen könnte). P und Q können aber immerhin die Durchsetzung der Forderung des G dadurch gewährleisten, dass sie die Identität von A und B feststellen und die Informationen an G weitergeben, um diesem durch die Erlangung ladungsfähiger Anschriften eine gerichtliche Geltendmachung seines Anspruchs zu ermöglichen.[52] Weiterreichende Maßnahmen kämen nur dann in Betracht, wenn sich Anhaltspunkte für die Begehung von Straftaten ergeben, die (präventiv) verhin-

---

51 Möller/Warg, Rn. 81.
52 Zu ähnlichen Fällen vgl. OLG Düsseldorf NJW 1990, 998 (Verlust eines Geldstücks in einem Verkaufswagen).

dert oder (repressiv) geahndet werden sollen, etwa eine bewusste „Zechprellerei" im Sinne eines Eingehungsbetrugs (§ 263 Abs. 1 StGB).

30 Unter „**privaten Rechten**" versteht man alle in Abgrenzung zum Schutz der *öffentlichen* Sicherheit und gegebenenfalls der *öffentlichen* Ordnung privaten Rechtsgüter, also beispielsweise vermögensrechtliche Forderungen bzw. das Vermögen als solches. Erfasst sind alle Rechte, die eine Privatperson einer anderen gegenüber geltend machen kann. Die Subsidiaritätsklauseln erfassen aber nicht nur die Rechte Privater – auch ein Hoheitsträger muss, um privatrechtliche Ansprüche zu realisieren,[53] die Gerichte in Anspruch nehmen und darf nicht auf die Gefahrenabwehrbehörden zurückgreifen.

31 Zahlreiche der in diesem Sinne privaten Rechte werden zugleich durch Straf- oder Ordnungswidrigkeitenvorschriften geschützt – die diese Rechte gewährenden Normen sind damit „pönalisierte Privatrechtsnormen". Der Schutz dieser Rechte liegt gleichzeitig im Interesse der Allgemeinheit. Ist in der Beeinträchtigung eines privaten Rechts gleichzeitig eine Straftat oder Ordnungswidrigkeit zu sehen, werden die Gefahrenabwehrbehörden präventiv tätig werden dürfen. Die Subsidiaritätsklauseln greifen in diesem Falle nicht. Dies ergibt sich schon aus der sondergesetzlichen Aufgabenzuweisung (etwa in § 163 Abs. 1 StPO oder in § 53 Abs. 1 OWiG). Gleiches gilt, wenn zugleich öffentlich-rechtliche Bestimmungen verletzt werden. Nur wenn es *ausschließlich* um **private Rechte** und Ansprüche geht, stellt sich die Frage nach der Reichweite der gesetzlichen Aufgaben- und Befugnisbeschränkung.[54]

Beispiel: K hat im Beispielfall (o. Rn. 28) bereits zum Zeitpunkt des Kaufs der antiquarischen Bücher gewusst, dass er nicht zahlungsfähig ist und den Kaufpreis nicht wird begleichen können. Den V hat er über seine Zahlungsfähigkeit getäuscht und damit einen Betrug gemäß § 263 StGB begangen. Die Ermittlungen der Polizei wegen dieser Straftat werden nicht durch § 1 Abs. 2 PolG NW usw. blockiert.

32 Auch der Schutz (allein) privater Rechte ist den Gefahrenabwehrbehörden indes nicht vollständig versagt. Die entsprechenden Vorschriften normieren eine Subsidiarität, nicht ein Verbot polizeilichen Handelns zum Schutz privater Rechte. Bei besonderer **Eilbedürftigkeit** darf sich die Behörde mithin über § 1 Abs. 2 PolG NW usw. hinwegsetzen. Dies setzt nach den Landesgesetzen kumulativ voraus, dass 1. gerichtlicher Schutz nicht rechtzeitig zu erlangen ist und 2. ohne polizeiliche Hilfe die Verwirklichung des Rechts ohne Hilfe der Behörde entweder vereitelt oder wesentlich erschwert wird (§ 2 Abs. 2 PolG BW: „die Gefahr besteht, daß die Verwirklichung des Rechts vereitelt oder wesentlich erschwert wird").

33 **Gerichtlicher Schutz** darf nicht rechtzeitig zu erlangen sein. Ist überhaupt kein gerichtlicher Schutz möglich, etwa, wenn die Gefahr nicht von einer anderen Person verursacht wird, sondern z.B. auf Naturereignissen beruht, greifen die „Privatrechtsklauseln" nicht.[55] „Rechtzeitig" bedeutet, dass der gerichtliche Schutz zeitlich noch dazu geeignet ist, die Realisierung des Rechts zu ermöglichen. Soweit ein gerichtlicher Eildienst eingerichtet ist, ist dieser zu nutzen.

34 Eine **Vereitelung** der Verwirklichung eines Rechts ist zu befürchten, wenn dieses gar nicht mehr verwirklicht werden kann. **Wesentlich** erschwert ist die Rechtsverwirklichung, wenn sie in ähnlicher Weise gefährdet ist wie bei der Vereitelung. Dies gilt vor allem dann, wenn etwa der Rechteinhaber die für eine gerichtliche Klage erforderli-

53 Pieroth/Schlink/Kniesel, § 5 Rn. 46.
54 Kugelmann, 5. Kap. Rn. 70 f.; Schoch in: Schoch (Hrsg.), 2. Kap. Rn. 73.
55 Pieroth/Schlink/Kniesel, § 5 Rn. 45.

chen Informationen über den das Recht Verletzenden nicht besitzt (Name, ladungsfähige Anschrift usw.) und sie nur mühsam ermitteln könnte.

Auch bei Vorliegen dieser Voraussetzungen sind nach überwiegender Auffassung weitere **„ungeschriebene" Anforderungen** an ein Einschreiten zum Schutz privater Rechte zu stellen.[56] Zunächst kommt es nur auf Antrag bzw. Bitten des Rechteinhabers, jedenfalls nicht gegen seinen Willen in Betracht; in einigen Ländern ist diese Voraussetzung explizit normiert (vgl. § 2 Abs. 2 PolG BW). Zudem müssen die Voraussetzungen für das Einschreiten – namentlich das Bestehen des gefährdeten Rechts und die Gründe für die Eilbedürftigkeit des polizeilichen Einschreitens – offenkundig oder zumindest glaubhaft vorgebracht sein (vgl. § 294 ZPO);[57] nicht nur der Schutz privater Rechte, sondern schon ein Tätigwerden zur Ermittlung komplexer und widersprüchlich vorgetragener Sachverhalte ist nicht Aufgabe der Polizei. Schließlich darf die Polizei nicht hinsichtlich der von ihr gesetzten Rechtsfolge über das hinausgehen, was der Rechteinhaber gerichtlich geltend machen und erlangen könnte.[58] „Überschießende" Maßnahmen sind damit unzulässig.

Beispiel: Ein Vermieter möchte verhindern, dass ein mit den Mietzahlungen säumiger Mieter über Nacht mit seinen dem Vermieterpfandrecht (§ 562 BGB) unterliegenden Habseligkeiten auszieht. Er kann die Polizei ersuchen, eine Sicherstellung der Gegenstände bis zum nächsten Tag vorzunehmen, bis er einen entsprechenden Antrag im Eilrechtsschutz beim Amtsgericht stellen kann.[59]

Im Falle der Eilbedürftigkeit dürfen die Gefahrenabwehrbehörden mithin im Regelfall lediglich vorläufige Maßnahmen treffen.[60] Sie dürfen die endgültige Verwirklichung des zu schützenden Rechts bzw. Anspruchs nicht vorwegnehmen.[61]

▶ **KURZSCHEMA: SCHUTZ PRIVATER RECHTE**

Wichtige Prüfungsstandorte: Sachliche Zuständigkeit; Gefahr für die „öffentliche" Sicherheit

I. Privates Recht gefährdet/verletzt?

II. Keine gleichzeitige Gefährdung/Verletzung der Allgemeinheit/öffentlicher Interessen/ straf-, ordnungswidrigkeiten- oder öffentlich-rechtlicher Rechtsnormen?

III. Ausnahme von der Subsidiarität?

1. Gerichtlicher Rechtsschutz nicht rechtzeitig zu erlangen und

2. Verwirklichung des Rechts vereitelt oder wesentlich erschwert und

3. Antrag/Erklärung des Rechteinhabers (in NW: ungeschrieben) und

4. Offenkundigkeit bzw. Glaubhaftmachung des Rechts und der Eilbedürftigkeit (entsprechend § 294 ZPO) ◀

Rechtsfolge: Polizei darf ausnahmsweise tätig werden, aber nur vorläufige Maßnahmen treffen ◀

---

56 Pieroth/Schlink/Kniesel, § 5 Rn. 47.
57 Vgl. OVG Münster OVGE 24, 72, 75; Gusy, Rn. 95; Pieroth/Schlink/Kniesel, § 5 Rn. 47.
58 Gusy, Rn. 95.
59 Götz, § 4 Rn. 25.
60 Vgl. OVG Koblenz NJW 1988, 929; Fallbearbeitung bei Weides/Bertrams, JuS 1989, 479.
61 Gusy, Rn. 95.

VII. Verhältnis zwischen Polizei und Ordnungsbehörden

36   Nicht nur zwischen Polizei und Gerichtsbarkeit, sondern auch zwischen den Gefahrenabwehrbehörden kann ein **Subsidiaritätsverhältnis** bestehen.

▶ **Hinweis für die Fallbearbeitung:** Prüfungsstandort für diese Subsidiaritätserwägungen
ist regelmäßig die Frage nach der sachlichen Zuständigkeit der (Vollzugs-)Polizei (§ 7
Rn. 2 ff.). ◀

Die Landesgesetze regeln, dass das Handeln der (Vollzugs-)Polizei subsidiär gegenüber
dem kompetenzgemäßen Gefahrenabwehrhandeln anderer Behörden ist (vgl. § 1
Abs. 1 S. 3 PolG NW).

▶ In Baden-Württemberg besteht gemäß § 2 Abs. 1 PolG BW eine Subsidiarität der „Polizei"
insgesamt gegenüber anderen „Stellen", die zur Wahrnehmung einer polizeilichen Aufgabe
nach § 1 Abs. 1 PolG BW zuständig sind. Innerhalb der „Polizei" sind nach § 60 Abs. 1 PolG
BW für die Wahrnehmung der polizeilichen Aufgaben die Polizeibehörden zuständig, soweit sich aus dem PolG BW nichts anderes ergibt. Nach § 60 Abs. 2 PolG BW nimmt der Polizeivollzugsdienst – vorbehaltlich anderer Anordnungen der Polizeibehörde – die polizeilichen Aufgaben wahr, wenn ein sofortiges Tätigwerden erforderlich erscheint. ◀

Diese Zurückhaltung der Landesgesetzgeber bei der Normierung polizeilicher Aufgaben ist dem Konzept der „Entpolizeilichung" geschuldet. Der Einsatz uniformierter
Einsatzkräfte, der Polizei, soll zum Zwecke der Gefahrenabwehr auf Eilfälle beschränkt bleiben. Im Übrigen soll die Gefahrenabwehr durch Verwaltungsbehörden,
namentlich die örtlichen Ordnungsbehörden, die bei den kommunalen Selbstverwaltungskörperschaften angesiedelt sind, erfolgen.

37   Damit ist die (Vollzugs-)Polizei lediglich im **Eilfall** zuständig, wenn ein Handeln der
anderen zuständigen Behörde nicht oder nicht rechtzeitig möglich erscheint (auch:
„Recht des ersten Zugriffs").[62] In Nordrhein-Westfalen haben die Ordnungsbehörden
nach § 1 Abs. 1 OBG NW die Aufgabe, Gefahren für die öffentliche Sicherheit oder
Ordnung abzuwehren. Geht es um Gefahrenabwehr, besteht also ein Zuständigkeitskonflikt. Können die Ordnungsbehörden nicht oder nicht rechtzeitig zur Gefahrenabwehr tätig werden, kann die Polizei in **originärer Zuständigkeit** handeln; sie leistet in
diesem Fall keine Vollzugshilfe.

Beispiel: P feiert im Haus ihrer Eltern in einer kleinen Ortschaft ihren 18. Geburtstag mit
einer „Karaoke"-Party. Dazu hat sie vier leistungsstarke Lautsprecherboxen aufgestellt und
etwa 30 Personen eingeladen. Gegen 2.00 h morgens sind Musik und Gesang noch immer
so laut, dass die entnervten Nachbarn die Polizei rufen. Die Beamten P und Q erscheinen
und ordnen an, dass die Anlage abgestellt wird. Sind sie sachlich zuständig?

Der ruhestörende Lärm verstößt gegen Bestimmungen des jeweiligen Landes-Immissionsschutzgesetzes (z.B. § 9 Abs. 1, § 10 Abs. 1 LImSchG NW) und stellt zugleich eine Ordnungswidrigkeit dar (z.B. § 17 Abs. 1 lit. e) und f) LImSchG NW). Diese zu erforschen ist
Aufgabe der Polizei (§ 53 Abs. 1 OWiG). Der Schwerpunkt der Maßnahme liegt jedoch vorliegend darin, die Fortsetzung der nächtlichen Ruhestörung zu unterbinden. Damit handelt
es sich um eine präventive Maßnahme zur Gefahrenabwehr (Beseitigung der Ordnungswidrigkeit und der Störung für die Zukunft), für die im zweigliedrigen Modell die (allgemeinen)
Ordnungsbehörden zuständig sind (vgl. die Ermächtigungsnorm in § 15 Abs. 1 LImSchG
NW). Die Polizei ist indes subsidiär zuständig in denjenigen Fällen, in denen die Ordnungsbehörde Gefahrenabwehrmaßnahmen nicht oder nicht rechtzeitig treffen kann oder wenn

---

62   Vgl. Vahle, VR 1991, 200.

eine tatsächliche Möglichkeit der Gefahrenbeseitigung durch andere Gefahrenabwehrbehör-den nicht gegeben ist, weil diesen entweder die Mittel fehlen oder sie nicht zu entsprechen-den Maßnahmen befugt sind. Da in der Nacht die allgemeinen Ordnungsbehörden jeden-falls außerhalb größerer Städte im Regelfall nicht erreichbar sind, ergibt sich eine originäre „Eilfallzuständigkeit" der Polizei.

Maßnahmen, die auf der Grundlage der Eilfallzuständigkeit getroffen werden, sind in zweierlei Hinsicht **limitiert**: Zum einen dürfen sie in zeitlicher Hinsicht regelmäßig nur so lange aufrechterhalten werden, bis die regulär zuständige Behörde tätig werden kann („vorläufige Maßnahmen"). Zum anderen ist die Tatsache eines Handelns auf-grund der Eilfallzuständigkeit im Rahmen der Verhältnismäßigkeitsüberlegungen (§ 8 Rn. 177 ff.) besonders zu würdigen.

WIEDERHOLUNGS- UND VERSTÄNDNISFRAGEN

1. Nennen Sie die wesentlichen Aufgaben der Polizei. (Rn. 2–16)

2. Erklären Sie den Begriff der Vollzugshilfe. (Rn. 15–16)

3. Erläutern Sie die Ansätze zur Abgrenzung von präventivem und repressivem Handeln der Polizei. (Rn. 22–25)

4. Was sind „doppelfunktionale Maßnahmen", und welche Anforderungen sind bei sol-chen Maßnahmen an die gesetzliche Ermächtigungsgrundlage zu stellen? (Rn. 20–27)

5. Was bedeutet die Subsidiarität zum Schutz privater Rechte, und welche Ausnahmen sind davon zu machen? (Rn. 28–35)

6. In welchem Verhältnis stehen die Zuständigkeiten von Polizei und Ordnungsbehörden im Trennsystem? (Rn. 36–37)

TEIL 2. ALLGEMEINE RECHTMÄSSIGKEITSANFORDERUNGEN AN DAS HANDELN DER GEFAHRENABWEHRBEHÖRDEN („PRIMÄREBENE")

§ 5 Einführung

I. Ebenen des Gefahrenabwehrhandelns

1 Das Handeln der Gefahrenabwehrbehörden ist an die allgemeinen Voraussetzungen für rechtmäßiges hoheitliches Tätigwerden gebunden. Dies gilt für die drei im Folgenden näher erörterten Handlungs-„Ebenen" gleichermaßen. Mit „Primärebene" wird die Ebene der **eigentlichen Gefahrenabwehrmaßnahme** bezeichnet.

Beispiel: H lässt seinen großen und offensichtlich sehr aggressiven Hund in der Nähe eines Kinderspielplatzes frei herumlaufen. Die ihm auf ihrer Streife begegnenden Polizisten P und Q ordnen an, dass H den Hund anleint.

Maßnahmen der Primärebene müssen, sofern sie Eingriffscharakter besitzen, den gängigen Rechtmäßigkeitsanforderungen an hoheitliches Tätigwerden entsprechen. Sie bedürfen einer gesetzlichen Ermächtigungsgrundlage (§ 6 Rn. 1 ff.) und müssen formell (§ 7 Rn. 1 ff.) und materiell (§ 8 Rn. 1 ff.) rechtmäßig sein, also den entsprechenden rechtlichen Vorgaben genügen, insbesondere die Voraussetzungen der Ermächtigungsnorm erfüllen. Während der Prüfungsbereich „formelle Rechtmäßigkeit" die Teilkriterien Zuständigkeit, Verfahren und Form erfasst, bedeutet die materielle Rechtmäßigkeitsprüfung stets die Vereinbarkeit mit höherrangigem Recht (namentlich mit den Anforderungen der Ermächtigungsgrundlage).

2 Gleiches gilt für Maßnahmen auf der „Sekundärebene", der Ebene der Durchsetzung der auf Primärebene erfolgten Anordnungen. Für diese Durchsetzung kann es gesonderte Bestimmungen geben; meist wird die Gefahrenabwehrbehörde jedoch auf die Vorschriften des **Verwaltungsvollstreckungsrechts** zurückgreifen (§ 11 Rn. 1 ff.; § 12 Rn. 1 ff.; § 13 Rn. 1 ff.; § 14 Rn. 1 ff.). Unter Umständen können Maßnahmen der Verwaltungsvollstreckung auch ohne eine Maßnahme auf Primärebene durchgeführt werden (sog. „sofortiger Vollzug", § 13 Rn. 16 ff.). Auch für ein Tätigwerden auf Sekundärebene benötigen die Gefahrenabwehrbehörden einer gesetzlichen Ermächtigungsnorm, und die Maßnahmen der Sekundärebene müssen ebenfalls formell und materiell rechtmäßig sein.

Beispiel: Der Fahrzeughalter F hat sein Kraftfahrzeug im Geltungsbereich eines Verkehrsschildes abgestellt, das ein absolutes Halteverbot anordnet. Die diesen Sachverhalt feststellenden Beamten der Ordnungsbehörde lassen das Fahrzeug abschleppen. Die Abschleppmaßnahme (deren Rechtscharakter allerdings umstritten ist, § 12 Rn. 4 ff.) dient der Durchsetzung des im Verkehrsschild liegenden primären Verwaltungsakts in Gestalt einer Allgemeinverfügung (§ 35 S. 2 VwVfG), die es untersagt, in ihrem Geltungsbereich zu halten. Nach h.M. handelt es sich um eine Maßnahme in der Verwaltungsvollstreckung.

3 Auf der „Tertiärebene" stellt sich die Frage, wer die Kosten für eine Gefahrenabwehrmaßnahme zu tragen hat. Dazu ist es freilich nicht zwingend erforderlich, dass eine Vollstreckungsmaßnahme auf Sekundärebene erfolgt ist; in Fallbearbeitungen wird es jedoch meist um Kosten gehen, die durch die Verwaltungsvollstreckung, insbesondere

die sog. „Ersatzvornahme" entstanden sind. Die zuständigen Behörden können solche Kosten im Regelfall vom Verantwortlichen erstattet verlangen. Formal wird sie diesen Anspruch aufgrund der landesgesetzlichen Bestimmungen mittels eines „Kostenbescheids", also eines die Zahlung anordnenden Verwaltungsakts, anordnen. Auch solche Bescheide bedürfen einer gesetzlichen Ermächtigungsgrundlage und müssen formell und materiell rechtmäßig sein (§ 15 Rn. 1 ff.).

Beispiel: Die Ordnungsbehörde hat das Fahrzeug des F durch einen privaten Abschleppunternehmer auf einen Autohof schleppen lassen und diesem Unternehmer aufgrund einer vertraglichen Vereinbarung zunächst die Kosten für das Abschleppen ausgelegt. Nun fordert die Ordnungsbehörde die Kosten von F zurück.

Für die **polizei- und ordnungsrechtliche Fallbearbeitung** hat diese Dreigliederung gefahrenabwehrbehördlichen Handelns zum einen zur Konsequenz, dass jede Maßnahme auf ihren Rechtscharakter hin untersucht werden muss. Zum anderen ergeben sich sehr häufig „Einschachtelungen" der Rechtmäßigkeitsprüfungen: So hängt die Rechtmäßigkeit eines Kostenbescheids auf „Tertiärebene" u.a. davon ab, ob die Vollstreckungsmaßnahme, bei deren Vornahme die Kosten entstanden sind, ihrerseits rechtmäßig war. Dies wiederum kann unter Umständen davon abhängig sein, ob die Maßnahme auf „Primärebene", die mit der Vollstreckungsmaßnahme durchgesetzt werden sollte, rechtmäßig war. Derartige „Prüfungskaskaden" werfen vor allem deshalb Schwierigkeiten auf, weil die Ebenen klar voneinander getrennt untersucht werden müssen. So können etwa Ermessenserwägungen hinsichtlich der Primärmaßnahme, hinsichtlich der Vollstreckungsebene und hinsichtlich des Kostenbescheids unterschiedlich ausfallen.

Beispiel: Fahrzeughalter F parkt frühmorgens auf einem regulären Parkplatz an einer ruhigen, engen Seitenstraße, in der sich noch keine anderen geparkten Fahrzeuge befinden. Im Laufe des Vormittags werden zahlreiche weitere Fahrzeuge dort abgestellt. Bei einem in einem Wohnhaus ausbrechenden Feuer gelingt es den Löschfahrzeugen nicht, den Brandherd zu erreichen; das Fahrzeug des F ist so abgestellt, dass es wegen der anderen parkenden Fahrzeuge die Zufahrt zu sehr verengt. Nur durch das zügige Abschleppen des Fahrzeugs des F kann der Brand gelöscht werden. In diesem Fall fehlt es an einer ausdrücklichen Primärmaßnahme, die Vollstreckungsmaßnahme (in Gestalt einer Ersatzvornahme, § 12 Rn. 2 ff.) wird im Wege des sog. „sofortigen Vollzugs" wegen der besonderen Gefahrenlage durchgeführt und ist rechtmäßig; der das Abschleppen anordnenden Behörde standen keine Handlungsalternativen zur Verfügung. Nun allerdings von A die Kosten für das Abschleppen zu fordern, erscheint aufgrund der besonderen Sachlage unbillig.

Aus diesen Gründen ist zwischen den Rechtmäßigkeitsanforderungen an Maßnahmen auf den drei Ebenen strikt zu unterscheiden; sie bedürfen einer jeweils **gesonderten Darstellung**. Während sich dieser Teil 2 mit den Vorgaben für die „Primärebene" befasst, werden in Teil 3 (§§ 11–14) das Vollstreckungsrecht (im Schwerpunkt hinsichtlich der Durchsetzung präventiver Maßnahmen) und in Teil 4 (§ 15) das Kostenrecht behandelt.

II. Maßnahmen auf Primärebene

Das allgemeine Gefahrenabwehrrecht ist hinsichtlich der Handlungsformen der Gefahrenabwehrbehörden offen gehalten – die gesetzlichen Grundlagen sprechen (soweit es um Eingriffe geht) meist von „**Maßnahmen**", einem Begriff, der u.a. aus der Legaldefinition des Verwaltungsaktes in § 35 S. 1 VwVfG bekannt ist und jedes absichtsvolle behördliche Handeln umfasst. Die Behörden können mithin auf das gesamte Handlungsformen-„Arsenal" des Verwaltungsrechts zurückgreifen.

7   Die häufigsten Einzelfallmaßnahmen sind dabei **Verwaltungsakte**, insbesondere in Gestalt sog. „HDU"-Verfügungen,[1] die ein Handeln, Dulden oder Unterlassen vorschreiben und damit den Regelungsgehalt von Ge- und Verboten aufweisen. Auch feststellende Verwaltungsakte sind denkbar.[2] Auch einzelne Maßnahmen im Rahmen der Verwaltungsvollstreckung (§ 11 Rn. 1 ff.; § 12 Rn. 1 ff.) haben Verwaltungsaktcharakter (z.B. die Androhung und die Festsetzung konkreter Zwangsmittel, § 13 Rn. 8 ff.). Ferner können die Behörden die Kosten für Vollstreckungsmaßnahmen, aber auch Verwaltungsgebühren gegenüber dem Verantwortlichen im Wege sog. „Kostenbescheide" durch Verwaltungsakt geltend machen (§ 15 Rn. 3 ff.).

8   Daneben werden Verwaltungsakte, namentlich von den Ordnungsbehörden, auch in Gestalt von **Genehmigungen**, Erlaubnissen, Konzessionen usw. genutzt; gesetzliche Regelungen ordnen für bestimmte gefahrengeneigte Tätigkeiten ein „präventives Verbot mit Erlaubnisvorbehalt" (oder – für nach dem Willen des Gesetzgebers unerwünschtes Handeln – sogar ein „repressives Verbot mit Befreiungsvorbehalt") an. Die behördliche Genehmigung „entsperrt" derartige Verbote, so dass die fragliche Tätigkeit aufgenommen werden kann.

Beispiel: Die nach § 2 Abs. 1 GastG für den Betrieb eines Gaststättengewerbes i.S.v. § 1 GastG erforderliche Erlaubnis ist ein Verwaltungsakt. Der Gesetzgeber hält den Gaststättenbetrieb für aus verschiedenen Gründen gefahrengeneigt (instruktiv zu den gesetzgeberischen Gefährdungsvorstellungen § 4 GastG) und unterwirft ihn durch das Erfordernis einer (vorherigen) Erlaubnis einer präventiven Kontrolle.

9   Die Gefahrenabwehrbehörden können jedoch auch zu Maßnahmen greifen, die keinen Regelungsgehalt im Sinne des § 35 S. 1 VwVfG aufweisen (also keine verbindliche Rechtsfolge setzen), nur rein tatsächliche Folgen zeigen und daher als **Realakte** (auch: „schlichtes Verwaltungshandeln"[3]) qualifiziert werden können.[4] Realakte können insbesondere auf der Grundlage einiger gesetzlicher Ermächtigungen zu Standardbefugnissen (z.B. die Ingewahrsamnahme oder die Sicherstellung) ergehen; auch Vollstreckungsmaßnahmen wie die Ersatzvornahme oder der unmittelbare Zwang (§ 12 Rn. 15 ff.) gehören zum „schlichten" Verwaltungshandeln. Zu den Realakten sind ferner behördliche Wissenserklärungen zu rechnen (etwa Hinweise, Warnungen und Empfehlungen).

Beispiel: Mit der sog. „Pankower Ekelliste" hat ein Berliner Bezirksamt im Internet eine Liste mit etwa 40 Restaurants und Imbissen mit gravierenden Hygienemängeln veröffentlicht und dabei auch Fotos eingesetzt.[5]

10   Bei **Verwarnungen** als „Sanktion" ist zu differenzieren: Verwarnungen ohne Verwarnungsgeld sind mangels Regelung keine Verwaltungsakte, so dass nur formlose Rechts-

---

1   Vgl. Stollmann, VR 2003, 335; Kugelmann, 9. Kap. Rn. 2 ff.
2   J. Dietlein, in: Dietlein/Burgi/Hellermann, § 3 Rn. 143.
3   Die Terminologie variiert; gelegentlich wird als „Realakt" nur eine faktische Handlung ohne Regelungsgehalt, aber mit Eingriffscharakter bezeichnet, während „schlichtem Verwaltungshandeln" nicht nur die Regelungseigenschaft, sondern auch die Eingriffsqualität fehlen soll.
4   Kugelmann, 9. Kap. Rn. 8 ff.; zur Abgrenzung Beckmann, NVwZ 2011, 842.
5   Eingehend Holzner, NVwZ 2010, 489; Wollenschläger, VerwArch. 102 (2011), S. 20; Zilkens, NVwZ 2009, 1465, 1470; kritisch gegenüber einem solchen „Internet"-Pranger aus der Rspr. etwa OVG Koblenz NVwZ 2013, 1020. – Zu Warnungen der Polizei vor Sexualstraftätern Goldmann, KJ 2009, 282.

behelfe gegen sie möglich sind. Wird ein Verwarnungsgeld mit der Verwarnung verbunden, liegt dagegen nach überwiegender Auffassung ein Verwaltungsakt vor.[6]

Zu diesen Einzelfallmaßnahmen treten weitere Handlungsformen, namentlich die sog. **gefahrenabwehrbehördliche Verordnung**, die – als Rechtsnorm – die Abwehr „abstrakter" Gefahren (§ 8 Rn. 71) bezweckt (zu diesen Verordnungen eingehend § 16 Rn. 1 ff.). Schließlich können die Gefahrenabwehrbehörden auch verwaltungsrechtliche Verträge mit Privaten schließen, um ihre Aufgaben zu erfüllen; in der Praxis ist dies jenseits der relevanten Sanierungsverträge gemäß § 13 Abs. 4 BBodSchG eine eher seltene Handlungsform.[7]   11

WIEDERHOLUNGS- UND VERSTÄNDNISFRAGEN

1. Welche Ebenen des Gefahrenabwehrhandelns sind zu unterscheiden? (Rn. 1–3)
2. Welche „Maßnahmen" von Polizei- und Ordnungsbehörden kennen Sie? (Rn. 6–11)
3. Welche Unterschiede bestehen zwischen einem gefahrenabwehrbehördlichen Verwaltungsakt und einer gefahrenabwehrbehördlichen Verordnung? (Rn. 11, § 15)

---

6 BVerwGE 24, 8; Knemeyer, Rn. 53.
7 Vgl. Schenke, Rn. 656 ff.

§ 6 Gefahrenabwehrrechtliche Ermächtigungsnormen

I. Einführung

1   Maßnahmen der Gefahrenabwehr sind (sofern sie nicht konsensual erfolgen) im Regelfall mit einem **Eingriff** in subjektiv-öffentliche Rechtspositionen verbunden. Dieser Eingriff kann gezielt und final sein – wird etwa ein „finaler Rettungsschuss" (vgl. § 63 Abs. 2 S. 2 PolG NW) eingesetzt, also ein gezielt tödlich wirkender Schuss auf einen Angreifer, so dient dieser ausschließlich der Ausschaltung dieses Angreifers und greift unmittelbar in dessen Grundrecht auf Leben bzw. auf körperliche Unversehrtheit ein. Denkbar sind allerdings zudem lediglich mittelbare oder „faktische" Eingriffe. Auch diese gelten nach der gängigen Grundrechtsdogmatik zu Recht als rechtfertigungsbedürftige Maßnahmen; es gilt der verfassungsrechtlich im Rechtsstaatsprinzip fundierte Vorbehalt des Gesetzes (vgl. Art. 20 Abs. 3 GG). Auf diese Weise wird das Handeln der Gefahrenabwehrbehörden durch die Eingliederung in die demokratische „Legitimationskette" hin zum demokratisch gewählten Parlament gerechtfertigt.

2   Aus diesem Grund benötigen Gefahrenabwehrbehörden für ihre Tätigkeit im Regelfall einer **gesetzlichen Ermächtigungsgrundlage**.[1] Wie auch in anderen Bereichen bestehen diese Normen aus einer Tatbestands- und einer Rechtsfolgenseite: Liegen die tatbestandlichen Merkmale vor (die sich teilweise nicht unmittelbar aus der fraglichen Ermächtigungsnorm ergeben, sondern anderen Vorschriften zu entnehmen sind), tritt die vorgesehene Rechtsfolge ein.[2] Entlang der Voraussetzungen der jeweiligen gefahrenabwehrrechtlichen Ermächtigungsnorm erfolgt die Prüfung, ob auf sie gestützte Maßnahmen rechtmäßig sind oder nicht. Entscheidend für das entsprechende „**Prüfprogramm**" ist ferner der Charakter der gefahrenabwehrbehördlichen Maßnahme: So sind einerseits Verwaltungsakte denkbar (Verfügungen, Anordnungen, Bescheide usw.), andererseits rein tatsächliche Handlungen (sog. „Realakte"). Verwaltungsakte (i.S.v. § 35 VwVfG) finden sich meist in Gestalt sog. „HDU"-Verfügungen, also Anordnungen eines Handelns („Legen Sie Ihrem Hund einen Maulkorb an!"), Duldens („Dulden Sie das Beseitigen des in Ihrem Garten stehenden morschen Baumes!") oder Unterlassens („Unterlassen Sie das Füttern der Tauben im städtischen Park!"). Damit ist bereits der Bogen gespannt zum Themenfeld des Verwaltungsvollstreckungsrechts (§§ 11–14): So können u.a. Verwaltungsakte, die ein Handeln, Dulden oder Unterlassen anordnen, bei Nichtbefolgen seitens der Behörde mit Zwangsmitteln durchgesetzt werden.

3   Ermächtigungsgrundlagen für das Handeln von Gefahrenabwehrbehörden müssen **Befugnisnormen** sein. (Reine) Aufgabenzuweisungsnormen, Zuständigkeitsvorschriften sowie gesetzliche Ge- und Verbote (etwa auch in gefahrenabwehrbehördlichen Verordnungen, vgl. § 16, § 17) erfüllen nicht die Anforderungen an den Vorbehalt des Gesetzes.[3]

---

1 Schoch in: Schoch (Hrsg.), 2. Kap. Rn. 94. Eingehend zur Wahl der Ermächtigungsgrundlage Büscher, JA 2010, 719 und 791.
2 So ist etwa bei der Prüfung der tatbestandlichen Voraussetzungen einer gefahrenabwehrrechtlichen Ermächtigungsgrundlage jeweils auch zu prüfen, ob die Person, die Maßnahmenadressatin ist oder jedenfalls durch die gefahrenabwehrbehördliche Maßnahme beeinträchtigt wird, tatsächlich Verantwortliche(r) im Sinne des Polizei- und Ordnungsrechts ist („Störer") oder aber als „Nichtstörer" im Wege des polizeilichen Notstands in Anspruch genommen werden kann (dazu § 8 Rn. 76 ff.). Die Kriterien für die Störereigenschaft sind dann gesonderten Bestimmungen zu entnehmen, sofern sie sich nicht aufgrund der spezifischen Besonderheiten der Ermächtigungsgrundlage dieser unmittelbar entnehmen lassen.
3 Zur Unterscheidung eingehend etwa Gusy, Rn. 12.

▶ Für den Bereich behördlicher Warnungen und Hinweise ist diese ansonsten einhellig unterstützte Regel gelegentlich aufzuweichen versucht worden. Ge- und Verbote müssen mit ausdrücklichen Handlungsermächtigungen verknüpft werden; das „Produkt" wird als „unselbstständige Verfügung" bezeichnet. Auch sog. „Gefährderanschreiben", mit denen eine Gefahrenabwehrbehörde an potenzielle Aufrührer im Zusammenhang z.B. mit „Castor-Transporter herangetreten ist, um ihnen nahezulegen, nicht an Widerstandsaktionen teilzunehmen, um sich nicht der Gefahr präventiver oder strafprozessualer Maßnahmen auszusetzen, bedürfen einer gesetzlichen Ermächtigungsgrundlage (§ 19 Rn. 18).[4] ◀

Auch gesetzlich normierte Rechtfertigungsgründe (zivil- und strafrechtliche Vorschriften über Notwehr und Notstand) können nicht als Ermächtigungsgrundlagen dienen (vgl. § 8 Abs. 3 PolG Saarl); dies war beispielsweise vor der gesetzlichen Normierung des „finalen Rettungsschusses" Gegenstand wissenschaftlicher Kontroversen. Befugnisnormen können sich jedoch Spezialgesetzen entnehmen lassen oder im Katalog der Gefahrenabwehrgesetze zu den sog. „Standardermächtigungen" enthalten sein. Lässt sich eine Maßnahme nicht auf solche speziellen Vorschriften stützen, kann als „Auffang-Ermächtigungsgrundlage" meist die Generalklausel für die jeweils zuständige Gefahrenabwehrbehörde herangezogen werden. Dabei ist jedoch darauf zu achten, dass ein solcher Rückgriff auf die Generalklausel verwehrt sein kann, wenn etwa eine Standardmaßnahme getroffen werden soll, deren tatbestandliche Voraussetzungen aber nicht gegeben sind. In diesem Fall kann nicht auf der Grundlage der weniger strikte Anforderungen stellenden Generalklausel eine entsprechende Maßnahme getroffen werden. Insoweit ist im Blick zu halten, ob die Behörde eine Rechtsfolge setzen (insbesondere eine Maßnahme durchführen) will, die spezialgesetzlich normiert ist. Im Versammlungsrecht wird dies durch das Schlagwort der „Polizeifestigkeit des Versammlungsrechts" deutlich (§ 18 Rn. 2).

II. Spezialgesetzliche Ermächtigungsgrundlagen

Ermächtigungsgrundlagen können sich zunächst aus **Spezialgesetzen** ergeben. Vorschriften, die die zuständigen Behörden zu ordnungsrechtlich relevanten Maßnahmen ermächtigen, finden sich in zahlreichen Regelwerken; eine Aufzählung ist schon aufgrund ihrer Anzahl nicht möglich. Zu nennen sind beispielsweise §§ 5, 15 VersG (Versammlungsverbot), § 35 GewO (Gewerbeuntersagung), § 16a TierSchG, § 16 IfSchG oder die bauordnungsrechtlichen Generalklauseln[5] (vgl. § 61 Abs. 1 S. 2 LBauO NW; § 47 Abs. 1 S. 2 LBO BW). Sind solche Bestimmungen einschlägig, ist nach dem Spezialitätsgrundsatz (*„lex specialis derogat legi generali"*) jedenfalls im Anwendungsbereich der Spezialnorm im Regelfall der Rückgriff auf die Ermächtigungsgrundlagen der allgemeinen Polizei- und Ordnungsgesetze gesperrt[6] – selbst dann, wenn die tatbestandlichen Voraussetzungen der Spezialnorm nicht erfüllt sind.[7] Dies gilt namentlich für die Ermächtigungsnormen des Versammlungsgesetzes (Schlagwort: „Polizeifestigkeit" der Versammlung). Häufig sind in den Spezialgesetzen ohnehin nicht die allgemeinen Polizei- und Ordnungsbehörden, sondern Sonderordnungsbehörden für zuständig erklärt (vgl. § 12 OBG NW).

4

---

4 OVG Lüneburg NJW 2006, 391: Generalklausel, aber: keine konkrete Gefahr; eingehend Kreuter-Kirchhof, AöR 2014, 257.
5 Eingehend Knemeyer, Rn. 480 ff.
6 Pieroth/Schlink/Kniesel, § 7 Rn. 14 ff.
7 Schenke, Rn. 38.

5   Im Einzelfall ist **abzugrenzen**, welche Ermächtigungsgrundlage in Betracht kommt.

Beispiel: Im Einfamilienhaus des W ereignet sich wegen eines defekten Gasherdes eine schwere Gasexplosion. Nach eingehender Untersuchung des Gebäudes stellt die zuständige Behörde fest, dass es einsturzgefährdet ist, und ordnet die Räumung an. Auf welche Ermächtigungsgrundlage lässt sich die Räumungsanordnung stützen?

Als spezialgesetzliche Ermächtigungsgrundlage kommen § 61 Abs. 1 S. 2, § 1 BauO NW bzw. § 47 Abs. 1 S. 2 LBO BW in Betracht. Diesen Vorschriften zufolge hat die zuständige Bauaufsichtsbehörde die zur Wahrnehmung der Aufgaben nach dem jeweiligen Satz 1 erforderlichen Maßnahmen zu treffen. Zu diesen Aufgaben gehört die Überwachung der Einhaltung öffentlich-rechtlicher Vorschriften. Als öffentlich-rechtliche Vorschriften, die nicht eingehalten werden, sind die bauordnungsrechtlichen Bestimmungen der §§ 3 Abs. 1 S. 1, 15 Abs. 1 S. 1 BauO NW bzw. §§ 3 Abs. 1, 13 Abs. 1 LBO BW denkbar. Nach § 3 Abs. 1 S. 1 BauO NW bzw. § 3 Abs. 1 S. 1 LBO BW sind bauliche Anlagen so anzuordnen, zu errichten, zu ändern und instand zu halten, dass die öffentliche Sicherheit oder Ordnung, insbesondere Leben, Gesundheit oder die natürlichen Lebensgrundlagen, nicht gefährdet wird. § 15 Abs. 1 S. 1 BauO NW bzw. § 13 Abs. 1 S. 1 LBO BW ordnet an, dass jede bauliche Anlage im Ganzen und in ihren Teilen sowie für sich allein standsicher sein muss.

Beispiel: Hooligan H ist in der Vergangenheit mehrfach polizeilich aufgefallen, weil er nach Auswärtsspielen seines Fußball-Vereins an Handgemengen und Schlägereien mit teilweise erheblichen Sach- und Personenschäden beteiligt gewesen ist. Den Polizeibeamten gegenüber hat er wiederholt geäußert, auch weiterhin nach Spielen zu randalieren. Vor dem nächsten Auswärtsspiel ordnet die örtliche Polizeibehörde an, dass H sich bei der Behörde einzufinden habe, damit Lichtbilder von ihm aufgenommen werden können. Diese sollen an die auswärtigen Polizeibehörden übermittelt werden, um seine Beobachtung vor und nach dem Spiel zu ermöglichen. Auf welche Ermächtigungsgrundlage lässt sich die Anfertigung der Lichtbilder stützen?

Als Ermächtigungsgrundlage kommt zunächst § 14 Abs. 1 Nr. 2 PolG NW bzw. § 36 Abs. 1 Nr. 2 PolG BW in Betracht, der den Behörden die Durchführung sog. „erkennungsdienstlicher Maßnahmen" erlaubt, wenn dies zur vorbeugenden Bekämpfung von Straftaten erforderlich ist, weil die betroffene Person verdächtig ist, eine Straftat begangen zu haben und wegen der Art und Ausführung der Tat die Gefahr der Begehung weiterer Straftaten besteht. Die erkennungsdienstlichen Maßnahmen, zu denen gemäß § 14 Abs. 4 Nr. 2 PolG NW bzw. § 36 Abs. 2 Nr. 2 PolG BW auch die Aufnahme von Lichtbildern gehört, sind präventiver Natur; die Polizei wird zur Verhinderung von Straftaten und Ordnungswidrigkeiten oder zur Gefahrenabwehr tätig (zu erkennungsdienstlichen Maßnahmen s. im Übrigen eingehend § 10 Rn. 33 ff.).

Ermächtigungsgrundlage könnte jedoch auch § 81b 2. Alt. StPO sein. Der Vorschrift zufolge ist die Anfertigung von Lichtbildern gestattet, wenn und soweit dies für Zwecke des Erkennungsdienstes notwendig ist. § 81b StPO ist wegen seiner Verortung in der StPO eigentlich dem repressiven Handeln der Polizei zuzuordnen (Verfolgung von Straftaten). Dies gilt jedoch nur für die 1. Alt.; Maßnahmen nach der 2. Alt. gelten als präventive Maßnahmen (eingehend § 10 Rn. 37).

Beide Ermächtigungsgrundlagen für präventives Handeln müssen damit voneinander abgegrenzt werden. Es kommt entscheidend darauf an, ob es sich bei H um einen Beschuldigten i.S.d. § 81b StPO handelt. Dann ist § 14 Abs. 1 PolG NW bzw. § 36 Abs. 1 Nr. 2 PolG BW nicht anwendbar, sondern lediglich § 81b 2. Alt. StPO. Eine Person ist Beschuldigte(r), wenn sich die weiteren Ermittlungen zum Zeitpunkt der erkennungsdienstlichen Behandlung gegen sie richten, also ein Ermittlungsverfahren gegen sie anhängig ist. Dies ist bei H nicht der Fall; er ist mithin nicht Beschuldigter. Für die Anfertigung von Lichtbildern des H ist daher § 14 Abs. 1 Nr. 2 PolG NW bzw. § 36 Abs. 1 Nr. 2 PolG BW Ermächtigungsgrundlage.

III. Standardbefugnisse

Fehlen spezialgesetzliche Ermächtigungsgrundlagen, ist auf die sog. „**Standardermäch-** **tigungen**" (auch: Standardbefugnisse, in Baden-Württemberg: „Einzelmaßnahmen") der Gefahrenabwehrgesetze zurückzugreifen. Die „Generalklauseln" sind diesen ge- genüber als generelle Regelungen subsidiär, wie die meisten Polizei- und Ordnungsge- setze ausdrücklich vorsehen. Insoweit besteht innerhalb der Gefahrenabwehrgesetze eine „Binnenspezialität".[8] 6

▶ So kann die Polizei etwa nach § 8 PolG NW Maßnahmen zur Gefahrenabwehr nach pflichtgemäßem Ermessen treffen, „soweit nicht die §§ 9 bis 46 die Befugnisse der Polizei besonders regeln"; die in §§ 9 ff. enthaltenen Vorschriften sind „Standardermächtigungen", die zu „Standardmaßnahmen" ermächtigen. Ähnliches gilt, soweit die Standardermächti- gungen des PolG NW über die Verweisungsnorm in § 24 OBG NW für anwendbar erklärt werden, hinsichtlich der „Sperrung" des § 14 Abs. 1 OBG NW. ◀

Standardermächtigungen normieren detailliert und gesondert einige **typische gefahren-** **abwehrbehördliche Maßnahmen**, etwa deshalb, weil diese in besonderer Weise grund- rechtsrelevant bzw. eingriffsintensiv sind und die Generalklausel daher – verkürzt ge- sagt – zu unbestimmt wäre. So fordern einige grundrechtliche Gewährleistungen be- sonders qualifizierte gesetzliche Grundlagen, um Eingriffe zu rechtfertigen, oder stellen selbst materielle Anforderungen auf, die von Eingriffsermächtigungen umzusetzen sind. Die Standardermächtigungen enthalten daher teilweise besondere Verfahrens- und Formvorschriften sowie Nebenregelungen, die den besonderen grundrechtlichen Direktiven Rechnung tragen (sog. „Durchführungsbestimmungen" bzw. Vorschriften zu besonderen „Anordnungskompetenzen"). Beispielhaft genannt sei die Wohnungs- durchsuchung: Es handelt sich im Regelfall um eine Durchsuchung i.S.v. Art. 13 Abs. 2 GG, an die besondere verfassungsrechtliche Anforderungen gestellt sind. Daher enthal- ten die Landesgesetze zum allgemeinen Gefahrenabwehrrecht eigenständige Ermächti- gungsnormen für das Betreten und Durchsuchen von Wohnungen, die die grundrechtli- chen (teilweise richterrechtlich fortentwickelten) Vorgaben realisieren (vgl. etwa § 41 PolG NW; § 31 PolG BW). Ähnliches gilt für die meist sehr detaillierten Bestimmungen in den Standardermächtigungen zum Umgang mit (personenbezogenen) Daten, die die verfassungsrechtlichen Anforderungen des Grundrechts auf informationelle Selbstbe- stimmung nach Art. 2 Abs. 1 i.V.m. Art. 1 Abs. 1 GG auf einfachgesetzlicher Ebene umsetzen. 7

In **Nordrhein-Westfalen** finden sich die Standardermächtigungen für die Polizei in §§ 9 ff. PolG NW. Im Ordnungsbehördengesetz fehlt ein entsprechender Katalog; § 24 OBG NW verweist allerdings auf einige der Standardermächtigungen des PolG NW. Zu beachten ist jedoch, das nicht sämtliche polizeilichen Befugnisse in Bezug genom- men werden. Zudem ordnet § 24 OBG NW die entsprechende Anwendung der Vor- schriften des PolG NW nur insoweit an, wie dies zur Erfüllung der Aufgaben der Ord- nungsbehörden erforderlich ist. 8

Beispiele: Nach § 24 Nr. 4 OBG NW gilt § 12 PolG NW mit Ausnahme des Absatzes 1 Nr. 4. In dieser Bestimmung sind Eingriffsbefugnisse für die Identitätsfeststellung an einer durch die Polizei eingerichteten Kontrollstelle geregelt, die selbstverständlich auch nur die

---

8 Dies gilt auch dann, wenn die Standardermächtigungen keine über die Generalklauseln hinausreichenden tatbestandlichen Anforderungen enthalten, wie dies etwa in Nordrhein-Westfalen bei der Platzverweisung (§ 34 Abs. 1 PolG NW gegenüber § 8 PolG NW) der Fall ist; die Platzverweisung ist in formeller, nicht aber in materieller Hinsicht Spezialnorm; J. Dietlein, in: Dietlein/Burgi/Hellermann, § 3 Rn. 161.

Polizei ausüben darf. § 24 Nr. 13 OBG NW erklärt § 34 PolG NW „mit Ausnahme von Absatz 2" für anwendbar; § 34 Abs. 2 PolG NW enthält eine Ermächtigung zum Erlass eines (längerfristigen) Aufenthaltsverbots (§ 10 Rn. 83 ff.).

9   In **Baden-Württemberg** sind die Standardermächtigungen hinsichtlich des Umgangs mit Daten in den §§ 19 ff. PolG BW geregelt („Datenerhebung"); weitere Standardermächtigungen („Einzelmaßnahmen") finden sich in den §§ 26 ff. PolG BW.

IV. Generalklauseln

10   Greifen weder Spezialnormen noch Standardermächtigungen, so kann auf die jeweilige „Generalklausel" zurückgegriffen werden (vgl. § 8 Abs. 1 PolG NW, § 14 Abs. 1 OBG NW; § 3 PolG BW). Es handelt sich dabei um allgemeine Auffangermächtigungen, die im Regelfall nur eine konkrete Gefahrenlage voraussetzen. Beispiele für auf die polizeiliche Generalklausel gestützte Maßnahmen sind etwa die Gefährderansprache und die Meldeauflage (zur Verwendung im Versammlungskontext § 19 Rn. 18). Für die Ordnungsbehörden sind die Generalklauseln von weitaus größerer Bedeutung, z.B. bei der Einweisung von Obdachlosen in (leerstehenden) Wohnraum, die Wiedereinweisung von Räumungsschuldnern in die bisher bewohnte Wohnung, die Verpflichtung zur Auslegung von Rattengift, das Verbot von Baumfällarbeiten usw.

▶ So in § 8 Abs. 1 PolG NW, § 14 Abs. 1 OBG NW. In Baden-Württemberg ermächtigt § 3 PolG BW die Polizei dazu, „innerhalb der durch das Recht gesetzten Schranken zur Wahrnehmung ihrer Aufgaben diejenigen Maßnahmen zu treffen, die ihr nach pflichtgemäßem Ermessen erforderlich erscheinen". Nach § 1 Abs. 1 S. 1 PolG BW hat die Polizei die Aufgabe, von dem einzelnen und dem Gemeinwesen „Gefahren abzuwehren, durch die die öffentliche Sicherheit oder Ordnung bedroht wird, und Störungen der öffentlichen Sicherheit oder Ordnung zu beseitigen, soweit es im öffentlichen Interesse geboten ist". Damit ergibt sich eine allgemeine Befugnis zu Gefahrenabwehrmaßnahmen in Baden-Württemberg aus §§ 3, 1 Abs. 1 S. 1 PolG BW. ◀

11   Vorbild war die Vorschrift des § 14 Abs. 1 PrPVG (1931); über § 8 des Musterentwurfs haben die Generalklauseln Eingang in sämtliche Landesgesetze gefunden.[9] Sie sind trotz ihres „dürftigen" normativen Detailgrades **als verfassungsmäßig anerkannt;**[10] einer zu extensiven Anwendung stehen die verfassungsrechtlichen Korrektive des Verhältnismäßigkeitsgrundsatzes (§ 8 Rn. 177 ff.) und des Bestimmtheitsgebotes (§ 8 Rn. 186) sowie die anerkannten Vorgaben für die pflichtgemäße Ermessensausübung entgegen (§ 8 Rn. 155 ff.).

12   Die Generalklauseln sind **„doppelt" subsidiär;**[11] spezialgesetzliche Vorschriften und Standardermächtigungen besitzen ihnen gegenüber Anwendungsvorrang[12] (vgl. den Wortlaut des § 8 Abs. 1 PolG NW: „soweit nicht die §§ 9 bis 46 die Befugnisse der Polizei besonders regeln"). Dies gilt übrigens auch dann, wenn ein Spezialgesetz seinerseits eine Generalklausel enthält (vgl. etwa § 61 Abs. 1 S. 2 BauO NW) – das Spezialgesetz und mithin auch dort enthaltene Generalklauseln gehen den allgemeinen polizei- und ordnungsrechtlichen Generalklauseln vor. Speziellere Ermächtigungsgrundlagen entfalten mithin hinsichtlich der Eingriffsvoraussetzungen eine „Sperrwirkung" gegen-

---

9   Kugelmann, 6. Kap. Rn. 8.
10 Vgl. BVerfGE 54, 143, 144; Götz, § 8 Rn. 8; Pieroth/Schlink/Kniesel, § 7 Rn. 5; Schenke, Rn. 49.
11 Möller/Warg, Rn. 67; eingehend zur Nachrangigkeit der Generalklauseln Knemeyer, Rn. 154 ff.
12 Schoch in: Schoch (Hrsg.), 2. Kap. Rn. 98 f.

über den allgemeineren.[13] Diese Wirkung tritt selbstverständlich auch dann ein, wenn die Voraussetzungen der Spezialnorm nicht erfüllt sind – in diesem Fall kann die Maßnahme nicht stattdessen auf eine allgemeine gefahrenabwehrrechtliche Generalklausel gestützt werden, da diese jedenfalls im Verhältnis zu den meisten Spezialnormen weniger strikte Anforderungen stellen.

Der Rückgriff auf die Generalklausel kann auch dann gesperrt sein, wenn keine konkrete Ermächtigungsnorm mit weiterreichenden Voraussetzungen existiert, sondern ein Spezialgesetz die Anwendung des allgemeinen Polizei- und Ordnungsrechts für einen kompletten Regelungsbereich insgesamt blockiert. Unter dem Stichwort „**Polizeifestigkeit**" etwa der Presse oder der Versammlung wird diskutiert, ob und in welchem Umfang Pressetätigkeit oder Versammlungen mit den Instrumenten des allgemeinen Gefahrenabwehrrechts gesteuert werden dürfen. Auch hier ist zu differenzieren: Das möglicherweise Sperrwirkung entfaltende Gesetz kann ausdrücklich die Anwendung des allgemeinen Polizei- und Ordnungsrechts ausschließen; eine solche Regelung treffen zahlreiche Landespressegesetze. Z.B. ordnet § 1 Abs. 2 PresseG NW an, dass die Freiheit der Presse nur den Beschränkungen unterliegt, die durch das Grundgesetz unmittelbar und in seinem Rahmen durch das Pressegesetz zugelassen sind. Zu untersuchen ist allerdings im konkreten Einzelfall, wie weit der Regelungsbereich dieser Vorschriften reicht.[14] Behördliches Handeln bei Gefahrenlagen, die in keinem Zusammenhang mit diesem Regelungsbereich stehen – etwa feuer- oder baupolizeiliche Maßnahmen gegenüber einem Gebäude, in dem eine Presseeinrichtung ihren Sitz hat – können auf die entsprechenden Ermächtigungsnormen, gegebenenfalls auch auf das allgemeine Polizei- und Ordnungsrecht und die Generalklauseln gestützt werden.[15]

Beispiel: Die Polizeibeamten P und Q werden bei einem Einsatz von F fotografiert. P und Q fordern ihn zur Herausgabe der Fotografien auf. Bei dieser Maßnahme handelt es sich um eine Sicherstellung (vgl. § 43 Nr. 1 PolG NW; in Baden-Württemberg: Beschlagnahme, § 33 Abs. 1 Nr. 1 PolG BW; eingehend § 10 Rn. 162 ff.), wobei das Vorliegen einer Gefahr (bzw. in Baden-Württemberg: einer unmittelbar bevorstehenden oder bereits eingetretenen Störung) im Einzelfall schwierig zu bestimmen ist. Denn während die Herstellung der Fotografien noch nicht strafbar ist, kann ihr Verbreiten bzw. Ausstellen strafrechtliche Konsequenzen haben (vgl. §§ 22, 23 KunstUrhG), so dass eine einzelfallbezogene Prognose hinsichtlich der späteren Nutzung anzustellen ist.[16] Zudem ist zu prüfen, ob die Sperrwirkung des PresseG hinsichtlich der Herstellung greift, was im Ergebnis zu verneinen ist.[17] Sollen Presseerzeugnisse – etwa aufgrund strafbaren Inhalts – beschlagnahmt werden, sind zudem vorrangig die repressiven Ermächtigungsnormen in §§ 111m, 111n StPO zu beachten.[18]

Doch auch wenn eine ausdrückliche normative Sperranordnung fehlt – wie z.B. im Versammlungsgesetz – kann sich eine Sperrwirkung ergeben.[19] Nach überwiegender Auffassung regelt dieses Gesetz die Abwehr versammlungsspezifischer Gefahren abschließend, so dass nicht auf Ermächtigungsnormen des allgemeinen Polizei- und Ordnungsrecht zurückgegriffen werden darf, sofern eine öffentliche, in den Schutzbereich des Art. 8 Abs. 1 GG fallende Versammlung vorliegt (zum Versammlungsbegriff nach dem GG und dem VersG § 18 Rn. 3 ff.). Ist dies nicht der Fall, etwa weil die Teilneh-

---

13   Schoch in: Schoch (Hrsg.), 2. Kap. Rn. 99.
14   Vgl. Schoch in: Schoch (Hrsg.), 2. Kap. Rn. 99.
15   Schoch in: Schoch (Hrsg.), 2. Kap. Rn. 96.
16   OVG Koblenz NVwZ-RR 1998, 237; VG Köln NJW 1988, 367.
17   Eingehend J. Dietlein, in: Dietlein/Burgi/Hellermann, § 3 Rn. 202.
18   Vgl. Götz, § 8 Rn. 62.
19   Vgl. die zahlreichen Beispiele bei Schoch in: Schoch (Hrsg.), 2. Kap. Rn. 96.

mer sich nicht friedlich bzw. ohne Waffen versammeln (§ 18 Rn. 7 f.), so können Maßnahmen auf das allgemeine Polizei- und Ordnungsrecht gestützt werden. Umstritten ist die Möglichkeit, Maßnahmen im **Vorfeld** oder im Nachgang einer geschützten Versammlung auf der Grundlage der Ermächtigungsnormen des allgemeinen Gefahrenabwehrrechts zu erlassen. Die Rechtsprechung hat vornehmlich das Verhindern der Anreise zu einer – beispielsweise als gewalttätig prognostizierten – Versammlung beschäftigt (dazu § 19 Rn. 17)

Beispiel: Das „Einkesseln" von Versammlungsteilnehmern, etwa zur Verhinderung von Ausschreitungen, darf nicht auf der Grundlage des allgemeinen Polizei- und Ordnungsrechts erfolgen, sofern die Versammlung nicht gemäß § 15 Abs. 3 VersG aufgelöst worden ist.[20] Die Einschließung einer Versammlung durch Polizeikräfte stellt eine (nach Rechtsprechung[21] und Literatur rechtswidrige) Ingewahrsamnahme dar (§ 10 Rn. 103 ff.).[22]

15 Im Schrifttum sind Versuche unternommen worden, den Anwendungsbereich der Generalklauseln über die genannten Restriktionen hinaus einzuschränken. So wird etwa vertreten, die Anwendung der Generalklauseln käme allein zur Bewältigung „atypischer" Gefahren in Betracht.[23] Bei typischen Gefahrenlagen müsse der Gesetzgeber jedenfalls nach Ablauf einer Übergangsfrist, in der ein Rückgriff auf die Generalklausel (noch) statthaft sei, auch „typisieren" und eine entsprechende Standardbefugnis schaffen.

▶ Diese Auffassung bezieht sich vor allem auf neuartige, in der Praxis entwickelte Maßnahmentypen. So sind etwa das Aufenthaltsverbot und die Wohnungsverweisung (§ 10 Rn. 91 ff.), die Gefährderansprache[24] und die Meldeauflage (§ 19 Rn. 18) von den Landesgesetzgebern erst sukzessive (und noch nicht durchgehend) als Standardmaßnahmen normiert worden. ◀

Eine „flächendeckende" Normierung typischer Maßnahmen mag rechtspolitisch erwünscht sein, verfassungsrechtlich zwingend geboten ist sie nicht. Schon die Reduktion der Generalklauseln auf Ermächtigungen zur Bewältigung atypischer Gefahrenlagen wird ihrem auch im historischen Rückblick deutlich werdenden Charakter als „Auffangnormen" nicht gerecht. Auch ist der Begriff der „atypischen Gefahr" zu unbestimmt; seine Anwendung würde zu Folgeproblemen wie etwa einer Rechtsunsicherheit der Gefahrenabwehrbehörden führen.[25] Die Beschränkung des Anwendungsbereichs der Generalklauseln auf atypische Maßnahmen wird denn auch zu Recht von Bundesverwaltungsgericht[26] und h.M. abgelehnt.

16 Von der Reduktion auf atypische Gefahren zu unterscheiden ist freilich die jeweils für den konkreten Einzelfall zu beantwortende Frage, ob ein Rückgriff auf die Generalklauseln aufgrund einer besonderen **Eingriffsintensität der Maßnahme** und einer damit verbundenen erheblichen Grundrechtsbeeinträchtigung ausgeschlossen (oder auf eine „Übergangszeit" beschränkt) sein kann.

---

20 Schoch in: Schoch (Hrsg.), 2. Kap. Rn. 97; OVG Münster DVBl. 2001, 839.
21 VG Hamburg NVwZ 1987, 829; VG Berlin NVwZ-RR 1990, 188; s. Hofmann, NVwZ 1987, 769; vgl. aber KG Berlin NVwZ 2000, 468, mit Differenzierung nach der zeitlichen Dauer der „Einkesselung".
22 Möller/Warg, Rn. 360.
23 So Pieroth/Schlink/Kniesel, § 7 Rn. 20; Butzer, VerwArch. 93 (2002), S. 506, 523; eingehend auch Kießling, DVBl. 2012, 1210.
24 Dazu Kießling, DVBl. 2012, 1210, die sehr dezidiert eine eigenständige (Standard-)Ermächtigungsgrundlage fordert.
25 Schenke, Rn. 49.
26 BVerwG NVwZ 2008, 1439, 1440; Schenke, Rn. 48.

Beispiel: Maßnahmen, die in das Recht auf informationelle Selbstbestimmung gemäß Art. 2 Abs. 1 i.V.m. Art. 1 Abs. 1 GG oder in das Grundrecht auf Gewährleistung der Integrität und Vertraulichkeit informationstechnischer Systeme eingreifen, bedürfen daher – wie das Bundesverfassungsgericht in zahlreichen Entscheidungen verdeutlicht hat – aus verfassungsrechtlichen Gründen im Regelfall einer gesonderten, hinreichend bestimmten und konsistenten gesetzlichen Grundlage. Bedenklich wäre es daher, eine Maßnahme wie das sog. *„Section Control"*[27] auf die Generalklausel zu stützen. Dabei handelt es sich im Gegensatz zur „punktuellen" Geschwindigkeitsmessung an einer Stelle durch Radaranlagen um eine auf eine bestimmte Strecke („Überwachungsabschnitt") begrenzte, also abschnittsbezogene Geschwindigkeitsüberwachung. Zwar sieht die h.M. die technische Verkehrsüberwachung als präventivpolizeiliche Maßnahme an, die Generalklausel erweist sich jedoch als nicht ausreichend, derart eingriffsintensive Tätigkeiten zu „decken".

Diesem Gedanken liegt die Überlegung zugrunde, dass unter Umständen solche Maßnahmen auf die verhältnismäßig geringe Hürden errichtenden Generalklauseln gestützt werden könnten, die weitaus eingriffsintensiver sind als in Standardermächtigungen normierte Handlungsinstrumente. Diese Argumentation basiert auf einer Vorstellung vom Verhältnis von Standardbefugnissen und Generalklauseln, die sich mit den landesgesetzlichen Regelungen nicht in Einklang bringen lässt. Die Standardermächtigungen sind (in Nordrhein-Westfalen aufgrund gesetzlicher Anordnung) zwar spezieller, sie gestatten aber weder durchgängig besonders schwere Eingriffe noch stellen sie sämtlich höhere tatbestandliche Anforderungen als die Generalklauseln (vgl. etwa die Ermächtigungen zum Platzverweis, die meist nur eine konkrete Gefahr voraussetzen, s. § 34 Abs. 1 PolG NW). Nur einige, nicht alle Standardbefugnisse besitzen qualifizierten Eingriffscharakter und orientieren sich daher in ihren Voraussetzungen an den grundrechtlichen Vorgaben. So ist etwa das Anhalten und Befragen zwar als Standardbefugnis geregelt, setzt aber weder eine konkrete Gefahr noch einen „Störer" voraus (vgl. § 9 Abs. 1 PolG NW; § 20 Abs. 1 S. 1 PolG BW). Gleichwohl kann ein Rückgriff auf die Generalklausel im Einzelfall aus verfassungsrechtlichen Gründen gesperrt sein, wenn sich aus der mit der Maßnahme verletzten Grundrechtsnorm Anforderungen ergeben, die die Generalklauseln in ihrer normativen Ausgestaltung nicht erfüllen.

Beispiele: Nach h.M. kann eine Ausgangssperre wegen Art. 11 GG nicht auf der Grundlage einer Generalklausel erlassen werden.[28] – Die Rechtsprechung hat in jüngerer Zeit auch die Dauerobservation entlassener, hochgradig rückfallgefährdeter Sexualstraftäter, gegebenenfalls sogar gemeinsam mit ihren Familien, beschäftigt. Da derartige Maßnahmen nicht auf die Ermächtigungsnormen zur Observation (z.B. § 16a PolG NW) gestützt werden können, haben die Gerichte es für zulässig erachtet, die Maßnahme (bei strikter Beachtung der Verhältnismäßigkeit) jedenfalls vorübergehend auf die Generalklausel zu stützen. Der Gesetzgeber sei jedoch zur Schaffung einer spezialgesetzlichen Grundlage aufgefordert.[29]

Fehlt eine einschlägige Befugnisnorm sowohl in Spezialgesetzen als auch in den gefahrenabwehrrechtlichen Regelwerken und kann auf die Generalklausel nicht zurückgegriffen werden, liegt eine **analoge Anwendung** vorhandener Ermächtigungsnormen nahe. Nach der juristischen Methodenlehre kommt eine Analogie in Betracht, wenn 1. eine Regelungslücke auszumachen ist, ein bestimmter Lebenssachverhalt also nicht normativ geregelt ist, 2. diese Lücke als planwidrig angesehen werden kann (sich also nicht etwa aus der Entstehungsgeschichte, dem systematischen Kontext oder den Gesetzgebungsmaterialien ergibt, dass der Gesetzgeber mit Absicht eine Lücke gelassen

17

---

27 Dazu Arzt/Eier, NZV 2010, 113; ferner Albrecht, SVR 2009, 161.
28 Schenke, Rn. 49.
29 OVG Münster NVwZ 2013, 8; vgl. auch BVerfG DÖV 2013, 198.

hat) und 3. eine vergleichbare Sach- und Rechtslage besteht und zu lösen ist. Einer Analogie im Bereich gefahrenabwehrrechtlicher Ermächtigungsnormen hat die Rechtsprechung aber sehr dezidiert einen Riegel vorgeschoben. Zwar gilt das grundgesetzliche Analogieverbot für strafrechtliche Bestimmungen, das dem in Art. 103 Abs. 2 GG geregelten Grundsatz *„nulla poena sine lege"* entnommen wird, für den präventiven Bereich nicht; das Bundesverfassungsgericht hat jedoch betont, dass eine aufgrund fehlender oder mangelhafter gesetzlicher Eingriffsermächtigungen bestehende Lücke nicht im Wege der Analogie oder einer Rechtsfortbildung geschlossen werden dürfen.[30]

▶ **KURZSCHEMA: ERMÄCHTIGUNGSGRUNDLAGE**

Wichtiger Prüfungsstandort: Rechtmäßigkeitsprüfung einer gefahrenabwehrbehördlichen Maßnahme

I.   Ermächtigungsgrundlage aus Spezialgesetz? (z.B. VersG, GewO, WaffG usw.)

II. Ermächtigungsgrundlage aus Standardermächtigung in den allgemeinen Gefahrenabwehrgesetzen? (§§ 9 ff. PolG NW, ggf. i.V.m. § 24 OBG NW; §§ 19 ff., 26 ff. PolG BW)

  1. Keine Anwendungssperre des allgemeinen Gefahrenabwehrrechts durch Spezialgesetz?

  2. „Passende" Rechtsfolge?

III. Ermächtigungsgrundlage aus Generalklausel?
     (§ 8 Abs. 1 PolG NW, § 14 Abs. 1 OBG NW; § 3 i.V.m. § 1 Abs. 1 S. 1 PolG BW)

  1. Keine Anwendungssperre des allgemeinen Gefahrenabwehrrechts durch Spezialgesetz?

  2. Keine Einschlägigkeit einer Standardermächtigung? ◀

WIEDERHOLUNGS- UND VERSTÄNDNISFRAGEN

1. In welcher Reihenfolge sind potenzielle gesetzliche Ermächtigungsgrundlagen zu prüfen? (Rn. 4–12)

2. Was sind Standardermächtigungen? (Rn. 6–9)

3. Welche Funktionen erfüllen Generalklauseln? (Rn. 10–12).

---

30 BVerfG NJW 1996, 3146.

§ 7 Formelle Rechtmäßigkeitsanforderungen

I. Einführung

Maßnahmen der Gefahrenabwehrbehörden müssen **formell rechtmäßig** sein. Gängig ist eine Aufteilung der formellen Rechtmäßigkeit in die drei Elemente Zuständigkeit, Verfahren und Form. Rechtliche Vorgaben hinsichtlich der formellen Rechtmäßigkeit ergeben sich teilweise aus der einschlägigen Ermächtigungsgrundlage bzw. ihrem normativen Kontext; ergänzend kann auf allgemeine Bestimmungen des anwendbaren Gesetzes, etwa der allgemeinen Gefahrenabwehrgesetze, sowie schließlich auf die Vorschriften des allgemeinen Verwaltungsrechts (Verwaltungsverfahrensgesetze, Verwaltungszustellungsgesetze usw.) zurückgegriffen werden.

II. Zuständigkeit

Die **Zuständigkeit** der Gefahrenabwehrbehörden ergibt sich aus den jeweils einschlägigen gesetzlichen Bestimmungen, wobei die dargestellten Aufgabenzuweisungsnormen (z.B. § 1 PolG NW; § 1 PolG BW) nicht per se zugleich die Zuständigkeit begründen müssen (und zudem keine unmittelbaren Befugnisse verleihen, § 6 Rn. 3). Es ist zwischen Aufgaben-, Befugnis- und Zuständigkeitsnormen zu unterscheiden, wobei einzelne Vorschriften diese Funktionen in sich vereinen können. Zuständigkeitsvorschriften dienen der Gewährleistung der demokratischen „Legitimationskette", sichern die Transparenz bei der behördlichen Aufgabenwahrnehmung, erleichtern den Bürgerinnen und Bürgern die Kommunikation mit der Verwaltung und ermöglichen einen gezielten gerichtlichen Rechtsschutz.

Die Zuständigkeit wird weiter differenziert in eine **sachliche, instanzielle** und **örtliche Zuständigkeit**.[1] Einzelne Aspekte sind bereits im Abschnitt über die Aufgaben der Gefahrenabwehrbehörden behandelt worden (§ 4 Rn. 1 ff.), so dass teilweise darauf verwiesen werden kann.

Bei der **sachlichen Zuständigkeit** ist zunächst von Bedeutung, ob bei einem Trennsystem die (Vollzugs-)Polizei- oder die Ordnungsbehörden zuständig sind. Grundsätzlich gilt, dass die Zuständigkeit bei den (allgemeinen) Ordnungsbehörden liegt, sofern nicht die Polizeibehörden ausdrücklich für zuständig erklärt werden. In Nordrhein-Westfalen regeln dies § 5 Abs. 1 S. 1 OBG NW (sachliche Zuständigkeit der örtlichen Ordnungsbehörden; Sonderregelung in Satz 2) sowie § 1 Abs. 1 S. 3 PolG NW – es besteht lediglich eine „Eilfallzuständigkeit" der Polizei, sofern (auch) die Ordnungsbehörden zuständig sind (§ 4 Rn. 36 f.). In Baden-Württemberg ist auf § 66 Abs. 2 PolG BW hinzuweisen (allgemeine sachliche Zuständigkeit der Ortspolizeibehörden). Zu beachten ist allerdings, dass bestimmte Maßnahmen von vornherein nur von der Polizei vorgenommen werden dürfen, wie sich in Nordrhein-Westfalen etwa aus der nur partiellen Verweisung des § 24 OBG NW auf die Standardermächtigungen in §§ 9 ff. PolG NW ergibt. In Baden-Württemberg enthält § 60 PolG BW Regelungen zur Zuständigkeitsabgrenzung. Der (Vollzugs-)Polizei sind bestimmte Zuständigkeiten **originär** zugewiesen (§ 4 Rn. 1 ff.) In diesen Bereichen sind die Aufgabenzuweisungsnormen zugleich Zuständigkeitsvorschriften. Die originäre Zuständigkeit der Polizeibehörden ist von den Fällen der **Amts- bzw. Vollzugshilfe** zu unterscheiden (§ 4 Rn. 15 f.). In diesen

---

1 Vgl. Götz, § 12 Rn. 7 f.; Kugelmann, 4. Kap. Rn. 70 ff.; Möller/Warg, Rn. 37 ff.; Pieroth/Schlink/Kniesel, § 6 Rn. 8 ff.

Konstellationen ist eine andere Behörde – z.B. die örtliche Ordnungsbehörde – originär zuständig, kann aber selbst nicht (allein) tätig werden, etwa weil ihr dafür entsprechend geschultes Personal oder benötigte Hilfsmittel fehlen. Im Rahmen der Zuständigkeitsüberlegungen ist schließlich auf die Regelungen hinzuweisen, die die Zuständigkeit der Polizei zum **Schutz privater Rechte** begrenzen (§ 4 Rn. 28 ff.).

▶ Hinweis für die Fallbearbeitung: Im Rahmen der sachlichen Zuständigkeit kann es, da z.B. § 1 Abs. 1 OBG NW und § 1 Abs. 1 S. 1 PolG NW auf Gefahren für die öffentliche Sicherheit oder Ordnung abstellen, nahe liegen, die materiellen Kriterien für das Vorliegen einer Gefahrenlage im Einzelfall schon in der formellen Rechtmäßigkeit zu prüfen, um die Zuständigkeit der Polizei oder Ordnungsbehörden bejahen zu können. Dies nähme allerdings die mitunter problematische Gefahrenprognose und die Bewertung der hinreichenden Wahrscheinlichkeit des Schadenseintritts, ggf. auch die tatbestandliche Prüfung eventuell verletzter oder „bedrohter" Rechtsnormen vorweg (dazu § 8 Rn. 4 ff., 50 ff.). Zur Begründung der sachlichen Zuständigkeit wird es – um ein solches „Vorziehen" zu vermeiden – daher im Regelfall ausreichen, wenn die handelnden Beamten zum Zwecke der Gefahrenabwehr handeln wollen. Die gelegentlich vorgeschlagene Konstruktion des Kriteriums einer „allgemeinen Gefahr", die die sachliche Zuständigkeit eröffnet, verkompliziert die Gefahrendogmatik unnötig. ◀

5   Die **instanzielle Zuständigkeit** bezeichnet, welche Ebene innerhalb der Behördenstruktur zuständig ist. Die Polizei- und Ordnungsbehörden gliedern sich entsprechend der gängigen Organisation von Behörden in verschiedene Hierarchieebenen. Soweit die Vollzugspolizei in den Ländern mit Einheitssystem bzw. Trennsystem einstufig ausgestaltet ist, stellt sich die Frage nach der instanziellen Zuständigkeit nicht. Da bestimmte, vor allem polizeiliche Aufgaben ein Spezialwissen erfordern und nicht sämtliche Behörden vor Ort entsprechend befähigte Bedienstete vorhalten können, sind einzelne Aufgaben auf „höheren" Ebenen der Behördenorganisation gebündelt. In Nordrhein-Westfalen wird die Zuständigkeitszuweisung innerhalb der Polizeiorganisation in den §§ 11 ff. POG NW geregelt, in Baden-Württemberg in §§ 60 ff. PolG BW. S. im Übrigen die Ausführungen zu den Gefahrenabwehrbehörden (§ 3 Rn. 1 ff.).

6   Die **örtliche Zuständigkeit** bestimmt den örtlichen Bereich, innerhalb dessen eine sachlich und instanziell zuständige Behörde zur Aufgabenerfüllung tätig werden darf. Grundsatz ist eine Erstreckung der örtlichen Zuständigkeit auf den Amts- oder Polizeibezirk der jeweiligen Polizei- bzw. Ordnungsbehörde. Enthalten die Gefahrenabwehrgesetze Sonderregelungen, tritt § 3 VwVfG zurück. Entscheidend ist regelmäßig nicht der Wohnort des Adressaten einer Maßnahme, sondern der Ort, an dem die Gefahr auftritt – da auch „adressatenneutrale" Maßnahmen denkbar sind und die Gefahrenabwehrbehörden häufig unter zeitlichem Druck handeln müssen, ist dies eine sachgerechte Regelung.

▶ In Nordrhein-Westfalen ist die örtliche Zuständigkeit der Ordnungsbehörden in § 4 OBG NW geregelt – örtlich zuständig ist die Ordnungsbehörde, in deren Bezirk die zu schützenden Interessen verletzt oder gefährdet werden. § 7 POG NW normiert die örtliche Zuständigkeit der Polizeibehörden; auch diesbezüglich gilt der Grundsatz, dass die Polizeibehörden zuständig sind, in deren Polizeibezirk die polizeilich zu schützenden Interessen verletzt oder gefährdet werden (Abs. 1 S. 1). Nach Satz 2 sind sie ferner örtlich zuständig, wenn in ihrem Polizeibezirk Maßnahmen zum Schutz polizeilicher Interessen erforderlich sind, die außerhalb des Geltungsbereichs des POG NW verletzt oder gefährdet werden, sofern die zuständigen Stellen diese selbst nicht hinreichend schützen können. In Baden-Württemberg ergibt sich die örtliche Zuständigkeit aus § 68 PolG BW: Nach Abs. 1 beschränkt sich die Zuständigkeit der Polizeibehörden auf ihren Dienstbezirk. Örtlich zuständig ist die Polizeibehörde, in deren Dienstbezirk eine polizeiliche Aufgabe wahrzunehmen ist (mit Abweichungsoption durch Rechtsverordnung, S. 2). Unter den Voraussetzungen des Abs. 2 können auch die für einen benachbarten Dienstbezirk zuständigen Polizeibehörden die erforderlichen Maßnahmen treffen, wenn bei Gefahr im Verzug die eigentlich örtliche zuständige Behörde nicht erreichbar ist. ◀

In einigen Ländern ist die örtliche Zuständigkeit der (Vollzugs-)Polizei in Abweichung von dem soeben dargestellten Grundsatz auf das gesamte Landesgebiet ausgedehnt.

Im Zusammenhang mit der örtlichen Zuständigkeit stehen die Probleme einer **grenzüberschreitenden Tätigkeit** der Gefahrenabwehrbehörden. Da namentlich die Polizei „Landessache" ist, gilt der Grundsatz, dass für eine Landespolizeibehörde ein anderes Bundesland „Ausland" ist. Zuständigkeit, Aufgabenzuweisung und Befugnisse enden mithin für jede Polizeibehörde an den Landesgrenzen. Aus Praktikabilitätsgründen bestehen Ausnahmen von diesem Grundsatz. So sehen einige Landesgesetze vor, dass die Polizeibehörden anderer Länder im eigenen Land tätig werden dürfen, wenn und soweit die entsprechenden Amtshandlungen 7

1. auf Anforderung oder mit Zustimmung der im eigenen Land zuständigen Behörde erfolgen,

2. der Durchführung von (grenzüberschreitenden) Gefahrentransporten dienen, oder

3. der Abwehr einer gegenwärtigen erheblichen Gefahr (zum Begriff § 8 Rn. 4 ff.) dienen und die an sich zuständige Behörde die erforderlichen Maßnahmen nicht bzw. nicht rechtzeitig treffen kann (vgl. § 9 POG NW; § 78 Abs. 1 PolG BW).

Umgekehrt erlauben die Landesgesetze einen Einsatz im fremden Land teilweise nur unter der Voraussetzung, dass dort eine entsprechende Vorschrift für den Einsatz fremder Polizeikräfte gilt (vgl. § 8 POG NW). Ferner sind grenzüberschreitende Einsätze zulässig nach Maßgabe der Art. 35 Abs. 3 bzw. Art. 91 Abs. 2 GG (s. den Verweis in § 78 Abs. 1 Nr. 2 PolG BW). Die Landesgesetze gestatten zudem häufig eine „Nacheile" zur Abwehr gegenwärtiger Gefahren bzw. zur Verfolgung von Straftaten und Ordnungswidrigkeiten innerhalb des gesamten Landes (vgl. § 7 Abs. 3 POG NW; § 78 Abs. 1 Nr. 3 PolG BW) oder die Hilfeleistung in einem benachbarten Bezirk (vgl. § 6 Abs. 2 OBG NW; § 68 Abs. 2 PolG BW).

III. Verfahren

Gefahrenabwehrmaßnahmen, die als Verwaltungsakt ergehen, sind das Ergebnis von **Verwaltungsverfahren** im Sinne des § 9 VwVfG (des jeweiligen Landes bzw. bei Verweisung auf das VwVfG des Bundes dessen § 9). Damit müssen sie sich nach den allgemeinen Vorgaben des Verwaltungsverfahrensrechts richten, sofern sich nicht aus den Gefahrenabwehrgesetzen – der konkreten Ermächtigungsgrundlage oder ergänzenden Bestimmungen – spezielle Verfahrensanforderungen ergeben. 8

Beispiel: Einige Ermächtigungsnormen enthalten etwa als spezielle Verfahrensvorgabe die Bekanntgabe des Grundes der Maßnahme (s. etwa für das Durchsuchen von Wohnungen § 42 Abs. 3 PolG NW; § 31 Abs. 8 PolG BW). Eine solche Unterrichtung über den Grund sollte allerdings jeder Maßnahme beigefügt werden.

Eine bedeutsame Bestimmung ist dabei § 28 VwVfG (des jeweiligen Landes bzw. – bei entsprechender landesgesetzlicher Verweisung – des Bundes) über die **Anhörung** vor 9

Erlass eines belastenden Verwaltungsaktes; da es sich bei Gefahrenabwehrmaßnahmen häufig um belastende Maßnahmen handelt, ist der Adressat eines Verwaltungsakts vor dessen Erlass nach Maßgabe dieser Vorschrift anzuhören. Es gelten allerdings die Vorschriften hinsichtlich der Entbehrlichkeit (§ 28 Abs. 2 VwVfG) und der Heilung einer unterbliebenen Anhörung (§ 45 Abs. 1 Nr. 3 VwVfG).

10   Bei Gefahrenabwehrmaßnahmen, die nicht gemäß § 35 S. 1 VwVfG als Verwaltungsakt qualifiziert werden können (z.B. **Realakte**), sind Besonderheiten zu beachten. Die Bestimmungen über das Verwaltungsverfahren in §§ 9 ff. VwVfG lassen sich allenfalls analog anwenden. Ansonsten sind (allein) die speziellen Verfahrensvorgaben der jeweiligen Ermächtigungsgrundlage (Anordnungskompetenz bzw. Durchführungsbestimmungen) zu beachten.

IV. Form

11   Schließlich sind auch die gesetzlichen Vorgaben hinsichtlich der **Form** zu beachten. Auch diesbezüglich gilt, dass Formvorschriften der jeweiligen Ermächtigungsnorm bzw. ihres Normkontextes zu berücksichtigen sind. Ergänzend kann wiederum auf das allgemeine Verwaltungsrecht zurückgegriffen werden. Bedeutsam ist dabei vor allem die Bestimmung des § 37 VwVfG. Nach dessen Abs. 2 kann ein Verwaltungsakt schriftlich, elektronisch, mündlich oder in anderer Weise (z.B. durch „Handzeichen") erlassen werden. Die Bestimmung enthält weitere Vorgaben für den Erlass. Sofern Landesrecht keine gesonderten Formvorschriften enthält, sind gefahrenabwehrbehördliche Verfügungen also „formfrei". In Nordrhein-Westfalen ist indes § 20 OBG NW zu beachten, der für Ordnungsverfügungen im Regelfall die Schriftform vorschreibt (vgl. § 37 Abs. 3 VwVfG NW). Bei Gefahr im Verzug (§ 8 Rn. 72 f.) kann von der Schriftform abgesehen werden. In diesem Fall muss die Verfügung nach § 20 Abs. 1 S. 2 2. Halbs. OBG NW bei berechtigtem Interesse auf Verlangen schriftlich bestätigt werden. Da der Adressat schon zur Inanspruchnahme effektiven Rechtsschutzes einen Anspruch darauf hat, ihm gegenüber erlassene Verfügungen und ihre Gründe nachvollziehen zu können, dürfte ein berechtigtes Interesse durchweg zu bejahen sein.[2]

12   Nach § 37 Abs. 1 VwVfG muss ein Verwaltungsakt **inhaltlich hinreichend bestimmt** sein. Dies ließe sich als Formvorschrift deuten, kann und sollte aber bei der Prüfung der materiellen Rechtmäßigkeitsvoraussetzungen verortet werden (eingehend § 8 Rn. 1 ff.). Ein Verwaltungsakt ferner ist nach § 39 Abs. 1 VwVfG mit einer **Begründung** zu versehen, sofern nicht einer der in Abs. 2 aufgezählten Ausnahmefälle vorliegt.

▶ **KURZSCHEMA: FORMELLE RECHTMÄSSIGKEIT EINER GEFAHRENABWEHRMASSNAHME**

Wichtige Prüfungsstandorte: Rechtmäßigkeitskontrolle; Begründetheitsprüfung einer verwaltungsgerichtlichen Klage; Ersatzansprüche wegen rechtswidrigen Handelns

I.   Zuständigkeit (der handelnden Behörde bzw. der handelnden Personen)

1.   Sachliche Zuständigkeit

a)   Originäre Zuständigkeit aufgrund Aufgabenzuweisung?

b)   Subsidiäre Zuständigkeit – (Vollzugs-)Polizeibehörden?

---

2 So auch Möller/Warg, Rn. 172.

WIEDERHOLUNGS- UND VERSTÄNDNISFRAGEN

1. Was bedeutet sachliche, instanzielle und örtliche Zuständigkeit? (Rn. 3–6)

2. Welche Voraussetzungen bestehen für ein grenzüberschreitendes Tätigwerden der Landespolizeien? (Rn. 7)

3. Welche allgemeinen Verfahrens- und Formvorschriften sind für das Handeln der Gefahrenabwehrbehörden zu beachten? (Rn. 8–12)

§ 8 Materielle Rechtmäßigkeitsanforderungen

I. Einführung

1 **Materiell rechtmäßig** sind Maßnahmen der Verwaltung, wenn sie **im Einklang mit höherrangigem Recht** stehen. Zu beachten sind für gefahrenabwehrbehördliche Einzelmaßnahmen damit vor allem die gesetzlichen Vorgaben des speziellen oder allgemeinen Polizei- und Ordnungsrechts (namentlich die tatbestandlichen Anforderungen der jeweiligen normativen Ermächtigungsgrundlage, u. Rn. 2 ff.), aber selbstverständlich auch andere (öffentlich-rechtliche) Vorgaben einschließlich des Verfassungsrechts.

II. Voraussetzungen der Ermächtigungsgrundlage

2 Erfüllt sein müssen zunächst die **tatbestandlichen Voraussetzungen** der jeweiligen normativen Ermächtigungsgrundlage.

▶ **Hinweis für die Fallbearbeitung:** Normhierarchisch vorrangig wären die verfassungsrechtlichen Vorgaben etwa des Bestimmtheitsgebotes (einfachgesetzlich etwa in § 37 Abs. 1 VwVfG) und des Verhältnismäßigkeitsgrundsatzes (z.B. § 2 PolG NW, § 15 OBG NW); letzterer ist jedoch prüfungssystematisch sinnvoller auf Rechtsfolgenseite zu prüfen. Das Bestimmtheitsgebot ist nur dann anzusprechen, wenn Bedenken hinsichtlich der hinreichenden Bestimmtheit der angeordneten Maßnahme bestehen. Dies kann vor der Prüfung der tatbestandlichen Voraussetzungen oder – wie hier – unter einem gesonderten Prüfungspunkt: „Kein Verstoß gegen sonstiges höherrangiges Recht" (s.u. Rn. 186) erfolgen. ◀

3 Bei Vorliegen der tatbestandlichen Voraussetzungen ist eine Maßnahme jedoch nur dann materiell rechtmäßig, wenn zugleich die rechtlichen Bindungen hinsichtlich der **Rechtsfolge** eingehalten sind. So dürfen die handelnden Akteure nicht eine Rechtsfolge wählen, die von der Ermächtigungsnorm nicht vorgesehen ist. Soweit die Ermächtigungsnormen – wie im Gefahrenabwehrrecht nahezu durchgehend – als Ermessensvorschriften ausgestaltet sind, sind die Vorgaben für eine pflichtgemäße Ausübung des Ermessens unter Einschluss des Verhältnismäßigkeitsgrundsatzes zu beachten (s.u. Rn. 155 ff.).

III. Insbesondere: Gefahrenbegriff

4 Wie bereits gezeigt, ist die Gefahrenabwehr die zentrale Aufgabe der allgemeine Polizei- und Ordnungsbehörden. Zudem knüpfen zahlreiche gefahrenabwehrrechtliche Ermächtigungsnormen an das Vorliegen einer (konkreten, gegebenenfalls durch weitere Adjektive qualifizierten) Gefahr an;[1] der Gefahrenbegriff kann damit als **materiellrechtliches „Allgemeingut"** verstanden werden, weshalb er an dieser Stelle erörtert werden soll. Es handelt sich um einen auslegungsbedürftigen unbestimmten Rechtsbegriff, dessen Definition indes einhellig anerkannt ist.

1. Definition

5 Unter einer im Sinne der gefahrenabwehrrechtlichen Ermächtigungsgrundlagen *konkreten* Gefahr versteht man eine Sachlage, in der (bei ungehindertem Fortgang der Ereignisse) **mit hinreichender Wahrscheinlichkeit** (oder: mit Sicherheit) ein **Schaden** an

---

1 Eingehend Kugelmann, DÖV 2003, 781; Schoch, Jura 2003, 472; Paeffgen, GA 2014, 638.

einem der durch die Ermächtigungsgrundlage geschützten Rechtsgüter eintreten wird,[2] oder in der ein solcher Schaden bereits eingetreten ist und diese als „Störung"[3] bezeichnete Situation noch andauert.

▶ Der Gefahrenbegriff ist in einigen Ländern legaldefiniert (vgl. § 2 Nr. 3a PolG Brem; § 2 Nr. 1a SOG Nds; § 3 Nr. 3a SOG SA; § 3 Nr. 3a OBG Thür). ◀

2. Geschützte Rechtsgüter

Welchen Rechtsgütern eine Schädigung drohen muss, ergibt sich dabei aus der jeweili- 6 gen gesetzlichen **Ermächtigungsgrundlage**. Die Generalklauseln (§ 8 Abs. 1 PolG NW, § 14 Abs. 1 OBG NW; §§ 3, 1 Abs. 1 S. 1 PolG BW) verlangen eine Gefahr für die öffentliche Sicherheit oder (die öffentliche) Ordnung, andere Ermächtigungsnormen benennen konkret einzelne Schutzgüter, wie z.b. Leib, Leben und Freiheit (vgl. § 34a PolG NW), bei deren Gefährdung die Behörde die in der Rechtsfolgenanordnung genannten Maßnahmen ergreifen darf.

Fehlt es in der Ermächtigungsnorm an einer konkreten Benennung derjenigen Schutz- 7 güter, die – um eine Gefahr bejahen zu können – gefährdet sein müssen, sollte stets auf die **öffentliche Sicherheit** bzw. die **öffentliche Ordnung** zurückgegriffen werden (sofern letztere nach den gefahrenabwehrrechtlichen Regelwerken des jeweiligen Bundeslandes noch als Schutzgut anerkannt ist).[4] In Nordrhein-Westfalen ergibt sich dies schon daraus, dass die Generalklausel in § 8 Abs. 1 PolG NW eine „Legaldefinition" des (in Klammern gesetzten) Begriffs der „Gefahr" als „im einzelnen Falle bestehende, konkrete Gefahr für die öffentliche Sicherheit oder Ordnung" enthält.

▶ **Hinweis für die Fallbearbeitung:** Im Rahmen der Prüfung der Eingriffsvoraussetzungen sind bei der Erörterung der Frage, welchen Schutzgütern eine Schädigung droht, sämtliche denkbaren Aspekte zu behandeln. Zwar würde ein mit hinreichender Wahrscheinlichkeit drohender Schaden (bzw. eine bestehende Störung) für *ein* geschütztes Gut ausreichen, eine Gefahr zu begründen. Es kann jedoch für die Verhältnismäßigkeitserwägungen relevant sein, ob etwa neben eine Normverletzung zusätzlich die Gefährdung eines hochrangigen Rechtsgutes tritt (zum Verhältnis der öffentlichen Sicherheit zur öffentlichen Ordnung Rn. 36). Vorrangig zu untersuchen sind freilich Verstöße gegen die objektive Rechtsordnung, zumal dies aus prüfungstaktischen Gründen eine Subsumtion unter die Voraussetzungen der möglicherweise verletzten Rechtsnorm ermöglicht. Zu berücksichtigen ist dabei allerdings, dass bei der Rechtmäßigkeitskontrolle gefahrenabwehrbehördlicher Maßnahmen nicht nur die Bewertung der Schadenswahrscheinlichkeit (Rn. 50 ff.), sondern schon diejenige der möglicherweise betroffenen Schutzgüter aus der „ex ante"-Sicht der handelnden Beamten zu erfolgen hat (Rn. 52). Als gefahrbegründend beeinträchtigt können also nur solche Schutzgüter herangezogen werden, die zum Zeitpunkt des behördlichen Handelns als bedroht erscheinen. ◀

---

2 BVerwGE 45, 51, 57; OVG Münster DVBl. 1989, 1009, 1010; Götz, § 6 Rn. 3; Gusy, Rn. 108; Knemeyer, Rn. 87; Kugelmann, 5. Kap. Rn. 95 ff.; Möller/Warg, Rn. 100; Pieroth/Schlink/Kniesel, § 4 Rn. 31; Schoch in: Schoch (Hrsg.), 2. Kap. Rn. 133; Krüger, JuS 2013, 985.
3 Eingehend Gusy, Rn. 103 ff.
4 Eingehend Schoch, Jura 2003, 177.

a) Öffentliche Sicherheit

aa) Definition

8   Das von den Gefahrenabwehrgesetzen primär geschützte Schutzgut (zur Frage der Subsidiarität der öffentlichen Ordnung Rn. 36) ist die „öffentliche Sicherheit"; es handelt sich um einen ausfüllungsbedürftigen unbestimmten Rechtsbegriff.[5] Unter **öffentlicher Sicherheit** versteht man die (Unversehrtheit der) Gesamtheit der Normen der **objektiven Rechtsordnung, Individualrechtsgüter** (sowie gegebenenfalls bestimmte Kollektiv- oder Gemeinschaftsrechtsgüter) sowie **Bestand** und Funktionsfähigkeit **des Staates und anderer Träger hoheitlicher Gewalt, seiner/ihrer Einrichtungen und seiner/ihrer Veranstaltungen.**[6]

▶ Einige Landesgesetze enthalten entsprechende Legaldefinitionen, etwa § 2 Nr. 2 PolG Brem, § 3 Nr. 1 SOG SA, § 54 OBG Thür. ◀

Man kann damit von drei **„Schutzkomponenten"** (im Schrifttum auch: „Kategorien",[7] „Teilschutzgüter")[8] des Schutzgutes „öffentliche Sicherheit" sprechen, die freilich umfangreiche Überschneidungsbereiche besitzen. „Öffentlich" ist Sicherheit nur dann, wenn ein öffentliches Interesse an ihrer Herstellung und Erhaltung besteht (vgl. § 1 PolG BW; zur Problematik der Subsidiarität beim Schutz privater Rechte § 4 Rn. 28 ff.).[9]

9   Nicht dem Schutzgut der öffentlichen Sicherheit unterfällt demgegenüber das **Sicherheitsgefühl** in der Bevölkerung.[10] Dies hindert freilich die Gefahrenabwehrbehörden nicht, Maßnahmen (auch) zur Erhöhung des Sicherheitsgefühls zu treffen. Allein auf derartige subjektive Vorstellungen lassen sich behördliche Verfügungen und Realakte allerdings nicht stützen.

bb) Unversehrtheit der objektiven Rechtsordnung

10   Für die Praxis am bedeutsamsten ist die Schutzkomponente der Unversehrtheit der objektiven Rechtsordnung. Die **objektive Rechtsordnung**, die nicht mit der „öffentlichen Ordnung" als Schutzgut neben der öffentlichen Sicherheit verwechselt werden darf (Rn. 34 ff.), erfasst sämtliche Rechtsnormen unabhängig von ihrem Normtyp. Zu ihr zählen mithin Gesetze im formellen und materiellen Sinn (Parlamentsgesetze), Rechtsverordnungen (etwa in Gestalt gefahrenabwehrbehördlicher Verordnungen, vgl. §§ 25 ff. OBG NW) und Satzungen. Auch unmittelbar geltende Bestimmungen des Europarechts (z.B. Vorgaben der EMRK) gehören zur objektiven Rechtsordnung.[11] Teilweise verweisen die Landesgesetze ausdrücklich auf die „freiheitliche demokratische Grundordnung" als Schutzkomponente (vgl. § 1 Abs. 1 S. 2 PolG BW; § 1 Abs. 1 S. 2 Nr. 1 PolG Sachs).[12] Erfasst sind nicht nur die geschriebenen Rechtsnormen, sondern

---

5 Eingehend Erbel, DVBl. 2001, 1714.
6 Götz, § 4 Rn. 3; Gusy, Rn. 79; Knemeyer, Rn. 101 ff.; Möller/Warg, Rn. 78; Pieroth/Schlink/Kniesel, § 8 Rn. 3 ff.; Schenke, Rn. 69 ff.
7 Götz, § 4 Rn. 6.
8 Pieroth/Schlink/Kniesel, § 8 Rn. 3 ff.
9 Drews/Wacke/Vogel/Martens, S. 228 ff.; Gusy, Rn. 81.
10 Dazu Pieroth/Schlink/Kniesel, § 8 Rn. 9a.
11 Möller/Warg, Rn. 85a; Schenke, Rn. 59b.
12 Dazu Pieroth/Schlink/Kniesel, § 8 Rn. 19 ff.

auch (normativ) „ungeschriebenes", insbesondere nicht kodifiziertes Recht; zur geschützten Rechtsordnung sind auch Richter- und Gewohnheitsrecht zu zählen.[13]

Gegen die Einbeziehung der objektiven Rechtsordnung ist eingewandt worden, das Gefahrenabwehrrecht betreibe Rechtsgüterschutz, nicht **Rechtsnormenschutz**. Dieser Vorwurf ist angesichts der mittlerweile einhelligen Anerkennung der objektiven Rechtsordnung als Schutzkomponente der öffentlichen Sicherheit heute obsolet. Immerhin aber verweist er zu Recht auf die Tatsache, dass wegen der detaillierten „Durchnormierung" sämtlicher Lebensbereiche der Unversehrtheit der objektiven Rechtsordnung eine gewisse Vorrangstellung unter den Schutzkomponenten zukommt,[14] die ursprünglich vermutlich nicht beabsichtigt gewesen ist. Inzwischen stellt jeder Verstoß gegen ein normatives Ge- oder Verbot zwangsläufig eine Gefahrenlage dar.   11

Im Vordergrund der Schutzkomponente stehen **öffentlich-rechtliche Normen** des Verwaltungsrechts. Namentlich explizite verwaltungsrechtliche Ge- oder Verbote sind dem Schutzgut der öffentlichen Sicherheit zuzuordnen; droht eine Zuwiderhandlung oder liegt eine solche bereits vor, ist diese beeinträchtigt. Sofern nicht die Vorschrift, die das Ge- oder Verbot enthält, zugleich eine Eingriffsermächtigung zur Durchsetzung der Anordnung enthält, kann mithin als Befugnisnorm auf die gefahrenabwehrrechtlichen Bestimmungen, namentlich die Generalklauseln zurückgegriffen werden. Denn das Ge- oder Verbot allein vermittelt noch keine Eingriffs- und Verwaltungsaktbefugnis. In Kombination mit der Generalklausel spricht man dann, sofern lediglich der Rechtsverstoß die Gefahr für die öffentliche Sicherheit begründet und nicht z.B. die Gefährdung von Individualrechtsgütern hinzutritt, von einer „unselbstständigen Ordnungsverfügung".[15] Damit ergänzen die Schutzkomponente der objektiven Rechtsordnung und die an sie anknüpfenden Ermächtigungsnormen solche Vorschriften, die selbst keine Eingriffsbefugnisse regeln.[16]   12

Von besonderer Bedeutung für das Gefahrenabwehrrecht sind ferner Vorschriften des **Straf- und Ordnungswidrigkeitenrechts**, sofern diese an ein bestimmtes menschliches Verhalten Sanktionen knüpfen und dieses Verhalten damit normativ steuern.[17] Der fortbestehende oder drohende Verstoß gegen solche Verbots- und Sanktionsnormen stellt ohne Weiteres eine Gefahr für die öffentliche Sicherheit dar (s. etwa VV OBG NW Nr. 14.12 S. 2), bei bereits eingetretener Normverletzung in Gestalt der sog. „Störung" (Rn. 50). Dabei ist freilich die mit dem Straf- bzw. Ordnungswidrigkeitentatbestand eröffnete Möglichkeit einer Sanktion durch Strafe bzw. Geldbuße strikt von der Einordnung als allein für präventive Maßnahmen relevanten Gefahrenlage zu trennen.   13

Beispiele: Ein Theaterstück, das grundlegende christliche Glaubensvorstellungen in besonders schwerwiegender Weise verächtlich macht, kann gegen § 166 Abs. 1 StGB verstoßen; eine auf die Generalklausel gestützte Untersagung weiterer Aufführungen hat die Rechtsprechung für zulässig erachtet.[18] – Fotografische Abbildungen weitestgehend unbekleideter weiblicher Personen auf im öffentlichen Straßenraum abgestellten Kraftfahrzeugen, mit denen für Bordelle oder Erotik-Portale im Internet geworben werden soll, können gegen

---

13 Schenke, Rn. 58.
14 Schoch in: Schoch (Hrsg.), 2. Kap. Rn. 109.
15 Möller/Warg, Rn. 68 f., 85.
16 Vgl. Schoch in: Schoch (Hrsg.), 2. Kap. Rn. 112.
17 Vgl. Götz, § 4 Rn. 9.
18 OVG Koblenz NJW 1997, 1174; vgl. Möller/Warg, Rn. 88a, mit Diskussion der grundrechtlichen Dimensionen.

§§ 119 Abs. 1, Abs. 3, § 120 Abs. 1 Nr. 2 OWiG verstoßen; dass durch das Gesetz zur Regelung der Rechtsverhältnisse der Prostituierten vom 20. Dezember 2001 (ProstG) eine veränderte gesellschaftliche Bewertung der Prostitution normativ verankert wurde und eine Beeinträchtigung der öffentlichen Ordnung nicht (mehr) vorliegt, hindert nach der Rechtsprechung nicht die Annahme einer Verletzung der genannten ordnungswidrigkeitenrechtlichen Bestimmungen.[19]

14   Nach verbreiteter Auffassung muss jeweils nur der **objektive Tatbestand** der Strafvorschrift (in rechtswidriger Weise, also ohne Rechtfertigungsgrund) erfüllt sein;[20] auf Vorsatz oder Fahrlässigkeit, Schuld(fähigkeit) oder die Stellung eines Antrags bei den sog. Antragsdelikten (z.b. Hausfriedensbruch, § 123 StGB, Beleidigung, § 185 StGB, Haus- und Familiendiebstahl, § 247 StGB) soll es im Zusammenhang mit dem Rechtsgüterschutz und der Gefahrenabwehr nicht ankommen. Zutreffend an dieser Bewertung ist, dass die genannten Kriterien im Regelfall Voraussetzungen nur für die Sanktionierbarkeit eines Fehlverhaltens sind, nicht jedoch für seine Qualifizierung als gefahrenabwehrrechtlich „unerwünscht".[21]

▶ § 2 Nr. 4 PolG Brem normiert dies ausdrücklich. Nach polizeirechtlicher Definition ist eine „Straftat" „eine rechtswidrige Tat, die den objektiven Tatbestand eines Strafgesetzes verwirklicht." ◀

Das ausschließliche Abstellen auf den objektiven Tatbestand der verletzten oder gefährdeten Bestimmung vermag allerdings nur dann zu überzeugen, wenn sich aus seiner Erfüllung zugleich eine Beeinträchtigung der durch die Norm geschützten Rechtsgüter ergibt. Die gefahrenabwehrrechtliche „Unerwünschtheit" des Verhaltens muss sich mithin bereits aus dem objektiven Tatbestand ergeben.

Beispiel: Der objektive Tatbestand des § 242 StGB – Diebstahl – setzt die Wegnahme einer fremden beweglichen Sache und die Begründung neuen Gewahrsams voraus. Unter Wegnahme versteht man den Bruch fremden Gewahrsams gegen bzw. ohne den Willen des Gewahrsamsinhabers. Droht jemand eine fremde bewegliche Sache wegzunehmen, liegt der objektive Tatbestand des Diebstahls und damit eine Beeinträchtigung der öffentlichen Sicherheit vor. Die Unerwünschtheit des Verhaltens liegt im Bruch fremden Gewahrsams ohne Zustimmung des Berechtigten. Es ist daher unerheblich, ob der potenzielle Täter die übrigen subjektiven Voraussetzungen des Diebstahlstatbestands erfüllt (etwa: die Absicht rechtswidriger Aneignung hat) oder die Sache lediglich vorübergehend gebrauchen will, denn die bloße Gebrauchsanmaßung ist zwar (mit Ausnahme der Fälle der §§ 248b, 290 StGB) nicht strafbar, verstößt aber gegen §§ 903, 823 Abs. 1 BGB und damit gegen die objektive Rechtsordnung.

15   In der Fallbearbeitung können aufgrund des Abstellens auf den objektiven Tatbestand **detaillierte Ausführungen zur strafrechtlichen Relevanz** des fraglichen Verhaltens erforderlich werden.

Beispiel: An einem langen metallischen Gittergeflecht auf einer Eisenbahn- und Fußgängerbrücke in Köln, das die Schienen vom Fußweg trennt, haben unzählige Liebespaare kleine gravierte Bügelschlösser angeschlossen und die Schlüssel von der Brücke in den Rhein geworfen. Die Schlösser sollen die dauerhafte Verbundenheit öffentlich bekunden. Treffen des nachts die Polizeibeamten P und Q eine Person auf der Brücke an, die mit einem zum gewaltsamen „Knacken" solcher Schlösser geeigneten Werkzeug dazu ansetzt, zunächst eines

---

19   OVG Münster NJW 2009, 483.
20   Götz, § 4 Rn. 11; Kugelmann, 5. Kap. Rn. 43; Möller/Warg, Rn. 86; Schoch in: Schoch (Hrsg.), 2. Kap. Rn. 111 vgl. BVerwG NJW 1982, 1008, 1009.
21   Zur Bedeutung einer rechtfertigenden Notstandssituation für das Ordnungswidrigkeitenverfahren, nicht aber für die ordnungsrechtliche Verantwortlichkeit VG Münster, Urt. v. 31.1.2014, 1 K 1483/12.

der Schlösser aufzubrechen, um dann nach und nach eine Vielzahl Schlösser zu öffnen und als Altmetall zu verkaufen, stellt sich die Frage, ob darin eine Gefahr für die öffentliche Sicherheit, hier: die Unversehrtheit der objektiven Rechtsordnung zu sehen ist. Der Angetroffene könnte zu einem Diebstahl (§ 242 StGB) in Tateinheit mit Sachbeschädigung (§ 303 StGB) angesetzt haben, so dass das weitere Unterbinden seines Verhaltens als Gefahrenabwehr qualifiziert werden könnte. Die Strafbarkeit wegen Versuchs (§§ 242 Abs. 2, 303 Abs. 3 StGB) und die Frage, ob bereits ein Versuch bejaht werden kann und P und Q daher (auch) repressiv zur Strafverfolgung tätig werden könnten, außer acht gelassen, ist zweifelhaft, ob überhaupt die objektiven Tatbestände erfüllt sind. Der Diebstahl setzt eine fremde bewegliche Sache und eine „Wegnahme", also den Bruch fremden Gewahrsams, voraus. Dies bietet Anlass zur Erörterung der Frage, ob es sich bei den Schlössern um fremde Sachen handelt, weil die ursprünglichen Eigentümer das Eigentum aufgegeben haben und die Schlösser daher „herrenlos" geworden sein könnten. Das Wegwerfen des Schlüssels kann aber nach zutreffender Auffassung nicht als Indiz für eine Eigentumsaufgabe verstanden werden. Sofern die Anbringer der Schlösser ihren Gewahrsam aufgegeben haben, etwa weil sie dieses nicht mehr öffnen können, ist jedenfalls der Eigentümer der Brücke (Mit-)Gewahrsamsinhaber.

Als Teil der objektiven Rechtsordnung unterfallen auch die **Grundrechte** des Grundgesetzes und der Landesverfassungen dem Schutzgut der öffentlichen Sicherheit.[22] Da sie jedoch keine konkreten Verhaltensregeln aufstellen, kann die objektive Rechtsordnung nur bei einer (nicht verfassungsrechtlich gerechtfertigten) Verletzung eines Grundrechts (Eingriff in den Schutzbereich) berührt sein. Zu beachten ist allerdings ferner, dass die Grundrechte zwar als objektive Werteordnung wirken, aber nicht den Einzelnen, sondern die Staatsgewalt binden (Art. 1 Abs. 3 GG). Insoweit ist die Grundrechtsbeeinträchtigung durch Private kein Verstoß gegen die objektive Rechtsordnung; relevant wird sie indes regelmäßig bei der Schutzkomponente der Individualrechtsgüter (Rn. 25 ff.). 16

Zur objektiven Rechtsordnung gehören schließlich die **Normen des Privatrechts**; auch hier bestehen Schnittmengen mit der Schutzkomponente der Individualrechtsgüter.[23] Vor allem ist die Subsidiarität der gefahrenabwehrbehördlichen Zuständigkeit zum Schutz privater Rechte zu beachten (§ 4 Rn. 28 ff.). 17

cc) Bestand und Funktionsfähigkeit der öffentlichen Hoheitsträger, ihrer Einrichtungen und Veranstaltungen

Unabhängig von einem Verstoß gegen öffentlich-rechtliche Normen erfasst die öffentliche Sicherheit auch den **Bestand und die Funktionsfähigkeit des Staates** und anderer Träger hoheitlicher Gewalt, **seiner/ihrer Einrichtungen und Veranstaltungen**.[24] Angesichts der Fülle von Rechtsnormen, die dem Schutz dieser Güter dienen, tritt auch diese Schutzkomponente in ihrer Bedeutung hinter den Schutz der Unversehrtheit der objektiven Rechtsordnung zurück.[25] Im Schrifttum finden sich zudem Ansätze, ihre Reichweite auf ausdrücklich geregelte Tatbestände zu beschränken und sie damit mit der Schutzkomponente der objektiven Rechtsordnung in Kongruenz zu bringen, um ein potenzielles Einfallstor für „obrigkeitsstaatliches Denken" zu schließen.[26] Angesichts der neben der Gefahr für die öffentliche Sicherheit bzw. Ordnung bestehenden 18

---

22 Möller/Warg, Rn. 89.
23 Möller/Warg, Rn. 90.
24 Verfassungsgerichtlich gebilligt ist die Schutzkomponente etwa durch BVerfG (K), NJW 2007, 2167 Rn. 29.
25 Vgl. Pieroth/Schlink/Kniesel, § 8 Rn. 36: Verletzung der objektiven Rechtsordnung vorrangig zu prüfen.
26 Kugelmann, 5. Kap. Rn. 46.

weiteren materiellen Voraussetzungen für die Rechtmäßigkeit gefahrenabwehrrechtlicher Maßnahmen und der damit verbundenen Korrektive für einen weiter gefassten Begriff der öffentlichen Sicherheit kann dieser einschränkenden Auffassung nicht gefolgt werden.

19   Die Schutzkomponente ist nach gängigem Verständnis vielmehr weit zu verstehen. Unter „Staat" bzw. „anderer Träger hoheitlicher Gewalt" sind zu fassen: der Bund, die Länder, die Gemeinden und Gemeindeverbände, sonstige juristische Personen des öffentlichen Rechts wie Anstalten, Stiftungen und Körperschaften,[27] etwa die als öffentlich-rechtliche Körperschaften anerkannten Religionsgemeinschaften, Hochschulen und Selbstverwaltungskörperschaften (wie etwa die Kammern), nach h.M. auch Beliehene, also mit der Wahrnehmung hoheitlicher Aufgaben betraute Private, soweit sie diese Aufgaben wahrnehmen.

20   Der **Bestand** dieser Schutzsubjekte ist gefährdet, wenn die hinreichende Wahrscheinlichkeit besteht, dass Bestrebungen gegen die Existenz des Staates oder einen anderen Träger hoheitlicher Gewalt erfolgreich sein werden. Gemeint sind Verhaltensweisen, wie sie etwa in den §§ 80 ff. StGB („politisches Strafrecht") unter Strafe gestellt werden; in der Verwirklichung der objektiven Tatbestände dieser Vorschriften liegen dann gleichzeitig eine Beeinträchtigung der Unversehrtheit der objektiven Rechtsordnung und eine Gefährdung des Bestandes des Staates bzw. eines anderen Schutzsubjektes.

21   Praktisch relevanter sind Gefährdungen der **Funktionsfähigkeit** des Staates bzw. anderer Träger öffentlicher Gewalt. Diese Gefährdungen können zwar mit Normverstößen einhergehen, müssen dies aber nicht.

Beispiele: Das gängigste Beispiel ist die Warnung eines unbefugten Dritten vor polizeilichen Geschwindigkeitskontrollen („**Radarwarner**").[28] Stellt eine Person etwa in einer gewissen Entfernung von einer Radarkontrolle o.ä. sein Fahrzeug ab und deponiert ein gut lesbares Warnschild in der Rück- bzw. Frontscheibe, ist zweifelhaft, ob darin eine Beeinträchtigung der Funktionsfähigkeit einer staatlichen Einrichtung liegt. Dann käme es auf einen Verstoß gegen eine Verbotsnorm nicht an.[29] Die Radarkontrolle kann als Einrichtung qualifiziert werden; es wird jedoch vorgebracht, die Warnung halte die anderen Kraftfahrer gerade zu einem rechtstreuen Verhalten an und sei daher nicht gefahrenabwehrrechtlich relevant. Dem kann entgegnet werden, dass die jederzeitige Möglichkeit einer Kontrolle die Teilnehmer am Straßenverkehr nicht nur an einzelnen Stellen, sondern überall zu einem Einhalten der Geschwindigkeits- und Abstandsbestimmungen bewegen solle und die Warnung diesen Zweck beeinträchtige.[30] Eigene Hinweise der kontrollierenden Behörden entwerten diese Zielsetzungen nicht, sofern damit Unfallschwerpunkte bekämpft werden sollen oder die Behörde die Kontrollen generell in Erinnerung rufen möchte. – Das Betreiben bzw. betriebsbereite Mitführen von technischen Geräten mit einer automatischen Warnfunktion oder mit einer „Laserstörfunktion" ist nunmehr durch § 23 Abs. 1b StVO gesetzlich untersagt; es kommt also etwa eine Sicherstellung wegen eines Verstoßes gegen die objektive Rechtsordnung in Betracht.[31] Dies dürfte auch für Mobilfunkgeräte gelten, auf denen „Apps" mit entsprechenden Funktionen installiert sind (s. zur Benutzung eines Mobiltelefons im Fahrzeug auch

---

27   Vgl. Art. 140 GG i.V.m. Art. 137 Abs. 5 S. 1 WRV; Möller/Warg, Rn. 91.
28   OVG Münster NJW 1997, 1596: Warner kann nicht entgegnen, er wolle die Verkehrsteilnehmer zu rechtstreuem Verhalten auffordern; a.A. noch OLG Düsseldorf JZ 1960, 258. Fallbearbeitung bei Jahndorf, NWVBl. 1999, 317.
29   Vgl. Götz, § 4 Rn. 41.
30   OVG Münster NJW 1997, 1596; dazu Möller/Warg, Rn. 92.
31   VGH Mannheim NVwZ-RR 2003, 117; VGH München NJW 2008, 1549, sieht eine Gefahr für die öffentliche Sicherheit wegen des Verstoßes gegen § 23 Abs. 1b StVO selbst dann, wenn das zum Betrieb benötigte Netzkabel nicht mitgeführt wird; vgl. Möller/Warg, Rn. 92.

§ 23 Abs. 1a StVO). – Weitere Beispiele sind das Fotografieren eines bevorstehenden Einsatzes durch ein Mobiles Einsatzkommando der Polizei zur Verfolgung eines gesuchten Straftäters[32] oder das Ausspähen des Einsatzverhaltens der Polizei durch Demonstranten.[33] So wird in der Rspr. etwa auch die drohende Veröffentlichung von Lichtbildern eines zivilen Einsatzfahrzeugs und von Polizeibeamten, die Straftaten im sog. „Rockermilieu" bearbeiten, als Gefahr für die öffentliche Sicherheit eingeordnet, weil sie zu einer leichteren Erkennbarkeit der Beamten und des Fahrzeugs und damit zu einer Gefährdung des Ermittlungszwecks führen könne.[34]

Unter **Einrichtungen** versteht man alle Funktionseinheiten des Staates und anderer Träger hoheitlicher Gewalt, die eine gewisse Dauerhaftigkeit aufweisen. Dies erfasst im Wesentlichen „greifbare" Erscheinungen – dazu sind zu zählen: Die realen Gebäude, in denen Behörden usw. untergebracht sind, also z.B. Parlamentsgebäude, Gebäude, in denen sich Ministerien, nachgeordnete Verwaltungsbehörden, Finanzämter oder Kommunalverwaltungen befinden, Gerichtsgebäude, Obdachlosenunterkünfte,[35] Bibliotheken, Hochschulgebäude, Kultureinrichtungen, Kasernen, Wasser- und Elektrizitätswerke usw. Ebenfalls zu den Einrichtungen zu zählen sind etwa öffentliche Parkanlagen und der öffentliche Straßenraum.   22

Beispiel: Ein Obdachloser bewohnt einen Raum in einer städtischen Obdachlosenunterkunft und hat einen zweiten Raum mit persönlicher Habe und einer großen Menge Altpapier belegt. Dies verhindert die Unterbringung eines weiteren Obdachlosen und stellt daher eine Beeinträchtigung der öffentlichen Sicherheit dar. Eine Räumungsanordnung ist daher rechtmäßig.[36]

Auch der Begriff der **Veranstaltungen** – im Sinne „ad hoc gebildeter Handlungskomplexe"[37] – umfasst eine Vielzahl von Schutzgegenständen. So sind in der Rechtsprechung als geschützt anerkannt beispielsweise Staatsbesuche, Staatsbegräbnisse, Militärmanöver („Großer Zapfenstreich" der Bundeswehr),[38] Gelöbnisse und Paraden, Ausstellungen und andere Veranstaltungen.   23

Beispiele: Gewalttätige Proteste gegen den G8-Gipfel in Heiligendamm sind in der Rechtsprechung als Bedrohung einer staatlichen Veranstaltung gewertet worden.[39] – Die Besprechung einer für einen „Schein" im Studium erforderlichen Hausarbeit während der Bearbeitungszeit durch einen Repetitor beeinträchtigt die Veranstaltung „universitäre Prüfung".[40]

Im Ergebnis ist alles geschützt, was den erfassten Rechtssubjekten (Rn. 162) **funktional zugeordnet** werden kann, selbst wenn eine Subsumtion unter die Begriffe „Einrichtung" oder „Veranstaltung" problematisch ist. Geschützt ist insbesondere die **Sicherheit und Leichtigkeit des Straßenverkehrs** als „Einrichtung" (bzw. „Veranstaltung") des Staates, deren Funktionsfähigkeit gesichert werden soll. Anerkannt ist – freilich mit unterschiedlicher Begründung – dass auch das **Hausrecht öffentlicher Einrichtungen** zu dieser Schutzkomponente zu zählen ist.[41] Hierbei ist allerdings zu berücksichtigen, dass das (öffentlich-rechtliche oder private) Hausrecht allein der im fraglichen Ge-   24

---

32   OVG Bautzen SächsVBl. 2008, 89, 90.
33   Vgl. OVG Münster DVBl. 1979, 733.
34   OLG Bbg NVwZ-RR 2015, 32.
35   VGH Mannheim JuS 1992, 618.
36   VG Düsseldorf Beschl. v. 15.1.2010, Az. 23 K 4643/08; vgl. Stollenwerk, KommJur 2011, 206.
37   Pieroth/Schlink/Kniesel, § 8 Rn. 34.
38   BVerwG NJW 1990, 2076.
39   BVerfG (K) NJW 2007, 2167 Rn. 29.
40   Fallbearbeitung bei Gromitsaris, JuS 1997, 49.
41   Gusy, Rn. 82.

bäude ansässigen Behörde bzw. ihrem Rechtsträger zusteht.[42] Nur wenn die Durchsetzung des Hausrechts scheitert, können die allgemeinen Gefahrenabwehrbehörden tätig werden. Gleiches gilt für die Ordnungsgewalt zur Sicherung der störungsfreien Nutzung öffentlicher Anlagen bzw. des störungsfreien Ablaufs öffentlicher Veranstaltungen (zur Ordnungsgewalt des Bundestagspräsidenten § 3 Rn. 6).[43] Auch die Missachtung gerichtlicher Entscheidungen sowie behördlicher Anordnungen kann eine Verletzung der öffentlichen Sicherheit darstellen, wobei im Regelfall zur Durchsetzung solcher Anordnungen andere Behörden als die allgemeinen Polizei- und Ordnungsbehörden zuständig sind.[44] So kann die **Behinderung gefahrenabwehrbehördlicher Tätigkeit** eine Beeinträchtigung der öffentlichen Sicherheit darstellen; im Schrifttum wird gelegentlich vorgebracht, dies gelte nur dann, wenn es ausdrücklich gesetzlich geregelt ist.[45]

dd) Individual- und Kollektivrechtsgüter

25 **Individualrechtsgüter,** also die Rechte und Rechtsgüter des Einzelnen, bilden schließlich die dritte „Schutzkomponente" der öffentlichen Sicherheit.[46] Da die Mehrzahl der geschützten Rechtsgüter ohnehin in verfassungs- oder einfachgesetzlichen Vorschriften normiert ist, besteht eine erhebliche Schnittmenge mit der Schutzkomponente der objektiven Rechtsordnung. Einen gegenüber dem Schutz der objektiven Rechtsordnung eigenständigen Anwendungsbereich besitzt die Schutzkomponente der Individualrechtsgüter aber jedenfalls dann, wenn solche Rechtsgüter **ohne einen Normverstoß** bedroht sind, etwa bei Naturereignissen und Naturkatastrophen wie Überschwemmungen, Sturm, Erdbeben, Steinschlägen und Erdrutschen. Auch die Fälle der (freiwilligen) Selbstgefährdung lassen sich über die Schutzkomponente der Individualrechtsgüter lösen (Rn. 30 ff.).

26 Zu den Individualrechtsgütern, die in Gefahrenabwehrkonstellationen am häufigsten bedroht sind, gehören das Leben, die Gesundheit (im Sinne der Funktionsfähigkeit des Körpers insgesamt), die körperliche Unversehrtheit (im Sinne der „äußeren" Integrität des Körpers), die persönliche Freiheit, die persönliche Ehre und das Vermögen. Diese Rechtsgüter sind (mit Ausnahme des Vermögens als solches) **grundrechtlich geschützt.** Da sich nach überwiegender Auffassung aus Art. 2 Abs. 1 GG ein (freilich subsidiäres) „Auffang-Freiheitsgrundrecht" der allgemeinen Handlungs- (bzw. wegen des Einschlusses des Unterlassens präziser: Verhaltens-)Freiheit ergibt, reicht der Individualrechtsgüterschutz sehr weit.

Beispiele: Geschützt sind z.B. die Bewegungsfreiheit und die Nutzungsmöglichkeit eines Kraftfahrzeugs gegenüber dem „Zuparker",[47] Leben und Gesundheit von Obdachlosen bei winterlich kalten Temperaturen oder das Wohnrecht des Mieters.

27 Über den Grundrechtsschutz hinaus erfasst die Schutzkomponente alle **Rechte und Rechtspositionen,** die der Einzelne gegenüber natürlichen und juristischen Personen für sich in Anspruch bzw. geltend machen kann, beispielsweise vermögensrechtliche Ansprüche, das Namensrecht gemäß § 12 BGB oder das Recht der elterlichen Sorge nach

---

42 Vgl. Götz, § 4 Rn. 43.
43 Götz, § 4 Rn. 43.
44 Gusy, Rn. 82.
45 So Kugelmann, 5. Kap. Rn. 56.
46 Götz, § 4 Rn. 18 ff.
47 OVG Koblenz NJW 1988, 929; Fallbearbeitung bei Weides/Bertrams, JuS 1989, 479.

§ 1626 BGB. Zu beachten ist jedoch, dass vor allem bei der Schutzkomponente „Individualrechtsgüter" die eingeschränkte Aufgabenzuweisung der Polizei- und Ordnungsbehörden hinsichtlich des Schutzes privater Rechte Bedeutung erlangt (§ 4 Rn. 28 ff.). Aus diesem Grund sollen nicht sämtliche dem Einzelnen zugewiesenen Rechte dem Schutzgut „öffentliche Sicherheit" zuzuordnen sein, sondern nur solche, die zugleich im Interesse der Allgemeinheit geschützt sind. Keine Probleme wirft diese Einschränkung dann auf, wenn Rechtsgüter zugleich durch Straf- bzw. Ordnungswidrigkeitsnormen oder sonst durch gesetzliche Ge- oder Verbote geschützt werden. In diesen Fällen liegt zugleich eine Gefahr für die Schutzkomponente „objektive Rechtsordnung" vor.

Beispiel: Ein Einbrecher, der in das Wohnhaus eines Eigentümers einzudringen versucht, begründet nicht nur eine Gefahr für das Individualrechtsgut „Eigentum", sondern verstößt zugleich gegen die Strafbestimmungen hinsichtlich des Hausfriedensbruchs (§ 123 StGB) und des besonders schweren Falls des Diebstahls (§ 243 Abs. 1 S. 1 i.V.m. S. 2 Nr. 1 StGB).

Ebenfalls von der öffentlichen Sicherheit umfasst sollen nach verbreiteter Auffassung vereinzelte **Kollektiv- bzw. Gemeinschaftsrechtsgüter** sein. Diese Erweiterung ist eine Konsequenz des Konzepts der „öffentlichen" Sicherheit. Bei diesen Rechtsgütern handelt es sich um solche, die an die Individualrechtsgüter einer unbestimmten Vielzahl von Personen anknüpfen und diese somit zu einem „neuen", eigenständigen Rechtsgut zusammenfassen.[48] Beispielhaft zu nennen sind die Volksgesundheit[49] (als Kollektivrechtsgut aus den Individualrechtsgütern der Gesundheit und der körperlichen Unversehrtheit), die Erhaltung von Natur und Landschaft[50] oder das Recht auf die Versorgung der Bevölkerung mit sauberem Trinkwasser.[51]

Die Einbeziehung von Kollektivrechtsgütern in das Schutzgut der öffentlichen Sicherheit wird im Schrifttum gelegentlich als überflüssig oder gar schädlich kritisiert, weil derartige Rechtsgüter hinreichend durch die objektive Rechtsordnung geschützt seien.[52] Zutreffend an diesem Einwand ist, dass über die Rechtsfigur des Kollektivrechtsgutes eine Erweiterung des Maßnahmenspektrums der Gefahrenabwehrbehörden ermöglicht wird. **Rechtsdogmatisch** ist die Erstreckung auf Kollektivrechtsgüter tatsächlich **entbehrlich;** wenn etwa auf die Volksgesundheit abgestellt wird, sind eigentlich die Rechte auf Gesundheit und körperliche Unversehrtheit einer Vielzahl von Einzelpersonen betroffen. Insoweit läge es nahe, die bisher als von der öffentlichen Sicherheit geschützt anerkannten Kollektivrechtsgüter künftig lediglich als beschreibende Sammelbegriffe für die in ihnen gebündelten Individualrechtsgefährdungen zu verstehen. Dafür spricht auch, dass die Landesgesetze, die eine Legaldefinition der „öffentlichen Sicherheit" enthalten, lediglich von den „subjektiven Rechten und Rechtsgütern des Einzelnen" sprechen.

▶ Vgl. § 2 Nr. 2 PolG Brem; § 3 Nr. 1 SOG LSA; § 54 Nr. 1 OBG Thür. ◀

Als problematisch erweisen sich ferner Fälle, die man unter den Stichworten „Recht auf Selbstgefährdung" bzw. „aufgedrängte Gefahrenabwehr" zusammenfassen könnte. Ganz grundsätzlich stellt sich die Frage, ob ein Individualrechtsgut im Einzelfall auch

28

29

30

---

48 Möller/Warg, Rn. 82.
49 Schutz vor „offener" Drogenszene: OVG Münster NWVBl. 2001, 93; Schutz vor hormonbehandeltem Kalbfleisch: OVG Münster NJW 1989, 1691; Schutz vor Brandgefahr und Dioxin: OVG Berlin NVwZ-RR 2003, 496.
50 Vgl. VGH Mannheim NVwZ 1988, 166.
51 Gefährdung des Trinkwassers durch eine Tankstelle: VG Gelsenkirchen ZfW 1988, 311; Fallbearbeitung bei Weides, JuS 1988, 472; Schutz der öffentlichen Wasserversorgung: BVerwG DVBl. 1974, 297, 299 f.
52 Nunmehr Götz, § 4 Rn. 35; Kugelmann, 5. Kap. Rn. 44; ablehnend etwa auch Pieroth/Schlink/Kniesel, § 8 Rn. 8; Schoch in: Schoch (Hrsg.), 2. Kap. Rn. 126; Waechter, NVwZ 1997, 729, 735.

dann noch als Schutzkomponente der öffentlichen Sicherheit qualifiziert werden und seine Beeinträchtigung damit Grundlage für gefahrenabwehrbehördliche Maßnahmen sein können, wenn die Gefahrenlage vom Rechteinhaber beabsichtigt ist oder jedenfalls in Kauf genommen wird. Die Problematik erfasst nicht nur die Ausübung gefahrgeneigter Extremsportarten,[53] die Teilnahme an Autorennen[54] oder den Konsum gesundheitsgefährdender Substanzen wie Alkohol, Drogen und Tabak und damit den Schutzbereich der allgemeinen Handlungsfreiheit (Art. 2 Abs. 1 GG); eine Selbstgefährdung kann etwa auch im Schutzbereich der Berufsfreiheit (Art. 12 Abs. 1 GG) erfolgen, wenn etwa ein gefährlicher Beruf („Hochseilartist") ausgeübt wird, oder von der Religionsfreiheit (Art. 4 Abs. 1 GG) gedeckt sein (Pflege von Menschen mit ansteckenden Krankheiten aus religiösen Gründen). Auch die freiwillige Obdachlosigkeit ist ein Fall der grundrechtlich geschützten Selbstgefährdung.[55] Da in der Grundrechtsdogmatik in diesen Konstellationen davon ausgegangen wird, dass ein Recht auf Selbstgefährdung bestehe und der Staat einen Grundrechtsschutz nicht aufdrängen dürfe, wird man auch das Vorliegen einer Gefahrenlage abzulehnen haben. Dieses Ergebnis ließe sich dadurch erreichen, dass man entweder eine Gefährdung von Individualrechtsgütern bei einer Einwilligung des Rechtsträgers nicht als gefahrbegründend ansieht, oder dadurch, dass man im Rahmen des Ermessens (Rn. 155 ff.) die gewollte oder jedenfalls bewusste Selbstgefährdung berücksichtigt und einen gefahrenabwehrbehördlichen Eingriff für rechtswidrig hält.

31   Diese Grundsätze unterliegen mehreren Ausnahmen, die im Rahmen der Grundrechtslehren zum Problemkreis der Selbstgefährdung entwickelt worden sind: Befindet sich der (Grund-)Rechtsträger in einem **Zustand, der eine freie Willensbildung** ausschließt, kann er also die Tragweite und die Folgen seines Verhaltens nicht absehen,[56] so ist sein Wille zur Selbstgefährdung irrelevant; die Gefahrenabwehrbehörde wird, da eine Gefahrenlage vorliegt, tätig werden dürfen.

Beispiel: Bei **Suizidversuchen** geht die überwiegende Auffassung davon aus, dass eine solche Einschränkung der freien Willensbildung aufgrund eines pathologischen geistig-seelischen Zustands besteht. Suizidale Handlungen dürfen damit unterbunden werden – so kann ein Suizident beispielsweise in Gewahrsam genommen werden.[57] Die Ausnahme vom „Recht auf Selbstgefährdung" kann hier allerdings auch wegen der Bedrohung eines besonders hochrangigen Rechtsgutes und der damit ausgelösten staatlichen Schutzpflicht begründet werden.[58] Die ältere Rechtsprechung sah im Suizid(-versuch) noch einen Verstoß gegen die öffentliche Ordnung; das Einschreiten diente danach nicht dem Schutz des Suizidenten selbst.[59] Zweifelhaft ist, ob im Suizidversuch zugleich ein Unglücksfall im Sinne des § 323c StGB („unterlassene Hilfeleistung") gesehen werden kann, so dass neben Individualrechtsgütern auch die objektive Rechtsordnung gefährdet wäre;[60] man müsste dann allerdings eine unterlassene Hilfeleistung durch den Suizidenten bzw. die eintreffenden Helfer konstruieren. Zu beachten ist, dass einige Landesgesetze in den Ermächtigungsnormen zum Gewahrsam (§ 10 Rn. 103 ff.) den Selbsttötungsversuch ausdrücklich als Alternative zu einem

---

53 Fallbearbeitung bei Lüdemann, JA 1999, 46 – „Skysurfing".
54 Möller / Warg, Rn. 83.
55 Vgl. OVG Lüneburg NVwZ 1992, 502; VGH Kassel NVwZ 1992, 503.
56 Götz, § 4 Rn. 31.
57 Vgl. VG Karlsruhe JZ 1988, 208; J. Dietlein, in: Dietlein/Burgi/Hellermann, § 3 Rn. 174; Götz, § 4 Rn. 32; Kugelmann, 5. Kap. Rn. 64 f.; Schoch in: Schoch (Hrsg.), 2. Kap. Rn. 122.
58 Vgl. Wernsmann, JuS 2002, 582.
59 Vgl. Drews, Preußisches Polizeirecht, 2. Aufl. 1929, S. 15.
60 So Möller/Warg, Rn. 83.

Fall eines die freie Willensbestimmung ausschließenden Zustands bzw. einer hilflosen Lage einordnen (§ 28 Abs. 1 Nr. 2 lit. c) PolG BW; § 22 Abs. 1 Nr. 2 lit. c) PolG Sachs).

Eine Berufung auf grundrechtlich geschützte Selbstgefährdung scheidet ferner aus, **32** wenn (auch) **Dritte gefährdet** werden.[61] Da in diesen Fällen zugleich Individualrechtsgüter einer anderen Personen potenziell geschädigt werden können, wird das Problem der Selbstgefährdung nicht im Rahmen der Feststellung relevant, ob überhaupt eine Gefahrenlage vorliegt (die Gefährdung Dritter reicht hier aus), sondern erst in der Verhältnismäßigkeitsprüfung bei der Abwägung kollidierender Rechtspositionen.

Beispiel: Wird das Tauchen an einer besonders gefährlichen Stelle untersagt,[62] weil nichtprofessionelle Retter gefährdet werden, liegt eine Gefahrenlage selbstverständlich schon in der Gefährdung Dritter; ob allein die gewollte Selbstgefährdung eine Gefahrenlage begründen kann (Rn. 30), kann also offen bleiben. Das Verbot muss aber auch verhältnismäßig sein (Rn. 177 ff.); im Rahmen der Angemessenheit ist sodann mit den Rechtsgütern der gefährdeten Dritten abzuwägen.

Eine Ausnahme vom „Recht auf Selbstgefährdung" ist ferner in denjenigen Fällen zu **33** machen, in denen die Selbstgefährdung mit einer **Beeinträchtigung der Menschenwürde gemäß Art. 1 Abs. 1 GG** einhergeht. Nach (freilich uneinheitlicher) Rechtsprechung können etwa bestimmte Kriegshandlungen simulierende Aktions-„Spiele" bzw. „Sportarten" wie „Paintball", „Gotcha" oder die „Laserdrome" (objektiv) durch Kriegs- und Gewaltverherrlichung, die Verharmlosung von Gewalt und eine Herabwürdigung der Opfer kriegerischer Auseinandersetzung und Waffengewalt gegen die Menschenwürdegarantie verstoßen und daher eine Gefahr für die öffentliche Sicherheit (bzw. die öffentliche Ordnung) darstellen.[63] Die Besonderheit dieser Fallkonstellationen liegt darin, dass verschiedene komplexe grundrechtsdogmatische Fragen aufgeworfen werden: Wer ist „Definitionsherr" der Menschenwürde? Kommt es auf eine subjektive oder auf eine objektive Deutung der Menschenwürdegarantie an, oder gegebenenfalls auf beide? Kann auf den Schutz der Menschenwürde verzichtet werden? Sind derartige Veranstaltungen nicht nur harmlose Freizeitveranstaltungen ohne Menschenwürderelevanz? Die Rechtsprechung behilft sich damit, dass sie die Fälle über die öffentliche Ordnung zu lösen versucht und die Menschenwürdeerwägungen (dogmatisch nicht geglückt) in diesem Zusammenhang anstellt (Rn. 49). Im Ergebnis erscheinen sowohl die Einschätzung der Rechtsprechung als auch die Gegenposition, die eine Beeinträchtigung der Menschenwürde(-garantie) bzw. der öffentliche Ordnung ablehnt, bei entsprechender Begründung gut vertretbar.

b) Öffentliche Ordnung

In zahlreichen gefahrenabwehrrechtlichen Regelwerken findet sich in Aufgaben- und **34** Befugnisnormen neben der öffentlichen Sicherheit das Schutzgut der **öffentlichen Ordnung**.[64] In einigen Ländern ist es – je nach aktueller rechtspolitischer Ausrichtung – sogar zeitweise gestrichen und wieder aufgenommen worden.

---

61 VGH Mannheim NVwZ 1998, 2235 ff.; Gusy, Rn. 86; weitere Beispiele bei Götz, § 4 Rn. 30; Pieroth/Schlink/Kniesel, § 8 Rn. 29; Gampp/Hebeler, BayVBl. 2004, 257, 262 f.
62 Vgl. VGH Mannheim NJW 1998, 2235.
63 Vgl. BVerfGE 115, 189 – „Laserdrome"; a.A. – bezüglich „Paintball" – VGH Mannheim GewArch. 2004, 327. Zu diesem Themenkreis eingehend Aubel, Jura 2004, 255; Kramer, NVwZ 2004, 1083; Fallbearbeitungen bei Heckmann, JuS 1999, 986; Groh/Kaplonek, Jura 2006, 304. – Weiteres populäres Beispiel: Das Verbot des „Zwergenweitwurfs" bei VG Neustadt a. d. W. NVwZ 1993, 98.
64 Eingehend Gusy, Rn. 96 ff.; Schenke, Rn. 62 ff.; Fechner, JuS 2003, 734; Hill, DVBl. 1985, 88.

▶ So etwa in Nordrhein-Westfalen, wo das Schutzgut eine Zeit lang lediglich für das Handeln der Ordnungsbehörden relevant war, 2010 aber wieder auch in das PolG NW eingefügt wurde. ◀

35   Dieses in erheblicher Weise auslegungsbedürftige Schutzgut dient der Ergänzung der ohnehin weit reichenden (Rn. 8 ff.) öffentlichen Sicherheit und entfaltet nach verbreiteter Auffassung lediglich eine **Reservefunktion**,[65] zumal die zunehmende „Durchnormierung" sämtlicher Lebensbereiche seine Bedeutung in der Praxis stetig reduziert. Bedenken gegenüber der Bestimmtheit von Eingriffsermächtigungen, die an eine Gefahr für die öffentliche Ordnung anknüpfen, ist das Bundesverfassungsgericht jedoch nicht gefolgt.[66] Gleichwohl bestehen beachtliche Schwierigkeiten im Umgang mit diesem Schutzgut (Rn. 44).

aa) Subsidiarität der öffentlichen Ordnung?

36   Nach verbreiteter Auffassung soll die öffentliche Ordnung den Schutzkomponenten der **öffentlichen Sicherheit** (Rn. 8 ff.) gegenüber subsidiär sein; wäre das Schutzgut der öffentlichen Sicherheit gefährdet, bliebe danach ein (zusätzlicher) Rückgriff auf die öffentliche Ordnung zur Rechtfertigung gefahrenabwehrbehördlicher Maßnahmen gesperrt.[67] Dieses Subsidiaritätsverhältnis lässt sich indes – wenngleich eine Ordnungsstörung regelmäßig eine geringere Gefährdung darstellt als eine Verletzung der öffentlichen Sicherheit – den entsprechenden Ermächtigungsnormen nicht entnehmen; dort ist von „öffentlicher Sicherheit *oder* Ordnung" die Rede, wobei das „oder" nicht in einem ausschließenden Sinne zu verstehen ist. Angesichts der nachfolgend behandelten Definition der öffentlichen Ordnung wird man Sicherheit und Ordnung im Verhältnis zum jeweils anderen zwar als *aliud* qualifizieren können, ein normsystematischer oder teleologischer Vorrang der öffentlichen Sicherheit allerdings nicht zu begründen sein. Die beiden Schutzgüter verfolgen unterschiedliche Ziele: Während bei der öffentlichen Sicherheit der Schutz – überwiegend geschriebener – (Rechts-)Normen im Mittelpunkt steht, ist die öffentliche Ordnung auf den Schutz ungeschriebener (Sozial-)Normen ausgerichtet. Gefahrenabwehrrechtlich relevantes Handeln kann gleichzeitig Rechts- und Sozialnormen verletzen; sozial unerwünschtes Verhalten kann aber durch Rechtsnormen gestattet werden.

bb) Definition

37   Die begriffliche Konturierung der öffentlichen Ordnung erfolgt meist nach der folgenden, bereits durch das Preußische OVG[68] geprägten **Definition**: Öffentliche Ordnung ist die Gesamtheit der im Rahmen der verfassungsgemäßen Ordnung liegenden **ungeschriebenen Regeln** für das Verhalten des Einzelnen in der Öffentlichkeit, deren Beachtung nach den jeweils **herrschenden Anschauungen** als **unerlässliche Voraussetzung eines geordneten staatsbürgerlichen Zusammenlebens** gilt.[69]

▶ Legaldefinitionen etwa in § 3 Nr. 2 LOG SA; § 54 Nr. 2 OBG Thür. ◀

---

65   Schoch in: Schoch (Hrsg.), 2. Kap. Rn. 129, 132; ähnlich Götz, § 5 Rn. 5: „Auffangtatbestand"; auch Schenke, Rn. 65 ff., sieht noch Anwendungsbereiche.

66   BVerfGE 54, 143.

67   Vgl. Schoch in: Schoch (Hrsg.), 2. Kap. Rn. 108: Anwendungsvorrang.

68   PrOVGE 91, 139, 140.

69   BVerfGE 69, 315, 352.

Zur öffentlichen Ordnung gehören damit nur **ungeschriebene Regeln**. Während die öffentliche Sicherheit (geschriebene und ungeschriebene) Rechtsnormen schützt (Rn. 10 ff.), sichert die öffentliche Ordnung die Einhaltung von **Sozialnormen**,[70] die damit nicht staatlicherseits gesetzt, sondern lediglich gesetzlich anerkannt sind und damit in das Gefahrenabwehrrecht inkorporiert werden. „Regeln" sind dabei Vorgaben für das menschliche Handeln, Dulden oder Unterlassen. Für die öffentliche Ordnung konstituierend sind vor allem solche Vorstellungen, die dem moralisch-ethischen, religiösen bzw. weltanschaulichen Bereich zuzuordnen sind bzw. Fragen der Sittlichkeit bzw. Sexualität betreffen.[71]

▶ Insoweit unterscheidet sich der gefahrenabwehrrechtliche Begriff der öffentlichen Ordnung von seiner Verwendung in anderen normativen Zusammenhängen. Wenn etwa Art. 36 AEUV u.a. die öffentliche Ordnung als Rechtfertigungsbasis für Einschränkungen der Grundfreiheiten nennt, meint „öffentliche Ordnung" in diesem Zusammenhang hoheitlich festgelegte Grundregeln, die wesentliche Interessen des Staates berühren – also weder ungeschriebene noch bloße Sozialnormen.[72] ◀

38

Überschneidungsbereiche mit den Schutzkomponenten der öffentlichen Sicherheit ergeben sich wegen der Vorschriften in §§ **116 ff.** OWiG (Dritter Teil, Zweiter Abschnitt: Verstöße gegen die öffentliche Ordnung), die als geschriebene Rechtsnormen Bestandteil der objektiven Rechtsordnung und damit dem Schutzgut der öffentlichen Sicherheit zuzurechnen sind. Den Bestimmungen ist gemeinsam, dass sie die Allgemeinheit bzw. die Nachbarschaft (erheblich) belästigende Tätigkeiten als Ordnungswidrigkeiten mit einem Bußgeld bewehren. So betrifft § 117 OWiG unzulässigen Lärm (beachte hierzu auch die geschriebenen Rechtsnormen des Landesimmissionsschutzrechts, z.B. § 9 LImSchG NW), § 119 OWiG grob anstößige und belästigende Handlungen, § 120 OWiG die verbotene Ausübung der Prostitution und Werbung für Prostitution, § 121 OWiG das Halten gefährlicher Tiere und § 122 OWiG den Vollrausch. Von besonderer Bedeutung ist § 118 OWiG, dem zufolge ordnungswidrig handelt, „wer eine grob ungehörige Handlung vornimmt, die geeignet ist, die Allgemeinheit zu belästigen oder zu gefährden und die öffentliche Ordnung zu beeinträchtigen." Da die öffentliche Ordnung in dieser Norm als Tatbestandsmerkmal verwendet wird, sind ordnungswidrige Handlungen häufig schon wegen einer Verletzung des § 118 OWiG im Rahmen der öffentlichen Sicherheit relevant.

39

Diese ungeschriebenen Regeln müssen sich **im Rahmen der verfassungsgemäßen Ordnung** bewegen. Gemeint ist (wie in Art. 20 Abs. 3 GG) die Gesamtheit der verfassungsrechtlichen Vorgaben des Grundgesetzes und der Landesverfassungen. Die ungeschriebenen Regeln, die als Teil der öffentlichen Ordnung anerkannt werden sollen, dürfen mithin nicht gegen Verfassungsrecht verstoßen.

40

Es muss sich um Regeln **für das Verhalten des Einzelnen in der Öffentlichkeit** handeln. Dies trägt der Tatsache Rechnung, dass Schutzgüter des Gefahrenabwehrrechts eben nur die *öffentliche* Sicherheit und die *öffentliche* Ordnung sind. Es werden lediglich solche Handlungen erfasst, die nach außen dringen bzw. in einer Interaktion mit einzelnen Menschen bzw. der Allgemeinheit vorgenommen werden. Das Verhalten des Einzelnen in seiner rechtlich geschützten Intim- und Privatsphäre, etwa in der eigenen Wohnung, ist damit für die Bestimmung der öffentlichen Ordnung ebenso irrelevant

41

---

70   Gusy, Rn. 97.
71   Möller/Warg, Rn. 96.
72   Kugelmann, 5. Kap. Rn. 81; 14. Kap. Rn. 59.

wie Geschehnisse und Zustände im *„forum internum"* wie etwa Gedanken, Gesinnungen, Auffassungen oder Absichten.[73]

42   Gegen eine solche Regel muss zudem **öffentlich** verstoßen werden, um eine Gefahr für die öffentliche Ordnung begründen zu können. Der Verstoß muss von der Allgemeinheit bzw. von Dritten überhaupt wahrgenommen und als solcher empfunden werden können; im Schrifttum ist von einem „Zumutungsgehalt" bzw. von einer **„Sozialrelevanz"** die Rede. So kann eine Einwilligung aller an einer möglicherweise der öffentlichen Ordnung zuwiderlaufenden Veranstaltung Beteiligter eine „Sondernorm" zwischen ihnen schaffen, die eine Beeinträchtigung der öffentlichen Ordnung ausschließt, sofern eine Konfrontation mit außenstehenden Dritten vermieden wird.[74]

43   Welche ungeschriebenen Regeln vom Schutzgut der öffentlichen Ordnung erfasst sind, richtet sich nach den **jeweils herrschenden Anschauungen.** Das Merkmal der „herrschenden Anschauungen" hat dem Begriffsverständnis der öffentlichen Ordnung erhebliche Kritik eingetragen. Zum einen bestehen Bedenken hinsichtlich der Bestimmtheit und der praktischen Ermittelbarkeit der den herrschenden Anschauungen gemäßen Verhaltensregeln. Noch schwerer wiegen kompetenzielle Einwände: Zur Festsetzung verbindlicher Vorgaben für das Handeln, Dulden und Unterlassen der Rechtsunterworfenen ist allein der demokratisch legitimierte Normgeber befugt. Doch nicht nur die Schaffung bindender Vorgaben, sondern schon die Festsetzung von Gemeinschaftsgütern bzw. -werten ist ein politischer Akt.[75] Die Anerkennung ungeschriebener gesellschaftlicher Wertvorstellungen als „Quasi-Rechtsnormen" erscheint daher bedenklich, zumal solche „Sozialnormen" durchaus auch mit Rechtsnormen kollidieren können; insoweit ergeben sich aus der Orientierung an gesellschaftlichen Mehrheitsauffassungen gewisse Friktionen mit dem Demokratieprinzip gemäß Art. 20 Abs. 1, 2 GG. Dazu tritt die Problematik der drohenden „Majorisierung" von Minderheitenauffassungen durch die jeweilige Mehrheit.[76]

44   Allein aus diesen Gründen dem Schutzgut der öffentlichen Ordnung jede Geltung abzusprechen oder die entsprechenden Tatbestandsmerkmale im Sinne der geschriebenen *Rechtsordnung* zu deuten (und damit wegen des Anwendungsbereiches der öffentlichen Sicherheit die öffentliche Ordnung obsolet werden zu lassen),[77] erscheint indes verfehlt. Die **normative Orientierung an Sozialnormen** ist nicht ungewöhnlich – die Rechtsordnung enthält vielfältige Regelungen, die an (aktuelle) gesellschaftliche Wertvorstellungen anknüpfen und der (richterlichen) Wertung bedürfen. Treu und Glauben (§§ 157, 242 BGB), die guten Sitten (§§ 138, 817, 826 BGB) und die Verkehrssitte (§§ 157, 242 BGB) sind Beispiele für diese „weitverbreitete (…) Regelungstechnik".[78] Auch prinzipielle verfassungsrechtliche Bedenken hinsichtlich der Bestimmtheit greifen im Ergebnis nicht durch – das Bundesverwaltungsgericht hat betont, dass der Anwendungsbereich des Begriffs der öffentlichen Ordnung „in jahrzehntelanger Entwicklung" durch Rechtsprechung und Lehre „nach Inhalt, Zweck und Ausmaß hinreichend

---

73 Drews/Wacke/Vogel/Martens, S. 248.
74 Vgl. OVG Münster GewArch. 1980, 56; s. auch Gusy, GewArch. 1994, 151, 154.
75 So schon Thiele, ZRP 1979, 7 ff.
76 Vgl. dazu Pieroth/Schlink/Kniesel, § 8 Rn. 50.
77 Die Einordnung der „öffentlichen Ordnung" als eigenständiges Schutzgut im Polizeirecht lehnen ab Kugelmann, 5. Kap. Rn. 94; Pieroth/Schlink/Kniesel, § 8 Rn. 53, sehen „gute Gründe für eine Verfassungswidrigkeit" der öffentlichen Ordnung.
78 Drews/Wacke/Vogel/Martens, S. 247; gegen dieses Argument unter Hinweis auf eine fehlende hinreichend ausgeprägte Kasuistik Hebeler, JA 2002, 521, 523.

präzisiert, in ihrer Bedeutung geklärt und im juristischen Sprachgebrauch verfestigt" sei.[79] Die Bedenken hinsichtlich Art. 20 Abs. 1, 2 GG und des Minderheitenschutzes lassen sich durch eine restriktive Handhabung des Schutzgutes auflösen: Kann eine hinreichende Mehrheit nicht belastbar ermittelt werden (wobei empirische Befragungen, die in regelmäßigen Abständen wiederholt bzw. fortgeschrieben werden, zwar wesentliche Anhaltspunkte geben, aber nicht zwingend erforderlich sind; die Einschätzung der Mehrheitsfähigkeit der fraglichen Sozialnorm obliegt richterlicher Wertung), darf ein Eingriff auf einen Verstoß gegen die öffentliche Ordnung nicht gestützt werden.[80] Auch der gelegentlich geäußerte Einwand, die öffentliche Ordnung sei aufgrund seiner exzessiven Verwendung unter der Gewaltherrschaft des Nationalsozialismus historisch belastet und deshalb insgesamt zu verabschieden, vermag nicht zu überzeugen.[81] Eine grundsätzliche Ideologieanfälligkeit liegt zwar auf der Hand;[82] da das Vorliegen einer Gefahr für die öffentliche Ordnung jedoch nicht allein die Rechtmäßigkeit einer Gefahrenabwehrmaßnahme begründet, sondern z.B. zusätzlich die Bindungen des Verhältnismäßigkeitsgrundsatzes zu beachten sind, bestehen ausreichende Korrektive.

Welche Regeln die herrschenden Anschauungen umfassen, ist jedenfalls nach dem Wortlaut der Definition empirisch zu ermitteln. Schwierigkeiten wirft dabei die Frage auf, **welche bzw. wessen Anschauungen** in die empirischen Wertungen einzubeziehen wären. In zeitlicher Hinsicht knüpft die öffentliche Ordnung an die „jeweils herrschenden Auffassungen"; damit ist das Merkmal der Mehrheitsauffassung hinsichtlich der sozialen Unentbehrlichkeit bestimmter Verhaltensnormen insoweit „dynamisiert", als nur die gegenwärtigen Ansichten ausschlaggebend sind. Dies trägt dem durchaus „flüchtigen" Charakter moralisch-ethischer und sozialer Vorstellungen Rechnung. So gelten z.B. in der Gegenwart Handlungen als unproblematisch, die man vor Jahrzehnten noch als Verletzung der öffentlichen Ordnung qualifiziert hat. In der Rechtsprechung finden sich anschauliche Beispiele; die prominentesten sind Obdachlosigkeit,[83] das „stille" Betteln,[84] Damenring- und -boxkämpfe „oben ohne",[85] das öffentliche Zurschaustellen von Dekolletés,[86] die „Peepshow"[87] und die Ausübung der Prostitution,[88] die – soweit nicht besondere Umstände vorliegen – im Regelfall nicht mehr als Gefahr für die öffentliche Ordnung gelten können. Auch das Anbringen eines öffentli-

45

---

79 BVerwG NVwZ 2002, 598, 602; BVerfG NJW 1980, 2572; NJW 2001, 1409.
80 Vgl. Schoch, JuS 1994, 570, 574 f.
81 Zur Kritik an der öffentlichen Ordnung eingehend Thiel, Die „Entgrenzung" der Gefahrenabwehr, 2011, S. 54 ff.; Pieroth/Schlink/Kniesel, § 8 Rn. 48 ff.
82 Vgl. Pieroth/Schlink/Kniesel, § 8 Rn. 48.
83 Zur Entwicklung Schloer, DVBl. 1989, 739. Eingehend Gusy, Rn. 341 ff.
84 Im Gegensatz zum (schon gegen die öffentliche Sicherheit verstoßenden) aggressiven Betteln, vgl. VGH Mannheim NVwZ 1999, 560; Holzkämper, NVwZ 1994, 146, 149; Kube, JuS 1999, 176; Wohlfahrt, BayVBl. 1997, 420.
85 Vgl. aber VGH München NVwZ 1984, 254 einerseits, VG Gelsenkirchen GewArch. 1978, 164 andererseits. S. auch BayOLG BayVBl. 1977, 220 – „Nackedeiball"; BVerwG NVwZ 2003, 64 – „Swinger"; Kugelmann, 5. Kap. Rn. 85.
86 Instruktiv zum Wandel der entsprechenden gesellschaftlichen Auffassungen Thiele, DVBl. 1979, 706.
87 Vgl. BVerwG NVwZ 1990, 668; Kugelmann, 5. Kap. Rn. 86 ff.
88 VGH Kassel NJW 1984, 1368, 1369; s. auch VG Berlin NJW 2001, 983. Die Prostitution ist nunmehr auch durch das Gesetz zur Regelung der Rechtsverhältnisse der Prostitution gesetzlich geregelt – einen Verstoß gegen die öffentliche Ordnung wird sie damit schon grundsätzlich nicht (mehr) darstellen können; vgl. Pöltl, VBlBW 2003, 181; ferner Armbrüster, NJW 2002, 2763.

chen Kondomautomaten stellt entgegen der älteren Judikatur[89] keine Gefahr für die öffentliche Ordnung dar.[90]

46   Eindeutig aus dem Kreis relevanter Sozialnormen auszuscheiden sind Auffassungen und Wertvorstellungen einzelner oder von Gruppen; zu fordern ist eine eindeutige und deutliche **Mehrheit**. So können gesellschaftliche Ansichten zur Sexualmoral in einem katholisch geprägten süddeutschen Dorf von denjenigen im Hamburger Rotlichtmilieu abweichen (sog. „St. Pauli-Privileg").[91] Eine „gesamtdeutsche" Betrachtungsweise würde diese Unterschiede einebnen, während eine differenzierende Sichtweise zu einem jeweils unterschiedlichen Schutzniveau der öffentlichen Ordnung und damit in letzter Konsequenz zu einem unterschiedlichen Freiheitsverständnis führte.[92] Beide Resultate sind bedenklich, denn die Frage eines Verstoßes gegen die öffentliche Ordnung hat unmittelbaren Einfluss darauf, ob Maßnahmen der Gefahrenabwehrbehörden rechtmäßig sind oder nicht.

47   In der Rechtsprechung sind daher Ansätze unternommen worden, die (rein) empirische Ermittlung der herrschenden Anschauungen und der damit verbundenen Sozialnormen durch **normative Aufladungen** bzw. Überlagerungen zu ergänzen bzw. zu ersetzen. So sind bestimmte Verhaltensweisen wegen ihrer Unvereinbarkeit mit verfassungsrechtlichen Wertungen als gefahrenabwehrrechtlich relevanter Verstoß qualifiziert worden. Diesbezüglich hat die Rechtsprechung eine „klare Kante" gezogen: Eine Ermittlung der herrschenden gesellschaftlichen Anschauungen bezüglich der für die öffentliche Ordnung relevanten Sozialnormen in Form einer bloßen „Volksbefragung" durch Umfragen usw. hat das Bundesverwaltungsgericht verworfen.[93] Die für den Inhalt der öffentlichen Ordnung maßgebliche Mehrheitsanschauung soll also letztlich nicht gezählt, sondern gewogen werden. Dabei ist nach den Wertungen des Bundesverfassungsgerichts vor allem die Werteordnung der Verfassung, namentlich die Grundrechte, heranzuziehen.[94]

48   Das Kriterium, dass neben der Existenz der ungeschriebenen Regeln zudem ihre Beachtung nach herrschender Anschauung **als unerlässliche Voraussetzung eines geordneten staatsbürgerlichen Zusammenlebens** qualifiziert werden muss, dient dazu, bloße lästige, unbequeme, geschmacklose oder verstörende Verhaltensweisen („Bagatellstörungen") vom Zugriff der Gefahrenabwehrbehörden auszuschließen. Angesichts der gegenüber dem Schutzgut der öffentlichen Ordnung wegen der fehlenden Präzision und Bestimmbarkeit seiner Kriterien vorgebrachten Kritik (Rn. 44) ist das Kriterium der Überschreitung einer Bagatellschwelle ein wesentliches Instrument der Präzisierung. Überlautes Telefonieren mit dem Handy oder vernehmliche Rhythmusinstrumente aus Kopfhörern in öffentlichen Verkehrsmitteln, das „stille" Betteln[95] oder der Konsum alkoholischer Getränke im öffentlichen Straßenraum sind mithin trotz ihres möglicher-

---

89   OVG Münster OVGE 14, 69; s. auch BVerwGE 10, 165.
90   Selbst dann nicht, wenn sie in der Nähe von Jugendherberge aufgestellt werden; OVG Münster NJW 1988, 787, 789.
91   Vgl. Schoch, JuS 1994, 570, 574. Auf die im Gang befindliche Nivellierung unterschiedlicher lokaler Wertvorstellungen durch den Einfluss der Massenmedien weisen zu Recht hin Möller/Warg, Rn. 97.
92   Kritisch daher Discher, JuS 1991, 642, 643; ferner Hill, DVBl. 1985, 88, 91.
93   BVerwG NJW 1996, 1423, 1424 – „Peepshow".
94   BVerfG DVBl. 2004, 237; s. auch OVG Münster NWVBl. 2001, 94, 95 – „Laserdrome"; vgl. Discher, JuS 1991, 642, 643; sehr kritisch zu diesen Ansätzen Schoch in: Schoch (Hrsg.), 2. Kap. Rn. 132: „unhaltbar".
95   Gegen eine Einordnung als Störung der bzw. abstrakte Gefahr für die öffentliche Sicherheit bzw. Ordnung etwa VGH Mannheim NVwZ 1999, 560 ff. – Das „stille" Betteln ist nach Streichung des § 361 RStGB im Zuge der Strafrechtsreform 1974 nicht mehr strafbar und verstößt auch im Regelfall nicht gegen § 118 OWiG.

weise belästigenden oder belastenden Charakters keine Verstöße gegen die öffentliche Ordnung. Derartige Erscheinungsformen des Zusammenlebens müssten, so die Judikatur, regelmäßig hingenommen werden und könnten nicht grundsätzlich als ein sozial abträglicher Zustand gewertet werden. Andererseits gewährleistet dieses Kriterium den Minderheitenschutz, da es qualifizierte Anforderungen an die herrschenden gesellschaftlichen Anschauungen stellt: Nicht jede in der Vorstellung der Mehrheit sinnvolle und sozialadäquate Verhaltensvorgabe bindet daher auch die Minderheit durch die Aktivierung des Gefahrenabwehrinstrumentariums im Falle eines Verstoßes. In der Rechtsprechung wurde dieses Kriterium, das bloße Belästigungen von unzumutbaren Beeinträchtigungen abzugrenzen versucht, dahin gehend konkretisiert, dass es erst dann erfüllt sei, wenn es nicht möglich sei, das fragliche Verhalten schlicht zu ignorieren.[96] Im Schrifttum wird diese Faustformel durch die Annahme ergänzt, dass derjenige keine Gefahr für die öffentliche Ordnung hervorrufen könne, der in zulässiger Weise **von seinen Grundrechten Gebrauch** mache. Während diese Einschränkung bei der öffentlichen Sicherheit primär bei der Bewertung der Störereigenschaft Bedeutung erlangt (Rn. 76 ff.[97]), kann die legale Rechtsausübung im Bereich der öffentlichen Ordnung schon zu einer Unbeachtlichkeit der Nichtbeachtung einer Sozialnorm führen, so dass bereits keine Beeinträchtigung des Schutzgutes vorläge.[98] Die Rechtsprechung hat hinsichtlich dieser zentralen Frage noch keine abschließende Lösung gefunden;[99] das Verhältnis von Grundrechtausübung und verletzter Sozialnorm ist daher im Einzelfall wertend auszutarieren.

Für die öffentliche Ordnung verbleiben nach alledem gegenwärtig nur noch **vereinzelte Anwendungsbereiche**, wobei die „Reservefunktion" des Schutzgutes dieses für gesellschaftliche Entwicklungen offen hält. In der jüngeren Rechtsprechung sind vor allem rechtsextremistische, ausländerfeindliche, gewaltverherrlichende und sonstige menschenwürdewidrige Verhaltensweisen als Gefahr für die öffentliche Ordnung qualifiziert worden.   49

Beispiele: Der Aufzug von Rechtsextremisten am Holocaust-Gedenktag[100] kann einen Verstoß gegen die öffentliche Ordnung darstellen; ebenso das Hissen der „Reichskriegsflagge".[101] Beide Konstellationen werden sehr kontrovers diskutiert.

Vor allem Veranstaltungen, die möglicherweise die Menschenwürde als Teil der objektiven Werteordnung des Grundgesetzes verletzen, sind in der Vergangenheit Gegenstand gerichtlicher Entscheidungen gewesen. Besondere Beachtung haben dabei reale Tötungssimulationsspiele wie die „Laserdrome", „Paintball" oder „Gotcha" gefun-

---

Anderes gilt je nach tatsächlicher Konstellation dann, wenn die bettelnden Personen Bettelbetrug (§ 263 StGB), Nötigungen (§ 240 StGB) oder Beleidigungen (§ 185 StGB) begehen.

96 VG Gelsenkirchen GewArch. 1978, 164.

97 Zu Recht geht aber die Rechtsprechung davon aus, dass auch ein strafloses Verhalten eine konkrete Gefahr darstellen könne, vgl. VG Gelsenkirchen, Beschl. v. 31.7.2015, 16 L 1495/15; OVG Münster, Beschl. v. 6.8.3015, 5 B 908/15.

98 In diesem Sinne etwa Möller/Warg, Rn. 97.

99 Vgl. etwa OVG Münster NJW 1997, 1180: Zurschaustellen eines nackten Körpers im öffentlichen Straßenraum ist Gefahr für die öffentliche Ordnung; es unterfällt nicht als „Interaktionskunst" dem Schutzbereich des Art. 5 Abs. 3 GG, da dem bloßen Nacktsein keinerlei schöpferische Ausstrahlungskraft eigen sei.

100 Vgl. BVerfG NJW 2001, 1409, 1410; OVG Münster NJW 2001, 2111.

101 Vgl. OVG Münster NWVBl. 1994, 384 – „Reichskriegsflagge". Kritisch gegenüber einem „Sonderrecht gegen Rechts" Rühl, NVwZ 2003, 531; ablehnend auch Enders, JuS 1997, 539, 545.

den.[102] Jüngeren Datums sind rechtliche Auseinandersetzungen um die Veranstaltung und Fernsehausstrahlung sog. „Mixed Martial Arts" – dabei handelt es sich um Wettkämpfe, bei denen Sportler in einer Verknüpfung unterschiedlicher Kampfkünste gegeneinander antreten. Die Ausstrahlung derartiger Veranstaltungen kann mit Blick auf die Menschenwürde und auf Belange des Jugendschutzes eine Beeinträchtigung der öffentlichen Ordnung darstellen.[103]

3. Hinreichende Schadenswahrscheinlichkeit

50   Diesen Schutzgütern der öffentlichen Sicherheit bzw. Ordnung muss, damit eine Gefahrenlage vorliegt, mit **hinreichender Wahrscheinlichkeit** ein Schaden drohen. Erst das Erreichen einer gewissen Wahrscheinlichkeitsschwelle generiert die gefahrenabwehrrechtlich relevante und das Befugnisinstrumentarium aktivierende **Gefahrenlage**. Eine solche Gefahrenlage liegt selbstverständlich auch dann vor, wenn ein Schaden bereits eingetreten ist und die schädigende Situation andauert (vor allem im Falle von Verletzungen der objektiven Rechtsordnung) – man spricht in diesen Fällen von einer „**Störung**"[104] der öffentlichen Sicherheit bzw. Ordnung – oder wenn der Schadenseintritt nicht (nur) wahrscheinlich, sondern gewiss ist. Die allgemeinen Gefahrenabwehrgesetze enthalten teilweise ausdrückliche Ermächtigungen zur Störungsbeseitigung (vgl. § 1 Abs. 1 S. 1 PolG BW); da eine Störung aber, sofern sie nicht behoben wird, auch künftig eine Gefahr darstellt, kann auf die an eine solche anknüpfenden Ermächtigungsnormen zurückgegriffen werden.[105]

Beispiele: Ein verkehrswidrig geparktes Fahrzeug ist eine „Störung", eine (abgeschlossene) Körperverletzung nicht (bei drohender Wiederholung oder Fortsetzung liegt jedoch eine Gefahr vor).

51   Ist die Schutzkomponente der objektiven Rechtsordnung oder das Schutzgut der öffentlichen Ordnung berührt, ist der Schaden, dessen Eintrittswahrscheinlichkeit zu bewerten ist, der **Normverstoß**. Hinsichtlich der Individual- bzw. Kollektivrechtsgüter tritt ein Schaden ein, wenn ein **Recht oder Rechtsgut** verletzt ist oder jedenfalls eine Einbuße an bestehenden Rechtspositionen erfolgt,[106] und wenn der Betroffene nicht aufgrund einer Rechtsnorm oder einer Sozialnorm anerkanntermaßen zur Duldung verpflichtet ist. Geht es um die Schutzkomponente des Bestands bzw. der Funktionsfähigkeit des Staates bzw. anderer Träger hoheitlicher Gewalt und seiner/ihrer Einrichtungen und Veranstaltungen, ist eine differenziertere Betrachtung erforderlich: Dem Bestand des Staates bzw. Hoheitsträgers droht nur dann ein Schaden, wenn dieser möglicherweise zu existieren aufhören würde. Die Funktionsfähigkeit ist dagegen immer dann geschädigt, wenn eine nicht lediglich eine Bagatelle darstellende **Funktionsstörung** eintritt. Abzugrenzen ist der Schaden von einer bloßen Belästigung,[107] von Nachteilen und Unbequemlichkeiten.[108] Maßstab ist nach h.M. die Einschätzung eines

---

102 Vgl. BVerwG NVwZ 2002, 598; OVG Magdeburg DVBl. 2010, 1454; OVG Münster NWVBl. 2001, 94; VG Dresden NVwZ-RR 2003, 848; Bertrams, NWVBl. 2003, 289, 296 f.; Erbel, DVBl. 2001, 1714, 1718; Hebeler, JA 2002, 521, 524; Störmer, NWVBl. 1997, 313.
103 Vgl. BVerfG ZUM 2011, 234; Hoven, K & R 2010, 786, 787; Kugelmann, 5. Kap. Rn. 89 f.
104 Schenke, Rn. 92; Schoch in: Schoch (Hrsg.), 2. Kap. Rn. 135; den Begriff der Störung halten für entbehrlich Möller/Warg, Rn. 111.
105 Schoch in: Schoch (Hrsg.), 2. Kap. Rn. 135. Anschaulich Knemeyer, Rn. 88: „Gefahr der Schadensperpetuierung".
106 Vgl. Gusy, Rn. 105; Kugelmann, 5. Kap. Rn. 104; Schenke, Rn. 69.
107 S. allgemein Pieroth/Schlink/Kniesel, § 4 Rn. 3 ff.
108 BVerwG DVBl. 1969, 586 f.; Schenke, Rn. 74.

durchschnittlichen Menschen, so dass die Schwelle, an der die Belästigung bzw. der Nachteil überschritten wird, nicht anhand der Empfindung besonders ängstlicher, empfindlicher oder kranker Personen festzulegen ist.[109] Dies wird aber je nach gefährdetem Rechtsgut anhand der zu diesem entwickelten Dogmatik zu bestimmen sein.

Die Wahrscheinlichkeit des Schadenseintritts ist, sofern nicht schon eine Störung vorliegt oder der Schaden sicher eintreten wird, in der konkreten Situation von den handelnden Personen vor Ergreifen von Maßnahmen nicht zweifelsfrei zu bewerten. Es bedarf mithin, sofern die Gefahrenlage nicht angesichts des Sachverhaltes auf der Hand liegt,[110] einer **Prognoseentscheidung**[111] der Akteure auf der Basis der vor der Entscheidung wahrgenommenen bzw. sonst gewonnenen Tatsachengrundlage. Wird die Prognose fehlerfrei angestellt (Rn. 54) und ergibt sich eine hinreichende Wahrscheinlichkeit des Schadenseintritts, ist ein Eingreifen jedenfalls im Hinblick auf das Erfordernis einer Gefahrenlage rechtmäßig. Dies gilt unabhängig davon, ob sich im Nachhinein hinausstellt, dass ein Schaden tatsächlich eingetreten wäre, oder ob sich ein solcher nicht ergeben hätte. Im Rahmen der Rechtmäßigkeitskontrolle ist also stets zu untersuchen, ob die Prognose „ex ante" (lat. „aus" und „vor", also aus dem Blickwinkel vor dem Tätigwerden) zu Recht eine hinreichende Wahrscheinlichkeit des Schadenseintritts ergeben hat oder nicht.

52

▶ Damit hat sich unter der Geltung der Gefahrenabwehrgesetze der Länder ein subjektives, also auf die Wertungen „ex ante" und aus Sicht der handelnden Beamten abstellendes Verständnis von „Gefahr" durchgesetzt. Zuvor war ein objektiver Gefahrenbegriff vorherrschend: Danach lag eine Gefahr nur vor, wenn tatsächlich ein Schaden eingetreten wäre – nur dann war die Gefahrenabwehrmaßnahme rechtmäßig. Nach subjektivem Verständnis ist für das Vorliegen einer Gefahr ausreichend, wenn die Polizei bzw. Ordnungsbehörde in vertretbarer Einschätzung der Situation eine solche angenommen hat.[112] Von dieser (historischen) Differenzierung zwischen objektiver und subjektiver Gefahr ist die Frage zu unterscheiden, welche Maßstäbe man an die subjektive Gefahrenbewertung „ex ante" anlegt, vor allem, ob sich die Vertretbarkeit der Einschätzung an einem objektiven Durchschnittsbeobachter oder an der konkreten Lage und Erkenntnis der entscheidenden Beamten orientiert (Rn. 54). ◀

Die Frage, wann die Wahrscheinlichkeit **hinreichend** ist, muss auf der Grundlage einer wertenden Betrachtung für den jeweiligen Einzelfall beantwortet werden.

53

Beispiel: In der kreisfreien Stadt K haben in der Vergangenheit bereits mehrere Bombenanschläge stattgefunden, die mit in öffentlichen Abfallbehältern deponierten Zeitzündern verübt wurden. Die Polizisten P und Q werden auf Streife durch die Fußgängerzone von K von besorgten Passanten auf einen Abfallbehälter aufmerksam gemacht, aus dem deutlich tickende Geräusche zu hören sind. P und Q lassen die Fußgängerzone räumen und weiträumig absperren. Die in unmittelbarer Nähe gelegenen Geschäfte und Häuser werden evakuiert. Der eilig herbeigerufene Sprengstoffexperte zieht einen weggeworfenen Wecker aus dem Abfallbehälter. Bestand eine Gefahrenlage?

Dies ist zu bejahen, da bei der von P und Q anzustellenden „ex ante"-Betrachtung Anhaltspunkte für eine hinreichende Wahrscheinlichkeit des Schadenseintritts bestanden haben. Es haben bereits Bombenanschläge stattgefunden, die zudem mit Sprengstoff verübt wurden, der in Abfallbehältern deponiert wurde. Aus dem Abfallbehälter waren tickende Geräusche

---

109 Vgl. Möller/Warg, Rn. 101.
110 Gegen einer Überbetonung der Prognose auch Schoch in: Schoch (Hrsg.), 2. Kap. Rn. 137.
111 Kugelmann, 5. Kap. Rn. 108 ff.
112 Vgl. Pieroth/Schlink/Kniesel, § 1 Rn. 29 sowie instruktiv § 4 Rn. 39 ff.

zu hören, deren Quelle nicht durch einfache Nachschau ermittelt werden konnte. Zudem ist zu berücksichtigen, dass Bombenanschläge geeignet sind, erhebliche Schäden an den Rechtsgütern Leben, Gesundheit, körperliche Unversehrtheit und Eigentum herbeizuführen. Aufgrund der hochrangigen möglicherweise bedrohten Rechtsgüter sind an die Wahrscheinlichkeit des Schadenseintritts geringere Anforderungen zu stellen.

Je höher der Rang des möglicherweise gefährdeten Rechtsgutes ist, desto geringere Anforderungen sind an die Wahrscheinlichkeit des Schadenseintritts zu stellen.[113] Es gilt ein Grundsatz „**umgekehrter Proportionalität**" von Schadenshöhe und Wahrscheinlichkeitsgrad des Schadenseintritts.[114] Absolute Gewissheit ist allerdings in keinem Fall erforderlich[115] (begründet aber selbstverständlich ebenfalls eine Gefahrenlage). Auf der anderen Seite können selbst bei einem sehr hochrangigen Rechtsgut Maßnahmen nicht „ins Blaue hinein" getroffen werden;[116] eine gewisse Wahrscheinlichkeit des Schadenseintritts muss anhand tatsächlicher Anhaltspunkte zu belegen sein.[117] Zu berücksichtigen ist ferner, dass manche Schäden sich infolge eines allgemeinen Lebensrisikos realisieren können.

Beispiel: Die Gefahr, dass bei einem gesunden Baum ein Ast abbricht, etwa infolge stärkeren Windes, ist dem allgemeinen Lebensrisiko zuzurechnen und rechtfertigt keine Gefahrenabwehrmaßnahmen.[118]

54   Die Frage, ob die Prognoseentscheidung hinsichtlich der Schadenswahrscheinlichkeit fehlerfrei oder fehlerhaft ist, ist nach der von der überwiegenden Auffassung[119] vertretenen objektiven Orientierung des „Gefahrurteils" anhand eines **objektivierten Maßstabs** zu bewerten. Durften die handelnden Personen vor dem Hintergrund der zum Zeitpunkt ihrer Entscheidung (Handlungsentschluss) bekannten Umstände bei objektiver Betrachtung auf der Grundlage allgemeinen Erfahrungswissens und des anerkannten Stands von Wissenschaft und Technik[120] von einer hinreichenden Wahrscheinlichkeit des Schadensantritts ausgehen, haben sie also ihre Prognose „pflichtgemäß" durchgeführt, war diese fehlerfrei, so dass eine Gefahr zu bejahen ist. Maßgebend sind mithin zur Bewertung der Frage, ob zum Zeitpunkt der behördlichen Entscheidung die hinreichende Wahrscheinlichkeit eines Schadenseintritts besteht, ein objektiver Beobachter[121] sowie sein Wissensniveau und seine Bewertungskompetenz.

55   Der Schadenseintritt muss nach der gängigen Definition bei **ungehindertem Geschehensablauf** mit hinreichender Wahrscheinlichkeit zu erwarten sein. Erforderlich ist daher auch eine Prognose hinsichtlich des zu erwartenden Kausalverlaufs. Allerdings ist zu beachten, dass selbst dann, wenn etwa möglicherweise dazwischen tretende Ereignisse zu erwarten sind, die die Schadenswahrscheinlichkeit beeinflussen, eine Gefahrenlage vorliegen kann. Entsprechende potenzielle Veränderungen des Kausalverlaufs sind in die Wahrscheinlichkeitsprognose einzubeziehen, soweit dies möglich ist. Häufig

---

113 BVerfG NJW 2005, 2603, 2610; VGH Mannheim NVwZ 1991, 493, 494; VGH München BayVBl. 1997, 280, 281; OVG Münster NWVBl. 1990, 159, 160; Götz, § 6 Rn. 7; Möller/Warg, Rn. 102; Pieroth/Schlink/Kniesel, § 4 Rn. 7; Schenke, Rn. 77; Schoch in: Schoch (Hrsg.), 2. Kap. Rn. 139. – A.A. Leisner, DÖV 2002, 326, 328 f.
114 Vgl. J. Dietlein, in: Dietlein/Burgi/Hellermann, § 3 Rn. 61.
115 Schoch in: Schoch (Hrsg.), 2. Kap. Rn. 139.
116 Möller/Warg, Rn. 102.
117 Vgl. BVerfG NJW 2008, 1515.
118 VG Minden NJW 2006, 1450. So definiert Gusy, Rn. 110, den Schadenseintritt als „hinreichend wahrscheinlich", wenn er das „allgemeine Lebensrisiko" überschreitet.
119 Vgl. Pieroth/Schlink/Kniesel, § 4 Rn. 31; Schlink, Jura 1999, 169.
120 Götz, § 6 Rn. 9.
121 Kugelmann, 5. Kap. Rn. 114; Schoch in: Schoch (Hrsg.), 2. Kap. Rn. 138; OVG Lüneburg NJW 2006, 391, 394.

wird in der Praxis aber gerade diese Frage offen bleiben müssen, so dass (noch) keine Gefahr, sondern ein sog. „Gefahrenverdacht" vorliegt (Rn. 60 ff.).

Das „Gefahrenurteil", also die Prognose hinsichtlich der hinreichenden Wahrschein- 56 lichkeit des Schadenseintritts, ist in vollem Umfang gerichtlich überprüfbar; nach überwiegender Auffassung besteht **kein Beurteilungsspielraum** der Polizei- und Ordnungsbehörden, der die gerichtliche Kontrolldichte absenken würde.[122]

4. Anscheinsgefahr und Scheingefahr

Ergibt sich im nachhinein („ex post"), dass ein Schaden nicht eingetreten wäre, die 57 Wahrscheinlichkeitsprognose also im Ergebnis unzutreffend war, lag bzw. liegt bei fehlerfreier Prognose gleichwohl aus der maßgeblichen „ex ante"-Sicht eine Gefahrenlage vor. Maßnahmen sind also, sofern die übrigen Voraussetzungen der Ermächtigungsnorm vorliegen, rechtmäßig. Die Ursachen einer bei „ex post"-Betrachtung unzutreffenden Wahrscheinlichkeitsprognose sind vielfältig – sie wird in der Praxis vor allem auf unvollständigen oder falschen Informationen beruhen,[123] ohne dass dies den handelnden Beamten (wie beim Gefahrenverdacht, Rn. 60 ff.) bewusst ist. Diese Gefahr(-enlage) wird im Schrifttum als „**Anscheinsgefahr**" bezeichnet.[124] Dieser Terminus ist ambivalent, suggeriert er doch, dass lediglich der Anschein einer Gefahr bestanden habe. Bei zweckorientierter subjektiver Deutung des Gefahrenbegriffs liegt jedoch bei fehlerfreier Prognose trotz des Irrtums der Akteure nicht nur aus ihrer Sicht, sondern auch nach der Konzeption des Gefahrenabwehrrechts eine „echte" Gefahrenlage vor, also nicht lediglich der Anschein einer Gefahr. Die Prognose ist mithin lediglich aus einem nachträglichen Blickwinkel (nicht vorwerfbar) fehlerhaft, was für die Rechtmäßigkeit der Maßnahme keine nachteiligen Konsequenzen hat. Diese Orientierung des Rechtmäßigkeitsurteils an einer zulässigen Bewertung aus Sicht der handelnden Beamten ist einerseits der „Subjektivierung" des Gefahrenbegriffs geschuldet,[125] andererseits – und wesentlicher – der Zielsetzung des Gefahrenabwehrrechts, Gefahrenlagen zeitnah und effektiv zu beseitigen. Die sich „ex post" ergebende Erkenntnis hinsichtlich der fehlenden Schadenswahrscheinlichkeit hat mithin keine Auswirkungen auf das Vorliegen einer Gefahr. Der Streit um die Frage, ob die Anscheinsgefahr eine eigenständige Gefahrenkategorie darstellt[126] oder nicht,[127] hat in der praktischen Rechtsanwendung keine Bedeutung.

Beispiel:[128] Der Student S möchte sich mit seinen Kommilitonen einen Spaß machen und besteigt das Auto seiner Eltern. Mit Schrittgeschwindigkeit und in Schlangenlinien fährt er an einer Polizeikontrolle in der Innenstadt vorbei, die er zuvor ausgekundschaftet hat. Die Polizeibeamten P und Q halten ihn an und fordern ihn zum Aussteigen auf. Als er den Polizisten vorspiegelt, er sei stark angetrunken, stellen sie die Autoschlüssel sowie den Führerschein und die Fahrzeugpapiere sicher. Lag eine Gefahrenlage vor?

---

122 Schenke, Rn. 51; a.A. Ossenbühl, DÖV 1976, 463.
123 Kugelmann, 5. Kap. Rn. 124.
124 Eingehend Erichsen, Jura 1995, 219; Kugelmann, 5. Kap. Rn. 122 ff.; Möller/Warg, Rn. 105; Schenke, Rn. 80. Eine verfahrensrechtliche Lösung durch Beweislastreduktion schlägt Poscher, NVwZ 2001, 141, 144, vor; abl. aber Schenke, Rn. 81; Schoch in: Schoch (Hrsg.), 2. Kap. Rn. 142.
125 Vgl. Pieroth/Schlink/Kniesel, § 4 Rn. 48 f.
126 So wohl Knemeyer, Rn. 95; Schoch, JuS 1994, 667, 668.
127 Für eine dogmatische Entbehrlichkeit jedenfalls auf der „Primärebene" Gusy, Rn. 123; Möller/Warg, Rn. 105; ähnlich Götz, § 6 Rn. 39: Begriff ist verzichtbar; Schenke, Rn. 81 m.w.N.: „echte" Gefahr.
128 Zu einem ähnlichen Fall vgl. J. Dietlein, in: Dietlein/Burgi/Hellermann, § 3 Rn. 106.

Angesichts der bestehenden tatsächlichen Anhaltspunkte und des Verhaltens des S durften P und Q davon ausgehen, dass S angetrunken sei. In diesem Zustand ein Fahrzeug zu führen stellt eine Gefahr für die öffentliche Sicherheit dar – S gefährdet aus Sicht von P und Q Individualrechtsgüter Dritter und seiner selbst und verstößt u.a. gegen strafrechtliche Bestimmungen. Dass sich im Nachhinein herausstellt, dass S nüchtern gewesen ist, spielt für die „ex ante" vorzunehmende Prognose hinsichtlich der Schadenswahrscheinlichkeit keine Rolle.

58   Präziser wäre die Bezeichnung etwa als **„Anscheinsschadensneigung"**. Gleichwohl ist der Begriff „Anscheinsgefahr" gebräuchlich und kann verwendet werden, wenn dabei deutlich wird, dass die Anscheinsgefahr ohne Einschränkung „Gefahr" im Sinne der Ermächtigungsnormen ist. Dass sich eine eigene Bezeichnung für diese Sonderkonstellation herausgebildet hat, beruht darauf, dass es für die Bewertung der Rechtmäßigkeit des gefahrenabwehrbehördlichen Handelns darauf ankommt, ob die „ex ante"-Betrachtung beanstandungsfrei erfolgt ist oder nicht.

▶ Besonderheiten können sich allerdings im Zusammenhang mit den gefahrenabwehrrechtlichen Entschädigungsansprüchen ergeben (§ 20 Rn. 7). Auch auf Ebene der Kostentragung für Vollstreckungsmaßnahmen sind die geltenden Grundsätze bei Anscheinsgefahren zu modifizieren (§ 15 Rn. 7). Obwohl also die Anscheinsgefahr auf tatbestandlicher Ebene „Gefahr" ist, sind gegebenenfalls abweichende Rechtsfolgen zu berücksichtigen. ◀

59   Bei der sog. **„Scheingefahr"** (auch: „Putativgefahr")[129] ist demgegenüber die „ex ante"-Prognose selbst als fehlerhaft zu qualifizieren; der maßgebende objektive Betrachter (Rn. 54) hätte bei ordnungsgemäßer Schadenswahrscheinlichkeitsprognose keine Gefahrenlage angenommen. Die Scheingefahr ist keine Gefahr, so dass Maßnahmen schon aus diesem Grund rechtswidrig sind.[130]

Beispiel:[131] Die Polizisten P und Q werden an einem winterlichen Sonntagabend um 21.00 h von einem Nachbarn zu einem Mehrfamilienhaus gerufen. Aus einer Wohnung im Erdgeschoss, deren durch Gardinen verhangenes Wohnzimmer von der Straße aus eingesehen werden kann, dringen Schreie und Schüsse. Die Polizisten vernehmen diese Geräusche ebenfalls, klingeln mehrfach vergeblich und brechen, da keine Antwort gegeben wird, schließlich die Wohnungstür auf. Der schwerhörige Wohnungsinhaber schläft friedlich, im Fernsehen läuft der „Tatort" – das Gerät ist sehr laut gestellt. Von der Straße aus konnte man das bläuliche Flackern des Fernsehers problemlos erkennen, die Beamten haben die Lichtverhältnisse zwar auch wahrgenommen, jedoch nicht als Fernsehflimmern eingeordnet. Lag eine Gefahr vor?

Zweifelhaft ist allein die hinreichende Wahrscheinlichkeit eines Schadenseintritts. Fraglich ist, ob die Polizisten P und Q bei einer objektivierten „ex ante"-Betrachtung von einer gerade stattfindenden Gewalttat bzw. einer Gefährdung des Bewohners ausgehen konnten. Betrachtet man die Umstände aus Sicht eines objektiven Beobachters, wird man im Ergebnis nicht von einer hinreichenden Wahrscheinlichkeit eines Schadenseintritts ausgehen können. Den Polizisten müsste bekannt sein, dass an einem Sonntagabend der „Tatort" läuft. Sie haben auch das Flimmern des Fernsehers wahrgenommen und hätten es bei lebensnaher Betrachtung als solches erkennen müssen. Schüsse und Schreie aus einer Wohnung, ohne dass auf Klingeln und Klopfen reagiert wird, sind zudem eher selten, so dass der Einwand, es

---

129   „Putativ" (von lat. putare = glauben, meinen) bedeutet: auf einem (Rechts-)Irrtum beruhend; vgl. „Putativnotwehr" im Strafrecht; Pieroth/Schlink/Kniesel, § 4 Rn. 63.

130   VG Mannheim NVwZ 1991, 493; Kugelmann, 5. Kap. Rn. 141; Möller/Warg, Rn. 104; Schenke, Rn. 82; Schoch in: Schoch (Hrsg.), 2. Kap. Rn. 144; Brandt/Smeddinck, Jura 1994, 225, 230; Voßkuhle, Jura 2008, 908, 909.

131   Zu ähnlichen Fällen (Zeitschaltuhr an Fernsehgerät bzw. anderer Lichtquelle) vgl. VG Berlin NJW 1991, 2854; OLG Köln DÖV 1996, 86.

könnte auch bei laufendem Fernseher zu einem tatsächlichen Überfall kommen, letztlich nicht überzeugt. P und Q durften also selbst bei einer Betrachtung „ex ante" nicht von einer hinreichenden Wahrscheinlichkeit eines Schadenseintritts ausgehen; es lag keine Gefahr, sondern lediglich eine „Scheingefahr" vor. Das Aufbrechen der Tür war daher rechtswidrig. P und Q hätten zunächst weitere Maßnahmen zur Gefahrenerforschung, also zur weiteren Sachverhaltsermittlung treffen müssen (zum sog. „Gefahrenverdacht" Rn. 60 ff.). In dieser Fallkonstellation ließe sich demgegenüber zwar auch die Auffassung vertreten, dass P und Q bereits jede weitere denkbare Maßnahme (Klingeln, Klopfen) erfolglos getätigt hätten und daher nur noch das Öffnen der Tür in Betracht gekommen sei; allerdings wird man bei dieser Sichtweise das sofortige gewaltsame Aufbrechen für unverhältnismäßig zu halten haben.

5. Gefahrenverdacht

Ebenfalls im Zusammenhang mit der Wahrscheinlichkeitsprognose hinsichtlich des Schadenseintritts steht der Fall des sog. „Gefahrenverdachts". Hierbei ist der Behörde bewusst, dass eine abschließende Prognose der Schadenswahrscheinlichkeit (noch) nicht getroffen werden kann; sie hält eine Gefahrenlage aber für möglich.[132] Der Gefahrenverdacht ist also dadurch gekennzeichnet, dass die Entscheidungsgrundlage der Behörde offenkundig (und den Akteuren bewusst) unvollständig ist.
60

Beispiel: Ein nicht mehr genutzter Bergwerksschacht könnte möglicherweise einbrechen und zu Erdrutschen an der Erdoberfläche führen.[133] Hier muss die zuständige Behörde weitere Sachaufklärung betreiben, bevor eine hinreichende Wahrscheinlichkeitsprognose hinsichtlich des Schadenseintritts angestellt werden kann.

Bedeutsam ist die Feststellung, dass der Gefahrenverdacht nach verbreiteter Auffassung **keine „Gefahr"** ist. Freilich können gesetzliche Bestimmungen die Verdachtslage der Gefahrenlage gleichsetzen.[134] Im Schrifttum findet sich demgegenüber gelegentlich die Einordnung als Gefahr „geringerer Wahrscheinlichkeit";[135] diese Sichtweise (die offenkundig dem Dilemma einer ansonsten häufig fehlenden Ermächtigungsgrundlage für Gefahrerforschungseingriffe geschuldet ist) überzeugt nicht, setzt doch eine Gefahrenlage gerade eine „hinreichende" Wahrscheinlichkeit voraus, so dass alles unterhalb dieser Schwelle eben (noch) keine Gefahr darstellt. Auch die Qualifizierung als Lage mit geringer wahrscheinlichem Schadenseintritt liegt fern, weil sich die handelnden Personen beim Gefahrenverdacht im Regelfall darüber im Klaren sind, dass eine abschließende Prognose auf der Basis der vorliegenden, aber lückenhaften und ergänzungsbedürftigen Erkenntnisse (noch) nicht möglich ist. Gelegentlich wird die Rechtsfigur des Gefahrenverdachts insgesamt für entbehrlich gehalten.[136]
61

Praktikabel erscheint folgende Abgrenzung: Meinen die handelnden Akteure, die hinreichende Wahrscheinlichkeit abschließend bewerten zu können, werden sie im Regelfall Gefahrenabwehrmaßnahmen treffen. Sind sie jedoch unschlüssig, ob eine Gefahrenlage angenommen werden kann oder nicht, sind also weitere Ermittlungen anzustellen, um den Sachverhalt soweit aufzuklären, dass die Erkenntnisse Basis einer belastbaren Schadenseintrittsprognose sein können, und ist dies den Akteuren bewusst,
62

---

132 Schoch in: Schoch (Hrsg.), 2. Kap. Rn. 145.
133 OVG Münster NWVBl. 1990, 159.
134 Vgl. Götz, § 6 Rn. 35.
135 Vgl. Knemeyer, Rn. 96; Darnstädt, Gefahrenabwehr und Gefahrenvorsorge, 1983, S. 96; Karst, DVP 1989, 3, 4; Kugelmann, 5. Kap. Rn. 125, spricht von einer „Abstufung zur Anscheinsgefahr", betont aber zugleich, die vorliegenden Tatsachen begründeten noch keine Gefahr; s. auch ebd. Rn. 129: „Vorstufe einer Gefahr".
136 Darnstädt, DVBl. 2011, 266; Möller/Warg, Rn. 107.

handelt es sich um einen Gefahrenverdacht. Rechtmäßig sind dann mangels Gefahrenlage (noch) keine Gefahren*abwehr*maßnahmen, sondern lediglich **Gefahrerforschungsmaßnahmen**.[137] Dieser Begriff bezeichnet ein Handeln, das nicht auf das Beseitigen einer Gefahrenlage, sondern lediglich auf die weitere Sachverhaltsermittlung ausgerichtet ist. Diese Sachaufklärung ist aufgrund der gesetzlich zugewiesenen Gefahrenabwehraufgabe meist sogar geboten.[138] Für die Gefahrerforschungsmaßnahmen wird häufig auf § 24 VwVfG als (mangels Eingriff gar nicht erforderliche) „Ermächtigungsgrundlage" verwiesen; diese Bestimmung normiert den sog. Amtsermittlungsgrundsatz und stellt eine Verfahrensregelung ohne Verwaltungsaktbefugnis dar. Auch § 26 Abs. 2 VwVfG könnte genannt werden,[139] der – recht „niedrigschwellige" – Mitwirkungspflichten der Beteiligten im Verwaltungsverfahren regelt. Denkbar sind solche „eingriffslosen" Gefahrerforschungsmaßnahmen insbesondere zur Ermittlung der Gefahrenursache, vor allem aber des Gefahrverursachers („Störer-" bzw. „Gefahrenursachenerforschung").[140] Aus einer solchen Konstellation kann sich ein „Verursachungsverdacht" ergeben.[141]

63 Gefahrerforschungsmaßnahmen mit Eingriffscharakter („**Gefahrerforschungseingriffe**") erfordern demgegenüber wegen des Vorbehalts des Gesetzes eine ausdrückliche gesetzliche Ermächtigungsgrundlage;[142] §§ 24, 26 Abs. 2 VwVfG eignen sich dazu nicht. Einschlägige Ermächtigungsnormen finden sich beispielsweise in Spezialgesetzen, etwa in § 9 Abs. 1 BBodSchG. Hierbei handelt es sich häufig um Normen, die einen Betroffenen zur Duldung von Gefahrerforschungseingriffen verpflichten bzw. die Behörden dazu ermächtigen, entsprechende Duldungsverfügungen zu erlassen. Unproblematisch ist es ferner, wenn eine gesetzliche Ermächtigungsgrundlage explizit den Gefahrenverdacht zur Rechtfertigung von Maßnahmen ausreichen lässt.

▶ So legen etwa einige der Standardermächtigungen die Annahme nahe, sie bezögen sich auf eine Sachlage, die als Gefahrenverdacht qualifiziert werden könnte. Tatbestandlich soll dabei meist genügen, dass „Tatsachen die Annahme" einer bestimmten Sachlage „rechtfertigen" oder „Anhaltspunkte" für einen Sachverhalt bestehen (vgl. etwa die Formulierungen in § 9 Abs. 1, § 10 Abs. 1 Nr. 1 PolG NW; § 27 Abs. 1 Nr. 1 PolG BW – Befragung, Vorladung).[143] Zu beachten ist jedoch, dass diese Ermächtigungsnormen meist schon nicht an das Vorliegen einer Gefahr anknüpfen, sondern gefahrenunabhängig greifen; so genügt es in den genannten Vorschriften, dass Tatsachen die Annahme rechtfertigen, dass die betroffene Person sachdienliche Angaben machen kann – die Figur des Gefahrenverdachts ist auf diese Fälle mangels Gefahrenbezugs der Norm mithin gar nicht anwendbar. Selbst wenn eine Ermächtigungsnorm als tatbestandliche Voraussetzung aufstellt, dass Tatsachen die Annahme rechtfertigen, an einem bestimmten Ort bzw. von einer bestimmten Person würden künftig Straftaten begangen (vgl. etwa § 12 Abs. 1 Nr. 3, § 15 Abs. 1 S. 1 PolG NW; § 21 Abs. 2 und 3 PolG BW), beschreibt dies nicht die Situation des Gefahrenverdachts (bei dem

---

137 Eingehend Gusy, JA 2011, 641.
138 Vgl. Schoch in: Schoch (Hrsg.), 2. Kap. Rn. 147.
139 Möller/Warg, Rn. 107, 109.
140 Vgl. Götz, § 6 Rn. 31.
141 Eingehend Pieroth/Schlink/Kniesel, § 4 Rn. 54.
142 Gusy, Rn. 193; Wapler, DVBl. 2012, 86. Nach der vereinzelt im Schrifttum vertretenen „Lehre vom Totalvorbehalt" erfordern auch nicht belastende (namentlich: begünstigende) Maßnahme einer gesetzlichen Ermächtigungsgrundlage; das BVerfG hat dieser Lehre jedoch eine klare Absage erteilt (BVerfGE 49, 89, 124 ff.; 68, 87).
143 Schoch in: Schoch (Hrsg.), 2. Kap. Rn. 147.

unklar wäre, ob eine Person eine Straftat begehen wird oder nicht), sondern stellt einen Fall der „prä-präventiven" Gefahrenvorsorge dar. ◄

Zweifelhaft ist, ob Gefahrerforschungseingriffe auf die gefahrenabwehrrechtlichen **Generalklauseln oder auf Standardermächtigungen** gestützt werden können, die eine (einfache oder qualifizierte) **Gefahrenlage** voraussetzen. Dies erscheint schon deshalb kaum denkbar, weil der Gefahrenverdacht nach zutreffender Auffassung keine „Gefahr" im Sinne der Ermächtigungsnormen darstellt[144] und sich den Vorschriften auch nicht ohne Weiteres eine Annexermächtigung für Maßnahmen, die erst die Voraussetzungen für die Wahrscheinlichkeitsprognose schaffen sollen, entnehmen lässt. Im konkreten Fall ist zunächst zu untersuchen, ob nicht doch schon eine Gefahr anzunehmen ist[145] – je nach Rang des möglicherweise beeinträchtigten Rechtsgutes sinken die Anforderungen an die Wahrscheinlichkeit des Schadenseintritts (Rn. 50 f.). So kann sich auch bei unklarer Tatsachengrundlage eine zur Begründung einer Gefahrenlage hinreichende Wahrscheinlichkeit ergeben.[146] Zu weit ginge es indes, als Ermächtigungsgrundlage für Gefahrerforschungseingriffe stets diejenigen Normen heranzuziehen, die bei Vorliegen einer Gefahr zur Grundlage von Gefahrenabwehrmaßnahmen gemacht werden könnten. Diese weite Auslegung der Ermächtigungsnormen steht im Widerspruch zum Willen des Gesetzgebers, der das Handeln der Gefahrenabwehrbehörden durch die Normierung detaillierter Ermächtigungsnormen ja gerade „einhegen" wollte. Man würde die differenzierte Legislativtätigkeit mit der tatbestandlichen Verwendung qualifizierter und besonderer Gefahrenlagen umgehen, wollte man ohne Gefahrenlage Gefahrerforschungsmaßnahmen als jeweiliges „Minus" für zulässig erachten. Solche Maßnahmen können also etwa nicht auf Standardermächtigungen gestützt werden, die eine Gefahrenlage voraussetzen.

Als mögliche Lösung böte es sich an, Eingriffe bei Gefahrenverdacht jedenfalls auf der Grundlage der **Generalklauseln** für zulässig zu halten.[147] Aufgrund des Verhältnismäßigkeitsgrundsatzes wären dann jedoch die möglichen Maßnahmen auf Rechtsfolgenseite auf Gefahrerforschungsmaßnahmen zu beschränken (zum Handlungsauswahlermessen Rn. 166). Auch bei einer Anwendung der Generalklauseln im Wege einer teleologischen Erweiterung des Gefahrenbegriffs[148] bleiben zwei Fragen offen: Zum einen ist zweifelhaft, gegen wen Gefahrerforschungsmaßnahmen gerichtet werden können, sofern lediglich die Generalklauseln als Ermächtigungsnormen zur Verfügung stehen. Nach verbreiteter Auffassung können sich diese lediglich gegen den Verursacher des Gefahrenverdachts richten,[149] was eine Beschränkung auf Verhaltensstörer nahelegt. Zudem ist fraglich, ob die Generalklauseln es beim Gefahrenverdacht lediglich erlauben, Duldungsverfügungen zu erlassen, während die eigentlichen Gefahrerforschungsmaßnahmen von der Behörde selbst durchzuführen wären,[150] oder ob etwa ein

64

65

---

144 Kugelmann, 5. Kap. Rn. 131.
145 Ähnlich Schenke, Rn. 86.
146 Vgl. etwa auch VGH München NVwZ-RR 2004, 490, 491 f.; OLG Stuttgart NJW 1992, 1396 – Bombendrohung in Diskothek; BGHZ 117, 303 – Einstiche am Hals eines zur Schlachtung vorgesehenen Rindes mit Verdacht auf verbotene Hormonbehandlung.
147 So auch Schoch in: Schoch (Hrsg.), 2. Kap. Rn. 147; ähnlich Götz, § 6 Rn. 29; kritisch Möller/Warg, Rn. 109, unter Hinweis u.a. auf den Wortlaut der Generalklausel.
148 So Schoch in: Schoch (Hrsg.), 2. Kap. Rn. 147.
149 Schoch in: Schoch (Hrsg.), 2. Kap. Rn. 147; Classen, JA 1995, 608, 610 f.; Di Fabio, Jura 1996, 566, 569; Erichsen/Wernsmann, Jura 1995, 219, 221; vgl. auch OVG Münster ZUR 2002, 290, 291.
150 Für eine solche Einschränkung etwa VGH Kassel NVwZ 1993, 1009, 1010.

Verursacher des Gefahrenverdachts zu Ermittlungsmaßnahmen verpflichtet werden kann (dazu Rn. 100).[151]

6. Qualifizierte Gefahrenlagen

66   Zahlreiche Ermächtigungsnormen enthalten nicht lediglich die (konkrete) Gefahr als Tatbestandsmerkmal, sondern fordern **qualifizierte Gefahrenlagen**.

67   Eine **gegenwärtige Gefahr** liegt vor, wenn der Schaden bereits eingetreten ist und noch andauert („Störung") bzw. wenn das schädigende Ereignis bereits begonnen hat oder mit an Sicherheit grenzender Wahrscheinlichkeit in allernächster Zeit eintreten wird.[152]

▶ Einige landesrechtliche Bestimmungen enthalten vergleichbare Legaldefinitionen (z.B. § 2 Nr. 1b SOG Nds; § 3 Nr. 3b SOG LSA; § 54 Nr. 3b OBG Thür). ◀

Hierbei sind besondere Anforderungen an die Wahrscheinlichkeitsprognose „ex ante" (Rn. 52 ff.) zu stellen. Der Grund für diese qualifizierten Anforderungen ist meist, dass die durch die Gefahrenabwehrmaßnahme selbst beeinträchtigten Rechtsgüter einen so hohen Rang besitzen, dass eine „einfache" konkrete Gefahrenlage nicht zur Rechtfertigung des in der Maßnahme liegenden Eingriffs hinreicht.

Beispiele: Eines der in Nordrhein-Westfalen kumulativ zu erfüllenden Kriterien zur Inanspruchnahme eines „Nichtstörers", also einer nicht als Verhaltens-, Zustands- oder Zusatzverantwortlicher als Adressat heranzuziehenden Person, im Rahmen von Gefahrenabwehrmaßnahmen ist das Vorliegen einer gegenwärtigen und erheblichen Gefahr. Dies trägt neben den übrigen, recht strikten Anforderungen der Tatsache Rechnung, dass ein eigentlich nicht Verantwortlicher auch nicht mit gegen ihn gerichteten Maßnahmen der Gefahrenabwehrbehörden zu rechnen hat und seine Rechtsgüter daher in besonderer Weise schützenswert sind. – Auch bei einer Tatbestandsvariante des Betretens und Durchsuchens von Wohnungen (vgl. etwa § 41 Abs. 1 Nr. 4 PolG NW; anders in § 31 Abs. 1 und 2 PolG BW) ist eine gegenwärtige Gefahr erforderlich, was den besonderen verfassungsrechtlichen Anforderungen in Art. 13 GG aufgrund der Eigenschaft der Wohnung als „vergegenständlichter" Bereich des Persönlichkeitsschutzes geschuldet ist.

68   Eine **erhebliche Gefahr** ist dann gegeben, wenn die konkret gefährdeten Rechtsgüter besonders hochrangig sind. Dies dürfte hinsichtlich der Rechtsgüter des Einzelnen für das Leben, die Gesundheit, die körperliche Unversehrtheit und die persönliche Freiheit anzunehmen sein; ferner liegt eine erhebliche Gefahr vor, wenn der Bestand des Staates bedroht ist.[153] Sehr zweifelhaft ist dagegen die Einbeziehung bedeutender Sachwerte.

▶ Vergleichbare Legaldefinitionen in § 2 Nr. 1 lit. c) SOG Nds; § 3 Nr. 3 lit. c) SOG SA; § 54 Nr. 3 lit. c) OBG Thür. ◀

Einige Ermächtigungsnormen nennen anstelle des Merkmals „erhebliche Gefahr" ausdrücklich eine Reihe solcher hochrangiger Rechtsgüter.

69   Außerhalb des allgemeinen Polizei- und Ordnungsrechts findet sich gelegentlich der Begriff der **gemeinen Gefahr** (vgl. Art. 13 Abs. 4 S. 1 GG, dort als Unterfall der dringenden Gefahr, Abs. 7). Eine solche liegt vor, wenn eine unbestimmte Anzahl von Personen durch eine Gefahr in ihren Rechtsgütern bedroht wird; der Begriff kann also im

---

151   In spezialgesetzlichen Bestimmungen ist diese Frage häufig explizit geregelt, vgl. § 9 Abs. 2 BBodSchG. Eingehend Schoch in: Schoch (Hrsg.), 2. Kap. Rn. 148.

152   Vgl. Schoch in: Schoch (Hrsg.), 2. Kap. Rn. 150; Götz, § 6 Rn. 25; Knemeyer, Rn. 94: Steigerung der Schadenswahrscheinlichkeit.

153   Schoch in: Schoch (Hrsg.), 2. Kap. Rn. 150.

Sinne einer „allgemeinen" Gefahr verstanden werden.[154] Beispiele sind drohende Naturkatastrophen, terroristische Anschläge oder Epidemien.

Auch der Begriff der **dringenden Gefahr** wird in der Rechtsordnung verwendet. Im Gefahrenabwehrrecht beschränkt sich seine Funktion durchgängig auf die Qualifizierung der konkreten Gefahr im Zusammenhang mit dem Betreten und der Durchsuchung von Wohnungen (vgl. etwa § 41 Abs. 3 PolG NW; § 31 Abs. 1 S. 1 PolG BW). Dies beruht auf der Verwendung des Begriffs in Art. 13 Abs. 4 S. 1, Abs. 7 GG. Angesichts der Bedeutung des Grundrechts liegt es nahe, die dringende Gefahr mit einer der anderen qualifizierten Gefahrenlagen, namentlich der gegenwärtigen bzw. der erheblichen Gefahr, eventuell kumulativ, gleichzusetzen (Rn. 67 und Rn. 68). Die Auffassungen im Schrifttum sind indes divergent – teilweise wird die dringende Gefahr unter Hinweis auf die Auslegung des Art. 13 Abs. 7 GG und dessen Anknüpfung an den besonderen Rang der gefährdeten Schutzgüter nur mit der erheblichen,[155] teilweise unter Berufung auf den Sprachgebrauch des Wortes „dringend" und die mangelnde Übertragbarkeit des grundgesetzlichen Begriffsverständnisses auf das allgemeine Gefahrenabwehrrecht, die auf einer unterschiedlichen Funktion der Normen beruht, nur mit der gegenwärtigen Gefahr gleichgesetzt.[156] Eine weitere Auffassung sieht die dringende Gefahr als Synonym für die gegenwärtige *und* erhebliche Gefahr. Auch wenn damit eine Erweiterung des Anwendungsbereichs der Ermächtigungsnormen für das Betreten und Durchsuchen von Wohnungen verbunden ist, erscheint es am sachgerechtesten, entweder eine besondere zeitliche Nähe des Schadenseintritts (ein unmittelbares Bevorstehen oder eine bereits existierende Störung), eine gesteigerte Schadenswahrscheinlichkeit oder ein besonders hochrangiges gefährdetes Rechtsgut ausreichen zu lassen.[157]

7. Abstrakte Gefahr

Von diesen qualifizierten Gefahrenlagen zu unterscheiden sind Begriffszusammensetzungen, die das Merkmal „Gefahr" enthalten, aber keine konkrete Gefahrenlage im Sinne des Gefahrenabwehrrechts bezeichnen. Keine qualifizierte konkrete Gefahr stellt die sog. **abstrakte Gefahr** dar;[158] sie knüpft nicht an eine konkrete Sachverhaltskonstellation an, in denen Gefahrenabwehrbehörden zum Rechtsgüterschutz individuell tätig werden können, sondern tritt vor allem im Zusammenhang mit den sog. gefahrenabwehrbehördlichen **Verordnungen**, also mit Rechtsnormen auf. Es handelt sich dabei um eine Sachlage, die typischerweise mit hinreichender Wahrscheinlichkeit zu einem Schaden an den Rechtsgütern der öffentlichen Sicherheit (bzw. Ordnung) führen wird, ohne dass es auf ein konkretes Vorliegen einer Gefahr im Einzelfall ankommt. Bestimmte Situationen werden von den normgebenden Gefahrenabwehrbehörden als potenziell schadensstiftend eingestuft, so dass ihnen mit einer abstrakt-generellen Regelung – einer Rechtsnorm in Gestalt einer gefahrenabwehrbehördlichen Verordnung –

70

71

---

154 J. Dietlein, in: Dietlein/Burgi/Hellermann, § 3 Rn. 71.
155 Vgl. BVerwGE 17, 232, 251; 47, 31, 40; Götz, § 6 Rn. 27; Knemeyer, Rn. 94; Schoch, JuS 1994, 667, 670; s. auch Pieroth/Schlink/Kniesel, § 4 Rn. 19 ff.; Kunig, in: v. Münch/Kunig, GG, 6. Aufl. 2012, Art. 13 Rn. 67.
156 Ähnlich Schenke, Rn. 78: erhöhte Wahrscheinlichkeit des Schadenseintritts.
157 So auch J. Dietlein, in: Dietlein/Burgi/Hellermann, § 3 Rn. 68, der je nach Fallgestaltung entweder eine zeitliche Dringlichkeit oder den besonderen Rang der gefährdeten Rechtsgüter ausreichen lässt; Gusy, Rn. 129, will auf eine Gesamtwertung (Intensität der Gefahr, zeitliche Nähe, Möglichkeit, den Schaden auf andere Weise abzuwenden) abstellen.
158 Götz, § 22 Rn. 4; Knemeyer, Rn. 91; Schenke, Rn. 70; zum Verhältnis von abstrakter und konkreter Gefahr eingehend Pieroth/Schlink/Kniesel, § 4 Rn. 9 ff.

begegnet werden muss. Eingehend zu gefahrenabwehrbehördlichen Verordnungen und zur abstrakten Gefahr § 16 Rn. 2 f., § 17 Rn. 5 f.

▶ In Bayern besitzt die Polizei gemäß Art. 2 Abs. 1 PAG Bay die Aufgabe, die allgemein oder im Einzelfall bestehenden Gefahren abzuwehren. Eine **allgemeine Gefahr** liegt in denjenigen typischen Fällen vor, in denen nach der Lebenserfahrung (künftige) konkrete Gefahren zu erwarten sind. Dieser Gefahrentypus wird in Rechtsprechung und Schrifttum zu Recht mit der abstrakten Gefahr gleichgesetzt.[159] ◀

8. Gefahr im Verzug

72   Ebenfalls keine qualifizierte Gefahrenlage im engeren Sinne ist die **Gefahr im Verzug**, die als Tatbestandsmerkmal auch in Rechtsnormen außerhalb des Gefahrenabwehrrechts Verwendung findet (vgl. § 28 Abs. 2 Nr. 1 VwVfG). Zu beachten ist, dass das Merkmal überwiegend nicht als materielle Eingriffsvoraussetzung fungiert, sondern lediglich besondere Notsituationen kennzeichnet, in denen abweichend von den gängigen Bestimmungen über Zuständigkeiten, Verfahrensvorgaben und Formvorschriften ausnahmsweise andere Behörden gegebenenfalls in verkürzten Verfahren (mit vorläufigen Anordnungen) und unter Vernachlässigung formeller Vorgaben tätig werden dürfen. Gefahr im Verzug ist damit meist Normmerkmal in formellen Dispensvorschriften.[160]

Beispiele: Eine zwangsweise Vorführung bei der Behörde zur Durchsetzung einer nicht befolgten Vorladung darf in Nordrhein-Westfalen nur aufgrund richterlicher Anordnung erfolgen, sofern nicht Gefahr im Verzug vorliegt (vgl. § 10 Abs. 3 S. 1 PolG NW). – Auch das Betreten und Durchsuchen von Wohnungen ist richterlich anzuordnen, sofern nicht Gefahr im Verzug gegeben ist (vgl. § 42 Abs. 1 S. 1 PolG NW; § 31 Abs. 5 S. 1 PolG BW).

73   „Im Verzug" (nicht zu verwechseln mit dem zivilrechtlichen Verzugsbegriff, der eine Verzögerung bei der Leistungserbringung bezeichnet) deutet auf eine besondere **zeitliche Dringlichkeit** aufgrund eines sehr nahe gerückten Schadenseintritts hin: Zur Erreichung der Ziele der Gefahrenabwehr kann z.B. nicht darauf gewartet werden, bis die eigentlich zuständige Behörde einsatzbereit ist. Oder es kann aufgrund des drohenden Schadenseintritts nicht die eigentlich gesetzlich vorgesehene Verfahrensreihenfolge eingehalten werden. Ist Gefahr im Verzug, würde mithin ein Abwarten bzw. Einhalten der rechtlichen Vorgaben den Erfolg der Maßnahme in unzumutbarer Weise vereiteln, verzögern oder wesentlich erschweren. Kern der materiellen Vorgaben dieses Merkmals ist die Überlegung, wann eine solche Vereitelung, Verzögerung oder Erschwerung „unzumutbar" ist – hier tritt neben die zeitliche Dimension die Frage nach dem **Rang der gefährdeten Schutzgüter**.

9. „Latente Gefahr"

74   Ebenfalls keine qualifizierte konkrete Gefahrenlage stellt die sog. „**latente" Gefahr** dar (zum Begriff des „latenten Störers" Rn. 109).[161] Dabei handelt es sich um eine Situation, die mangels konkreter Anhaltspunkte für einen Schadenseintritt noch keine Gefahr darstellt, aber jederzeit durch das Hinzutreten weiterer Umstände in eine solche „umschlagen" kann. Diese zunächst für das öffentliche Baurecht entwickelte, anschaulich

---

159   BayVerfGH NVwZ 1996, 166; Götz, § 6 Rn. 23; Schenke, Rn. 71.
160   Ähnlich Gusy, Rn. 129: „wird verwendet, um behördliche Kompetenzen untereinander zu verschieben".
161   Kugelmann, 5. Kap. Rn. 157: keine Gefahr; Schenke, Rn. 79a.

auch als „schlummernde" Gefahr bezeichnete Situation spielt vor allem im Bereich der Gefahrenvorsorge, also dem „prä-präventiven" Handlungsfeld der Behörden (§ 4 Rn. 4 ff.) eine Rolle.[162]

Die rechtliche Bewältigung ist jedoch erschwert, wenn eine latente Gefahr durch ein   **75** Handeln oder Unterlassen einer weiteren Person **in eine konkrete Gefahrenlage „umschlägt"**; in diesem Fall sind Wertungen hinsichtlich der Frage anzustellen, wer als Adressat von Gefahrenabwehrmaßnahmen (einschließlich denkbarer Vollstreckungsmaßnahmen und der Anforderung von Kosten) in Betracht kommt. Diese Wertungsfragen betreffen jedoch im Einzelfall vorwiegend die Adressatenauswahl (dazu eingehend Rn. 161 ff.).[163] Bedeutung hat die „latente Gefahr" vor allem im Zusammenhang mit der Zustandsverantwortlichkeit erlangt; inzwischen rückt die Rechtsprechung jedoch von dieser Rechtsfigur ab,[164] soweit sie nicht einfachgesetzlich normiert ist.[165] Für das Handeln der allgemeinen Polizei- und Ordnungsbehörden kann die latente Gefahr aufgrund ihrer geringen Relevanz außer Acht gelassen werden; konkrete Eingriffsmöglichkeiten eröffnet sie regelmäßig nicht.[166] Die problematischen Fallkonstellationen lassen sich durchgängig durch eine Verantwortlichkeitszurechnung bei Nutzungskonflikten lösen.[167]

Beispiel: Im Außenbereich gemäß § 35 BauGB wird eine erhebliche Gerüche emittierende Schweinemastanlage betrieben. Rückt nunmehr Wohnbebauung heran, kann die Geruchsbelästigung eine Gefahrenlage hervorrufen. Die Mastanlage ist nach früherer Rechtsprechung als „latente Störerin" taugliche Adressatin von Gefahrenabwehrmaßnahmen.[168]

---

162 A.A. J. Dietlein, in: Dietlein/Burgi/Hellermann, § 3 Rn. 72: heute obsolet wegen der wertenden Verantwortlichkeitsbestimmung.
163 So auch Schoch in: Schoch (Hrsg.), 2. Kap. Rn. 212.
164 Vgl. VG Weimar ThürVBl. 1999, 22, 23 f.; vgl. auch Schoch in: Schoch (Hrsg.), 2. Kap. Rn. 212: „Muster ... nur noch von historischem Wert"; Möller/Warg, Rn. 139: „im Grunde genommen ... entbehrlich".
165 Vgl. den Hinweis bei Drews/Wacke/Vogel/Martens, S. 323.
166 Ähnlich Knemeyer, Rn. 99.
167 Anschauliche Beispiele dazu bei Götz, § 9 Rn. 34.
168 OVG Münster OVGE 11, 250: Untersagung des Betriebs; vgl. Poscher, Jura 2007, 801, 807 f.

▶ **Kurzschema: Gefahr für die öffentliche Sicherheit oder die öffentliche Ordnung**

Wichtiger Prüfungsstandort: Materielle Rechtmäßigkeit von Gefahrenabwehrmaßnahmen

I. Beeinträchtigung eines Schutzgutes
    1. Spezifische Schutzgüter der Ermächtigungsnorm? Sonst:
    2. Öffentliche Sicherheit
        a) Unversehrtheit der objektiven Rechtsordnung
        b) Bestand und Funktionsfähigkeit des Staates und anderer Träger hoheitlicher Gewalt sowie seiner/ihrer Einrichtungen und Veranstaltungen
        c) Individualrechte, ggf. Kollektivrechte
    3. Ggf.: Öffentliche Ordnung
        a) Ungeschriebene Sozialnorm
        b) Von einer Bevölkerungsmehrheit akzeptiert und
        c) Als unerlässliche Voraussetzung für ein gedeihliches Zusammenleben betrachtet
II. Hinreichende Wahrscheinlichkeit bzw. Sicherheit eines Schadenseintritts
    1. Bestehen einer Störung?
    2. Möglicherweise drohender Schaden?
    3. Wahrscheinlichkeit oder Sicherheit des Schadenseintritts? („ex ante"-Bewertung)
    4. Wahrscheinlichkeit im Hinblick auf drohenden Schaden hinreichend?
    5. Kein zu erwartendes gefahrenbeseitigendes Dazwischentreten von Ereignissen? ◀

IV. Adressat der gefahrenabwehrrechtlichen Maßnahme (gefahrenabwehrrechtliche Verantwortlichkeit)

1. Einführung

76   Gefahrenabwehrrechtliche Maßnahmen sind nur dann rechtmäßig, wenn sie sich an den richtigen **Adressaten** richten. Diese Adressatenfrage stellt sich in der Klausurbearbeitung an zwei Stellen: Zum einen ist im Rahmen der Prüfung der gesetzlichen Ermächtigungsgrundlage zu untersuchen, ob der konkrete tatsächliche Adressat einer gefahrenabwehrbehördlichen Maßnahme gefahrenabwehrrechtlich verantwortlich ist, also entweder als sog. „Störer" qualifiziert oder aber als Nichtstörer nach den Grundsätzen des sog. polizeilichen „Notstands" (Rn. 130 ff.) in Anspruch genommen werden kann. Hierbei ist zu beachten, dass einige Ermächtigungsgrundlagen entweder selbst ausdrückliche Regelungen zur Adressatenfrage treffen, oder aber aufgrund des Zwecks der Bestimmung zwingend nur eine bestimmte Person oder Personengruppe als Adressat in Betracht kommt. Vorschriften über die gefahrenabwehrrechtliche Verantwortlichkeit finden sich zunächst in Spezialgesetzen; in diesen Fällen kann nicht auf die Bestimmungen über die Störereigenschaft in den allgemeinen Polizei- und Ordnungsgesetzen zurückgegriffen werden (vgl. § 4 Abs. 4, § 5 Abs. 4 PolG NW, § 17 Abs. 4, § 18 Abs. 4 OBG NW).

Beispiele: § 4 BBodSchG regelt umfassend, welche Personen bei schädlichen Bodenveränderungen bzw. Altlasten mit Maßnahmen belegt werden dürfen. – Bei einer Wohnungsverweisung wegen häuslicher Gewalt (vgl. § 34a PolG NW; § 27a Abs. 3 PolG BW) kann sich die Verweisung aufgrund der Zielsetzung der Vorschrift nur gegen den Ausübenden der häuslichen Gewalt richten, wie sich auch aus den weiteren Vorgaben der Vorschriften ergibt (z.B.

Einräumung der Möglichkeit, Gegenstände zusammenzupacken, oder die Anordnung eines Rückkehrverbots).

Die gefahrenabwehrrechtlichen Generalklauseln enthalten dagegen selbst keine Aussage hinsichtlich des richtigen Adressaten; hier muss auf die allgemeinen Bestimmungen zurückgegriffen werden.

Darüber hinaus wird die Frage nach dem Störer bzw. Maßnahmenadressaten im Rahmen der Prüfung relevant, ob das eventuell bestehende behördliche Ermessen fehlerfrei ausgeübt worden ist (eingehend Rn. 155 ff.). An dieser Stelle geht es nicht darum, ob die tatsächlich mit der Maßnahme belegte Person Störer ist, sondern darum, ob der Behörde bei der Entscheidung darüber, wem gegenüber sie handelt, Ermessensfehler unterlaufen sind. Es müssen mithin alle weiteren in Betracht kommenden Adressaten ermittelt werden; sodann ist zu erwägen, ob bei der **Störerauswahl** ein Ermessensnicht- bzw. -fehlgebrauch oder eine Ermessensüberschreitung zu beklagen sind (eingehend zu den Grundsätzen der Störerauswahl und denkbaren Ermessensfehlern Rn. 161 ff.).

Rechtmäßige Adressaten gefahrenabwehrbehördlicher Maßnahmen können nach den gesetzlichen Vorgaben „Störer" (Handlungs- oder Zustandsstörer, Rn. 81 ff. bzw. Rn. 114 ff.), Zusatzverantwortliche (Rn. 110 ff.) oder „Nichtstörer" (Rn. 130 ff.) sein. Darüber hinaus ist in Schrifttum und Rechtsprechung die (umstrittene) Rechtsfigur des sog. „Zweckveranlassers" entwickelt worden, der ebenfalls Adressat gefahrenabwehrrechtlicher Maßnahmen sein kann (Rn. 101 ff.). Ebenfalls zum Themenkreis von Adressatenstellung und Verantwortlichkeit gehört die Problematik der Rechtsnachfolge in gefahrenabwehrrechtliche Pflichtenstellungen (Rn. 144 ff.).

Von der Frage der Adressatenstellung im konkreten Fall sind Überlegungen zu unterscheiden, die auf die grundsätzliche Verantwortlichkeit zielen: So ist zweifelhaft, ob andere Behörden bzw. öffentlich-rechtliche Rechtsträger von den Gefahrenabwehrbehörden als Adressaten in Anspruch genommen werden können (Rn. 141 ff.). Grundsätzlich gilt, dass sowohl **natürliche** als auch **juristische Personen** des Privatrechts bzw. des öffentlichen Rechts (mit erheblichen Einschränkungen, Rn. 143) Adressaten gefahrenabwehrbehördlicher Verfügungen sein können. Zudem sind nicht rechtsfähige privatrechtliche Vereinigungen potenzielle Adressaten, wenn sie ein Mindestmaß an Organisation aufweisen und auf eine gewisse Dauer angelegt sind.[169] Auch können diese Personen verschiedene Adressatenstellungen in sich vereinen – eine Person kann sowohl Verhaltens- als auch Zustandsstörer sein („Doppelstörer"), wobei die Rechtsgrundlagen und Zurechnungsgründe jeweils unterschiedliche sind.

Bei der Adressatenfrage sollte auf eine exakte Verwendung der **Terminologie** geachtet werden. So finden sich häufig die Begriffe „Störer", „Polizeipflichtiger", „Adressat", „gefahrenabwehrrechtlich Verantwortlicher" usw. synonym verwendet. „Adressat" bezeichnet jedoch bei genauer Betrachtung den tatsächlich durch eine Maßnahme in Anspruch Genommenen, „gefahrenabwehrrechtlich Verantwortlicher" (oder enger: „Polizeipflichtiger") denjenigen, der rechtlich in Anspruch genommen werden durfte bzw. noch (in Zukunft) darf, wobei letztere Bezeichnung sowohl die „Störer" im engeren Sinne als auch den Fall des polizeilichen Notstands mit der Möglichkeit einer Inanspruchnahme des „Nichtstörers", also des eigentlich nicht Verantwortlichen, einschließt. Tatsächlicher Adressat und rechtlich Verantwortlicher müssen selbstverständlich auch nicht zusammenfallen; die fragliche Maßnahme ist in diesem Fall, sofern

77

78

79

80

---

169 Vgl. OVG Münster NVwZ-RR 1994, 386; VGH Mannheim VBlBW 1993, 298, 301; Schenke, Rn. 232.

nicht ausnahmsweise eine Inanspruchnahme als Nichtverantwortlicher gestattet ist, rechtswidrig.

2. Verhaltensverantwortlichkeit

a) Grundlagen

81 Als Adressat gefahrenabwehrbehördlicher Maßnahmen kommt zunächst der sog. **Handlungsstörer** (auch – und wegen der Möglichkeit, auch durch ein Unterlassen Gefahren hervorzurufen, anschaulicher: „**Verhaltensstörer**") in Betracht. Die gefahrenabwehrrechtlichen Normen zur Begründung der Gefahrenabwehrverantwortlichkeit solcher Personen ordnen an: „Verursacht eine Person eine Gefahr, so sind die Maßnahmen gegen diese Person zu richten." (§ 4 Abs. 1 PolG NW, § 17 Abs. 1 OBG NW).

▶ In Baden-Württemberg: „Wird die öffentliche Sicherheit oder Ordnung durch das Verhalten von Personen bedroht oder gestört, so hat die Polizei ihre Maßnahmen gegenüber demjenigen zu treffen, der die Bedrohung oder die Störung verursacht hat." (§ 6 Abs. 1 PolG BW). ◀

Im konkreten Fall können selbstverständlich auch mehrere Verursacher in Betracht kommen; die Rechtmäßigkeit der Gefahrenabwehrmaßnahme hängt dann davon ab, ob der tatsächliche Adressat Störer ist, und ob seine Auswahl ermessensfehlerfrei erfolgt ist (zum sog. „Störerauswahlermessen" Rn. 161 ff.).

82 „Störer" ist also der **Verursacher** einer Gefahrenlage (Rn. 4 ff.). Denkbar ist ein Verursachen sowohl durch aktives Tun als auch durch Unterlassen (Rn. 84). Die Verhaltensverantwortlichkeit ist damit weit gefasst; im Schrifttum wird darauf hingewiesen, dass die Gefahrenabwehrgesetze von einer allgemeinen materiellen Nichtstörungspflicht ausgehen.[170] Die Gegenauffassung lehnt eine solche Pflicht unter Hinweis darauf ab, dass das Polizei- und Ordnungsrecht nur konkrete Pflichtigkeiten kenne.[171]

▶ Die Kontroverse ist keineswegs angesichts der gesetzlichen Regelungen lediglich akademischer Natur oder obsolet; die Frage nach einer allgemeinen Nichtstörungspflicht wird künftig bei der Bewältigung neuartiger Gefahrenlagen Bedeutung erlangen, beispielsweise bei der Frage, ob der einzelne Teilnehmer an nächtlichen Lärm verursachenden Personenansammlungen im öffentlichen Straßenraum als Verantwortlicher mit Maßnahmen, etwa einer Platzverweisung, belegt werden darf (§ 10 Rn. 70 ff.). Richtig ist aber, dass sich unmittelbar aus dieser Pflicht keine Handlungsermächtigungen für die Behörden ergeben;[172] sie kann allenfalls ergänzend bei einer auf Wertungen beruhenden Zuweisung gefahrenabwehrrechtlicher Verantwortlichkeiten herangezogen werden (Rn. 96). ◀

83 Auf die **Rechts- oder Geschäftsfähigkeit** der handelnden Person kommt es dabei nicht an; im Gefahrenabwehrrecht geht es nicht um die Sanktion unerwünschter Verhaltensweisen, sondern um die möglichst objektive Zuweisung einer Verantwortlichkeit im Interesse einer effektiven Gefahrenabwehr. Allerdings regeln die Gefahrenabwehrgesetze, dass bei minderjährigen Personen unter einem bestimmten Alter Maßnahmen auch gegen die sorgeberechtigte Person gerichtet werden können (vgl. § 4 Abs. 2 PolG NW,

---

170 Schoch in: Schoch (Hrsg.), 2. Kap. Rn. 171; zustimmend auch Schenke, Rn. 228; s. auch VGH Mannheim NVwZ 1996, 1036, 137.

171 Pieroth/Schlink/Kniesel, § 9 Rn. 4; Eschenbach, NdsVBl. 1998, 1; Selmer, FS Götz, 2005, S. 391.

172 Schoch in: Schoch (Hrsg.), 2. Kap. Rn. 171, weist selbst darauf hin, dass sich aus der allgemeinen Nichtstörungspflicht keine konkreten „Deduktionen" herleiten ließen; vgl. auch VGH München NVwZ-RR 2004, 465.

§ 17 Abs. 2 OBG NW; § 6 Abs. 2 PolG BW; Rn. 111). Diese treten mithin als potenzielle Adressaten neben die bzw. den Minderjährigen, nicht an ihre bzw. seine Stelle.

Ein **Unterlassen** begründet eine gefahrenabwehrrechtliche Verantwortlichkeit nur dann, wenn eine entsprechende Pflicht zum Handeln bestand, die der Verpflichtete nicht erfüllt hat.[173] Dieses Kriterium der Handlungspflicht ist allerdings von der Frage nach der die Verhaltensverantwortlichkeit begründenden Verursachung zu trennen. Denn ob das Unterlassen für die Gefahrenlage kausal war bzw. ist, ist von der Handlungspflicht unabhängig. Es sollte mithin in Unterlassungsfällen zunächst untersucht werden, ob ein Kausalitätsverhältnis zwischen dem Nicht-Handeln und der Gefahr besteht (Rn. 86 ff.). Erst dann kann festgestellt werden, ob dieses Unterlassen zu einer Verantwortlichkeit führen kann; dazu genügt allerdings nicht jede Handlungspflicht, sondern nur eine rechtliche (so dass moralisch-ethische Pflichten ohne Belang sind). Zudem muss nach überwiegender Auffassung eine öffentlich-rechtlich begründete Pflicht zum Handeln bestanden haben, so dass etwa durch privatrechtliche Vereinbarungen begründete Pflichtenpositionen irrelevant sind.[174] Solche öffentlich-rechtliche Pflichten können sich aus Rechtsnormen, Verwaltungsakten oder öffentlich-rechtlichen Verträgen ergeben. Ferner kann eine Garantenstellung eine Pflicht zum Handeln zur Folge haben.[175]

84

Bedenklich erscheint es allerdings, wenn in der Rechtsprechung die Pflicht zum Handeln zur Begründung einer Verhaltensverantwortlichkeit durch Unterlassen schlicht aus der **Pflicht des Eigentümers bzw. Besitzers** hergeleitet wird, **eine Sache in ordnungsgemäßem, sicherem Zustand zu halten**.[176] Folgte man dieser Sichtweise, würde eine Zustandsverantwortlichkeit (Rn. 114 ff.) stets auch eine Verhaltensverantwortlichkeit durch Unterlassen zur Folge haben; eine dogmatische Unterscheidung beider Verantwortlichkeitskategorien wäre sinnlos.[177] Aus diesem Grund erscheint auch die Anknüpfung einer Verhaltensverantwortlichkeit an Art. 14 Abs. 2 GG[178] nicht tragfähig. Ebenso wenig überzeugt es, eine (öffentlich-rechtliche) Pflicht zum Handeln allein auf die Tatsache zu gründen, dass eine Person der „Inhaber des Gegenmittels" ist, also ein zur Gefahrenabwehr wirksames Mittel in Händen hält, dieses aber nicht einsetzt (Rn. 117).

85

b) Zurechnungslehren

Mit dem in vielen Fällen unproblematischen Kriterium der Verursachung ist eine Vielzahl äußerst schwieriger dogmatischer Detailfragen aufgeworfen. Dies hängt damit zusammen, dass das Kriterium der Verursachung an **Kausalitätserwägungen** anknüpft, die in der Rechtsordnung typischerweise mit Wertungsfragen verbunden sind, für die es praktisch handhabbare Regeln geben muss. Zu betonen ist, dass die im Folgenden dargestellten Ansätze zur näheren Konturierung der Verursachungsproblematik weniger gegenläufige und sich wechselseitig ausschließende Theorien repräsentieren, son-

86

---

173 Götz, § 9 Rn. 42 ff.; Kugelmann, 8. Kap. Rn. 37.
174 Kugelmann, 8. Kap. Rn. 37; Möller/Warg, Rn. 126; Schoch in: Schoch (Hrsg.), 2. Kap. Rn. 183. A.A. Schenke, Rn. 239: auch zivilrechtliche Risikozuweisungen können im öffentlichen Recht Bedeutung erlangen.
175 VGH Mannheim NVwZ 1996, 1036; Möller/Warg, Rn. 127.
176 Vgl. etwa VGH München BayVBl. 1996, 437, 438; BayVBl. 1997, 502; OVG Münster NVwZ-RR 1988, 20; OVG Münster 1971, 828.
177 Kritisch auch Götz, § 9 Rn. 45; Schoch in: Schoch (Hrsg.), 2. Kap. Rn. 185; s. auch VGH Mannheim NVwZ 1996, 1036, 1037; ZUR 2002, 227, 228.
178 Vgl. etwa OVG Münster DVBl. 1971, 828.

dern Näherungen an das komplexe Problemfeld der Kausalität bieten, die im konkret zu lösenden Sachverhalt auch kumulativ zur Bewertung der Verursacherfrage herangezogen werden können.

Beispiel: A ist Eigentümer eines unbebauten Grundstücks, das an einer belebten Einkaufsstraße liegt. Er möchte ein neues Mehrfamilien- und Geschäftshaus errichten. Der Bauzaun versperrt den Gehweg, so dass die Passanten auf die Fahrbahn ausweichen müssen, da sich auf der gegenüber liegenden Seite kein Gehweg befindet. Wer verursacht die Gefahrenlage?

Denkbar ist, den A als Eigentümer des Grundstücks und „Bauherrn" für den Verursacher zu halten. Auch das Unternehmen, das den Bauzaun errichtet hat, könnte die Gefahr verursacht haben. Schließlich kommt auch eine Verursachung durch die auf die Fahrbahn tretenden Passanten oder die Fahrzeugführer in Betracht. Im Ergebnis tragen alle Genannten zur Gefahrenlage bei und dürften als Verhaltensverantwortliche gelten; wer mit einer Maßnahme belegt wird, ist dann eine Frage der Adressatenauswahl (Rn. 161 ff.).

87   Im Kern geht es bei näherer Betrachtung um zwei Überlegungen. Erstens: Lässt sich eine bestimmte Handlung als entscheidender Beitrag, als „kausales" Verhalten qualifizieren? Zweitens: Ist diese Handlung einer oder mehreren Personen derart zweifelsfrei zuzuordnen, dass eine gefahrenabwehrrechtliche Verantwortlichkeit begründet werden kann? Die Einordnung als Handlungsstörer weist also eine **Verhaltens- und eine Zurechnungskomponente** (freilich ohne Anknüpfung an ein Verschulden) auf; Kausalität und Zurechnung sind mithin nicht zwangsläufig gleichzusetzen.

88   Da sich Kausalitätsfragen auch in anderen Rechtsgebieten stellen, liegt es zunächst nahe, auf die dort entwickelten Maßstäbe zurückzugreifen. Beispielhaft zu nennen sind die Verantwortlichkeit im zivilrechtlichen Deliktsrecht sowie die Zurechnungslehren im Strafrecht. Aus diesen Kontexten bekannt ist die **Äquivalenztheorie**, die auf die sog. „*conditio sine qua non*"-Formel[179] abstellt: Danach ist jedes Verhalten kausal zurechenbar, das nicht hinweggedacht werden kann, ohne dass der konkrete Erfolg (im Gefahrenabwehrrecht: die Gefahrenlage) entfiele. Dieses Kriterium ermöglicht allerdings nur ein sehr grobes Ausscheiden solcher Verhaltensweisen aus dem Zurechnungszusammenhang, die keinen Bezug zur Gefahrenlage haben. Im Übrigen ist es zu ungenau. Während die nach dieser Formel weit „ausgreifende" Kausalzurechnung im Zivil- und Strafrecht durch weitere Merkmale, namentlich zusätzliche Rechtswidrigkeits- und Schuldanforderungen, wieder „eingehegt" wird, fehlt es im nicht auf Sanktion oder Schadensausgleich, sondern auf Rechtsgüterschutz ausgerichteten Gefahrenabwehrrecht an solchen Korrektiven.[180] Dies bedeutet indes nicht, dass der Äquivalenzansatz gänzlich zu verwerfen wäre; Kausalität nach dieser Formel ist eine notwendige, aber keine hinreichende Bedingung für die Zurechnung einer gefahrenabwehrrechtlichen Verantwortlichkeit.[181]

89   Zur Korrektur dieser weit reichenden Konsequenzen der Äquivalenztheorie ist im Zivil- und Strafrecht ein sog. **Adäquanzkriterium** ergänzt worden. Übertragen auf die Kausalitätsfrage hinsichtlich einer Gefahrenlage wären danach nur solche Bedingungen bzw. Verhaltensweisen ursächlich, die nach allgemeiner Lebenserfahrung zur Herbeiführung einer solchen Gefahrenlage geeignet sind. Im Zivil- und Strafrecht zielt dieses Kriterium darauf ab, atypische Geschehensabläufe aus der Verantwortlichkeit auszu-

---

179   Lateinisch *conditio* = Bedingung, *sine* = ohne, *qua* = die (auf *conditio* bezogen), *non* = nicht.
180   Schoch in: Schoch (Hrsg.), 2. Kap. Rn. 177; s. Kugelmann, 7. Kap. Rn. 25; Schenke, Rn. 241. A.A. etwa Muckel, DÖV 1998, 18, 21, der u.a. den Verhältnismäßigkeitsgrundsatz als ein solches Korrektiv betrachtet; dagegen wiederum Poscher, Jura 2007, 801, 802.
181   Schenke, Rn. 241.

scheiden. Für Zurechnungs- und Haftungszusammenhänge ist dies angebracht, im Gefahrenabwehrrecht hingegen nicht, da gerade auch die atypische Gefahrenlage nicht unbehoben bleiben darf.[182]

Die **Nutzung zivil- bzw. strafrechtlicher Kriterien** zur Bewertung von Verhaltenskausalitäten im Gefahrenabwehrrecht begegnet über diese „Binnenkritik" der genannten Ansätze hinaus grundlegenden teleologischen Bedenken. Im Gefahrenabwehrrecht geht es um eine möglichst zügige, effektive und nachhaltige Beseitigung einer Gefahrenlage. Die Bewertung der handelnden Behörden bzw. Beamtinnen und Beamten erfolgt „ex ante", also vor Ergreifen einer Maßnahme und auf der Basis des bis zu diesem Zeitpunkt ermittelten Tatsachenmaterials. Gefahrenabwehr ist präventives Handeln. Bei den Zurechnungslehren des Zivil- und Strafrechts stehen hingegen nachträgliche Sanktionen im Zentrum der Überlegungen. Die „Verengungen" der Kausalität in diesen Rechtsgebieten lassen sich mithin nicht ohne Weiteres auf das Gefahrenabwehrrecht übertragen. Hier wird man einen weiter gefassten Verursachungsbegriff zugrunde zu legen haben, der den Besonderheiten der gefahrenabwehrrechtlichen Zielsetzungen Rechnung tragen muss. Zu weit ginge es aber sicherlich, jeden „Inhaber des Gegenmittels" als Handlungsstörer in die Pflicht nehmen zu dürfen. Es bedarf einer **Zurechnung über wertende Kriterien**.[183]

Wertungsgrundlage ist die jedenfalls als Ausgangspunkt der Überlegungen wohl einhellig anerkannte sog. **Theorie der unmittelbaren Verursachung**.[184] Danach ist nur dasjenige Verhalten für das Entstehen der Gefahrenlage ursächlich, das selbst unmittelbar die Gefahrenschwelle überschreitet. Es kommt mithin entscheidend darauf an, wer (meist in zeitlicher Hinsicht) das „letzte Glied" der Kausalkette geschaffen hat, die zu der als Gefahrenlage zu bewertenden Situation geführt hat. Dies kann derjenige sein, der schon von vornherein den wesentlichen tatsächlichen Grund für die Gefahr gesetzt hat, zu dem nur noch unwesentliche Kausalbeiträge hinzutreten. Es kann aber auch derjenige sein, der mit seinem Handeln oder Unterlassen mit Blick auf das Entstehen der Gefahrenlage „das Fass zum Überlaufen" bringt. Der unmittelbar zur Gefahr führende Beitrag muss in einer wertenden Betrachtung ermittelt werden.

Die Theorie von der unmittelbaren Verursachung bedarf im Ergebnis eines Korrektivs für diejenigen Fallkonstellationen, in denen eine Person in zulässiger Weise **von ihren Rechten Gebrauch** macht.

▶ **Hinweis für die Fallbearbeitung:** Diese Überlegungen werden im Schrifttum gelegentlich schon im Zusammenhang mit der Frage behandelt, ob eine Beeinträchtigung der öffentlichen Sicherheit bzw. Ordnung vorliegt. So sollen etwa rechtmäßige bzw. gerechtfertigte Eingriff in Rechtsgüter kein „Handeln gegen die öffentliche Sicherheit" darstellen.[185] ◀

Nach verbreiteter Auffassung kann derjenige niemals Verhaltensverantwortlicher sein, der seine eigenen Rechte wahrnimmt[186] oder von einer behördlichen Genehmigung

90

91

92

---

182 Vgl. Schenke, Rn. 241; Schoch in: Schoch (Hrsg.), 2. Kap. Rn. 177; Schoch, JuS 1994, 932.
183 Vgl. Schenke, Rn. 243.
184 PrOVGE 103, 139; VGH Mannheim NVwZ-RR 1996, 387, 388; VGH Kassel NVwZ-RR 1989, 137; OVG Münster NJW 1993, 2698; Drews/Wacke/Vogel/Martens, S. 313 ff.; dezidiert Schoch in: Schoch (Hrsg.), 2. Kap. Rn. 178; vgl. ferner die Darstellungen bei Gusy, Rn. 335; Knemeyer, Rn. 325; Kugelmann, 7. Kap. Rn. 27; Pieroth/Schlink/Kniesel, § 9 Rn. 11.
185 Gusy, Rn. 88: von Art. 5 GG geschützte Kritik gegenüber dem Staat und seiner Organe kein Verstoß gegen die öffentliche Sicherheit.
186 Grundlegend schon Drews/Wacke/Vogel/Martens, S. 316; vgl. J. Dietlein, in: Dietlein/Burgi/Hellermann, § 3 Rn. 82.

Gebrauch macht, sofern sein Verhalten von der „Legalisierungswirkung"[187] der etwa ein präventives Verbot mit Erlaubnisvorbehalt „aushebelnden" Genehmigung erfasst ist.[188]

▶ Diese Legalisierungswirkung erfasst nach h.M. nur solche Gefahren, die schon zum Zeitpunkt der Erteilung der Genehmigung für die Behörde erkennbar waren, nicht aber solche, die nach gegenwärtigem Stand von Wissenschaft und Technik erkennbar wären.[189] Nur das, was objektiv erkennbar ist, kann Gegenstand einer legalisierenden Verfügung sein. ◀

In diesen Fällen käme lediglich unter den engen gesetzlichen Voraussetzungen eine Einordnung und Inanspruchnahme als „Nichtstörer" in Betracht (Rn. 130 ff.).

93 In dieser Allgemeinheit überzeugt die **These der Verantwortungsfreiheit bei zulässiger Rechts- oder Erlaubnisausübung** freilich nicht, auch wenn zu Recht darauf hingewiesen worden ist, dass die Zurechnung einer Gefahr bei Befugnisausnutzung die Rechtsordnung in einen „unauflöslichen Wertungswiderspruch" setzte.[190] Im Ergebnis ist der These durchaus zuzustimmen; zweifelhaft ist allein, ob sich die Frage einer Rechts- oder Erlaubnisausübung tatsächlich (pauschal) auf Ebene der Adressatenbestimmung auswirkt. So könnte es dogmatisch konsequenter erscheinen, sie erst im Rahmen der Verhältnismäßigkeit (Rn. 177 ff.) bzw. der Ermessensausübung (Rn. 155 ff.) zu berücksichtigen. Deutlich wird dies, wenn man das Kriterium der *zulässigen* Rechtsausübung in den Blick nimmt. Hier wird jeweils zu untersuchen sein, ob der Rechtsausübung etwa Rechte anderer entgegenstehen. Derartige Abwägungen sollten daher nicht im Zusammenhang mit dem im Kern auf Kausalitäts- und Zurechnungsfragen ausgerichteten Prüfungspunkt der Verhaltensstörereigenschaft angestellt werden. Die These von der Haftungsfreiheit rechtmäßigen Verhaltens integriert schließlich faktisch ein ungeschriebenes Tatbestandsmerkmal „Rechtswidrigkeit" in die gesetzlichen Regelungen zur Verhaltensverantwortlichkeit und rückt damit in die Nähe der Theorie von der rechtswidrigen Verursachung (Rn. 94). Der Aspekt der Rechts- oder Erlaubnisausübung ist vielmehr je nach betroffenem Schutzgut der öffentlichen Sicherheit bzw. Ordnung an unterschiedlichen Stellen zu behandeln: Geht es um einen denkbaren Verstoß gegen die objektive Rechtsordnung, wird eine solche Ausübung meist schon im Rahmen der Frage zu erörtern sein, ob überhaupt eine Normverletzung vorliegt – Rechtfertigungsgründe oder Genehmigungen können dem entgegenstehen. Sind dagegen Individualrechtsgüter berührt, ist die Wahrnehmung eigener Rechte im Rahmen der Verhältnismäßigkeit bzw. der Ermessensausübung zu diskutieren – dort sind die wahrgenommenen Rechtsgüter gegen die gefährdeten abzuwägen. Der „Rechteausüber" ist also nicht pauschal als „Nichtstörer" (Rn. 130 ff.) zu qualifizieren.

94 Keinen absoluten „Gegenentwurf" zur Lehre von der unmittelbaren Verursachung, sondern vielmehr ein Korrektiv bildet die sog. **Theorie von der rechtswidrigen Verursachung**.[191] Auch ihr liegt der oben erörterte Gedanke zugrunde, dass jemand, der sich rechtmäßig verhalte, sich also zulässigerweise innerhalb des ihm zugewiesenen Rechtskreises bewegt und etwa von seinen Grundrechten (oder auch zivilrechtlichen Rechten) Gebrauch macht, grundsätzlich kein Handlungsstörer sein könne. Anders als die These

---

187 Begriffsprägend BVerwGE 55, 118, 121.
188 Schoch in: Schoch (Hrsg.), 2. Kap. Rn. 180; zustimmend auch Götz, § 4 Rn. 14; Möller/Warg, Rn. 129.
189 BVerwGE 55, 118, 120 f.; OVG Münster NVwZ 1985, 355; Gusy, Rn. 88; Kloepfer, NuR 1987, 7, 14; a.A. Kniesel, BB 1997, 2009, 2011 f.; Papier, NVwZ 1986, 257; eingehend Pieroth/Schlink/Kniesel, § 9 Rn. 63 f.
190 Drews/Wacke/Vogel/Martens, S. 316.
191 So etwa Hurst, AöR 1958, 43, 75 ff.; Pietzcker, DVBl. 1984, 457, 458; Schmelz, BayVBl. 2001, 550; Schnur, DVBl. 1962, 1, 3.

von der Verantwortungsfreiheit des Rechts- bzw. Erlaubnisausübenden, bei der trotz unmittelbarer Zurechnung kausalen Verhaltens eine Inanspruchnahme ausscheiden soll, wird bei der Theorie von der rechtswidrigen Verursachung schon der Verursachungsbeitrag nur dann also solcher qualifiziert, wenn er sich als rechtswidrig erweist, wenn also eine Rechtspflicht zum Handeln oder Unterlassen verletzt wird. Zu beachten ist, dass bei einer Gefahr für das Rechtsgut der öffentlichen Sicherheit durch eine (drohende oder fortbestehende) Verletzung der objektiven Rechtsordnung der für die Annahme der Gefahrenlage maßgebliche Rechtsverstoß nicht zugleich die Rechtswidrigkeit der Verursachung indizieren kann, da diese Theorie ansonten kein zusätzliches Kriterium generieren würde. Vielmehr muss ein über die bloße Normverletzung hinausgehendes Überschreiten des Rechtskreises festgestellt werden. Zur Korrektur dieser Problematik ist gelegentlich auch ergänzend das Kriterium der **Sozialadäquanz** des fraglichen Verhaltens herangezogen worden.[192] Im Schrifttum wird dies teilweise wie folgt formuliert: Störer soll danach sein, wer eine Rechtspflicht zum Handeln oder Unterlassen verletzt oder bei rechtlich nicht geregeltem Handeln das allgemeine Lebensrisiko in sozial inadäquater Weise steigert.[193] Die Theorie verliert mithin ihre Tauglichkeit, wenn es an einer verhaltenslenkenden Rechtsnorm fehlt und sich keine Kriterien zur Bestimmung sozialadäquaten Verhaltens finden lassen.[194]

Die dargestellten Ansätze verdeutlichen die erhebliche Bedeutung wertender Betrachtungen bei der Zurechnung der Verhaltensverantwortlichkeit. Diese zeigt sich auch an aktuellen Entwicklungen im Tätigkeitsfeld der Gefahrenabwehr. Problematisch sind insbesondere „**Summationsschäden**". Ist eine Zuordnung von Teil-Beiträgen zu einer „Gesamtgefahr" nicht möglich, kann nach der Rechtsprechung grundsätzlich jeder Mitverursacher als Verantwortlicher herangezogen werden, sofern dessen Beitrag nicht unerheblich ist.[195]

95

Beispiel: Die Störereigenschaft ist zweifelhaft bei Fallkonstellationen, die in jüngerer Zeit die Gefahrenabwehrbehörden beschäftigen: Ansammlungen von größeren Personenmengen auf öffentlichen Plätzen in den Abend- und Nachtstunden, die bis tief in die Nacht erheblichen Lärm verursachen und die Anwohner stören (Beispiele: Der Brüsseler Platz in Köln oder die Admiralsbrücke in Berlin). Soweit einzelne Teilnehmer dieser „Meetings" durch besonders auffälliges Verhalten herausstechen (lautstarke Äußerungen, Zerstörung mitgebrachter Flaschen, Abspielen lauter Musik, Begehung strafbarer oder ordnungswidriger Handlungen usw.), ist eine Inanspruchnahme als Verhaltensstörer meist unproblematisch. Dogmatisch weitaus schwieriger ist die Bewertung der Störereigenschaft der versammelten Personen, wenn Unterhaltungen jeweils in normaler Lautstärke geführt werden, die Lärmquellen sich aber insgesamt zu nicht mehr hinnehmbaren und für die Anwohnerinnen und Anwohner gesundheitsschädlichen Dezibelzahlen aufsummieren. Der einzelne (letztlich auch nicht messbare) Verursachungsbeitrag überschreitet bei isolierter Betrachtung (noch) nicht die Schwelle zur Gefahrenlage, sondern erst die Kumulation der Verursachungsbeiträge. Der Fall lässt sich über die Theorie der unmittelbaren Verursachung nicht zufriedenstellend lösen; auch nach der Theorie der rechtswidrigen Verursachung ist die Störereigenschaft sehr fraglich, zumal die versammelten Personen von ihren Grundrechten (Art. 8 Abs. 1 GG, jedenfalls aber Art. 2 Abs. 1 GG) Gebrauch machen. Allenfalls ließe sich ein rechtswidriges Verhalten annehmen, wenn man eine Pflicht konstruierte, sich bei einer Summierung der

---

192 Dazu J. Dietlein, in: Dietlein/Burgi/Hellermann, § 3 Rn. 84; Drews/Wacke/Vogel/Martens, S. 312 f.; ablehnend Schoch in: Schoch (Hrsg.), 2. Kap. Rn. 179.
193 So explizit Gusy, Rn. 339.
194 Kritisch daher zu Recht auch Schoch in: Schoch (Hrsg.), 2. Kap. Rn. 179.
195 Zu einer bodenschutzrechtlichen Summationsproblematik BVerwGE 125, 325; s. auch Schoch in: Schoch (Hrsg.), 2. Kap. Rn. 178

Lautstärke leise zu verhalten bzw. vom Platz zu entfernen (derartige Pflichten können sich auch aus städtischen Rechtsvorschriften wie z.b. gefahrenabwehrbehördlichen Verordnungen ergeben); die Missachtung dieser Pflicht führte dann zu einer Verhaltensstörereigenschaft durch Unterlassen auch nach der Theorie der rechtswidrigen Verursachung. Zu einem ähnlichen Ergebnis käme man, wenn man für derartige Fallkonstellationen die allgemeine Nichtstörungspflicht (Rn. 82) fruchtbar machte, die bislang freilich nicht zur Begründung konkreter Handlungspflichten genutzt wurde.

96   Im Schrifttum finden sich zunehmend Versuche, die Störereigenschaft des Verhaltensverantwortlichen anhand von weiteren wertenden Überlegungen, etwa durch die Zuweisung von **Risikosphären** und **Pflichtverletzungen,** zu bestimmen.[196] Dabei handelt es sich um Kriterien, die eine gewisse Nähe zur Theorie der rechtswidrigen Verursachung aufweisen. Die Zurückdrängung einer – freilich im Gefahrenabwehrrecht traditionell schon immer Wertungen zugänglichen – Kausalbetrachtung zugunsten einer wertenden Zurechnung im Einzelfall hat den Vorteil, neuartige Gefahrensituationen hinsichtlich der Zuordnung von Verhaltensverantwortlichkeiten besser einschätzen zu können. Der Nachteil liegt, wie im Schrifttum zutreffend bemerkt wird, in einem gewissen „Abgleiten in die Kasuistik".[197] Zu Recht wird jedoch darauf hingewiesen, dass wertende Ansätze die Unmittelbarkeitstheorie nicht verdrängen, sondern sie wechselseitig ergänzen können.[198]

▶ Hinweis für die Fallbearbeitung: Für die Klausurbearbeitung bietet es sich an, zunächst auf die Theorie der unmittelbaren Verursachung abzustellen (gegebenenfalls unter kurzer Nennung der Theorie der rechtswidrigen Verursachung und unter Hinweis auf das Versagen von Äquivalenz- und Adäquanzkriterien). Führt dies zu keinem eindeutigen Ergebnis, sollte untersucht werden, ob einer der anerkannten Sonderfälle (Rn. 97 ff.) vorliegt. Ist dies ebenfalls nicht der Fall, sollte im Wege einer wertenden Betrachtung über die Zurechnung einer Verhaltensverantwortlichkeit entschieden werden. ◀

c) Sonderfälle

97   Drei „**Sonderfälle**" des Verhaltensstörers bedürfen der näheren Erläuterung: 1. Der Anscheinsstörer (Rn. 98 f.), 2. der Verdachtsstörer (Rn. 100) und der 3. sog. „Zweckveranlasser" (Rn. 101 ff.).

aa) Anscheinsstörer

98   Während die Anscheinsgefahr, also eine Sachlage, in der „ex ante" die hinreichende Wahrscheinlichkeit eines Schadenseintritts angenommen werden durfte, sich aber „ex post" herausstellte, dass die fraglichen Rechtsgüter nicht gefährdet waren, als Gefahr im Sinne der Ermächtigungsnormen anerkannt ist (Rn. 57 f.), erweist sich die rechtliche Behandlung des sog. „**Anscheinsstörers**" als komplexer.[199] Denn damit ist nicht (nur) schlicht die Frage nach der Verantwortlichkeit für eine Anscheinsgefahr aufgeworfen. Denkbar sind vielmehr mehrere verschiedene Konstellationen: Der in An-

---

196   So etwa schon Pietzcker, DVBl. 1984, 458; vorsichtig zustimmend J. Dietlein, in: Dietlein/Burgi/Hellermann, § 3 Rn. 84; für einen „fließenden" Verursacherbegriff etwa Selmer, JuS 1992, 97, 101 f.; zur Entwicklung Götz, NVwZ 1987, 858, 862 f.; NVwZ 1990, 725, 731 f.

197   J. Dietlein, in: Dietlein/Burgi/Hellermann, § 3 Rn. 84.

198   Götz, § 9 Rn. 14; s. auch Kugelmann, 8. Kap. Rn. 29, der darauf hinweist, dass auch die Theorie der unmittelbaren Verursachung Wertungen enthalte; s. auch Gusy, Rn. 335; Zeitler, DÖV 1997, 373.

199   Eingehend Schenke, Rn. 252 ff.

spruch Genommene kann bei Vorliegen einer „Anscheinsgefahr" durch sein Verhalten den Anschein einer Gefahr gesetzt haben.

Beispiel: Der bei einer allgemeinen Verkehrskontrolle „aus Spaß" eine Volltrunkenheit simulierende Autofahrer hat den Anschein einer Gefahr gesetzt (Rn. 57).[200]

In diesen Fällen besteht eine „Anscheinsgefahr"; der Adressat erscheint jedoch ohne Weiteres als für die als Gefahr bewertete Sachlage verantwortlich.

Er kann jedoch auch keinen zurechenbaren Beitrag zur Annahme einer Gefahr durch die für die Behörde tätig Werdenden geleistet, gleichwohl aber den Anschein erweckt haben, er sei Zustands- oder Verhaltensstörer. Die Gefahr, mit der der „Anscheinsstörer" in Zusammenhang zu bringen ist, muss mithin keine „Anscheinsgefahr" sein.[201]

Beispiel: Der bei der Behörde telefonisch als potenzieller Attentäter durch einen Bekannten als Jux Angeschwärzte hat keinen Verursachungsbeitrag für die vorliegende (Anscheins-)Gefahr geleistet.[202] – Wird eine Person in engem zeitlichen Zusammenhang mit vorherigen Ausschreitungen an einem widerrechtlich auf einer öffentlichen Straße entzündeten Feuer in dessen unmittelbarer Nähe aufgegriffen, kann er als „Anscheinsstörer" für die Gefahrenlage mit Maßnahmen belegt werden;[203] in diesem Fall liegt keine Anscheinsgefahr vor, sondern eine Gefahr auch bei „ex post"-Betrachtung.

Zu unterscheiden sind mithin einerseits der (eindeutige) Verursacher einer Anscheinsgefahr, andererseits der den Anschein der Verursachung für eine Gefahr Setzende. Diese Konstellationen werden in der Rechtsprechung zu Recht durch eine **„ex ante"-Orientierung auch hinsichtlich des Verursachungsbeitrags des (vermeintlichen) Verhaltensverantwortlichen** gelöst.[204] Dies erscheint in beiden Fällen sinnvoll: Im ersten wissen die handelnden Akteure noch nicht, dass keine Gefahr vorliegt, können also bei der Entscheidung über die zu treffende Maßnahme auch nicht die Überlegung anstellen, ob der potenzielle Adressat den Anschein einer Gefahr gesetzt hat. Im zweiten Fall würde eine andere Sichtweise, die allein auf das objektive Vorliegen eines Verursachungsbeitrags abstellte, stets zur Rechtswidrigkeit der Maßnahme führen – ein im Interesse der handelnden Behörden und der Gefahrenabwehr nicht hinnehmbares Ergebnis. Auch derjenige, der den Anschein gesetzt hat, eine Gefahr verursacht zu haben, kann mithin rechtmäßig Adressat von Gefahrenabwehrmaßnahmen sein. Zu korrigieren sind die Resultate der „ex ante"-Verursachungswertung allerdings nach h.M., wenn es um Kostenforderungen gegen den Adressaten (§ 15 Rn. 7 ff.) bzw. dessen Entschädigungsansprüche geht (§ 20 Rn. 7).[205] Die Gegenauffassung favorisiert einen Gleichlauf der Bewertung der Störereigenschaft auf Primär-, Vollstreckungs- und Kostenebene und möchte im Ergebnis (nur) dann eine Haftung des „Anscheinsstörer" als „Störer" bejahen, wenn er ein erhöhtes Risiko geschaffen hat, etwa durch eine Irreführung der Gefahrenabwehrbehörde.[206]

▶ **Hinweis für die Fallbearbeitung:** Der dogmatisch äußerst anspruchsvolle Streit lässt sich – wie bei den anderen Zurechnungsproblemen auch – in einer Klausurbearbeitung kaum

99

---

200 Beispiele bei J. Dietlein, in: Dietlein/Burgi/Hellermann, § 3 Rn. 106 f. m.w.N.
201 Schenke, Rn. 255. A.A. Knemeyer, Rn. 383, der allerdings nur die erstgenannte Variante unter den Begriff des „Anscheinsstörer" fasst.
202 J. Dietlein, in: Dietlein/Burgi/Hellermann, § 3 Rn. 106 f. m.w.N.
203 VGH Mannheim JuS 2011, 955.
204 OVG Münster NJW 1993, 2698. Zustimmend J. Dietlein, in: Dietlein/Burgi/Hellermann, § 3 Rn. 107; Erichsen/Wernsmann, Jura 1995, 219, 221.
205 Sehr kritisch Schenke, Rn. 255 ff.
206 Schenke, Rn. 261.

ausführlich darlegen. Im Regelfall wird man lediglich erwarten können, dass die Problematik erkannt und einer konsistenten Lösung zugeführt wird. Dabei sollte der nach h.M. vorzunehmenden Differenzierung auf Primär-, Vollstreckungs- und Kostenebene gefolgt werden. ◄

bb) Verdachtsstörer

100　**Verdachtsstörer** ist der „Verursacher" eines Gefahrenverdachts (Rn. 60 ff.) bzw. genauer derjenige, der – sofern sich die Sachlage als Gefahrenlage herausstellt – verantwortlich wäre. Die Problematik tritt vor allem im Bereich der Zustandsverantwortlichkeit auf (Rn. 113 ff.). Nach h.M. darf die Behörde dem Verdachtsstörer, sofern ein Gefahrerforschungseingriff rechtmäßig ist, lediglich die Duldung der Gefahrerforschungsmaßnahme aufgeben.[207] Nach der Gegenauffassung kann sie den Verdachtsstörer darüber hinaus zur Gefahrerforschung verpflichten.[208] Diese Frage lässt sich nicht pauschal beantworten; welche Maßnahmen dem „Verdachtsstörer" gegenüber ergehen dürfen, hängt im konkreten Einzelfall von der für den Gefahrerforschungseingriff zu wählenden Ermächtigungsgrundlage ab. Bei spezialgesetzlichen Vorschriften ist die Reichweite des zulässigen Handlungsspektrums aus dem normativen Zusammenhang zu ermitteln. Greift man auf die Generalklauseln zurück (§ 9 Rn. 1 ff.), wird man wegen des Fehlens der tatbestandlich geforderten Gefahrenlage Einschränkungen auf Rechtsfolgenseite machen müssen; hier liegt es nahe, lediglich Duldungsverfügungen zuzulassen.

cc) „Zweckveranlasser"

101　Zu keinen zufriedenstellenden Ergebnissen führen die dargestellten Zurechnungskriterien in Konstellationen, die man mit der Rechtsfigur des sog. „**Zweckveranlassers**" zu beschreiben versucht hat.[209] Der Begriff bezeichnet Situationen, in denen eine Person eine andere zur Verursachung einer Gefahr für eines der gefahrenabwehrrechtlich relevanten Schutzgüter veranlasst, also ein Dritter gleichsam „dazwischentritt". Es geht also – folgt man der Theorie von der unmittelbaren Verursachung – um eine Zuweisung von (Verhaltens-)Verantwortlichkeiten „über die letzte Ursache hinaus".[210] Zweifelhaft ist jeweils, ob der „Hintermann"[211] (ebenfalls) gefahrenabwehrrechtlich verantwortlich ist und mit behördlichen Verfügungen belegt werden darf.

Beispiel:[212] Eine Musikkapelle stimmt, um die Teilnehmer einer Veranstaltung zum Mitsingen zu bewegen, die Melodie des „Horst-Wessel-Lieds" an, einem Kampflied der SA und späterer Parteihymne der NSDAP, dessen Vortrag nach § 86a StGB unter Strafe gestellt ist.

102　Da die Zurechnungskriterien der unmittelbaren bzw. der rechtswidrigen Verursachung in solchen Fällen versagen, wurde die Rechtsfigur des „Zweckveranlassers" als **zusätzliche Verantwortlichkeitskategorie** entwickelt. Sie war stets und bleibt mit erheblichen dogmatischen Unsicherheiten belastet. Im Schrifttum finden sich verschiedene Ansätze

---

207　Vgl. VGH Kassel NVwZ 1991, 498; OVG Münster NWVBl. 1990, 159. Sehr restriktiv auch Möller/Warg, Rn. 109.

208　So i. Erg. Pieroth/Schlink/Kniesel, § 9 Rn. 24; ferner VGH Mannheim VBlBW 1993, 298, 300 f.; NVwZ 1991, 491.

209　Eingehend Muckel, DÖV 1998, 18; Schmelz, BayVBl. 2001, 550; Schoch, Jura 2009, 360; Götz, § 9 Rn. 18 ff.; Möller/Warg, Rn. 133.

210　Schoch in: Schoch (Hrsg.), 2. Kap. Rn. 187 ff.

211　Schoch in: Schoch (Hrsg.), 2. Kap. Rn. 187.

212　Zu einem vergleichbaren Fall vgl. bereits PrOVGE 80, 176 – „Borkumlied".

zu ihrer gefahrenabwehrrechtlichen Behandlung. Teilweise wird eine Verantwortlichkeit des Zweckveranlassers unter Hinweis darauf, dass er sich im Regelfall rechtmäßig verhalte und allein der die Gefahrenschwelle Überschreitende als eigenverantwortliche Person in Anspruch zu nehmen sei, schlicht abgelehnt; die Rechtsfigur des Zweckveranlassers verliert damit jede Bedeutung.[213] Adressat einer gefahrenabwehrrechtlichen Verfügung kann der „Hintermann" nach dieser Ansicht nur unter den engen Voraussetzungen der „Nichtstörer"-Inanspruchnahme sein.[214] Diese Auffassung kann für sich geltend machen, dass diese Voraussetzungen nicht durch eine „ungeschriebene" Verantwortlichkeitskategorie umgangen werden. Teilweise wird zudem anschaulich darauf hingewiesen, dass die Rechtsprechung bei der Inanspruchnahme eines Zweckveranlassers letztlich auf durch praktische Erwägungen veranlasste „Unterstellungen" zurückgreife, die deshalb besonders „gefährlich" seien, weil die Behörde „ihre subjektive Vorstellung von störender Provokation einem wirklich und auch dem Anschein nach legalen Verhalten" unterlege.[215]

Allerdings sind durchaus Konstellationen denkbar, in denen eine „Haftungsfreiheit" des „Hintermannes" unbillig erscheint. Dies ist vor allem dann der Fall, wenn der Zweckveranlasser bei rechtmäßigem Verhalten bewusst und gezielt eine andere Person zu einem gefährdenden Verhalten bewegen will. Die Gegenauffassung hält daher zu Recht an der Rechtsfigur des Zweckveranlassers fest – dass eine Tätigkeit erlaubt oder nicht strafbar ist, führt nicht dazu, den Handelnden völlig von jeder gefahrenabwehrrechtlichen Verantwortlichkeit freizustellen, sofern ihm „Sicherheitsprobleme" bei wertender Beurteilung zuzurechnen sind.[216] Es sind unterschiedliche Kriterien zur Begründung seiner Verhaltensverantwortlichkeit entwickelt worden.[217] 103

▶ Auch am Beispiel der Zweckveranlasserdogmatik zeigt sich, wie wenig dogmatisch leistungsfähig die pauschale These von der Haftungsfreistellung rechtmäßigen Verhaltens ist (Rn. 92 f.). So sind Fälle denkbar, in denen ein sich rechtmäßig Verhaltender gezielt einen anderen zur Überschreitung der Gefahrenschwelle anleitet. Hier ist allerdings schon sehr zweifelhaft, ob überhaupt von einem rechtmäßigen Verhalten des „Hintermannes" ausgegangen werden kann, wenn er etwa gezielt „anstiftet". Die pauschale These von der Verantwortungsfreiheit des rechtmäßig Agierenden sollte zugunsten einer abwägenden Bewertung unter Heranziehung von Kausalitäts- und Zurechnungskriterien aufgegeben werden. ◀

Nach einem subjektiven Ansatz ist als Zweckveranlasser gefahrenabwehrrechtlich verantwortlich und damit zulässiger Adressat von Gefahrenabwehrmaßnahmen, wer andere mit Wissen und Wollen (also: vorsätzlich) zu einem gefahrbegründenden Verhalten veranlasst.[218] Die hierzu anzulegenden Kriterien variieren im Schrifttum; ein Teil 104

---

213 Beaucamp/Seifert, JA 2007, 577; Erbel, JuS 1985, 257, 261 ff.; Muckel, DÖV 1998, 18; Poscher, Jura 2007, 801, 807; Rühl, NVwZ 1988, 577; ablehnend auch Kugelmann, 8. Kap. Rn. 45; zweifelnd hinsichtlich des praktischen Bedürfnisses nach der Rechtsfigur Gusy, Rn. 337.
214 Vgl. auch Möller/Warg, Rn. 133.
215 So daher kritisch Pieroth/Schlink/Kniesel, § 9 Rn. 29.
216 So ausdrücklich Götz, § 9 Rn. 29. Die Rechtsfigur des Zweckveranlassers ist ein übrigens probates Beispiel für die in einer pauschalen Verwendung oder ubiquitärer Geltung abzulehnende These, rechtmäßiges Verhalten könne keine Gefahr für die öffentliche Sicherheit oder Ordnung darstellen oder schließe jedenfalls die Störereigenschaft aus.
217 Eingehend Schoch in: Schoch (Hrsg.), 2. Kap. Rn. 189 f.
218 Vgl. VGH Mannheim DVBl. 1987, 151; DÖV 1990, 346; OVG Münster NVwZ-RR 2008, 12; Selmer, JuS 1992, 97, 99.

lässt etwa ein billigendes In-Kauf-Nehmen ausreichen.[219] Das Anknüpfen an ein Vorsatzelement rückt die gefahrenabwehrrechtliche Verantwortlichkeit in diesen Fällen allerdings in bedenkliche Nähe zu strafrechtsähnlichen Vorwürfen. Zudem ist die subjektive Haltung in der Praxis häufig nur schwer festzustellen bzw. zu belegen.

105   Ein rein **objektiver Ansatz** stellt darauf ab, ob das nicht unmittelbar ursächliche Verhaltens des Zweckveranlassers aus Sicht eines unbeteiligten Dritten im Kausalzusammenhang mit der Gefahrenlage steht.[220] Dieser Ansatz leidet unter ähnlichen Mängeln wie das im Zusammenhang mit den Kriterien für die Begründung der Verhaltensverantwortlichkeit dargestellte Äquivalenzkriterium (Rn. 88), führt es doch zu einer ausufernden Verantwortung des Zweckveranlassers.

106   Noch weiter geht – im Hinblick auf die Notwendigkeit einer wertenden Betrachtung – eine „**Kombination**" aus dem subjektiven und dem objektiven Ansatz im Sinne einer Alternativenbildung: Verhaltensverantwortlich ist ein Zweckveranlasser danach dann, wenn er entweder eine Gefahr für ein Schutzgut des Gefahrenabwehrrechts bewusst (subjektiv) bezweckt oder aber diese sich bei objektiver Betrachtung aus seinem Verhalten kausal ergibt (der „Hintermann" also faktisch die „gesamte Kausalkette zwischen seinem Verhalten und der Gefahrentstehung beherrscht"[221]).[222] Diese Auffassung führt freilich ebenfalls zu einem sehr weiten Anwendungsbereich der Rechtsfigur des Zweckveranlassers.[223]

107   Die uneinheitliche Rechtsprechung verdeutlicht die Zurechnungsproblematik. Bei der Entscheidung für einen der genannten Ansätze ist zunächst zu betonen, dass mit der Rechtsfigur des Zweckveranlassers der Behörde ein weiterer potenzieller Adressat neben dem eigentlichen Verursacher zur Verfügung gestellt wird. Denn die Verantwortlichkeit des Zweckveranlassers nach den dargestellten Kriterien stellt den **eigentlichen Gefahrverursacher** keineswegs von seiner eigenen gefahrenabwehrrechtlichen Verantwortlichkeit frei;[224] dies gilt jedenfalls dann, wenn die Einwirkung des Zweckveranlassers die freie Willensentscheidung des Verursachers nicht völlig ausgeschlossen hat.

Beispiel: In den variantenreichen „Schaufenster"-Fällen[225] präsentiert ein Geschäftsinhaber in einem Schaufenster eine anziehende oder in anderer Weise Interesse weckende Auslage (spärlich bekleidete Person in einer Badewanne, sensationelle technische Neuerungen usw.). Bildet sich vor dem Schaufenster eine Menschenansammlung, ist dies vom Geschäftsinhaber regelmäßig beabsichtigt, so dass er als Zweckveranlasser in Betracht kommt. Zusätzlich können Platzverweisungen gegenüber den vor dem Schaufenster versammelten Personen ausgesprochen werden, etwa als mittels eines Megafons bekanntgegebene Allgemeinverfügung.

Dies fördert die Zwecke der Gefahrenabwehr, weil sich Maßnahmen gegenüber dem Zweckveranlasser als wirksamer erweisen können als gegenüber dem unmittelbaren Verursacher. Soweit im Schrifttum die Ausweitung der Verhaltensverantwortlichkeit

---

219 Etwa Knemeyer, Rn. 328; Hamann, DVP 1988, 148.
220 OVG Lüneburg NVwZ 1988, 638, 639; OVG Münster NWVBl. 2003, 320, 321; Schoch in: Schoch (Hrsg.), 2. Kap. Rn. 190; Drews/Wacke/Vogel/Martens, S. 316: „natürliche Einheit" bzw. „Wertungszusammenhang"; Variante bei VGH Mannheim DÖV 1996, 83: wenn sich das Verhalten des unmittelbaren Verursachers als Folge des Verhaltens des Veranlassers „zwangsläufig einstelle".
221 So die Formulierung bei Gusy, Rn. 336, der allerdings das praktische Bedürfnis für die Rechtsfigur anzweifelt.
222 VGH Mannheim DVBl. 1996, 564; ZUR 2002, 227, 230.
223 Kritisch daher auch Schoch in: Schoch (Hrsg.), 2. Kap. Rn. 190.
224 Darauf weist auch Knemeyer, Rn. 328, unter Berufung auf VGH Kassel DÖV 1992, 753, hin.
225 S. schon PrOVGE 40, 216; 85, 270; Knemeyer, Rn. 329.

durch die Rechtsfigur des Zweckveranlassers beklagt wird, scheint nicht selten ausge-
blendet zu werden, dass die Behörde bei mehreren denkbaren Adressaten im Rahmen
des Adressatenauswahlermessens stets noch eine ordnungsgemäße Ermessensentscheidung zu treffen hat und nicht per se der Zweckveranlasser zum Adressaten einer Verfügung werden muss. Die im Interesse der Gefahrenabwehr erfolgende Ausweitung der
Verhaltensverantwortlichkeit wird also auf Ebene der Ermessensentscheidung und
durch die Geltung des Verhältnismäßigkeitsgrundsatzes „entschärft". Im Schrifttum
wird zudem gelegentlich die Auffassung vertreten, im Geltungsbereich der Versammlungsfreiheit gemäß Art. 8 Abs. 1 GG, aber auch bei nach Art. 12 bzw. Art. 14 GG
rechtmäßigem Verhalten dürfe die Rechtsfigur des Zweckveranlassers nicht verwendet
werden;[226] diese Einschränkung überzeugt nicht. Dass der Zweckveranlasser sich auch
rechtmäßig verhalten kann, ist gerade die Besonderheit dieser Rechtsfigur.

Lehnte man die Rechtsfigur des Zweckveranlassers ab, käme eine Inanspruchnahme   108
des „Hintermannes" nur unter den engen Voraussetzungen der Nichtstörer-„Haftung"
in Betracht (Rn. 130 ff.). Vor allem deren Subsidiarität gegenüber der Inanspruchnahme von Verhaltens- und Zustandsstörern (also gegenüber dem eigentlichen Verursacher) erscheint dann allerdings im Hinblick einerseits auf die Notwendigkeit einer effizienten Gefahrenabwehr, andererseits auf die Tatsache, dass der Zweckveranlasser jedenfalls dann, wenn er bewusst agiert, sich wesentlich vom „Nichtstörer" unterscheidet, bedenklich. Im Ergebnis sollte **an der Rechtsfigur des Zweckveranlassers** als Wer-
tungselement bei der Zurechnung der Verhaltensverantwortlichkeit in solchen Fällen
festgehalten werden, in denen eine Inanspruchnahme nur oder auch des „Hintermann-
nes" bei wertender Betrachtung erforderlich erscheint; den Kritikern ist mithin zuzuge-
stehen, dass der Zweckveranlasser zurückhaltend zu handhaben ist. Ob eine Verantwortlichkeit besteht, ist sodann durch eine wertende Betrachtung zu ermitteln, wobei
entsprechend dem „Kombinations"-Ansatz gleichermaßen auf subjektive wie auf objektive Kriterien abgestellt werden kann.[227]

dd) Latenter Störer

Die Rechtsfigur des „latenten Störers"[228] steht im Zusammenhang mit der Vorstellung   109
einer „latenten Gefahr" (Rn. 74 f.). Wie diese ist auch die Vorstellung eines „latenten
Störers" aufzugeben; die traditionell problematischen Fälle lassen sich im Wege anderer Zurechnungsüberlegungen lösen.

3. Zusatzverantwortlichkeit für das Verhalten Dritter

Die Gefahrenabwehrgesetze normieren eine sog. **Zusatzverantwortlichkeit** bestimmter   110
Personengruppen, denen die Erfüllung einzelner zivilrechtlicher Pflichten obliegt (Auf-
sichtspflicht für Minderjährige bzw. für der Betreuung unterworfene Person, Ge-
schäftsbesorgung des Verrichtungsgehilfen). Diese Zusatzverantwortlichkeit ergänzt
stets nur eine bereits bestehende Verhaltensverantwortlichkeit, ist also insoweit „ak-
zessorisch". Fehlt eine Verantwortlichkeit des Dritten, kann auch die Zusatzverantwortlichkeit nicht greifen. Auf der anderen Seite entfällt mit der Zusatzverantwortlichkeit auch nicht die Verhaltensverantwortlichkeit des Dritten.

---

226 So Kugelmann, 8. Kap. Rn. 46; Schenke, Rn. 245; Enders, Jura 2003, 103, 108; a.A. Schoch, in: Schoch
     (Hrsg.), 2. Kap. Rn. 190.
227 Ähnlich auch Schenke, Rn. 245.
228 Eingehend Schenke, Rn. 249 ff.

111 Der wichtigste Anwendungsfall der Zusatzverantwortlichkeit ist diejenige des Aufsichtspflichtigen für **Minderjährige**.[229] Maßnahmen können – neben der Wahl der oder des Minderjährigen als Adressat – auch etwa gegen die Eltern oder sonstigen Erziehungs- bzw. Sorgeberechtigten gerichtet werden (vgl. § 4 Abs. 2 PolG NW, § 17 Abs. 2 OBG NW; § 6 Abs. 2 S. 1 PolG BW), sofern diese Maßnahmen zur Gefahrenabwehr geeignet sind.

▶ Zu beachten sind die unterschiedlichen Altersgrenzen. In Nordrhein-Westfalen können Maßnahmen gegenüber der bzw. dem Aufsichtspflichtigen ergehen, wenn die gefahrverursachende Person noch nicht 14 Jahre alt ist. In Baden-Württemberg greift die Zusatzverantwortlichkeit bei einer Verursachung der Gefahr durch eine Person, die das 16. Lebensjahr noch nicht vollendet hat. ◀

Ähnliches gilt für Personen, für die ein **Betreuer** bestellt ist, und die eine Gefahrenlage verursachen (vgl. § 4 Abs. 2 PolG NW, § 17 Abs. 2 OBG NW; § 6 Abs. 2 S. 2 PolG BW). Auch hier können Maßnahmen dem Aufsichtspflichtigen gegenüber getroffen werden.

112 Der Geschäftsherr eines **Verrichtungsgehilfen**, der in Ausführung der Verrichtung eine Gefahr verursacht, kann neben dem Gehilfen Adressat gefahrenabwehrbehördlicher Maßnahmen sein (vgl. § 4 Abs. 3 PolG NW, § 17 Abs. 3 OBG NW; § 6 PolG BW).[230] Verrichtungsgehilfe ist, wem von einer anderen Person – dem Geschäftsherrn – eine bestimmte Tätigkeit übertragen wurde und der in einem gewissen Abhängigkeitsverhältnis zum Geschäftsherrn steht. Entscheidend ist, dass die Gefahr nicht nur mehr oder weniger zufällig bei Gelegenheit, sondern „in Ausübung" der Verrichtung verursacht wird. Man wird im Ergebnis zu fordern haben, dass die Gefahrenlage durch die Verrichtungstätigkeit entstanden sein muss.

113 **Juristische Personen** und **Personenhandelsgesellschaften** können für das Verhalten ihrer gesetzlichen Vertreter gefahrenabwehrrechtlich verantwortlich sein; dies ergibt sich indes nicht ausdrücklich aus dem Gefahrenabwehrrecht, sondern ist aus § 11 Nr. 1 VwVfG herzuleiten.[231]

4. Zustandsverantwortlichkeit

a) Grundlagen

114 Als **Zustandsstörer** gefahrenabwehrrechtlich verantwortlich und damit tauglicher Adressat ist der **Inhaber der tatsächlichen Gewalt** (vgl. § 5 Abs. 1 PolG NW, § 18 Abs. 2 S. 1 OBG NW; § 7 PolG BW) bzw. der **Eigentümer** von Tieren oder Sachen (vgl. § 5 Abs. 2 PolG NW, § 18 Abs. 1 OBG NW; § 7 PolG BW) oder (in einigen Ländern) der „**andere Berechtigte**". Von der Sache bzw. dem Tier muss die abzuwehrende Gefahrenlage ausgehen. Dies kann zum einen durch ein kausales Verhalten des Tieres oder durch eine gefahrbegründende Eigenschaft der Sache zu bejahen sein. Eine Zustandsverantwortlichkeit kann sich zum anderen aber auch daraus ergeben, dass eine an sich ungefährliche Sache oder ein an sich ungefährliches Tier durch seine „Lage im Raum" eine Gefahr verursacht.

---

229 Gusy, Rn. 346.
230 Gusy, Rn. 347.
231 J. Dietlein, in: Dietlein/Burgi/Hellermann, § 3 Rn. 89.

Auch bei der Zustandsverantwortlichkeit muss nach h.M. ein **Verursachungszusammenhang** zwischen der Sache bzw. dem Tier und der Gefahrenlage bestehen.[232] Die landesrechtlichen Störerbestimmungen formulieren dies so, dass eine Gefahr von einer Sache bzw. einem Tier „ausgehen" müsse. Dies hat zur Konsequenz, dass eine Zustandsstörereigenschaft ausscheidet, wenn das Eigentum ohne Zutun des Eigentümers als Mittel verwendet wird, „aber nicht per se eine Quelle von Gefahren bildet", wenn also der einzige Verursachungsbeitrag der Sache ihre bloße Existenz ist.[233] Die Gegenauffassung sieht die Gefahr als einer gefährlichen Sache „immanent" an und verzichtet auf Kausalitätserwägungen.[234] Praktische Bedeutung hat diese Kontroverse allenfalls im Zusammenhang mit der Frage nach aus einer Zustandsverantwortlichkeit gegebenenfalls resultierenden Eigensicherungspflichten, etwa für gefährdete bzw. gefährdende Anlagen.[235] Nach zutreffender Auffassung kann eine Gefahr auch dann von einer Sache oder einem Tier ausgehen, wenn sie bzw. es nicht per se gefährlich ist, sondern sich die Gefahrenlage aus der „Lage im Raum" ergibt (z.B. bei einem vor einer Feuerwehrzufahrt blockierend abgestellten Kraftfahrzeug).

115

Diese Verantwortungszurechnung findet nach verbreiteter Auffassung seine Grenze in denjenigen Fällen, in denen eine Sache bzw. ein Tier **in rechtmäßiger Weise verwendet** wird.[236] In dieser Allgemeinheit vermag der Ausschluss der Zustandsverantwortlichkeit nicht zu überzeugen. Denn diese knüpft gerade nicht an ein (rechtmäßiges) Verhalten an. Es sind durchaus Fälle denkbar, in denen etwa ein Grundstück rechtmäßig genutzt wird, ein Verhalten Dritter jedoch eine Gefährlichkeit des Grundstücks begründet. In einem solchen Fall wäre es mit Blick auf das Ziel des Gefahrenabwehrrechts verfehlt, die Zustandsverantwortlichkeit unter Hinweis auf die eigene rechtmäßige Nutzung durch den Eigentümer bzw. Inhaber der tatsächlichen Gewalt von vornherein auszuschließen.[237] Vielmehr wird man bei hinzutretenden Kausalbeiträgen Dritter im Einzelfall eine wertende Betrachtung anzustellen haben. Die rechtmäßige Verwendung ist dann im Rahmen des Adressatenauswahlermessens zu berücksichtigen (Rn. 161 ff.). Die Zustandsverantwortlichkeit ist nach nahezu einhelliger Auffassung nicht von einem **Verschulden** bzw. sonstigem Fehlverhalten des Eigentümers bzw. des Inhabers der tatsächlichen Gewalt abhängig.[238] Verantwortungsbegründend sind damit allein die Gefahrenlage und die „sachenrechtliche" Zuordnung.

116

Beispiel:[239] Der Eigentümer eines Hanggrundstücks oberhalb einer Straße ist selbst dann für deren Sicherung gegen Erdrutsche und Steinschlag verantwortlich, wenn er zu diesen drohenden Ereignissen nicht durch Baumaßnahmen oder Abgrabungen beigetragen hat, sondern sie allein aufgrund heftiger Regenfälle oder unsachgemäßer Sprengarbeiten auf dem

232 Götz, § 9 Rn. 11; Kugelmann, 8. Kap. Rn. 51; Pieroth/Schlink/Kniesel, § 9 Rn. 42 ff. m.w.N.; Schenke, Rn. 268; a.A. Lepsius, JZ 2001, 22; s. zur Problematik VGH Mannheim, DÖV 2013, 121 m.w.N. – „Tagesbruch".
233 So explizit VGH Mannheim, DÖV 2013, 121.
234 Vgl. Drews/Wacke/Vogel/Martens, S. 318.
235 Eingehend Pieroth/Schlink/Kniesel, § 9 Rn. 47.
236 J. Dietlein, in: Dietlein/Burgi/Hellermann, § 3 Rn. 92.
237 So aber J. Dietlein, in: Dietlein/Burgi/Hellermann, § 3 Rn. 92.
238 Möller/Warg, Rn. 136; Schoch in: Schoch (Hrsg.), 2. Kap. Rn. 196; s. ferner BVerwG NJW 1999, 231; OVG Koblenz DVBl. 1998, 103; OVG Münster NWVBl. 1998, 64, 65. – Nach der Gegenauffassung (Tollmann, DVBl. 2008, 616, 620; ders., Die umweltrechtliche Zustandsverantwortlichkeit: Rechtsgrund und Reichweite, 2007, S. 148 ff., 211 ff.) muss der Eigentümer an der Entstehung der Gefahrenlage mitgewirkt haben oder beim Erwerb eines z.B. mit Altlasten belasteten Grundstücks die Kontamination gekannt haben oder gekannt haben müssen. Andernfalls sei der Eigentümer nur unter den Voraussetzungen der Nichtstörer„Haftung" in Anspruch zu nehmen und könne nur zur Duldung von (behördlichen) Gefahrenabwehrmaßnahmen verpflichtet werden; dagegen Schoch a.a.O.
239 Vgl. BVerwG NJW 1999, 231; OVG Koblenz NJW 1998, 625; Pieroth/Schlink/Kniesel, § 9 Rn. 41.

Nachbargrundstück einzutreten drohen. Umgekehrt ist die Inanspruchnahme eines Grundstückseigentümers als Zustandsverantwortlicher nach der Rechtsprechung ausgeschlossen, wenn Felsgestein von einem oberhalb seines Grundstücks gelegenen anderen Grundstück herabzustürzen droht.[240]

117   Der „**Zurechnungsgrund**" für die an das Eigentum bzw. die tatsächliche Sachherrschaft anknüpfende gefahrenabwehrrechtliche Verantwortlichkeit ist in unterschiedlicher Weise bestimmt worden. Während er bei der Verhaltensverantwortlichkeit auf der Hand liegt, ist bei der Zustandsverantwortlichkeit ein größerer Begründungsaufwand zu betreiben. Dies ist dogmatisch noch immer nicht in vollem Umfang überzeugend gelungen. Ausgehend von der Erkenntnis, dass es bei einem Eingriff in Rechte des Adressaten stets eines plausiblen Zurechnungsgrundes bedarf,[241] ließe sich dieser zunächst aus der Sozialbindung des Eigentums gemäß Art. 14 Abs. 2 GG herleiten, die angesichts der weiten Auslegung des Schutzbereichs der Eigentumsfreiheit dann auch den Inhaber der tatsächlichen Gewalt treffen müsste.[242] Soweit als Zurechnungsgrund schlicht auf die Notwendigkeit einer effizienten und nachhaltigen Gefahrenbeseitigung abgestellt wird, überzeugt dies ebenfalls nur eingeschränkt, würde dies doch die Grundidee eines erforderlichen Zurechnungsgrundes jenseits des Gefahrenabwehrinteresses aushebeln. Im Schrifttum ist daher als Zurechnungsgrund der Gedanke der „Risikosphäre" bzw. einer „Nutzen-Lasten-Relation" herangezogen worden.[243] Wenig schlüssig wäre es im Rahmen dieses Argumentationsmodells allerdings, den Zustandsverantwortlichen als „Inhaber des Gegenmittels" zu qualifizieren und sein Unterlassen eines Entgegenwirkens gegen die Gefahr sozusagen in Sinne einer „verdinglichten Verhaltensverantwortlichkeit" zu deuten.[244] Denn die Zustandsverantwortlichkeit knüpft gerade nicht an ein Verhalten an, sondern nimmt lediglich die sachenrechtliche Stellung in Bezug. Vielmehr überzeugt das Argument, dass Lasten und Kosten der Gefahrenabwehr nicht der Allgemeinheit aufgebürdet werden sollen, sondern demjenigen, der als Eigentümer oder Besitzer wirtschaftlichen oder sonstigen Nutzen aus der fraglichen Sache zieht.[245]

118   Die „**Haftungsgabel**" der Zustandsverantwortlichkeit, die Zugriff sowohl auf den Inhaber der tatsächlichen Gewalt als auch auf den Eigentümer ermöglicht, erleichtert der Behörde die Gefahrenabwehr. Der Inhaber der tatsächlichen Gewalt wird häufig auch der „Inhaber des Gegenmittels" gegen die Gefahr sein, weil er faktisch über Ort, Beschaffenheit und Verwendung des Tieres oder der Sache verfügen kann. Dass bei Nichtidentität von Inhaber der tatsächlichen Gewalt und Eigentümer auch letzterer gefahrenabwehrrechtlich verantwortlich ist, ist einerseits der Sozialbindung des Eigentums, andererseits der Erkenntnis geschuldet, dass derjenige, der (wirtschaftlichen) Nutzen aus einer Sache ziehen kann, auch die entsprechenden Verpflichtungen zu tragen und die Gefahrenfreiheit herzustellen und aufrechtzuerhalten hat (Rn. 117).

119   Der Eigentümer ist jedoch nicht als Zustandsstörer verantwortlich, wenn der Inhaber der tatsächlichen Gewalt diese **gegen den Willen des Eigentümers** ausübt (vgl. § 5

---

240 BayVGH, BayVBl. 1996, 437; OVG Koblenz, NJW 1998, 625.
241 VerfGH MV, DVBl. 2000, 265. Zur Bedeutung des Zurechnungsgrundes für die gefahrenabwehrrechtliche Verantwortlichkeit vgl. Schoch in: Schoch (Hrsg.), 2. Kap. Rn. 167 ff.
242 So nennt Schoch in: Schoch (Hrsg.), 2. Kap. Rn. 193, als Zurechnungsgrund denn auch die Sachherrschaft.
243 J. Dietlein, in: Dietlein/Burgi/Hellermann, § 3 Rn. 90.
244 So aber wohl VG München NVwZ-RR 2002, 166; ablehnend auch J. Dietlein, in: Dietlein/Burgi/Hellermann, § 3 Rn. 90.
245 Vgl. BGH DVBl. 1986, 360, 361.

Abs. 2 S. 2 PolG NW, § 18 Abs. 2 S. 2 OBG NW; in Baden-Württemberg gilt dieser Grundsatz auch ohne ausdrückliche landesgesetzliche Regelung).[246]

Beispiel: Ein „Mietnomade", dessen Mietvertrag bereits wirksam gekündigt und ausgelaufen ist, weigert sich, die Wohnung zu räumen. Gehen von der Mietsache sodann Gefahren aus, ist der Wohnungseigentümer kein (neben dem früheren Mieter zusätzlicher) Zustandsstörer.

Gibt der Unberechtigte die Sachherrschaft jedoch auf, lebt die Zustandsverantwortlichkeit des Eigentümers wieder auf.[247]

b) Eigentümer

Zustandsverantwortlich ist der Eigentümer einer Sache bzw. eines Tieres. Die **Eigentümerstellung** richtet sich jeweils nach den einschlägigen zivilrechtlichen Vorschriften.[248] Ist beispielsweise Eigentum nach den sachenrechtlichen Bestimmungen wirksam übertragen worden, kann der ehemalige Eigentümer nicht (mehr) als Zustandsstörer in Anspruch genommen werden. Sofern er zusätzlich Verhaltensverantwortlicher ist, endet diese Handlungsstörereigenschaft freilich nicht.

120

Beispiel: Bei einer unter Eigentumsvorbehalt veräußerten Sache geht das Eigentum mit der Zahlung der letzten Kaufpreisrate auf den Erwerber über.[249] – In Spezialgesetzen können sich Erweiterungen der Haftung ergeben, s. etwa § 4 Abs. 6 BBodSchG, der unter bestimmten Voraussetzungen einen früheren Grundstückseigentümer zur Sanierung verpflichtet.

Die **Eigentumsform** ist dabei unerheblich. Nach überwiegender Auffassung ist das dingliche Anwartschaftsrecht dem (Voll-)Eigentum gefahrenabwehrrechtlich gleichzustellen.[250] Bei Miteigentum kann jeder einzelne (Mit-)Eigentümer Adressat von Gefahrenabwehrmaßnahmen werden, wobei solche Maßnahmen, die unmittelbar Zugriff auf die Sache bzw. das Tier nehmen, nur dann zulässig sind, wenn sämtlichen Miteigentümer gegenüber eine entsprechende Verfügung erlassen wird. In Betracht kommen vor allem Duldungsverfügungen.[251]

121

Eine Ausnahme vom Grundsatz der gegenwärtigen sachenrechtlichen Stellung bildet – in den meisten Ländern kraft ausdrücklicher gesetzlicher Regelung – der Fall der **Dereliktion** gemäß §§ 928, 959 BGB, also die freiwillige Aufgabe des Eigentums. So ist der frühere Eigentümer einer nunmehr herrenlosen Sache, der das Eigentum aufgegeben hat, weiterhin als Zustandsstörer verantwortlich.[252] Er soll sich nicht durch eine bloße Aufgabe des Eigentums und Entledigung der Sache seiner gefahrenabwehrrechtlichen Verantwortlichkeit entziehen können. Dies wird angesichts der eindeutigen gesetzlichen Formulierung selbst dann zu gelten haben, wenn die Dereliktion zeitlich lange zurückliegt oder wenn die Gefahr erst nach Aufgabe des Eigentums von der Sache ausgeht bzw. sich realisiert; Korrektive sind hier gegebenenfalls auf der Ebene der Verhältnismäßigkeit einzuziehen. Kontrovers entschieden wird die Frage, ob der Derelikti-

122

---

246 Pieroth/Schlink/Kniesel, § 9 Rn. 37.
247 Vgl. VGH Kassel DÖV 1999, 916; Kugelmann, 8. Kap. Rn. 58.
248 Götz, § 9 Rn. 59.
249 VGH Kassel NJW 1999, 3650, 3651.
250 J. Dietlein, in: Dietlein/Burgi/Hellermann, § 3 Rn. 93: „wesensgleiches Minus"; Gusy, Rn. 351; zum Sicherungseigentum BVerwG DÖV 1969, 471.
251 J. Dietlein, in: Dietlein/Burgi/Hellermann, § 3 Rn. 93; vgl. Gusy, Rn. 351.
252 Dazu eingehend Schenke, Rn. 278 ff.

on eine Veräußerung an eine vermögenslose (juristische) Person gleichzustellen sei.[253] Mit der neueren Rechtsprechung ist dies zu bejahen, wenn sich der frühere Eigentümer durch die Veräußerung lediglich der Verantwortung durch Überwälzung auf die öffentliche Hand entledigen wolle; das Veräußerungsgeschäft wurde als sittenwidrig und nichtig angesehen (vgl. etwa auch die spezialgesetzlichen Regelungen in § 4 Abs. 3 S. 4 und Abs. 6 BBodSchG).[254]

c) Anderer Berechtigter

123   Ein „anderer Berechtigter" ist jeder Dritte mit Ausnahme des Eigentümers, der sachenrechtlich zur Einwirkung auf die gefahrenverursachende Sache berechtigt ist und dem daher Verantwortung für deren „Gefahrenfreiheit" auferlegt ist.[255]

▶ In Nordrhein-Westfalen ist der „andere Berechtigte" ausdrücklich als Zustandsverantwortlicher genannt, in Baden-Württemberg nicht. Dort ist zu prüfen, ob eine Inhaberschaft der tatsächlichen Gewalt besteht.[256] ◀

Erfasst sind etwa der Nießbraucher (§ 1030 BGB) und der Inhaber eines Erbbaurechts (ErbbauRG), die allerdings zugleich Inhaber der tatsächlichen Gewalt sein können.[257]

▶ Zweifelhaft ist die Einordnung des Verwalters einer Wohnungseigentümergemeinschaft nach dem WEG,[258] sofern er nicht im Einzelfall schon als Inhaber der tatsächlichen Gewalt qualifiziert werden kann. Für eine Behandlung als „anderer Berechtigter" spricht, dass er nach § 27 WEG gewisse Einwirkungsmöglichkeiten auf das Gemeinschaftseigentum hat. Entscheidend gegen eine Subsumtion unter den Begriff des „anderen Berechtigten" ist jedoch vorzubringen, dass der Verwalter keine dem Eigentümer oder dem Inhaber der tatsächlichen Gewalt vergleichbare Nutzungsbefugnis besitzt. Gerade an diese Nutzungsbefugnis ist aber die Zustandsverantwortlichkeit angeknüpft (Rn. 117). ◀

d) Inhaber der tatsächlichen Gewalt

124   Die **Inhaberschaft der tatsächlichen Gewalt** erscheint zwar wie das Eigentum als eine sachenrechtliche Kategorie, knüpft aber anders als dieses nicht an (zivil-)rechtliche Begründungs- und Übertragungstatbestände, sondern allein an die (noch bestehende) physisch-tatsächliche Sachherrschaft im Sinne unmittelbarer Verfügungsgewalt an.[259] Diese Verfügungsgewalt ist vor allem dadurch gekennzeichnet, dass ihr Inhaber andere Personen und die Allgemeinheit vom Zugriff auf die Sache ausschließen kann. Insoweit ist der „Inhaber der tatsächlichen Gewalt" als gefahrenabwehrrechtliche Kategorie[260] nicht mit dem Besitzer gemäß §§ 854 ff. BGB gleichzusetzen. So ist etwa der Besitzdiener Inhaber der tatsächlichen Gewalt, ohne Besitzer zu sein (vgl. § 855 BGB). Auch der unberechtigte Besitzer – etwa der Dieb einer Sache – kann Inhaber der tatsächlichen Gewalt und damit gefahrenabwehrrechtlich zustandsverantwortlich sein.[261] Wie das

---

253 Ablehnend zunächst VGH Mannheim NVwZ 1996, 1036, 1037 f.; dann aber VGH Mannheim VBlBW 1998, 312; dazu Pieroth/Schlink/Kniesel, § 9 Rn. 36.
254 Vgl. Spieth/Wolfers, NVwZ 1999, 355.
255 Gusy, Rn. 351.
256 Vgl. etwa VGH Mannheim NJW 1998, 624 f.
257 Vgl. Pieroth/Schlink/Kniesel, § 9 Rn. 34.
258 Eingehend Lehmann-Richter, ZWE 2012, 105.
259 Gusy, Rn. 350; Möller/Warg, Rn. 135; Trurnit, NVwZ 2001, 1126 ff.
260 Schoch in: Schoch (Hrsg.), 2. Kap. Rn. 201.
261 Schoch in: Schoch (Hrsg.), 2. Kap. Rn. 201; Drews/Wacke/Vogel/Martens, S. 329.

Eigentum kann auch die Inhaberschaft der tatsächlichen Gewalt mehrerer Personen zur gleichen Zeit zustehen. Die Zustandsverantwortlichkeit wegen Inhaberschaft der tatsächlichen Gewalt endet mit der faktischen Aufgabe der Sachherrschaft. Diese rein tatsächliche Anknüpfung erleichtert den Gefahrenabwehrbehörden ihre Aufgabenerfüllung, weil die sachenrechtliche Situation nicht vor einer Inanspruchnahme geklärt werden muss.

Beispiel: Bei verkehrswidrig abgestellten Kraftfahrzeugen kann sowohl der Fahrer als auch der Halter als Inhaber der tatsächlichen Gewalt (der Halter meist zugleich als Eigentümer) in Anspruch genommen werden,[262] sofern der Fahrer nicht das Fahrzeug gegen den Willen des Halters führt (Rn. 119).

Inhaber der tatsächlichen Gewalt kann nach Rechtsprechung[263] und h.L.[264] auch der **Insolvenzverwalter** sein, den sodann die Zustandsverantwortlichkeit hinsichtlich der in der Insolvenzmasse befindlichen Sachen trifft. Der Schuldner mag noch Eigentümer sein, die tatsächliche Gewalt übt der Insolvenzverwalter jedoch regelmäßig gegen bzw. ohne seinen Willen aus, so dass eine Zustandsverantwortlichkeit aus Eigentümerstellung entfällt.[265] Gibt der Insolvenzverwalter den gefährlichen Gegenstand wieder frei, lebt die Verantwortlichkeit des Schuldners wieder auf, die des Insolvenzverwalters endet mit der Aufgabe der tatsächlichen Sachherrschaft.[266]   125

Kontrovers diskutiert wird die Frage, ob es für die Zustandsverantwortlichkeit des Inhabers der tatsächlichen Gewalt neben der physischen Einwirkungsmöglichkeit zusätzlich auf einen **Willen zur Ausübung bzw. Innehabung der tatsächlichen Gewalt** ankommt. Diese Überlegung ist nicht hypothetisch, sind in der Praxis Fälle nicht selten, in denen die Inhaberschaft der tatsächlichen Gewalt mehr oder weniger zufällig erworben wird (etwa „aufgedrängter Besitz").[267] Im Ergebnis wird – sofern ein Eigentümer verfügbar ist – das Problem auf der Ebene des Adressatenauswahlermessens (Rn. 161 ff.) zu lösen sein. Es kann unverhältnismäßig sein, den Inhaber der tatsächlichen Gewalt mit einer Maßnahme zu belegen, wenn er diese nicht willentlich ausübt.   126

e) Grenzen der Zustandsverantwortlichkeit

Die allein an die Gefahrenlage und die „sachenrechtliche" Zuordnung anknüpfende **Zustandsverantwortlichkeit** ist zunächst gänzlich **unbegrenzt**; die Judikatur hat dies entgegen vorgebrachter Bedenken[268] im Hinblick auf die Vereinbarkeit einer völlig unverschuldeten „Haftung" in voller Höhe mit Verfassungsrecht bestätigt.[269] Insbesondere ist die Zustandsverantwortlichkeit für jegliches von einer Sache ausgehende, sich als konkrete Gefahr manifestierende Risiko zu bejahen. Soweit gelegentlich bestimmte Risiken als Risiken der Allgemeinheit aus der Zustandsverantwortlichkeit „auszuklammern" versucht worden sind, ist die überwiegende Auffassung dem zu Recht nicht ge-   127

---

262 VGH Mannheim VBlBW 1990, 257, 259 f.; VGH Kassel, NVwZ 1988, 655.
263 BVerwG NVwZ 2004, 1505.
264 J. Dietlein, in: Dietlein/Burgi/Hellermann, § 3 Rn. 94; Götz, § 9 Rn. 64; Schoch in: Schoch (Hrsg.), 2. Kap. Rn. 206 f.; eingehend Kley, DVBl. 2005, 737.
265 Schoch in: Schoch (Hrsg.), 2. Kap. Rn. 207.
266 BVerwGE 122, 75, 81; VGH München NVwZ-RR 2006, 537, 539; eingehend Kurz/Schwarz, NVwZ 2007, 1380, sowie Schoch in: Schoch (Hrsg.), 2. Kap. Rn. 207.
267 J. Dietlein, in: Dietlein/Burgi/Hellermann, § 3 Rn. 94 f.
268 Vgl. etwa Frenz, VerwArch 90 (1999), S. 208 ff.; Schwerdtner, NVwZ 1992, 141.
269 BVerwG DÖV 1991, 428; NVwZ 1997, 577, 578; VGH Mannheim NVwZ-RR 1996, 13; Schoch in: Schoch (Hrsg.), 2. Kap. Rn. 197.

folgt.[270] Die Zustandsverantwortlichkeit besteht **dem Grunde nach „ungeteilt"**.[271] Korrekturen können daher allenfalls auf Rechtsfolgenseite vorgenommen werden.

128   Im Umweltrecht ist eine differenzierte Dogmatik zur **Begrenzung der Zustandsverantwortlichkeit** auf Rechtsfolgenseite entwickelt worden.[272] Dies trägt der Tatsache Rechnung, dass die Kosten für Gefahrenabwehrmaßnahmen, etwa die Sanierung durch Altlasten kontaminierter Grundstücke, deren Verkehrswert deutlich übersteigen können. In solchen Fällen vom Eigentümer die Durchführung bzw. Kostenübernahme zu verlangen, erscheint unbillig. Das Bundesverfassungsgericht[273] hat im Anschluss an derartige Überlegungen für die sog. „Altlasten-Fälle" unter Rückgriff auf die Eigentumsgarantie in Art. 14 GG und den Verhältnismäßigkeitsgrundsatz Kriterien entwickelt, um die Zustandsverantwortlichkeit des Grundstückseigentümers zu begrenzen. Orientierungspunkt ist dabei der Verkehrswert des Grundstücks (§ 194 BauGB), der nach der Legaldefinition „durch den Preis bestimmt wird, der in dem Zeitpunkt, auf den sich die Ermittlung bezieht, im gewöhnlichen Geschäftsverkehr nach den rechtlichen Gegebenheiten und tatsächlichen Eigenschaften, der sonstigen Beschaffenheit und der Lage eines Grundstücks oder des sonstigen Gegenstands der Wertermittlung ohne Rücksicht auf ungewöhnliche oder persönliche Verhältnisse zu erzielen wäre." Dieser Verkehrswert bildet den rechnerischen Höchstwert für die Kostenlast, die der Zustandsstörer zu tragen hat, sofern

- es sich um Gefahren handelt, die durch Naturereignisse hervorgerufen werden, oder
- die Gefahren durch nicht nutzungsberechtigte Dritte verursacht werden, oder
- die Gefahrenursache der Sphäre der Allgemeinheit zuzurechnen ist, oder
- das Grundstück den wesentlichen Teil des Vermögens des Zustandsverantwortlichen bildet.

Über die Höhe des Verkehrswertes hinaus kann eine Haftung in Betracht kommen, wenn der Zustandsverantwortliche das Risiko freiwillig übernommen hat oder hätte erkennen können.

129   Zweifelhaft ist, ob sich diese Überlegungen zur Haftungsbegrenzung bei der Sanierung auch auf das **allgemeine Gefahrenabwehrrecht** übertragen lassen.[274] Kritisch gesehen werden etwa eine mögliche Privilegierung des Immobiliareigentums gegenüber sonstigem Eigentum und eine Aufweichung der im Übrigen konzisen Konzeption der Zustandsverantwortlichkeit.[275] Zu verorten sind derartige Erwägungen allerdings nicht bei der Frage nach dem Maßnahmenadressaten – der Zustandsstörer ist dem Grunde nach gefahrenabwehrrechtlich verantwortlich und damit zulässig Adressat –, sondern im Rahmen der Verhältnismäßigkeitsprüfung (Rn. 177 ff.).[276]

---

270   Götz, § 9 Rn. 59; Schoch, JuS 1994, 1026 m.w.N.; OVG Münster NWVBl. 1998, 64; OVG Koblenz NJW 1998, 625.

271   So ist etwa nach dem Zweiten Weltkrieg die Zustandsverantwortlichkeit für Gebäuderuinen uneingeschränkt bejaht worden; vgl. Drews/Wacke, Polizeirecht, 7. Aufl. 1961, S. 233 f.; dazu Götz, § 9 Rn. 59.

272   Eingehend Gusy, Rn. 359 f.; Sparwasser/Geißler, DVBl. 1995, 1317.

273   BVerfGE 102, 1, 20; dazu Klüppel, Jura 2001, 26. Zu den Altlastenfällen Finger, NVwZ 2011, 1288.

274   Eingehend Schenke, Rn. 271 ff.

275   Schoch in: Schoch (Hrsg.), 2. Kap. Rn. 199.

276   Schenke, Rn. 271 ff.

5. Inanspruchnahme von „Nichtstörern"

a) Grundlagen

Unter engen, gesetzlich gesondert geregelten Voraussetzungen kann auch eine Person 130
als Adressat von Gefahrenabwehrmaßnahmen in Anspruch genommen werden, die
nicht als Zustands-, Verhaltens- oder Zusatzverantwortliche qualifiziert werden kann.
Man spricht vom sog. „gefahrenabwehrbehördlichen" (auch: polizeilichen) Notstand"
bzw. der „Nichtstörer"-Inanspruchnahme (§ 6 PolG NW, § 19 OBG NW; § 9 PolG
BW). Sie beruht auf der „Solidarpflicht"[277] der Bürgerinnen und Bürger, zur Gefahrenabwehr in solchen Situationen beizutragen, in denen es keine andere Möglichkeit gibt.

Beispiel: Ein Fußballverein kann als Nichtstörer in Anspruch genommen werden, wenn an-
lässlich eines bevorstehenden Fußballspieles Gefahren für die öffentliche Sicherheit, etwa
durch gewalttätige Ausschreitungen der Anhänger beider Vereine, mit an Sicherheit grenzender Wahrscheinlichkeit zu erwarten sind. Ihm gegenüber kann etwa ein Verbot ergehen,
Eintrittskarten für das Spiel an den Gastverein abzugeben.[278]

Rechtmäßig ist diese Inanspruchnahme nur dann, wenn die sonstigen Tatbestandsvor- 131
aussetzungen der Ermächtigungsgrundlage erfüllt sind und die gesetzlichen Anforderungen an die Nichtstörer-Haftung **kumulativ** vorliegen. Diese strikt auszulegenden
Bestimmungen tragen der Tatsache Rechnung, dass eine weder durch ihr Verhalten
noch durch ihre (Rechts-)Beziehung zu einer Sache bzw. einem Tier für eine Gefahrensituation verantwortliche Person im Grundsatz nicht von Gefahrenabwehrbehörden
mit Maßnahmen belegt werden soll. Abzuwägen ist diese „Polizeifreiheit" des Nichtverantwortlichen allerdings gegen das öffentliche Interesse an einer schnellen und effizienten Beseitigung der Gefahrenlage, so dass ausnahmsweise auch ein Nichtverantwortlicher in die Pflicht genommen werden kann, damit die Behörden nicht untätig
bleiben müssen. Zu beachten ist jedoch, dass nicht nur die tatbestandlichen Voraussetzungen gegeben sein müssen, sondern sich auch auf **Rechtsfolgenseite** zu berücksichti-
gende Einschränkungen ergeben (Rn. 138). Darüber hinaus steht dem als Nichtverantwortlicher mit einer Maßnahme Belegten nach den Gefahrenabwehrgesetzen regelmäßig ein verschuldensunabhängiger **Entschädigungsanspruch** zu, der zudem unabhängig
davon ist, ob die Inanspruchnahme als Nichtstörer rechtmäßig oder rechtswidrig erfolgt ist (vgl. § 39 Abs. 1 lit. a) OBG NW, Verweis aus § 67 PolG NW; § 55 PolG BW).

Umstritten ist, ob solche (**mittelbaren**) Eingriffe, die mit Gefahrenabwehrmaßnahmen 132
gegen Störer **für unbeteiligte Dritte** verbunden sind, als Inanspruchnahme von Nichtstörern eingeordnet werden können.[279] So nahe es liegt, derartige „Kollateralschäden"
einer rechtlichen Regelung zu unterziehen, wird man eine lediglich mittelbare Beeinträchtigung nicht als Nichtstörerinanspruchnahme qualifizieren können.[280] Eine andere Frage ist freilich, ob man trotz einer nicht gezielten Inanspruchnahme einen Entschädigungsanspruch analog demjenigen für den in Anspruch genommenen „Nichtstörer" zubilligt (§ 20 Rn. 2 ff.).

Im Schrifttum wird gelegentlich zwischen einem „echten" polizeilichen Notstand (bei 133
dem die tatbestandlichen Voraussetzungen für die Inanspruchnahme eines nicht Verantwortlichen gegeben sind) und einem **„unechten" polizeilichen Notstand** unterschie-

---

277 J. Dietlein, in: Dietlein/Burgi/Hellermann, § 3 Rn. 102.
278 Vgl. OVG Hamburg NJW 2012, 1975.
279 So OLG Hamm NJW 1998, 1096.
280 Ablehnend OLG Dresden SächsVBl. 2003, 173; J. Dietlein, in: Dietlein/Burgi/Hellermann, § 3 Rn. 104.

den.[281] Dieser soll dann vorliegen, wenn ein Verantwortlicher zwar rechtzeitig und die Gefahr effektiv beseitigend mit einer Maßnahme belegt werden könnte, dies aber für den Störer oder für die Allgemeinheit unerträgliche, unzumutbare Nachteile mit sich brächte. Diese Fälle wird man jedoch, wie die h.M. zu Recht bemerkt, meist schon unter den Tatbestand des „echten" Notstands subsumieren können.[282]

b) Voraussetzungen

134   Nach den Regelungen in Nordrhein-Westfalen (§§ 6 Abs. 1 PolG NW, 19 Abs. 1 OBG NW) bestehen insgesamt vier Voraussetzungen für eine rechtmäßige Inanspruchnahme nicht verantwortlicher Personen. In Baden-Württemberg bestehen ähnliche Anforderungen, die allerdings abweichend formuliert sind. Die Darstellung folgt der nordrhein-westfälischen Gesetzeslage. Erste Voraussetzung ist eine **gegenwärtige erhebliche Gefahr** (§ 6 Abs. 1 Nr. 1 PolG NW, § 19 Abs. 1 Nr. 1 OBG NW), also eine konkrete Gefahrenlage, die sowohl in zeitlicher Hinsicht (Nähe des zu erwartenden Schadenseintritts bzw. bestehende Störung) als auch im Hinblick auf die gefährdeten Rechtsgüter qualifiziert ist (zu den Begriffen Rn. 5 f., 67 f.).

▶ In Baden-Württemberg setzt § 9 Abs. 1 PolG BW voraus, dass anders als durch die Inanspruchnahme einer unbeteiligten Person eine „unmittelbar bevorstehende Störung der öffentlichen Sicherheit oder Ordnung nicht verhindert oder eine bereits eingetretene Störung nicht beseitigt werden kann". Erforderlich ist mithin lediglich eine Störung oder eine gegenwärtige Gefahr. ◀

135   **Maßnahmen gegen Verhaltens- oder Zustandsstörer** dürfen in Nordrhein-Westfalen darüber hinaus nicht oder nicht rechtzeitig möglich sein bzw. keinen Erfolg versprechen (§ 6 Abs. 1 Nr. 2 PolG NW, § 19 Abs. 1 Nr. 2 OBG NW).

▶ In Baden-Württemberg ist diese Voraussetzung nicht explizit geregelt. Vielmehr erfasst eines der Regelbeispiele („insbesondere") die Fälle, in denen durch Maßnahmen gegenüber Verhaltens- oder Zustandsstörer bzw. eine unmittelbare Ausführung „ein Schaden herbeigeführt würde, der erkennbar außer Verhältnis zu dem beabsichtigten Erfolg steht." Gleichwohl wird auch in Baden-Württemberg zu prüfen sein, ob vorrangig Maßnahmen gegen Störer in Betracht kommen; dies ist mangels tatbestandlicher Niederlegung allerdings im Rahmen der Verhältnismäßigkeit bzw. des Adressatenauswahlermessens (Rn. 161 ff.) zu erörtern. ◀

Die Nichtstörerinanspruchnahme ist mithin gegenüber der Inanspruchnahme von „Störern" dezidiert für subsidiär erklärt. Damit finden Verhältnismäßigkeitserwägungen Eingang in den Tatbestand des gefahrenabwehrbehördlichen Notstands: „Milderes Mittel" ist stets die Inanspruchnahme des Verhaltens- oder Zustandsstörer. Dies bedeutet zugleich, dass bei der im Rahmen des Ermessens vorzunehmenden Störerauswahl (Rn. 161 ff.) nicht zwischen Nichtstörer und Störer auszuwählen ist, weil letztere stets vorrangig in Anspruch zu nehmen sind. Nichtstörer können nur dann mit Maßnahmen belegt werden, 1. wenn Verhaltens- oder Zustandsstörer nicht existieren (Beispiel: ein Handlungsstörer ist ohne gesetzliche Erben verstorben), nicht ermittelbar oder nicht aufzufinden sind. Ferner sind Maßnahmen gegen Nichtstörer möglich, wenn 2. Maßnahmen gegen Verhaltens- oder Zustandsstörer keinen Erfolg versprechen. Dies ist dann der Fall, wenn solche Maßnahmen die Gefahr nach nicht zu bean-

---

281   Vgl. etwa Schmidt-Jortzig, JuS 1970, 507, 509 f.
282   Pieroth/Schlink/Kniesel, § 9 Rn. 80.

standender Prognose der Akteure nicht wirksam beseitigen würden oder – sofern sie bereits durchgeführt wurden – gescheitert sind.

Beispiel: Bei der Einweisung eines Obdachlosen in eine leerstehende Wohnung, um ihn in einem strengen Winter vor schwerwiegenden Gesundheitsschäden und Lebensgefahr zu bewahren, ist der Obdachlose nach h.M. „Störer"; ihm gegenüber sind jedoch keine Erfolg versprechenden Maßnahmen denkbar, die Gefahrenlage zu beseitigen.[283]

Die Voraussetzung ist hingegen nicht erfüllt, wenn ein Verhaltens- oder Zustandsverantwortlicher die Durchführung der ihm auferlegten Handlung von vornherein **verweigert**. Zwar verspricht seine Inanspruchnahme nach dem Wortlaut keinen Erfolg, weil er etwa eine Verfügung nicht befolgen wird; gleichwohl kann nicht unmittelbar auf einen Nichtstörer zugegriffen werden. Denn gegenüber dem renitenten Störer sind häufig weitere Maßnahmen denkbar, etwa die zwangsweise Durchsetzung der nicht befolgten Verfügung im Wege der Verwaltungsvollstreckung.

Weiterhin ist erforderlich, dass die **Gefahrenabwehrbehörde** die Gefahr **nicht selbst oder durch einen Beauftragten abwenden** kann (§ 6 Abs. 1 Nr. 3 PolG NW, § 19 Abs. 1 Nr. 3 OBG NW).   136

▶ In Baden-Württemberg normiert § 9 Abs. 1 PolG BW als Regelbeispiel: „wenn die eigenen Mittel der Polizei nicht ausreichen". ◀

Auch dieses Merkmal verdeutlicht die Nachrangigkeit der Nichtstörerinanspruchnahme, die insoweit „doppelt subsidiär"[284] gegenüber der Heranziehung von Störern sowie einem eigenen Tätigwerden der Behörde ist. Diese muss prüfen, ob sie etwa durch die Anforderung von Rechts- oder Amtshilfe durch andere Behörden, die möglicherweise besser zur Gefahrenabwehr geeignet, befähigt oder ausgestattet sind, die Gefahr beheben kann. Kostenerwägungen dürfen dabei im Regelfall keine Rolle spielen.[285] Nur wenn die zu erwartenden Kosten im Einzelfall unverhältnismäßig hoch sind, darf sie ausnahmsweise auf den Nichtstörer zugreifen.[286]

Beispiel: Im Obdachlosenfall (Rn. 135) wird die Behörde daher im Regelfall dazu verpflichtet sein, zunächst nach anderen Unterkünften zu suchen und insbesondere zu überprüfen, ob alle Obdachlosenunterkünfte belegt sind; gegebenenfalls kommen auch die Anmietung von Hotelzimmern oder Wohnraum, die Unterbringung in – geeigneten – behördlichen Gebäuden (sofern dies die Wahrnehmung anderer Verwaltungsaufgaben nicht beeinträchtigt) oder die Aufstellung von mobilen Wohneinheiten in Betracht.[287] Unterkünfte in benachbarten Gemeinden muss die Behörde aber nicht suchen.[288]

Schließlich darf der Nichtstörer nur ohne erhebliche eigene Gefährdung und ohne Verletzung sonstiger bzw. höherrangiger Pflichten in Anspruch genommen werden (§ 6 Abs. 1 Nr. 4 PolG NW, § 19 Abs. 1 Nr. 4 OBG NW).   137

---

283 Vgl. Schoch in: Schoch (Hrsg.), 2. Kap. Rn. 242; s. auch OVG Saarland, Beschl. v. 14.4.2014, 1 B 213/14.
284 Gusy, Rn. 384.
285 So auch VG Köln NVwZ-RR 1990, 414; Möller, JuS 1995, 664. – Zu dieser Frage im Zusammenhang mit Erforderlichkeitsüberlegungen bei der Verhältnismäßigkeitsprüfung Rn. 325.
286 VG Bremen NVwZ 1991, 706, 707; Schoch in: Schoch (Hrsg.), 2. Kap. Rn. 237 ff.; ähnlich Pieroth/Schlink/Kniesel, § 9 Rn. 81.
287 Vgl. etwa VGH Mannheim NJW 1997, 2832, 3833; OVG Münster NVwZ 1991, 692; Erichsen/Biermann, Jura 1998, 371, 377.
288 Zurückhaltend auch OVG Schleswig NJW 1993, 413; a.A. Schoch in: Schoch (Hrsg.), 2. Kap. Rn. 246; Ewer/von Detten, NJW 1995, 353, 356.

▶ In Baden-Württemberg fehlt eine entsprechende Bestimmung; die in Nordrhein-Westfalen normierten Erwägungen sind jedoch auch dort im Rahmen der Verhältnismäßigkeit bzw. des Ermessens anzustellen. ◀

Dies bedeutet einerseits, dass es dem Nichtverantwortlichen nicht zugemutet werden kann, eigene hochrangige Rechtsgüter zu gefährden; die Inanspruchnahme des Nichtstörers unterliegt einer nach wertenden Maßstäben zu bestimmenden „Opfergrenze".[289] Das Merkmal der **„erheblichen" eigenen Gefährdung** bezieht sich auf die im Rahmen einer Inanspruchnahme als Nichtstörer zu erwartenden Beeinträchtigungen eigener Rechtsgüter, wie Leben, Gesundheit, körperliche Unversehrtheit und persönliche Freiheit. Zweifelhaft ist, ob auch die drohende Schädigung eines Eigentums von erheblichem Wert als „erhebliche eigene Gefährdung" qualifiziert werden kann. Denn eventuelle Einbußen durch Kosten oder sonstige vermögenswerte Schädigungen werden durch den Entschädigungsanspruch ausgeglichen. Eine erhebliche eigene Gefährdung dürfte daher nur dann anzunehmen sein, wenn etwa wertvolle und unersetzliche Unikate gefährdet werden, deren drohender Verlust durch den Entschädigungsanspruch nicht oder nur unzureichend kompensiert werden könnte. Zudem darf es dem Nichtverantwortlichen nicht zugemutet werden, anderweitig bestehende **höherwertige Pflichten** zu verletzen. Bei den „höherwertigen Pflichten" geht es nicht um eigene Rechtsgüter, sondern um Pflichten, die Dritten gegenüber bestehen und in einer Abwägung mit dem durch die Nichtstörerinanspruchnahme zu schützenden Rechtsgut als höherwertig zu bewerten sind. „Verletzt" sind solche Pflichten nur dann, wenn die Inanspruchnahme durch die Polizei nicht als Rechtfertigungsgrund dienen kann.[290]

Beispiel: Ein Arzt, der einen Unfallort passiert, darf nicht dort nicht zu Hilfeleistungen verpflichtet werden, wenn er zu einem Patienten unterwegs ist, der einen akuten Herzanfall erlitten hat. Anders läge es, wenn der Arzt lediglich zu seinem Dienst im Krankenhaus fahren würde.

c) Rechtsfolgen

138   Maßnahmen gegenüber „Nichtstörern" dürfen aus Gründen der Verhältnismäßigkeit **in zeitlicher Hinsicht** nur so lange aufrechterhalten werden, wie die Gefahrenabwehr nicht auf andere Weise möglich ist (§ 6 Abs. 2 PolG NW, § 19 Abs. 2 OBG NW) bzw. wie die Voraussetzungen für die Nichtstörer-Inanspruchnahme vorliegen (§ 9 Abs. 2 PolG BW). Die dargestellten Voraussetzungen müssen mithin während der gesamten Dauer der Maßnahme erfüllt sein; diese ist unverzüglich zu beenden, wenn sich Alternativen ergeben – wenn etwa ein Verhaltens- oder Zustandsstörer greifbar wird oder die Behörde selbst Erfolg versprechende Maßnahmen zur Gefahrenabwehr treffen kann. Zur Frage der in zahlreichen Gefahrenabwehrgesetzen explizit geregelten, verschuldensunabhängigen **Entschädigungsansprüche** infolge einer Inanspruchnahme als Nichtverantwortlicher § 20 Rn. 2 ff.

6. Unmittelbare Ausführung

139   In einigen Bundesländern ist die sog. **„unmittelbare Ausführung"** gesetzlich normiert (vgl. § 5 des Musterentwurfs; § 8 PolG BW, nicht in Nordrhein-Westfalen).[291] Die je-

---

289 Möller/Warg, Rn. 149; Schoch in: Schoch (Hrsg.), 2. Kap. Rn. 249.
290 Gusy, Rn. 383.
291 Götz, § 12 Rn. 13 ff.; Knemeyer, Rn. 342 ff.; Pieroth/Schlink/Kniesel, § 24 Rn. 41 ff.; Köhler, BayVBl. 1999, 522; Wehser, LKV 2001, 293.

weilige Vorschrift ist keine Standardermächtigung, da sie nicht gesondert einen gefahrenabwehrbehördlichen Eingriff gestattet. Die unmittelbare Ausführung stellt auch – obwohl sie in einigen Ländern, z.b. in Baden-Württemberg (§ 8 PolG BW) an die Stelle des sofortigen Vollzugs tritt – keine Maßnahme in der Verwaltungsvollstreckung dar, weil kein entgegenstehender Willen eines Adressaten „gebrochen" wird und auch keine zu vollstreckende Grundverfügung vorliegt.[292] Vielmehr handelt sich um eine Art „negative Adressatenregelung": Sind Verantwortliche nach den Vorschriften über die Störereigenschaft nicht anwesend bzw. nicht erreichbar, darf die Behörde einen Realakt vornehmen, die unmittelbare Ausführung. Es fehlt dann an einer Verfügung hinsichtlich eines Handelns, Duldens oder Unterlassens sowie an einem konkreten Maßnahmenadressaten.[293]

Die **Rechtmäßigkeit unmittelbarer Ausführung** setzt voraus, dass 1. ein Zustands- oder Verhaltensverantwortlicher fehlt bzw. der polizeiliche Zweck durch Maßnahmen diesen gegenüber nicht oder nicht rechtzeitig erreicht werden kann (§ 8 Abs. 1 S. 1 PolG BW), 2. eine vertretbare Handlung[294] vorgenommen werden soll und 3. ein Grundverwaltungsakt nicht vorliegt. Ist ein solcher wirksam erlassen, kann die Behörde nämlich im Wege der Verwaltungsvollstreckung vorgehen und braucht nicht auf die unmittelbare Ausführung zurückzugreifen. Keine Rechtmäßigkeitsvoraussetzung für die unmittelbare Ausführung ist dagegen die nach den gesetzlichen Vorschriften erforderliche Bekanntgabe bzw. Unterrichtung des durch die unmittelbare Ausführung Betroffenen; es handelt sich vielmehr um eine Rechtsfolgenanordnung (vgl. § 8 Abs. 1 S. 2 PolG BW). Liegen die Voraussetzungen vor, kann die Behörde eine erforderliche Gefahrenabwehrmaßnahme selbst oder durch einen anderen ausführen (lassen). Sie kann sodann gegenüber dem nicht greifbaren Betroffenen (sofern es einen solchen gibt) einen Kostenerstattungsanspruch geltend machen und diesen im Verwaltungszwangsverfahren beitreiben (vgl. § 8 Abs. 2 PolG BW).

140

7. Gefahrenabwehrrechtliche Verantwortlichkeit von Hoheitsträgern

Gefahren können auch aufgrund eines Verhaltens entstehen, das einem **Hoheitsträger** zuzurechnen ist. Zudem kann sich eine Zustandsstörereigenschaft ergeben, wenn ein Hoheitsträger beispielsweise Eigentümer eines mit Altlasten kontaminierten Grundstücks ist. Zweifelhaft ist, ob die allgemeinen Gefahrenabwehrbehörden in diesen Fällen Maßnahmen gegen diese Hoheitsträger richten dürfen, ob diese also zulässigerweise Adressaten von Verfügungen sein können.[295]

141

▶ **Hinweis für die Fallbearbeitung:** In der Falllösung stellt sich diese Frage häufig schon im Rahmen der sachlichen Zuständigkeit; diese kann nach h.M. bei einer Verfügung abzulehnen sein, wenn die Befolgung dieser Verfügung die Erfüllung der eigenen hoheitlichen Aufgaben des adressierten Hoheitsträgers ernstlich beeinträchtigt. ◀

Ausgeschlossen ist aufgrund gesetzlicher Anordnung jedenfalls die Anwendung von **Zwangsmitteln** gegenüber anderen Hoheitsträgern, sofern dies nicht durch Rechtsvor-

---

292 Kästner, JuS 1994, 361, 364; Möller/Warg, Rn. 235: „vollstreckungsähnliche Maßnahme", a.A. Pieroth/Schlink/Kniesel, § 24 Rn. 41: Variante des gekürzten Zwangsverfahrens; ähnlich Gusy, Rn. 440. Zum Verhältnis zum Vollstreckungsrecht Rn. 563.
293 Vgl. Knemeyer, Rn. 343.
294 Knemeyer, Rn. 344.
295 Eingehend Borowski, VerwArch. 2010, 58; Britz, DÖV 2002, 891; Gebhard, DÖV 1986, 545; Schoch, Jura 2005, 324; Götz, § 9 Rn. 76 ff.

schriften ausdrücklich gestattet ist (vgl. § 17 VwVG sowie die landesrechtlichen Parallelvorschriften, etwa § 22 VwVG BW; zur Verwaltungsvollstreckung §§ 11–14).

142   Im Grundsatz gilt, dass auch jeder Hoheitsträger und seine Behörden und Amtsträger an die Gesetze gebunden sind (Art. 20 Abs. 3 GG); mithin besteht eine **materielle Polizeipflichtigkeit** aller Hoheitsträger, soweit nicht eine ausdrückliche gesetzliche „Freistellung" normiert ist (vgl. § 35 StVO).[296] Auf der anderen Seite ist jeder Hoheitsträger grundsätzlich in seinem eigenen Hoheitsbereich zur Gefahrenabwehr berufen. Würde man es den allgemeinen Polizei- und Ordnungsbehörden gestatten, etwa anderen Behörden gegenüber Gefahrenabwehrverfügungen zu erlassen, könnten sie damit in fremde Kompetenzbereiche eingreifen und insoweit die Aufgabenwahrnehmung der anderen Behörden beeinflussen.

143   Nach traditioneller Auffassung ist mithin eine **formelle Polizeipflichtigkeit** wegen drohender Kompetenzübergriffe abzulehnen;[297] die allgemeinen Gefahrenabwehrbehörden dürfen (andere) Hoheitsträger nicht als Maßnahmenadressaten wählen. Dies soll selbst dann gelten, wenn der andere Hoheitsträger verwaltungsprivatrechtlich handelt.[298] Ausnahmen von diesem Grundsatz sind allerdings dann zu machen, wenn 1. eine solche Inanspruchnahme durch Sonderordnungsrecht gestattet wird,[299] wenn es sich 2. um einen Eilfall handelt („Recht des ersten Zugriffs" bei Gefahr im Verzug),[300] oder wenn 3. der betroffene andere Hoheitsträger nicht hoheitlich, sondern lediglich fiskalisch tätig wird.[301] In letzterem Fall ist kein Übergriff auf die „fremde" hoheitliche Tätigkeit zu besorgen. Darüber hinaus ist in der Rechtsprechung anerkannt, dass die Gefahrenabwehrbehörde, sofern sie im Wege der Ersatzvornahme eine Gefahrenlage anstelle der eigentlich zuständigen Behörde beseitigt hat, dieser gegenüber einen Kostenerstattungsbescheid erlassen darf.[302] Unberührt bleiben schließlich in Konstellationen mit einem „störenden" Hoheitsträger die Befugnisse der Aufsichtsbehörde[303] bzw. die Möglichkeit der Klage eines betroffenen Privaten gegenüber dem störenden Handeln. Die These vom kompetenzwidrigen Übergriff ist angesichts dieser Aufweichungstendenzen in der Judikatur im Schrifttum fundamental in Zweifel gezogen worden;[304] auch jenseits der genannten Ausnahmen solle der Grundsatz fehlender Anordnungsbefugnis gegenüber anderen Hoheitsträgern aufgegeben werden. Denn die Gefahrenabwehrbehörde mache diesem ja nicht die Zuständigkeit zur Wahrnehmung der Fachaufgabe streitig, sondern vollziehe (zuständigkeitsgemäß) das allgemeine Polizei- und Ordnungsrecht.[305]

Beispiel: Eine untere Landesbehörde beabsichtigt, auf der Grundlage des Bundes-Immissionsschutzgesetzes wegen Lärmemissionen gegen ein als nicht rechtsfähige Anstalt betriebe-

---

296 Gusy, Rn. 140; Möller/Warg, Rn. 122.
297 Knemeyer, Rn. 352; Schenke, Rn. 234.
298 Schenke, Rn. 236.
299 Zu den Befugnissen der Immissionsschutzbehörden nach § 24 S. 1 BImSchG etwa BVerwGE 117, 1, 5; J. Dietlein, in: Dietlein/Burgi/Hellermann, § 3 Rn. 116.
300 VGH Kassel DÖV 1992, 752; Gusy, Rn. 141; Wallerath/Sträter, JuS 1999, 127, 130.
301 VGH Kassel NVwZ 1997, 304, 305; J. Dietlein, in: Dietlein/Burgi/Hellermann, § 3 Rn. 115; Knemeyer, Rn. 353; Möller/Warg, Rn. 123, Schenke, Rn. 237.
302 BVerwG DÖV 1999, 786; DVBl. 2003, 1076, 1078.
303 OVG Münster DVBl. 1989, 1009.
304 Schoch in: Schoch (Hrsg.), 2. Kap. Rn. 175.
305 Differenzierend Möller/Warg, Rn. 123; ähnlich Schoch, Jura 2005, 324, 327; Britz, DÖV 2002, 891.

nes gemeindliches Freibad einzuschreiten. Die Rechtsprechung sieht dies noch überwiegend als unzulässigen Eingriff in die hoheitliche Tätigkeit an.[306]

8. Rechtsnachfolge in die gefahrenabwehrrechtliche Verantwortlichkeit

Schwierige dogmatische Probleme wirft die Frage einer **Rechtsnachfolge** im Zusammenhang mit gefahrenabwehrrechtlich relevanten Konstellationen auf.[307]   **144**

Beispiele: E ist Eigentümer eines Grundstücks, auf dem sich ein morscher Baum befindet, der auf eine öffentliche Straße zu stürzen droht. Er veräußert das Grundstück an den Käufer K; so dass Einzelrechtsnachfolge hinsichtlich des Eigentums am Grundstück eintritt. Veräußert E das Grundstück nicht, sondern verstirbt, tritt sein Erbe im Wege der Gesamtrechtsnachfolge in seine Rechte und Pflichten ein. – Aufgrund eines Fehlverhaltens des Fahrers F ist ein Lastkraftwagen mit Altölfässern umgekippt; der Inhalt der Fässer hat sich auf ein Grundstück ergossen. F kann als Verhaltensverantwortlicher in Anspruch genommen werden. Verstirbt er, tritt auch hier der Erbe möglicherweise in die Rechtsstellung des F ein. – In allen genannten Fällen stellt sich die Frage nach einem möglichen Übergang der Störereigenschaft bzw. einem Neuentstehen dieser Eigenschaft beim Rechtsnachfolger.

Die praktische Ursache für die noch immer nicht abgeschlossene Kontroverse ist vor allem das Bedürfnis der Gefahrenabwehrbehörde, bei (etwa bestandskräftig gewordenen) Verfügungen gegenüber einem Adressaten und Eintritt der Rechtsnachfolge etwa im Erbgang nicht erneut ein Verwaltungsverfahren durchführen und sich gegebenenfalls mit Rechtsbehelfen des Erben auseinandersetzen zu müssen.[308]

Beispiel: Es ist in den genannten Beispielen zudem denkbar, dass bereits ein gefahrenabwehrbehördlicher Verwaltungsakt gegen E oder F ergangen ist, der ein konkretes Handeln vom jeweiligen Adressaten fordert. In diesem Fall ist zweifelhaft, ob die Verfügung auf den Rechtsnachfolger übergehen kann oder ob die Behörde eine weitere Verfügung diesem gegenüber erlassen muss.

Auf der Basis dieser praktisch motivierten Ausgangslage hat sich eine der komplexesten dogmatischen Auseinandersetzungen des Gefahrenabwehrrechts entsponnen. **Prüfungssystematisch** relevant wird die Problematik der Rechtsnachfolge bei der Feststellung, ob der Adressat einer gefahrenabwehrbehördlichen Maßnahme tatsächlich gefahrenabwehrrechtlich verantwortlich ist. Diese Verantwortlichkeit kann einerseits originär in seiner Person entstanden sein – im regulären Fall einer eigenen Verhaltens- bzw. Zustandsverantwortlichkeit. Sie kann jedoch auch zunächst bei einer anderen Person entstanden und sodann auf den Adressaten im Wege der Rechtsnachfolge übergegangen sein. Umgekehrt kann der Adressat seine Verantwortlichkeit auch durch Rechtsnachfolge einer anderen Person verloren haben. Eine solche Rechtsnachfolge zwischen natürlichen bzw. juristischen Personen kann aufgrund einer gesetzlichen Anordnung oder einer vertraglichen Vereinbarung erfolgen, und sie kann in Gestalt einer **Einzelrechtsnachfolge** („Singularsukzession") oder der **Gesamtrechtsnachfolge** („Universalsukzession") auftreten.   **145**

Beispiele: Die Einzelrechtsnachfolge kann z.B. auf der Grundlage von §§ 414, 415 BGB (Schuldübernahme) eintreten, die Gesamtrechtsnachfolge gemäß §§ 1922, 1967 BGB (Erb-

---

306 VGH Kassel, NVwZ 2002, 889; NVwZ 1997, 304; anders aber bereits VGH Mannheim VBlBW 2001, 496, bezüglich des Einschreitens eines Landrats gegen eine störende kommunale Einrichtung (Skateboardplatz).

307 J. Dietlein, Nachfolge im Öffentlichen Recht, 1999; Nolte/Niestedt, JuS 2000, 1071 und 1172; Rau, Jura 2000, 37; Zacharias, JA 2001, 720.

308 Zutreffend Schoch in: Schoch (Hrsg.), 2. Kap. Rn. 214.

gang), §§ 25 Abs. 1, 27 Abs. 1, 28 Abs. 1 HGB (Fortführung eines Handelsgeschäftes; Eintritt).

146   Von Bedeutung ist ferner, ob zum Zeitpunkt der Rechtsnachfolge die **Pflichtenposition** als gefahrenabwehrrechtlich Verantwortlicher bereits durch eine Verfügung **konkretisiert** worden ist oder lediglich aufgrund der gesetzlichen Vorschriften „abstrakt" besteht. Wurde bereits eine Maßnahme getroffen, etwa eine Verfügung erlassen, kann sich zudem die Frage stellen, ob sich auch Vollstreckungsmaßnahmen oder Kostenanforderungen gegen denselben Adressaten richten können oder ob zwischenzeitlich eine Rechtsnachfolge stattgefunden hat (Frage der „Adressatenidentität" bei Grundverfügung, Vollstreckung und Kostenanforderung), die aber möglicherweise auch zu einem Übergang der die Verantwortlichkeit konkretisierenden Verfügung führen kann. Im Kern geht es also nicht um eine „Rechts"-Nachfolge, sondern um eine „Pflichten"-Nachfolge.

147   Die Rechtsnachfolge in eine durch Verfügung bereits konkretisierte oder noch lediglich abstrakt bestehende („Verpflichtbarkeit") gefahrenabwehrrechtliche Pflichtenposition ist gesetzlich **nicht geregelt**. Das Spektrum der hierzu vertretenen Auffassungen und dogmatischen Lösungsansätze ist vielfältig; sie orientieren sich oftmals an praktischen Erwägungen und Erfordernissen.[309] Eine uneinheitliche und oftmals nicht überzeugende Rechtsprechung erschwert ferner die dogmatische Durchdringung. Teilweise wird jede Art der Rechtsnachfolge abgelehnt,[310] es finden sich jedoch auch Differenzierungen nach der Art der Rechtsnachfolge (Einzel- bzw. Gesamtrechtsnachfolge), nach Zustands- oder Verhaltensverantwortlichkeit oder nach der Konkretisierung der Pflichtenposition durch eine gefahrenabwehrbehördliche Maßnahme.

▶ Diese Auffassungen sollen hier nicht im Einzelnen nachgezeichnet werden, ihre detaillierte Darstellung wird im Rahmen der Fallbearbeitung auch regelmäßig nicht erforderlich sein. Vielmehr ist im Einzelfall anhand einiger Kriterien zu bestimmen, ob eine Rechtsnachfolge erfolgt ist und welche Konsequenzen dies (je nach Konstellation) etwa für die Fortgeltung einer Verfügung bzw. die Adressatenstellung des Rechtsnachfolgers hat. ◀

148   Zur Lösung der Nachfolgeproblematik bietet es sich an, zunächst als Vorüberlegung die folgenden **Differenzierungen** anzustellen:

1. Ist gegenüber dem Rechtsvorgänger bereits eine Verfügung ergangen?
2. Auf welcher Grundlage beruht die Adressateneigenschaft des Rechtsvorgängers?
3. Ist eine Einzel- oder eine Gesamtrechtsnachfolge eingetreten?
4. Auf welcher Vorschrift beruht die Rechtsnachfolge?

149   **Fehlt es an einer** gegenüber dem Rechtsvorgänger erlassenen **Verfügung**, ist die Frage nach einer Rechtsnachfolge in „abstrakte" (also noch nicht durch eine Maßnahme konkretisierte) Gefahrenabwehrpflichten, also in eine „Verpflichtbarkeit" aufgeworfen. Die **Zustandsverantwortlichkeit** stellt hierbei einen Sonderfall dar, weil sie ohnehin an die jeweilige Stellung als Eigentümer (gegebenenfalls als „anderer Berechtigter") oder Inhaber der tatsächlichen Gewalt anknüpft. Gehen das Eigentum oder die tatsächliche Gewalt im Wege der Rechtsnachfolge über, ist der Übergang einer abstrakten Zustandsverantwortlichkeit nicht erforderlich und auch nicht denkbar, entsteht sie

---

309   Kritisch dazu J. Dietlein, in: Dietlein/Burgi/Hellermann, § 3 Rn. 109; Zacharias, JA 2001, 720.
310   Vgl. Wittreck, Jura 2008, 534, 535.

doch beim jeweiligen Eigentümer bzw. Inhaber der tatsächlichen Gewalt neu und originär.[311]

Schwieriger ist die Frage nach einer Rechtsnachfolge in **abstrakte Gefahrenabwehr-** **pflichten** für die **Verhaltensverantwortlichkeit** zu beantworten. Das Bundesverwaltungsgericht hat zur Rechtsnachfolge in eine abstrakte Polizeipflicht gemäß § 4 Abs. 3 S. 1 BBodSchG entschieden, dass eine solche Rechtsnachfolge – auch im allgemeinen Gefahrenabwehrrecht – möglich sei.[312] Es handele sich um eine „unfertige Verpflichtung", die nach zivilrechtlichen Normen zur Rechtsnachfolge auf einen Rechtsnachfolger übergehen könne.[313] Insbesondere hat das Bundesverwaltungsgericht den Übergang der abstrakten Verhaltensverantwortlichkeit auf den Erben als Gesamtrechtsnachfolger gemäß §§ 1922, 1967 BGB (analog) für denkbar gehalten. Die h.M. in Rechtsprechung und Literatur lehnt eine Nachfolge aber jedenfalls für höchstpersönliche Pflichten ab.[314]

150

Ist bereits eine **Verfügung ergangen**, liegt also eine „konkretisierte" Gefahrenabwehrverantwortlichkeit vor, kommt es darauf an, ob eine Rechtsnachfolge auf der Grundlage einer zivilrechtlichen Norm eingetreten ist, ob die konkretisierte Verantwortlichkeit generell „nachfolgefähig" ist (bei Pflichten des Gefahrenabwehrrechts jedenfalls dann unproblematisch, wenn „vertretbare" Handlungen auferlegt werden),[315] und ob ein Nachfolgetatbestand gegeben ist.

151

Ist der Rechtsvorgänger aufgrund einer **Zustandsverantwortlichkeit** mit einer Verfügung belegt worden, so kann die Behörde selbstverständlich eine neue Verfügung gegenüber dem Rechtsnachfolger erlassen; dieser wird als Eigentümer bzw. als Inhaber der tatsächlichen Gewalt originär selbst zustandsverantwortlich sein. Zweifelhaft ist allerdings, ob die Behörde auch die gegenüber dem Rechtsvorgänger erlassene Verfügung durchsetzen bzw. auf andere Weise weiterverfolgen könnte. Dies setzt einen Nachfolgetatbestand in Bezug auf diese Verfügung voraus. Ob ein solcher besteht, wird kontrovers diskutiert. Im Bauordnungsrecht ist (teilweise aufgrund ausdrücklicher gesetzlicher Anordnung) anerkannt, dass Einzel- und Gesamtrechtsnachfolger an Verfügungen zur Gefahrenabwehr gebunden sind, die an den Rechtsvorgänger ergangen sind (z.B. Beseitigungsverfügung, Nutzungsuntersagung usw.);[316] der Rechtsnachfolger hat diese Verfügung im jeweiligen Verfahrensstand hinzunehmen. Hinsichtlich der Einzelrechtsnachfolge ist dies in der Rechtsprechung des Bundesverwaltungsgerichts damit begründet worden, die gefahrenabwehrrechtliche Verfügung zur Konkretisierung der Zustandsverantwortlichkeit sei ein „dinglicher Verwaltungsakt", der auf das Grundstück bezogen sei.[317] Das Schrifttum steht dem kritisch gegenüber;[318] ohne

152

---

311 Schoch in: Schoch (Hrsg.), 2. Kap. Rn. 162; eingehend Schlabach/Simon, NVwZ 1992, 143.

312 BVerwGE 125, 325; s. schon OVG Münster UPR 1984, 279, 280; VGH München ZfW 1989, 147; vgl. Götz, § 9 Rn. 79.

313 Ablehnend Schoch in: Schoch (Hrsg.), 2. Kap. Rn. 217; kritisch auch Rixen, Jura 2007, 171, 175 f.; Wittreck, Jura 2008, 534, 539.

314 Kugelmann, 8. Kap. Rn. 68. Kritisch zur Unterscheidung höchstpersönlicher und vertretbarer Pflichten in diesem Zusammenhang J. Dietlein, in: Dietlein/Burgi/Hellermann, § 3 Rn. 111.

315 Schoch in: Schoch (Hrsg.), 2. Kap. Rn. 218.

316 Vgl. Götz, § 9 Rn. 83.

317 BVerwG DÖV 1971, 640; ihm folgend VGH Mannheim NVwZ 1992, 392; VGH München BayVBl. 1983, 21; OVG Hamburg NVwZ-RR 1992, 392; OVG Münster NVwZ-RR 1998, 159, 160; Beljin/Micker, JuS 2003, 556, 560.

318 Schoch in: Schoch (Hrsg.), 2. Kap. Rn. 219; J. Dietlein, Nachfolge im Öffentlichen Recht, 1999, S. 237 ff.; Schenke, Rn. 293; Rau, Jura 2000, 37, 42, 44; Gusy, Rn. 364; Stadie, DVBl. 1990, 501, 507; gegen eine Über-

ausdrückliche gesetzliche Anordnung soll eine Einzelrechtsnachfolge in eine konkretisierte Zustandsverantwortlichkeit nicht in Betracht kommen. Bei der Gesamtrechtsnachfolge wird teilweise eine analoge Anwendung der §§ 1922, 1967 BGB angenommen, um einen Nachfolgetatbestand zu begründen.[319] Auch dies begegnet – obwohl durch das Bundesverwaltungsgericht gestützt – Bedenken: So ist schon zweifelhaft, ob eine bundesrechtliche Regelung selbst bei analoger Anwendung einen Nachfolgetatbestand für das landesrechtliche allgemeine Gefahrenabwehrrecht begründen kann. Denn es muss zur Überleitung einer konkretisierten Zustandsverantwortlichkeit nicht nur ein öffentlich-rechtlicher Nachfolgetatbestand bestehen, die entsprechende Norm muss auch der grundgesetzlichen Kompetenzordnung entsprechen.

153   Nach überwiegender Auffassung scheidet eine Einzelrechtsnachfolge in eine **konkretisierte Verhaltensverantwortlichkeit** aus, da es an einem öffentlich-rechtlichen Nachfolgetatbestand fehlt.[320] Auch hinsichtlich der Gesamtrechtsnachfolge ist mit der h.M. davon auszugehen, dass mangels Nachfolgetatbestands ein Übergang nicht stattfinden kann – §§ 1922, 1967 BGB sind entgegen der Auffassung des Bundesverwaltungsgerichts im öffentlichen Recht nicht (entsprechend) anwendbar (Rn. 152).

154   Das schwer überschaubare Meinungsspektrum zur Rechtsnachfolge lässt sich wie folgt in eine **konsistente Ordnung** bringen:

1. Bei einer Verhaltensverantwortlichkeit kommt eine Rechtsnachfolge weder bei abstrakter Verpflichtbarkeit noch bei einer Konkretisierung durch Verfügung und weder als Gesamt- noch als Einzelrechtsnachfolge in Betracht. Auf die Gegenauffassung des Bundesverwaltungsgerichts zur Gesamtrechtsnachfolge (§§ 1922, 1967 BGB analog) sollte hingewiesen werden.

2. Bei der Zustandsverantwortlichkeit entsteht beim neuen Eigentümer grundsätzlich eine originäre eigene Zustandsverantwortlichkeit. Die zuvor beim Alteigentümer entstandene abstrakte Verpflichtbarkeit geht grundsätzlich nicht auf den Einzel- oder Gesamtrechtsnachfolger über. Spezialgesetzliche Bestimmungen sind zu beachten (vgl. § 4 BBodSchG).

3. Differenzierungen sind bei einer bereits durch Verfügung konkretisierten Zustandsverantwortlichkeit vorzunehmen. Bei der Einzelrechtsnachfolge sollte auf den im Bauordnungsrecht anerkannten Übergang der Verfügung sowie auf die Auffassung des Bundesverwaltungsgerichts zum „dinglichen Verwaltungsakt" hingewiesen werden. Im Ergebnis erscheint es allerdings überzeugender, bei Fehlen eines ausdrücklichen öffentlich-rechtlichen Nachfolgetatbestands auch hier eine Rechtsnachfolge abzulehnen. Bei der Gesamtrechtsnachfolge ist wiederum auf die Judikatur des Bundesverwaltungsgerichts (§§ 1922, 1967 BGB analog als Nachfolgetatbestände) hinzuweisen, die jedoch ebenfalls nicht überzeugt (Rn. 152).

Zusammenfassend kann festgehalten werden: Fehlt ein ausdrücklicher öffentlich-rechtlicher Nachfolgetatbestand, scheidet eine Rechtsnachfolge nach der hier vertretenen, allerdings recht restriktiven Auffassung regelmäßig aus.

---

tragung auf das allgemeinen Gefahrenabwehrrecht auch Götz, § 9 Rn. 86, allerdings mit möglicher Ausnahme für grundstücksbezogene Verwaltungsakte.

319   BVerwGE 125, 325; VGH Kassel DVBl. 1977, 255, 256; OVG Koblenz DÖV 1980, 654, 655; vgl. Stadie, DVBl. 1990, 501, 503; Rau, Jura 2000, 37, 39.

320   Gusy, Rn. 364; Knemeyer, Rn. 335; Kugelmann, 8. Kap. Rn. 68; Möller/Warg, Rn. 140; Schoch in: Schoch (Hrsg.), 2. Kap. Rn. 221.

▶ **Kurzschema: Adressat gefahrenabwehrbehördlicher Massnahmen**

Wichtiger Prüfungsstandort: Materielle Rechtmäßigkeitsprüfung

I. Spezielle Adressatenregelung der Ermächtigungsnorm?

II. Allgemeine Grundsätze

    1. Verhaltensverantwortlichkeit?

        a) Hinweis auf Äquivalenz-/Adäquanzformeln

        b) Theorie der unmittelbaren Verursachung bzw. Theorie der rechtswidrigen Verursachung

        c) Ggf.: Wertende Zurechnungserwägungen

        d) Ggf.: Besonderheiten (Anscheinsstörer, Verdachtsstörer)?

        e) Ggf.: Zweckveranlasser?

    2. Zusatzverantwortlichkeit?

        a) Neben Minderjährigen oder

        b) Neben Betreuten oder

        c) Neben Verrichtungsgehilfen

    3. Zustandsverantwortlichkeit?

        a) Eigentümer?

            aa) Ggf.: Fortbestand der Verantwortlichkeit trotz Dereliktion?

            bb) Ggf.: Keine Verantwortlichkeit bei Inhaberschaft der tatsächlichen Gewalt gegen den Willen des Eigentümers?

        b) Ggf.: Anderer Berechtigter?

        c) Inhaber der tatsächlichen Gewalt?

    4. Eintritt in Verantwortlichkeit als Rechtsnachfolger? ◀

V. Ermessen

1. Grundlagen

Auf Rechtsfolgenseite der meisten Ermächtigungsnormen im allgemeinen Polizei- und Ordnungsrecht, namentlich der Generalklauseln, ist den zuständigen Behörden bei Vorliegen der tatbestandlichen Voraussetzungen **Ermessen** eingeräumt.[321] Die Tatbestände weisen dies durch die Formulierung „kann" aus. „Ermessen" bezeichnet den Handlungs- und Entscheidungsspielraum der Verwaltung hinsichtlich der Rechtsfolgen einer Rechtsnorm. Dass Ermessen auf Rechtsfolgenseite im Gefahrenabwehrrecht verbreitet ist, ist dem sog. „**Opportunitätsprinzip**" geschuldet, dem die Gefahrenabwehrbehörden bei der Anwendung spezialgesetzlicher Vorschriften, der Standardermächtigungen und der Generalklauseln zu folgen haben.[322] Ob und welche Maßnahmen zum Zwecke der Gefahrenabwehr ergriffen werden, hängt vom Gewicht der bedrohten Rechtsgüter, der Zahl möglicherweise Betroffener und dem Ausmaß des zu erwartenden Schadens ab. Je größer der Schaden und je höherrangiger das möglicherweise geschädigte Rechtsgut, desto eher wird die Behörde eingreifen, gegebenenfalls sogar eingreifen müssen (zur Ermessensreduzierung „auf Null" und zum Anspruch auf gefahrenabwehrbehördliches Einschreiten Rn. 171 ff. und 174 ff.).

155

---

321 Vgl. Schoch, Jura 2004, 462.

322 J. Dietlein, in: Dietlein/Burgi/Hellermann, § 3 Rn. 118 ff.; Schoch in: Schoch (Hrsg.), 2. Kap. Rn. 151.

156   Zentrale Vorschrift zur Ermessensausübung auch der allgemeinen Gefahrenabwehrbe-hörden[323] ist § 40 VwVfG. Die Vorschrift ordnet an, dass eine Behörde – sofern sie da-zu ermächtigt ist, nach ihrem Ermessen zu handeln – ihr Ermessen entsprechend dem Zweck der Ermächtigung auszuüben und die gesetzlichen Grenzen des Ermessens ein-zuhalten hat. Diese Bestimmung definiert allerdings „Ermessen" nicht, sondern ver-deutlicht, welche Grenzen die Behörde bei der Ermessensausübung zu berücksichtigen hat. Die Bestimmung wird durch § 114 S. 1 VwGO ergänzt. Auch die Gefahren-abwehrgesetze enthalten Vorschriften zum Ermessen; meist wird angeordnet, dass die Be-hörden ihr Ermessen „pflichtgemäß" auszuüben haben (vgl. § 3 Abs. 1 PolG NW, § 16 OBG NW; § 3 PolG BW).

157   Ermessen bedeutet, dass die Behörde auf Rechtsfolgenseite hinsichtlich der Wahl ihrer Mittel einen gewissen **Entscheidungsspielraum** besitzt. Ist ihr kein Ermessen einge-räumt, hat sie also aufgrund gesetzlicher Anordnung zwingend in einer festgelegten Weise zu entscheiden, sofern die tatbestandlichen Merkmale erfüllt sind, spricht man von sog. „gebundenen Entscheidungen". Indizien hierfür sind Formulierungen wie „ist zu erteilen", „ist (...) zu untersagen" usw. Eine Zwischenposition nehmen die sog. „Soll"-Vorschriften ein; bei diesen besteht kein freies Ermessen der entscheidenden Be-hörde, jedoch auch keine zwingende Verpflichtung zu einer bestimmten Entscheidung – das Gesetz setzt lediglich eine Regelentscheidung fest, von der die Behörde allerdings mit sachlichen Gründen abweichen darf. Schließlich gibt es noch Vorschriften mit sog. „intendiertem Ermessen"[324] – dabei handelt es sich um Bestimmungen, die auf den ers-ten Blick als Ermessensvorschriften konzipiert sind, bei deren Auslegung (etwa aus dem in den Gesetzgebungsmaterialien zu Tage tretenden Willen des Gesetzgebers oder infolge verfassungskonformer Auslegung) sich aber ergibt, dass das Ermessen im Re-gelfall in einer bestimmten Richtung ausgeübt werden soll.

158   Die Ermessensausübung ist **nur eingeschränkt gerichtlich überprüfbar**. Die Verwal-tungsgerichte dürfen Ermessensentscheidungen nur hinsichtlich ihrer Rechtmäßigkeit überprüfen, nicht hinsichtlich ihrer Zweckmäßigkeit (wie dies etwa eine Wider-spruchsbehörde vornehmen würde, vgl. § 68 Abs. 1 S. 1 VwGO).[325] Das Verwaltungs-gericht darf seine eigenen (Zweckmäßigkeits-)Erwägungen im Regelfall nicht an die Stelle der behördlichen Überlegungen und Wertungen setzen. Anders als die überwie-gende Zahl der tatbestandlichen Merkmale (wie z.B. das Vorliegen einer Gefahrenlage oder die Adressatenfrage), die uneingeschränkt der gerichtlichen Kontrolle unterliegen, ist die Ermessensentscheidung auf Rechtsfolgenseite dieser inhaltlich weitgehend ent-zogen. § 114 S. 1 VwGO enthält eine entsprechende verwaltungsprozessuale Regelung; zwar ist dort nicht ausdrücklich niedergelegt, dass die Gerichte bei Ermessensentschei-dungen auf die Rechtmäßigkeitskontrolle beschränkt sind. Die Norm erweitert viel-mehr die Rechtmäßigkeitsüberprüfung auf die Klärung der Frage, ob die gesetzlichen Grenzen des Ermessens überschritten sind oder von dem Ermessen nicht in einer dem Zweck der Ermächtigung entsprechenden Weise Gebrauch gemacht ist. Daraus lässt sich ersehen, dass der Gesetzgeber grundsätzlich nur von der Rechtswidrigkeitskon-trolle der Ermessensausübung ausgeht. Gleichzeitig benennt § 114 S. 1 VwGO wie auch § 40 VwVfG die denkbaren Ermessensfehler, die eine behördliche Entscheidung rechtswidrig werden lassen.

---

323   Schoch in: Schoch (Hrsg.), 2. Kap. Rn. 154.
324   Dazu Schoch, Jura 2010, 358.
325   Schoch in: Schoch (Hrsg.), 2. Kap. Rn. 153.

2. Ermessensebenen

Zu prüfen ist also im Rahmen der materiellen Rechtmäßigkeitskontrolle bereits erlassener Maßnahmen, ob einer (oder mehrere) der in den Vorschriften genannten Ermessensfehler gegeben ist. Es bietet sich dazu an, bei gefahrenabwehrbehördlichen Maßnahmen zunächst gedanklich zwischen drei **Ermessensebenen** bzw. Ermessensformen zu unterscheiden. Auf jeder dieser Ebene kann der Behörde dann ein Ermessensfehler unterlaufen (Rn. 167 ff.).[326]

159

a) Entschließungsermessen

Im Rahmen des **Entschließungsermessens** hat die Behörde darüber zu entscheiden, ob sie überhaupt tätig wird und Maßnahmen ergreift. Im Gefahrenabwehrrecht wird diesbezüglich häufig kein Spielraum bestehen, weil ja eine Gefahrenlage zu beseitigen ist. Im Schrifttum wird hierzu die Rechtsfigur des „intendierten Ermessens" bemüht.[327] Die Behörde kann sich aber jedenfalls grundsätzlich auch bei pflichtgemäßer Ermessensausübung gegen ein Tätigwerden entscheiden, etwa zur Optimierung des gefahrenabwehrbehördlichen Einsatzes (bei Personalknappheit, notwendiger anderweitiger Schwerpunktsetzung usw.).[328]

160

b) Adressatenauswahlermessen

Der Behörde steht, sofern mehrere Adressaten in Betracht kommen, zudem ein **Adressatenauswahlermessen** (auch: Störerauswahlermessen) zu. Anders als bei der für die Rechtmäßigkeit der Maßnahme auf Tatbestandsebene relevanten Frage, ob der konkrete Adressat als Störer bzw. unter den Voraussetzungen der Nichtstörerhaftung in Anspruch genommen werden darf (Rn. 76 ff.), geht es beim Adressatenauswahlermessen darum, ob die Auswahl möglicherweise ermessensfehlerhaft gewesen ist, etwa deshalb, weil ein anderer potenzieller Adressat (vorrangig) hätte in Anspruch genommen werden müssen.

161

Fallkonstellationen, in denen **mehrere „Störer"** vorhanden sind, sind relativ häufig. Die Behörde hat in diesen Fällen bestimmte Grundsätze der Adressatenauswahl zu beachten. Nicht selten werden hierzu „Faustformeln"[329] ausgegeben, etwa: der Verhaltensstörer sei stets vor einem Zustandsstörer, der „Doppelstörer" (also derjenige, der sowohl Verhaltens- als auch Zustandsstörer ist) stets vor einem „einfachen" Störer in Haftung zu nehmen.[330] Für „Altlastenfälle" mag es sachgerecht sein, den (greifbaren) Verursacher der Kontamination vor dem Grundstückseigentümer heranzuziehen; für das allgemeine Gefahrenabwehrrecht ist jedoch zu differenzieren.[331] Im Einzelfall wird der Verhaltensverantwortliche tatsächlich als „gefahrennäher" in Anspruch zu nehmen sein. Entscheidendes Kriterium ist jedoch die Frage, wer die Gefahr am schnellsten, am gründlichsten, am nachhaltigsten und gegebenenfalls auch am kostengünstigsten zu beseitigen in der Lage ist. Vorrangiges Auswahlkriterium ist – sofern nicht verbindliche gesetzliche Bestimmungen für oder gegen die Heranziehung sprechen – mithin die Ef-

162

---

326 Eingehend Schenke, Rn. 93 ff.
327 Volkmann, DÖV 1996, 282, 283; vgl. den Hinweis bei J. Dietlein, in: Dietlein/Burgi/Hellermann, § 3 Rn. 123.
328 Vgl. Schoch in: Schoch (Hrsg.), 2. Kap. Rn. 152.
329 Zur möglichen Tauglichkeit und Untauglichkeit solcher Formeln anschaulich Pieroth/Schlink/Kniesel, § 9 Rn. 92 ff.
330 Vgl. – ablehnend – Möller/Warg, Rn. 144.
331 Ablehnend auch Schoch in: Schoch (Hrsg.), 2. Kap. Rn. 231.

fektivität der Gefahrenabwehr.[332] Diese kann sich etwa aufgrund einer unmittelbaren Zugriffsmöglichkeit, aber auch aus besonderen Kenntnissen, Erfahrungen und Fertigkeiten des Adressaten bzw. aus seiner wirtschaftlichen Leistungsfähigkeit[333] ergeben. Nur wenn sich ein solcher Praktikabilitätsvorrang mit Blick auf die Ziele des Gefahrenabwehrrechts nicht ausmachen lässt, kann in dieser „Pattsituation" ein Vorrang des Handlungsstörers angenommen werden. Häufig wird sogar umgekehrt eine Inanspruchnahme des Zustandsstörers die nachhaltigsten Ergebnisse zeitigen. Mit Blick auf das Effektivitätskriterium wird es auch meist tunlich sein, einen Anwesenden vor einem (möglicherweise nicht erreichbaren) Abwesenden als Maßnahmenadressaten in Anspruch zu nehmen. Auf der anderen Seite ist es nicht stets ermessensfehlerhaft, wenn die Behörde diesen Grundsätzen nicht folgt. Vielmehr ist im Einzelfall festzustellen, ob der Behörde einer der drei Ermessensfehlertypen (Rn. 167 ff.) unterlaufen ist. Daher sind pauschalierende „Faustformeln" nicht überzeugend;[334] ihre Überlegungen können allenfalls ergänzend herangezogen werden.

163   Eine Adressatenauswahl kann selbstverständlich nicht nur zwischen Verhaltens- und Zustandsstörern vorzunehmen sein, sondern auch dann erforderlich werden, wenn **mehrere Verhaltens- oder mehrere Zustandsstörer** vorhanden sind. Bei einer von einer Sache oder einem Tier ausgehenden Gefahr wird man – sofern nicht beide Eigenschaften in einer Person zusammenfallen – regelmäßig sowohl den Eigentümer als auch den Inhaber der tatsächlichen Gewalt (zu den Begriffen Rn. 120 ff. und Rn. 124 ff.) als Zustandsverantwortlichen in Anspruch nehmen können.

Beispiel: Als Zustandsstörer können ferner auch ein Grundstückseigentümer und ein Erbbauberechtigter parallel in die Verantwortung genommen werden.[335]

Im Schrifttum wird zuweilen vertreten, dass sich den entsprechenden Verantwortlichkeitsnormen der Gefahrenabwehrgesetze eine Priorität der Inanspruchnahme des Eigentümers bzw. des Inhabers der tatsächlichen Gewalt entnehmen ließe – je nachdem, wer zuerst genannt wird und wer nach dem Wortlaut „auch" oder „ebenfalls" in die Verantwortung genommen werden kann (vgl. etwa § 5 Abs. 1 und 2 PolG NW einerseits, § 18 Abs. 1 und 2 OBG NW andererseits). Die Gegenauffassung bemerkt zu Recht, dass die tatbestandliche Reihung mit der spezifischen Art der Aufgabenwahrnehmung durch die angesprochene Gefahrenabwehrbehörde begründet werden könne, das Störerauswahlermessen aber nicht in der Sache determiniere.[336]

164   Lässt sich nicht feststellen, welcher potenzielle Adressat die Gefahr am effektivsten beseitigen wird, hat die Behörde aufgrund der Bindungen des Verhältnismäßigkeitsgrundsatzes regelmäßig denjenigen auszuwählen, dem der **geringste Aufwand** entsteht.[337] Umstritten ist, ob die Behörde im Verhältnis zwischen den potenziellen Adressaten bestehende Besonderheiten zu berücksichtigen hat – beispielsweise vertragliche Vereinbarungen, die im Innenverhältnis einen Regress ausschließen. Das Bundesverwaltungsgericht hat es im Einzelfall für ermessensfehlerhaft erachtet, wenn die Behörde unstreitige und ihr bekannte Regelungen über den Ausgleich im Innenverhältnis un-

---

332 VGH Mannheim VBlBW 1995, 281; VGH München NJW 1993, 81; OVG Münster NVwZ-RR 1995, 635; Kugelmann, 8. Kap. Rn. 75; Pieroth/Schlink/Kniesel, § 9 Rn. 86 ff.; Schenke, Rn. 285; Schoch in: Schoch (Hrsg.), 2. Kap. Rn. 227.

333 Bzw. aus deren Fehlen beim „Alternativadressaten", vgl. VGH Mannheim DÖV 2014, 582.

334 J. Dietlein, in: Dietlein/Burgi/Hellermann, § 3 Rn. 126; vgl. auch BVerfG NJW 2000, 2575.

335 OVG Münster DÖV 2012, 816.

336 So J. Dietlein, in: Dietlein/Burgi/Hellermann, § 3 Rn. 96.

337 Schoch in: Schoch (Hrsg.), 2. Kap. Rn. 229.

berücksichtigt lässt.[338] Dies wird indes nur dann in Betracht kommen, wenn sich nach Einbeziehung der dargestellten gefahrenabwehrspezifischen Auswahlkriterien eine „Pattsituation" ergibt.[339] Auch muss die Behörde nicht aus Verhältnismäßigkeitsgründen jeden Störer nur mit seinem Verursachungsbeitrag anteilig in die Pflicht nehmen;[340] jeder Störer ist in vollem Umfang verantwortlich.

Die Störer können im Anschluss an eine Inanspruchnahme eines von ihnen gegebenenfalls untereinander **Regress** nehmen. Im allgemeinen Gefahrenabwehrrecht findet sich jedoch keine Regelung darüber, wie der Ausgleich zwischen mehreren Störern vorzunehmen ist, wenn nur einer von ihnen als Adressat von einer Behörde mit einer Maßnahme belegt worden ist. Im Regelfall wird es um den Ausgleich verursachter Kosten gehen. Im Schrifttum wird dazu häufig auf eine Analogie zu den Bestimmungen über die Gesamtschuldnerschaft in § 426 BGB zurückgegriffen.[341] Der BGH hat diesen Ansatz indes bislang verworfen;[342] Die Rechtsbeziehungen mehrerer Störer zur Gefahrenabwehrbehörde seien mit einem Gesamtschuldverhältnis nicht vergleichbar. In einer neueren Entscheidung hält er – unter Aufrechterhaltung seiner ablehnenden Auffassung im Übrigen – die Anwendung des § 426 BGB allerdings für möglich. wenn gefahrenabwehrrechtliche Bestimmungen dies explizit vorsehen.[343] Im Ergebnis erscheint es jedoch sachgerecht, die zivilrechtlichen Vorschriften analog anzuwenden, liegen doch eine Regelungslücke und eine vergleichbare Sach- und Rechtslage vor, auch wenn § 421 S. 1 BGB, dem zufolge der Gläubiger die Leistung von jedem der Schuldner ganz oder zum Teil verlangen kann, im Gefahrenabwehrrecht aufgrund des Effektivitätsgebots insoweit nur eingeschränkt anwendbar ist, als die Behörde eben nicht „völlig freie Wahl" hat. In Betracht kommen indes auch weitere Anspruchsgrundlagen, etwa vertragliche oder deliktische (z.B. § 823 Abs. 1, 2 BGB).

Beispiel: Ein Grundstückseigentümer verkauft ein mit Altlasten belastetes Grundstück, ohne darauf hinzuweisen. Dem Erwerber können Schäden, die durch die Inanspruchnahme seitens der Behörde entstehen, über vertragliche bzw. deliktische Ansprüche zu ersetzen sein.

Ansprüche aus Bereicherung (§ 812 Abs. 1 BGB), etwa wegen Befreiung von einer Verbindlichkeit (z.B. der eigenen Kostentragungspflicht), sind ebenfalls denkbar, werden aber von der Rechtsprechung meist abgelehnt.[344] Gleiches gilt für den Anspruch auf Aufwendungsersatz gemäß den Grundsätzen der Geschäftsführung ohne Auftrag (§§ 683, 679, 670 BGB); der in Anspruch Genommene führt regelmäßig nur das eigene Geschäft.[345]

c) Handlungsauswahlermessen

Im Rahmen des **Handlungsauswahlermessens** hat die Behörde schließlich darüber zu entscheiden, welche Maßnahme konkret ergriffen werden soll. Ist eine bereits erlassene

338 BVerwG NVwZ 1990, 474, 475; VGH München 2001, 458; Schenke, Rn. 284; kritisch Schoch in: Schoch (Hrsg.), 2. Kap. Rn. 232.
339 VGH Mannheim NVwZ 2002, 1260, 1263; VGH München NVwZ 2000, 450, 452.
340 Kugelmann, 8. Kap. Rn. 79; Schenke, Rn. 284. A.A. etwa Jochum, NVwZ 2003, 526, 529 ff.
341 Kugelmann, 8. Kap. Rn. 80; Schenke, Rn. 288; Schoch in: Schoch (Hrsg.), 2. Kap. Rn. 235; Breuer, NVwZ 1987, 751, 756; Seibert, DVBl. 1992, 664, 673; Spannowsky, DVBl. 1994, 560, 563 f.
342 BGH DÖV 1981, 843, 844; NJW 2006, 3628 Rn. 24; so auch Kohler-Gehring, NVwZ 1992, 1049, 1051 f.; Papier, NVwZ 1986, 256, 263; Schwerdtner, NVwZ 1992, 141, 143; a.A. Zimmermann, NVwZ 2015, 787.
343 BGH NJW 2014, 2730 Rn. 15 ff.
344 BGH NuR 1987, 141.
345 Kloepfer/Thull, DVBl. 1989, 1123.

Maßnahme auf ihre Ermessensfehlerfreiheit hin zu überprüfen, wird beim Handlungs-auswahlermessen insbesondere zu erörtern sein, ob andere, den Adressaten wenig be-lastende Maßnahmen in Betracht gekommen wären. Da damit vor allem Fragen der Verhältnismäßigkeit angesprochen sind, kann auf die Ausführungen zu diesem Grund-satz verwiesen werden (Rn. 177 ff.).

3. Ermessensfehler

167   Auf den dargestellten Ebenen kann es jeweils zu Ermessensfehlern gekommen sein. Die **Ermessensfehler** werden üblicherweise in drei Kategorien eingeteilt: 1. Ermessensnicht-gebrauch, 2. Ermessensfehlgebrauch und 3. Ermessensüberschreitung.

168   Ein **Ermessensnichtgebrauch** liegt vor, wenn die Behörde (bzw. die konkret handelnden Beamtinnen und Beamten) fälschlich davon ausgeht, dass ihr durch die gesetzliche Er-mächtigungsgrundlage gar kein Ermessen eingeräumt sei – sie nimmt mithin eine ge-bundene Entscheidung an. Neben diesen „normativen" Irrtum tritt die Möglichkeit, dass die Behörde irrtümlich meint, ihr stünden in tatsächlicher Hinsicht keine Hand-lungsalternativen zu. So kann die Behörde einen weiteren potenziellen Adressaten übersehen oder eine denkbare „mildere" Maßnahme nicht in Betracht ziehen.[346] In diesen Fällen unterbleibt jegliche Auseinandersetzung im Rahmen von Ermessenserwä-gungen, so dass von dem der Behörde eingeräumten Ermessen letztlich kein Gebrauch gemacht wird (daher auch: „Ermessensausfall").

▶ Im Regelfall nicht ermessensfehlerhaft ist es dagegen, bei mehreren Störern lediglich einen als Adressaten in Anspruch zu nehmen und unterschiedliche Verursachungsbeiträge auf der Primärebene der Gefahrenabwehrmaßnahme (zunächst) nicht zu berücksichtigen (Rn. 164). Die Nichtberücksichtigung „geteilter" Verantwortlichkeit ist kein Ermessensaus-fall. Die gelegentlich im Schrifttum entwickelte Figur des „Nicht-so-Störers" (der wie ein Nichtstörer zu behandeln wäre) ist insoweit abzulehnen.[347] ◀

Einen Sonderfall bildet die sog. Ermessensunterschreitung; sie liegt dann vor, wenn die Behörde zwar davon ausgeht, dass ihr Ermessen zusteht, ihr aber das Spektrum der er-öffneten Möglichkeiten nicht bewusst ist. Da bezüglich der nicht erkannten Optionen keine Ermessenserwägungen angestellt werden, kann von einem „partiellen Ermessens-nichtgebrauch" gesprochen werden.

169   Beim **Ermessensfehlgebrauch** lässt sich die Behörde nicht (ausschließlich) vom Zweck der gesetzlichen Ermächtigung leiten, wie es § 40 VwVfG fordert. Häufig wird die Be-hörde ihrer Ermessensentscheidung in diesem Fall sog. „sachfremde Erwägungen" zu-grunde legen.

Beispiele: Soll darüber entschieden werden, welcher von zwei sich laufend streitenden Be-amten in einer Dienststelle versetzt werden soll, darf die Behörde nicht in die entsprechende Ermessensentscheidung einbeziehen, dass einer der beiden „unsympathischer" sei als der andere; sie muss sich vielmehr von sachgerechten Erwägungen leiten lassen (z.B. Familien-stand, Leistung, Alter, Funktion usw.). – Nimmt die Behörde einen potenziellen Adressaten trotz weiterer möglicher Adressaten nur deshalb mit einer Maßnahme in Anspruch, weil sie ihn „abstrafen" möchte, lässt dies die Grundsätze der Adressatenauswahl (Rn. 161 ff.) und die Orientierung an der Effektivität der Gefahrenabwehr außer Acht und ist ermessensfeh-lerhaft.

---

346   Vgl. Götz, § 9 Rn. 91.
347   J. Dietlein, in: Dietlein/Burgi/Hellermann, § 3 Rn. 124; H. Jochum, NVwZ 2003, 526.

Bei einer **Ermessensüberschreitung** missachtet die Behörde die gesetzlichen Grenzen des Ermessens, wie sie von der jeweiligen Ermächtigungsnorm gezogen werden. 170

Beispiel: Sieht eine Ordnungswidrigkeitennorm ein Bußgeld zwischen 20 und 50 Euro vor, so steht der Behörde hinsichtlich der Höhe Ermessen zu. Setzt sie sodann ein Bußgeld von 100 Euro fest, überschreitet sie den gesetzlich vorgesehenen Ermessensrahmen.

Eine Ermessensüberschreitung ist ferner dann anzunehmen, wenn eine Ermessensreduzierung „auf Null" (Rn. 171 ff.) vorliegt, die Behörde aber Ermessenserwägungen anstellt und sich für eine andere Maßnahme entscheidet.

4. Ermessensreduzierung „auf Null"

Bei der **Ermessensreduzierung „auf Null"** handelt es sich um eine Konstellationen, in der der Behörde zwar Ermessen zukommt, dieses aber aufgrund rechtlicher oder tatsächlicher Umstände insoweit „geschrumpft" ist, dass nur noch eine zulässige Entscheidung in Betracht kommt. Eine solche Reduzierung kann aufgrund verschiedener rechtlicher Vorgaben des Verfassungs-, aber auch des einfachen Rechts[348] in Betracht kommen.[349] Angesichts des Opportunitätsgrundsatzes wird sie allerdings nur unter engen Voraussetzungen zu bejahen sein.[350] Diskutiert wird die Ermessensreduzierung vor allem im Zusammenhang mit dem Entschließungsermessen und der Frage nach einem Anspruch eines Rechtsgutträgers auf gefahrenabwehrbehördliches Einschreiten; eine Reduzierung kann jedoch auch beim Adressaten- und beim Handlungsauswahlermessen vorliegen, etwa wenn nur eine bestimmte Maßnahme allein eine wirksame Gefahrenabwehr zur Folge haben kann. Die Ermessensreduzierung „auf Null" führt zu einer objektiven Handlungpflicht der Behörde (zum damit in engem Zusammenhang stehenden möglichen subjektiv-rechtlichen Anspruch auf gefahrenabwehrbehördliches Einschreiten Rn. 174 ff.). 171

So können beispielsweise die **Grundrechte**, sofern sie gefährdet sind, ein Handeln der Gefahrenabwehrbehörden erzwingen. Nach überwiegender Auffassung hat etwa ein Verstoß gegen die Menschenwürde gemäß Art. 1 Abs. 1 GG eine Ermessensreduzierung „auf Null" und damit eine Pflicht zum Einschreiten zur Folge.[351] Im Ergebnis wird man mit der h.M. jenseits der Menschenwürdegarantie auch dann eine Ermessensreduzierung (des Entschließungsermessens) „auf Null" annehmen können, wenn den grundrechtlichen Schutzgütern bei einem Nichthandeln irreparable Schäden drohen.[352] Andererseits können grundrechtliche Wertungen einem gefahrenabwehrbehördlichen Einschreiten gerade entgegenstehen oder jedenfalls zusätzliche Maßnahmen erfordern.[353] Im Ergebnis wird man bei einer drohenden, zeitlich nahe liegenden Schädigung hochrangiger Schutzgüter, also im Falle einer **gegenwärtigen erheblichen Gefahr**, eine Pflicht zum Tätigwerden bejahen können, sofern nicht andere, mindestens gleichrangige öffentliche Interessen entgegenstehen.[354] 172

---

348 Beispiele bei Schoch in: Schoch (Hrsg.), 2. Kap. Rn. 164.
349 Di Fabio, VerwArch. 1995, 214; eingehend Götz, § 11 Rn. 6; Gusy, Rn. 393; Pieroth/Schlink/Kniesel, § 10 Rn. 39 ff.; Schenke, Rn. 100 f.
350 J. Dietlein, in: Dietlein/Burgi/Hellermann, § 3 Rn. 123.
351 BVerwGE 115, 189; GewArch 2007, 247, 249; Schoch in: Schoch (Hrsg.), 2. Kap. Rn. 161.
352 J. Dietlein, in: Dietlein/Burgi/Hellermann, § 3 Rn. 121; vgl. auch Möller/Warg, Rn. 156.
353 J. Dietlein, in: Dietlein/Burgi/Hellermann, § 3 Rn. 122.
354 Vgl. OVG Münster NVwZ 1983, 101.

173   Eine weitere gängige Fallgruppe der Ermessensreduzierung „auf Null" sind Situationen, in denen die Behörde aufgrund ihres Vorverhaltens eine Gefahrenlage für grundrechtlich geschützte Rechtsgüter hervorruft. Aus dem Gesichtspunkt einer Verpflichtung zur **Folgenbeseitigung** wird die Behörde in solchen Fällen grundsätzlich tätig werden müssen.[355] Ähnliches kann bei einer Selbstbindung der Verwaltung nach Art. 3 Abs. 1 GG gelten.

5. Anspruch auf gefahrenabwehrbehördliches Einschreiten

174   Einer aus der Ermessensreduzierung „auf Null" resultierenden Handlungspflicht kann ein subjektiv-rechtlicher **Anspruch auf gefahrenabwehrbehördliches Einschreiten** korrespondieren.[356] Damit die mit der Ermessensreduzierung „auf Null" verbundene Pflicht zum gefahrenabwehrbehördlichen Einschreiten durch einen Privaten (gegebenenfalls gerichtlich) durchgesetzt werden kann, bedarf es (schon im Rahmen der Klagebefugnis nach § 42 Abs. 2 VwGO) eines subjektiv-öffentlichen Rechts.[357] Ein solches wurde lange Zeit abgelehnt; der gefährdete Einzelne galt als „Repräsentant der Allgemeinheit", der keinen Schutzanspruch gegenüber den Gefahrenabwehrbehörden geltend machen konnte[358] – eine Sichtweise, die angesichts der Schutzgüter der „öffentlichen" Sicherheit und Ordnung durchaus auch gegenwärtig noch nahe läge, ergäben sich nicht vor allem aus den Grundrechten, aber auch aus anderen Regelungen staatliche Schutzpflichten. Mit der gängigen, vor allem im Verwaltungsprozessrecht zur Bestimmung der Klagebefugnis relevanten „Schutznormlehre" sind heute subjektiv-öffentliche Rechte des Einzelnen anerkannt, die sich jedenfalls grundsätzlich auch auf ein gefahrenabwehrbehördliches Einschreiten richten können.

175   Die **Rechtsgrundlage** eines solchen Anspruchs ist umstritten. Denkbar sind etwa eine unmittelbare Herleitung aus den Grundrechten bzw. aus diese konkretisierenden einfachgesetzlichen Bestimmungen, aus der jeweils tatbestandlich erfüllten Ermächtigungsnorm (soweit es sich um eine „Schutznorm" handelt, die jedenfalls auch den Schutz von Individualrechten bezweckt) oder aus den gefahrenabwehrrechtlichen Aufgabenzuweisungsnormen.[359] Unabhängig von der dogmatischen Herleitung besteht ein breiter Konsens darüber, dass der Anspruch sehr engen Voraussetzungen unterliegt; diese lassen sich wie folgt zusammenfassen:[360]

1.   Es muss eine objektive Pflicht der Gefahrenabwehrbehörde zum Tätigwerden wegen der Verletzung eines subjektiv-öffentlichen (Individual-)Rechts bestehen. Dies setzt voraus, dass die tatbestandlichen Voraussetzungen der Ermächtigungsnorm zum gewünschten Handeln erfüllt sind und – soweit (Entschließungs-)Ermessen besteht – dieses „auf Null" reduziert ist.

2.   Es darf keine anderweitige Schutzmöglichkeit zur Verfügung stehen (vgl. § 1 Abs. 2 PolG NW).

---

355   J. Dietlein, in: Dietlein/Burgi/Hellermann, § 3 Rn. 121.
356   Kugelmann, 5. Kap. Rn. 186 ff.; Pieroth/Schlink/Kniesel, § 5 Rn. 50 ff., § 10 Rn. 44 ff.
357   Schoch in: Schoch (Hrsg.), 2. Kap. Rn. 165; eingehend J. Dietlein, in: Dietlein/Burgi/Hellermann, § 3 Rn. 148 ff; Möller/Warg, Rn. 157; J. Dietlein, DVBl. 1991, 685; Pietzcker, JuS 1982, 106.
358   J. Dietlein, in: Dietlein/Burgi/Hellermann, § 3 Rn. 149; vgl. etwa OVG Münster OVGE 6, 43, 51; VGH Kassel VwRspr. 9, 101, 103 f.
359   So dezidiert Knemeyer, Rn. 133 f.; ähnlich Gusy, Rn. 396; eingehend J. Dietlein, DVBl. 1991, 685, 686.
360   Ähnlich Gusy, Rn. 396. S. ferner Möller/Warg, Rn. 157.

3. Der Anspruch auf Einschreiten darf nicht wegen einer Unmöglichkeit oder Unzumutbarkeit behördlichen Handelns ausgeschlossen sein; an dieser Stelle sind insbesondere auch Rechte Dritter zu berücksichtigen.

Der Anspruch auf gefahrenabwehrbehördliches Einschreiten führt allerdings nach zutreffender Auffassung nur dazu, dass die Behörde **überhaupt tätig** werden muss. Davon zu unterscheiden ist die Frage, ob der Behörde ein Handlungsauswahlermessen verbleibt, so also (ermessensfehlerfrei) selbst entscheiden kann, welche konkrete Maßnahme sie trifft. Dies ist grundsätzlich zu bejahen. Auch diesbezüglich kann jedoch eine Handlungsermessensreduzierung in Betracht kommen,[361] die freilich durch die Reduzierung des Entschließungsermessens „auf Null" nicht indiziert wird. Denkbar ist eine Pflicht zur Wahl einer konkreten Maßnahme, wenn die Gefahr auf andere Weise nicht wirksam beseitigt werden kann. 176

▶ **Kurzschema: Ermessen**

Wichtiger Prüfungsstandort: Materielle Rechtmäßigkeitsprüfung einer gefahrenabwehrbehördlichen Maßnahme – Rechtsfolgen

I. Grundfrage: Ermessensfehler – eingeschränkte gerichtliche Kontrolldichte
II. Entschließungsermessen
  1. Ermessensbindungen / Ermessensreduzierung „auf Null"?
  2. Ermessensfehler?
III. Adressatenauswahlermessen
  1. Ermessensbindungen / Ermessensreduzierung „auf Null"?
  2. Ermessensfehler?
IV. Handlungsauswahlermessen
  1. Ermessensbindungen / Ermessensreduzierung „auf Null"?
  2. Ermessensfehler? ◀

VI. Grundsatz der Verhältnismäßigkeit

Weitere materielle Vorgaben für die Rechtmäßigkeit gefahrenabwehrbehördlichen Handelns gibt der **Grundsatz der Verhältnismäßigkeit**,[362] der verfassungsrechtlich aus dem Rechtsstaatsprinzip gemäß Art. 20 Abs. 3 GG hergeleitet wird (daher auch „Übermaßverbot"),[363] jedoch teilweise auch ausdrücklich auf einfachgesetzlicher Ebene in den Gefahrenabwehrgesetzen normiert ist (vgl. § 2 PolG NW, § 15 OBG NW; ähnlich die Vorgaben in § 5 PolG BW). Zudem ermächtigen z.B. die Standardermächtigungen und Generalklauseln meist zu den „erforderlichen" oder „notwendigen" Maßnahmen, was eine unmittelbare Bindung an den Verhältnismäßigkeitsgrundsatz zur Folge hat. Dessen Vorgaben sind jedoch keine tatbestandlichen Voraussetzungen im eigentlichen Sinne, sondern auf Rechtsfolgeseite zu berücksichtigen. Da eine Maßnahme jedoch nicht nur deshalb rechtswidrig sein kann, weil ihre Eingriffsvoraussetzungen (z.B. Gefahr, Störer usw.) nicht vorliegen, sondern auch dann, wenn die Behörde (mit der konkreten Maßnahme) eine unzulässige Rechtsfolge gewählt hat, gehört nicht nur das Er- 177

361 Vgl. J. Dietlein, in: Dietlein/Burgi/Hellermann, § 3 Rn. 151; Gusy, Rn. 395; Möller/Warg, Rn. 157.
362 Vgl. Grapatin/Wildhagen, Iurratio 2010, 198; Michael, JuS 2001, 654, 764, 866; Kugelmann, 10. Kap. Rn. 32 ff.; Pieroth/Schlink/Kniesel, § 10 Rn. 15 ff., Schenke, Rn. 331 ff.
363 Vgl. BVerfGE 20, 45, 49; 76, 256, 259; Möller/Warg, Rn. 159; Schoch in: Schoch (Hrsg.), 2. Kap. Rn. 155 ff.

messen, sondern auch der Grundsatz der Verhältnismäßigkeit zum regelmäßigen Prüfprogramm der Rechtmäßigkeitskontrolle gefahrenabwehrrechtlichen Handelns.

▶ **Hinweis zur Fallbearbeitung:** Unterschiedliche Ansätze finden sich hinsichtlich der Frage, an welcher Stelle die Direktiven des Verhältnismäßigkeitsgrundsatzes in der Fallbearbeitung zu erörtern sind. Denkbar ist einerseits, den Grundsatz als eigenen Prüfungspunkt, bevorzugt nach dem Ermessen, zu behandelt – dies trägt der Tatsache Rechnung, dass es sich einerseits um einfachgesetzliche Rechtmäßigkeitsvorgaben handelt (vgl. § 2 PolG, § 15 OBG NW), andererseits der Verhältnismäßigkeitsgrundsatz als „höherrangiges", weil Verfassungs-Recht materielle Vorgaben für das Handeln der Polizei- und Ordnungsbehörden trifft. Die Verortung nach der Ermessensprüfung hat dabei vor allem klausurtaktische Gründe. Ebenso statthaft erscheint es, die Untersuchung der Verhältnismäßigkeit in die Ermessensprüfung „einzuschachteln". Denn eine Behörde handelt ermessensfehlerhaft, wenn sie die „gesetzlichen Grenzen des Ermessens" überschreitet (vgl. § 40 VwVfG, Rn. 156 ff.). Als eine solche gesetzliche Ermessensgrenze wird man den (verfassungsrechtlich und gegebenenfalls einfachgesetzlich normierten) Verhältnismäßigkeitsgrundsatz zu qualifizieren haben, so dass eine unverhältnismäßige Maßnahme einen Ermessensfehler in Gestalt der Ermessensüberschreitung darstellt. Diese Variante empfiehlt sich vor allem dann, wenn die Verhältnismäßigkeitsprüfung an der Erforderlichkeit scheitert, weil eine andere Maßnahme gleich geeignet, aber „milder" gewesen wäre – in diesem Fall bestünde ein Ermessensfehler beim Handlungsauswahlermessen. Dies verdeutlicht, dass eine Verhältnismäßigkeitsproblematik auf allen drei „Ermessensebenen" (Entschließungs-, Handlungsauswahl-, Störerauswahlermessen) bestehen kann – die zweite Aufbauvariante ermöglicht es, diese dogmatischen Differenzierungen klarer und systematischer nachzuzeichnen. Bei gebundenen Entscheidungen ist freilich die erste Aufbauvariante zu wählen.

Darüber hinaus stellt sich die Aufbaufrage, ob nach abgelehnter Geeignetheit bzw. Erforderlichkeit noch die weiteren Kriterien des Verhältnismäßigkeitsgrundsatzes (gegebenenfalls „hilfsweise") geprüft werden müssen. Dies lässt sich nicht pauschal beantworten; allerdings werden sich dem Sachverhalt oftmals Anhaltspunkte dafür entnehmen lassen, dass die Bearbeiter jedenfalls auch Erforderlichkeits- bzw. Angemessenheitserwägungen anzustellen haben. ◀

178   Der verfassungsrechtlich fundierte Verhältnismäßigkeitsgrundsatz dient der **rechtsstaatlichen „Einhegung"** gefahrenabwehrbehördlichen Eingriffshandelns, soll durch die konkrete Anknüpfung an den jeweiligen Sachverhalt Einzelfallgerechtigkeit gewährleisten und sachgerechte Entscheidungen ermöglichen.[364] Ein hoheitliches Handeln ist nur dann verhältnismäßig, wenn 1. ein legitimer Zweck verfolgt wird, 2. die gewählte Maßnahme (gegen den ausgewählten Adressaten) geeignet ist, diesen Zweck jedenfalls zu fördern, 3. kein gleich geeignetes, aber (im Hinblick auf die Eingriffsintensität der Maßnahme) milderes Mittel ersichtlich ist (Erforderlichkeit), und 4. die Maßnahme nicht außer Verhältnis zum angestrebten Zweck steht („Zweck-Mittel-Relation", Angemessenheit, Verhältnismäßigkeit im engeren Sinne, Zumutbarkeit).[365] Damit betreffen die Bindungen des Verhältnismäßigkeitsgrundsatzes vor allem die Auswahl der konkret zu treffenden Gefahrenabwehrmaßnahme.

179   Die Maßnahme muss ein **Ziel** bzw. einen **Zweck** verfolgen, der nicht per se als illegitim erscheint – etwa weil er offenkundig gegen die Menschenwürde (Art. 1 Abs. 1 GG) ver-

---

364 Schoch in: Schoch (Hrsg.), 2. Kap. Rn. 155.
365 J. Dietlein, in: Dietlein/Burgi/Hellermann, § 3 Rn. 128 ff.; Götz, § 10 Rn. 15 ff.; Gusy, 397 ff.; Knemeyer, Rn. 277 ff.; Möller/Warg, Rn. 159 ff.

stößt. Im Regelfall lässt sich dieser Zweck bei Maßnahmen der Gefahrenabwehrbehörden leicht bestimmen: Sie zielen auf die Beseitigung einer Gefahrenlage bzw. den Schutz der öffentlichen Sicherheit (oder Ordnung) oder die weitere Erforschung eines Gefahrenverdachts.

Geeignet ist eine Maßnahme, wenn sie ihrem Zweck förderlich ist. An das Erfordernis der **Geeignetheit** sind keine zu hohen Anforderungen zu stellen. Es genügt, wenn die gewählte Maßnahme den Zweck zu fördern geeignet ist.[366] Sie muss ihn nicht nach Einschätzung der Behörde sicher oder mit hinreichender Wahrscheinlichkeit erreichen; es reicht ein „Schritt in die richtige Richtung". Es werden daher in der Praxis regelmäßig nur solche Maßnahmen ausscheiden, die ganz offenkundig oder erfahrungsgemäß untauglich sind oder vom Adressaten etwas tatsächlich oder rechtlich (nicht: wirtschaftlich)[367] Unmögliches verlangen.[368] Darüber hinaus kommt der entscheidenden Behörde eine nicht in vollem Umfang zu überprüfende sog. „Einschätzungsprärogative" zu: Die Wertung der handelnden Beamtinnen bzw. Beamten hinsichtlich der Frage, ob die fragliche Maßnahme überhaupt geeignet gewesen ist, kann mithin nur dann erschüttert werden, wenn sie nachweislich unzutreffend oder willkürlich gewesen ist. Im Regelfall wird die Rechtmäßigkeit einer Maßnahme nicht an mangelnder Geeignetheit scheitern.

Weitaus bedeutsamer ist das Kriterium der **Erforderlichkeit** (auch: „Notwendigkeit"). Wenngleich auch diesbezüglich eine Einschätzungsprärogative der Behörde besteht, ist zu untersuchen, ob (bei objektiver Betrachtung) eine alternative Maßnahme in Betracht gekommen wäre, die (mindestens) gleich geeignet ist (also den Zweck in ebensolcher Weise zu fördern in der Lage wäre wie die tatsächlich ausgewählte), jedoch weniger eingriffsintensiv („Interventionsminimum";[369] vgl. § 2 Abs. 1 PolG NW, § 15 Abs. 1 OBG NW; § 5 Abs. 1 PolG BW). Wichtig ist der Hinweis, dass das Erforderlichkeitskriterium nicht allein auf die Belastungswirkung beim Adressaten abstellt; nach § 15 Abs. 1 OBG NW ist etwa eine aus mehreren möglichen und geeigneten Maßnahmen diejenige zu wählen, die „die einzelne Person und die Allgemeinheit voraussichtlich am wenigsten beeinträchtigt". Zu beachten ist ferner, dass der Kreis der einbezogenen hypothetischen Alternativmaßnahmen nicht zu weit und nicht zu eng gezogen werden darf: Insbesondere ist nicht stets jede andere irgendwie denkbar erscheinende Handlungsoption der Gefahrenabwehrbehörden in Betracht zu ziehen.

▶ So wird häufig in den Fällen sog. Obdachloseneinweisungen in (ungenutzte) private Räumlichkeiten jedenfalls die Frage zu erörtern sein, ob die Behörde alle Möglichkeiten zur Beschaffung einer anderweitigen Wohngelegenheit ausgeschöpft hat. So müsste sie etwa überprüfen, ob karitative oder kirchliche Einrichtungen Wohnraum zur Verfügung stellen könnten und ob behördliche Immobilien zur Versorgung in Betracht kommen. Nicht als „milderes Mittel" zur Ablehnung der Verhältnismäßigkeit ins Feld geführt werden können dagegen die Anfrage bei benachbarten Gemeinden oder die zügige Errichtung von Wohnraum; insoweit begrenzen sowohl (örtliche) Zuständigkeitserwägungen als auch Zumutbarkeitshürden die Auswahl der im Rahmen der Erforderlichkeit zu bewertenden Alternativen (beachte: in den Einweisungsfällen sind diese Überlegungen häufig nicht erst bzw. allein

180

181

---

366 OVG Münster NJW 1982, 2277, 2278; Pieroth/Schlink/Kniesel, § 10 Rn. 17 ff.; Schoch in: Schoch (Hrsg.), 2. Kap. Rn. 156; Kluth, JA 1999, 606, 609; Schoch, Jura 2004, 462, 466.
367 Schoch in: Schoch (Hrsg.), 2. Kap. Rn. 156.
368 Knemeyer, Rn. 282, sieht die „Möglichkeit" der Maßnahme als eigenständigen Prüfungspunkt.
369 Schoch in: Schoch (Hrsg.), 2. Kap. Rn. 157; ferner Pieroth/Schlink/Kniesel, § 10 Rn. 25 ff.

bei der Verhältnismäßigkeitsprüfung, sondern bereits bei den tatbestandlichen Voraussetzungen der Inanspruchnahme von „Nichtstörern" anzustellen, Rn. 136; diese Voraussetzungen lassen sich als in Spezialtatbestände „gegossene" Verhältnismäßigkeitsprüfung verstehen.) ◄

182   Auf der anderen Seite darf die Behörde seitens des (potenziellen) Adressaten vorgebrachte Alternativen nicht bei ihrer Ermessensentscheidung völlig außer Acht lassen. Dies gilt namentlich dann, wenn dieser von sich aus ein **Austauschmittel** anstelle der auferlegten Maßnahme anbietet.[370] Ein solches Angebot wird jedoch in den meisten Fällen nicht die ursprüngliche Maßnahme per se rechtswidrig werden lassen; auf Antrag ist dem Adressaten einer Maßnahme – etwa im Rahmen der Erfüllung einer zu einem Handeln verpflichtenden Verfügung – aber die Möglichkeit einzuräumen, ein gleich geeignetes Mittel anzuwenden. Bietet er dies an, wird die Behörde es selbst dann zulassen müssen, wenn es den Adressaten selbst stärker belastet – sein Wille befreit sie bei gleicher Eignung des Austauschmittels vom Gebot des Interventionsminimums. Nach h.M. darf das Austauschmittel bis zur zwangsweisen Durchsetzung der ursprünglichen Verfügung angeboten werden,[371] nach der Gegenauffassung nur bis zur Bestandskraft.[372] In einigen Landesgesetzen ist dies gesetzlich ausdrücklich geregelt (vgl. § 3 Abs. 2 S. 2 PolG NW).

Beispiel: Eine Bauaufsichtsbehörde ordnet den Abriss eines baufälligen Hauses an. Bietet der Eigentümer stattdessen eine kostspielige Vollsanierung an, muss die Behörde – sofern nicht andere Rechtsnormen etwa des Bauplanungsrechts entgegenstehen – dieses Austauschmittel annehmen.[373]

Weniger geeignete Maßnahmen muss sie als Substitut für die ursprünglich auferlegte Handlung jedoch nicht akzeptieren.[374]

183   Im Einzelfall kann sich die Beantwortung der Frage nach der Erforderlichkeit einer Maßnahme als schwierig erweisen. Dies gilt vor allem dann, wenn der Behörde eine weniger eingriffsintensive Handlungsalternative zur Verfügung steht, die jedoch mit (höheren) **Kosten für die öffentliche Hand** verbunden wäre.

Beispiel: Eine Gefahrenabwehrbehörde weist einen Obdachlosen in eine leerstehende Wohnung ein. Der Eigentümer der Wohnung bringt vor, dass die Behörde für den Obdachlosen auch dauerhaft ein Hotelzimmer anmieten könnte.

In solchermaßen gelagerten Fällen stellt sich vornehmlich die Frage, ob eine solche Handlungsalternative gleich geeignet ist. Trotz der Einschätzungsprärogative der Behörde ist zweifelhaft, ob sie sich darauf berufen kann, die erhöhten Kosten machten eine Alternative weniger geeignet. Hier ist zu differenzieren: Kann die Behörde die Kosten von einem gefahrenabwehrrechtlich Verantwortlichen ersetzt verlangen, ist sie wegen des Verhältnismäßigkeitsgrundsatzes ohnehin insoweit zur „Schonung" verpflichtet, als sie im Interesse auch des „Störers" eine möglich kostenneutrale Maßnahme zu treffen hat. Fehlt die Möglichkeit einer Kostenerstattung (wie etwa im Fall der Obdachloseneinweisung), kann die Behörde eine Alternativmaßnahme nicht pauschal unter Hinweis auf entstehende Kosten verwerfen. Anderseits ist sie an die Grundsät-

---

370   J. Dietlein, in: Dietlein/Burgi/Hellermann, § 3 Rn. 134; Pieroth/Schlink/Kniesel, § 10 Rn. 28; Schoch in: Schoch (Hrsg.), 2. Kap. Rn. 157.

371   OVG Bremen DÖV 1986, 704, 705; Pieroth/Schlink/Kniesel, § 10 Rn. 28.

372   Gusy, Rn. 400.

373   OVG Münster DÖV 1962, 617.

374   Zur Problematik des Austauschmittels vgl. eingehend Schoch in: Schoch (Hrsg.), 2. Kap. Rn. 157. – Aus der Rechtsprechung OVG Münster NWVBl. 2003, 386, 390.

ze der Wirtschaftlichkeit und Sparsamkeit gebunden und muss – auch mit Rücksicht auf die Belastung der Allgemeinheit – nicht solche Maßnahmen ergreifen, die mit unzumutbar hohen Kosten verbunden sind, einen potenziellen Adressaten aber nur geringfügig weniger belasten. Die Frage der Erforderlichkeit muss im Einzelfall beantwortet werden.

Die Maßnahme muss schließlich **angemessen** sein (zumutbar, verhältnismäßig im engeren Sinne). Sie darf nicht zu einem Nachteil (im Regelfall für den Adressaten) führen, der erkennbar außer Verhältnis zum erstrebten Erfolg (der Gefahrenabwehr) steht (vgl. § 2 Abs. 2 PolG NW, § 15 Abs. 2 OBG NW; § 5 Abs. 2 PolG BW).[375] Es handelt sich um eine Wertungsfrage im Sinne einer „Zweck-Mittel-Relation";[376] die auf beiden „Seiten" relevanten Rechtspositionen sind abzuwägen und dabei in einen nicht unangemessenen Ausgleich zu bringen. Nicht zumutbar sind insbesondere Maßnahmen, bei denen ein offensichtliches Missverhältnis zwischen rechtlichem „Aufwand" (dem Eingriff in Rechtspositionen des Adressaten) und tatsächlichem „Ertrag" (der Gefahrenbeseitigung) besteht. Es darf also bildlich gesprochen nicht mit „Kanonen auf Spatzen" geschossen werden; Fälle, in denen diese Überlegung relevant wird, werfen allerdings meist schon im Rahmen der Erforderlichkeit erhebliche Bedenken auf.

184

Dass eine Maßnahme tatsächlich einmal nur an der Angemessenheit scheitert, ist eher selten. Praktisch relevante Fallgruppen sind 1. sehr eingriffsintensive Maßnahmen und 2. Zumutbarkeitserwägungen bei wenig gravierenden Normverstößen. Als äußerst **eingriffsintensive Maßnahme** zu nennen ist etwa der sog. „finale Rettungs-" bzw. „Todesschuss", der in den Landesgesetzen nur unter sehr engen tatbestandlichen Voraussetzungen zugelassen ist. Die gezielte Tötung etwa eines Geiselnehmers ist nur dann „zumutbar", wenn dieser eine konkrete Gefahr für das Leben der Geiseln zurechenbar verursacht hat.[377] **Wenig gravierende Normverstöße** können aus Zumutbarkeitsgründen bestimmte Gefahrenabwehrmaßnahmen gänzlich ausschließen oder zu einer Modifizierung zwingen. Ein geringfügiger Verstoß gegen die objektive Rechtsordnung kann also insbesondere dann, wenn gerade dieser Verstoß zum Schutz von Rechtsgütern dient, eine Maßnahme als unangemessen erscheinen lassen.

185

Beispiel:[378] Das Anhalten eines zu schnell fahrenden Kraftfahrers, der Arznei zu einer schwer kranken Person transportiert, kann noch angemessen sein; umfassende weitere Maßnahmen wie etwa eine Ingewahrsamnahme zur Identitätsfeststellung, wird man dagegen für unzumutbar halten müssen.

So kann es unangemessen sein, ein Kraftfahrzeug zur Durchsetzung eines Parkverbots abzuschleppen, wenn es faktisch keine anderen Verkehrsteilnehmer behindert. Die Rechtsprechung geht allerdings durchgängig von einer Zumutbarkeit aus.[379] Eine Ausnahme wird allerdings dann gemacht, wenn (mobile) Verkehrsschilder nachträglich aufgestellt werden; zwar ist es dem Parker zuzumuten, regelmäßig zu kontrollieren, ob sein Fahrzeug nicht verkehrswidrig geparkt ist, Abschleppmaßnahmen sind aber gleichwohl erst nach einer gewissen „Schonfrist" von zwei bis drei Tagen zumutbar.[380]

---

375 Pieroth/Schlink/Kniesel, § 10 Rn. 30 f.; Schoch in: Schoch (Hrsg.), 2. Kap. Rn. 158.
376 Knemeyer, Rn. 302: Mittel-Erfolg-Relation.
377 J. Dietlein, in: Dietlein/Burgi/Hellermann, § 3 Rn. 131.
378 Ähnliches Beispiel bei Knemeyer, Rn. 306.
379 VGH Mannheim NJW 1990, 2270.
380 BVerwG NJW 1997, 1021; VGH München DVBl. 2008, 999 Ls.; J. Dietlein, in: Dietlein/Burgi/Hellermann, § 3 Rn. 131.

▶ KURZSCHEMA: VERHÄLTNISMÄSSIGKEIT

Wichtiger Prüfungsstandort: Materielle Rechtmäßigkeitsprüfung einer gefahrenabwehrbehördlichen Maßnahme (ggf. im Ermessen, ggf. als eigenständiger Prüfungspunkt)

I.   (Legitimer) Zweck der Maßnahme (im Regelfall: Gefahrenabwehr)

II.   Geeignetheit (Förderung des Zwecks)

III. Erforderlichkeit (kein milderes, mindestens gleich geeignetes Mittel)

IV.   Angemessenheit („Zweck-Mittel-Relation") ◀

VII. Kein Verstoß gegen sonstiges höherrangiges Recht

186   Nicht in jeder gefahrenabwehrbehördlichen Konstellation relevant sind schließlich
weitere rechtliche Vorgaben. Da die materielle Rechtmäßigkeit einer gefahrenabwehrbehördlichen Maßnahme jedoch die **Vereinbarkeit mit höherrangigem Recht** voraus-
setzt, sind insbesondere verfassungsrechtliche und einfachgesetzliche Bestimmungen zu
beachten. So muss gefahrenabwehrbehördliches Handeln vor allem dem **Bestimmtheitsgebot** gemäß § 37 Abs. 1 VwVfG genügen, das dem verfassungsrechtlichen
Rechtsstaatsprinzip zu entnehmen ist. Seine praktische und rechtliche Bedeutung ist
hoch[381] – der Adressat muss klar und eindeutig erkennen können, welches Verhalten
von ihm gefordert wird. Ist dies nicht möglich, ist die Maßnahme rechtswidrig.

WIEDERHOLUNGS- UND VERSTÄNDNISFRAGEN

Themenkreis Gefahr

1. Definieren Sie den Begriff der „Gefahr". (Rn. 5)

2. Welche Schutzkomponenten gehören zur „öffentlichen Sicherheit"? (Rn. 8–33)

3. Definieren Sie den Begriff der „öffentlichen Ordnung". (Rn. 37–49)

4. Was bedeutet die „ex ante"-Prognose hinsichtlich der Schadenseintrittswahrscheinlich-
    keit? (Rn. 50–56)

5. Was ist der Unterschied zwischen der Anscheins- und der Scheingefahr? (Rn. 57–59)

6. Welche Maßnahmen sind den Gefahrenabwehrbehörden beim sog. Gefahrenverdacht
    gestattet? (Rn. 60–65)

7. Was ist eine gegenwärtige, eine erhebliche, eine dringende Gefahr, was eine „Gefahr im
    Verzug"? (Rn. 67–70, 72)

Themenkreis Verantwortlichkeit

8. Erläutern Sie die Zurechnungskriterien und -theorien zur Verhaltensverantwortlichkeit.
    (Rn. 86–96)

9. Wer kann Zustandsverantwortlicher sein? (Rn. 120–126)

10. Unter welchen Voraussetzungen kann ein Nichtverantwortlicher Adressat einer gefah-
    renabwehrbehördlichen Maßnahme sein? (Rn. 134–137)

11. Erläutern Sie die Rechtsfigur des „Zweckveranlassers". (Rn. 111–118)

---

381 Möller/Warg, Rn. 174; Pieroth/Schlink/Kniesel, § 10 Rn. 31.

Themenkreis Ermessen / Verhältnismäßigkeit

12. Welche Ermessensebenen kennen Sie? (Rn. 159–166)
13. Welche Ermessensfehler können den handelnden Beamtinnen und Beamten unterlaufen? (Rn. 167–170)
14. Erläutern Sie die Elemente der Verhältnismäßigkeitsprüfung. (Rn. 177–185)

§ 9 Gefahrenabwehrrechtliche Generalklauseln

I. Einführung

1   Die Gefahrenabwehrgesetze der Länder enthalten Generalklauseln, die doppelt subsidiär gegenüber Ermächtigungsnormen in Spezialgesetzen und gegenüber den Standardermächtigungen sind (§ 6 Rn. 12). Sie sind daher „Auffang"-Ermächtigungsnormen,
die verhältnismäßig geringe tatbestandliche Anforderungen stellen (zur Verfassungsgemäßheit von Generalklauseln § 6 Rn. 11).[1]

2   In **Nordrhein-Westfalen** ist die Generalklausel für das Gefahrenabwehrhandeln der **Polizei** in § 8 Abs. 1 PolG NW geregelt:

> „Die Polizei kann die notwendigen Maßnahmen treffen, um eine im einzelnen Falle beste-
> hende, konkrete Gefahr für die öffentliche Sicherheit oder Ordnung (Gefahr) abzuweh-
> ren, soweit nicht die §§ 9 bis 46 die Befugnisse der Polizei besonders regeln."

Die Generalklausel für die **Ordnungsbehörden** enthält § 14 Abs. 1 OBG NW:

> „Die Ordnungsbehörden können die notwendigen Maßnahmen treffen, um eine im ein-
> zelnen Falle bestehende Gefahr für die öffentliche Sicherheit oder Ordnung (Gefahr) ab-
> zuwehren."

3   In **Baden-Württemberg** ergibt sich eine einheitliche Generalklausel für die „Polizei" –
also die Polizeibehörden und den Polizeivollzugsdienst – aus § 3 PolG BW i.V.m. der
jeweiligen Aufgabennorm, für die Gefahrenabwehraufgabe i.V.m. § 1 Abs. 1 PolG BW.

II. Voraussetzungen

4   Maßnahmen auf der Grundlage der Generalklauseln sind rechtmäßig, wenn sie **formell
und materiell rechtmäßig** sind. Hinsichtlich der formellen Rechtmäßigkeit kann nach
oben verwiesen werden (§ 7 Rn. 1 ff.). In materieller Hinsicht setzen die Generalklauseln voraus: 1. eine Gefahr für die öffentliche Sicherheit oder für die öffentliche Ordnung (§ 8 Rn. 4 ff.), 2. einen zulässigen Adressaten („Störer" oder als „Nichtstörer" in
Anspruch Genommener; § 8 Rn. 76 ff.) sowie auf Rechtsfolgenseite 3. eine fehlerfreie
Ermessensausübung (§ 8 Rn. 155 ff.) 4. unter Berücksichtigung des Verhältnismäßigkeitsgrundsatzes (§ 8 Rn. 177 ff.) und gegebenenfalls 5. sonstigen höherrangigen
Rechts (§ 8 Rn. 186). Es ergibt sich das folgende Prüfungsschema:

▶ Prüfungsschema: Rechtmässigkeit einer Massnahme auf der Grundlage der Generalklauseln

I.   Gesetzliche Ermächtigungsgrundlage
     (vgl. § 8 Abs. 1 PolG NW, § 14 Abs. 1 OBG NW; §§ 3, 1 Abs. 1 PolG BW)
II. Formelle Rechtmäßigkeit
     1. Zuständigkeit
         a) Sachliche Zuständigkeit
         b) Instanzielle Zuständigkeit
         c) Örtliche Zuständigkeit

---

1   Allgemein Butzer, VerwArch. 2002, 506; v. Mutius, Jura 1986, 649; H. H. Klein, DVBl. 1971, 233.

2. Verfahren (insb. bei Verwaltungsakt)

3. Form

III. Materielle Rechtmäßigkeit

   1. Gefahr für die öffentliche Sicherheit oder Ordnung

      a) Öffentliche Sicherheit

         aa) Unversehrtheit der objektiven Rechtsordnung

         bb) Bestand und Funktionsfähigkeit des Staates und anderer Träger hoheitlicher Gewalt sowie seiner/ihrer Einrichtungen und Veranstaltungen

         cc) Individualrechte, ggf. Kollektivrechte

      b) Ggf.: Öffentliche Ordnung

         aa) Ungeschriebene Sozialnorm

         bb) Von einer Bevölkerungsmehrheit akzeptiert und

         cc) Als unerlässliche Voraussetzung für ein gedeihliches Zusammenleben betrachtet

      c) Hinreichende Wahrscheinlichkeit bzw. Sicherheit eines Schadenseintritts

   2. Zulässiger Adressat

      a) Verhaltensverantwortlicher

      b) Zusatzverantwortlicher

      c) Zustandsverantwortlicher

      d) Zulässige Inanspruchnahme eines Nichtverantwortlichen („Nichtstörer")

   3. Ermessen

      a) Entschließungsermessen

      b) Adressatenauswahlermessen

      c) Handlungsauswahlermessen

   4. Verhältnismäßigkeitsgrundsatz

      a) Legitimer Zweck

      b) Geeignetheit

      c) Erforderlichkeit

      d) Angemessenheit

   5. Vereinbarkeit mit sonstigem höherrangigem Recht (z.B. Bestimmtheitsgrundsatz) ◄

WIEDERHOLUNGS- UND VERSTÄNDNISFRAGEN

1. In welchen Bestimmungen finden Sie die Generalklausel(n)? (Rn. 2–3)

2. Erläutern Sie die Voraussetzungen für eine rechtmäßige Maßnahme auf der Grundlage der Generalklausel(n). (Rn. 4)

§ 10 Gefahrenabwehrrechtliche Standardermächtigungen

I. Einführung

1 Die gefahrenabwehrrechtlichen Regelwerke der Länder enthalten spezielle Ermächtigungen zu Maßnahmen, die zum einen in häufig auftretenden Situationen ergriffen werden (Typisierungsfunktion), zum anderen teilweise aufgrund besonderer grundrechtlicher Vorgaben spezifische Voraussetzungen für einen Eingriff regeln (Legitimationsfunktion).[1] Die Generalklauseln mit ihren offen gefassten Tatbeständen genügen den Anforderungen des Vorbehalts des Gesetzes nicht in jedem Fall – zum Beispiel bedarf es wegen der verfassungsrechtlichen Vorgaben des Art. 13 Abs. 7 GG besonderer Anforderungen an das Betreten und Durchsuchen von Wohnungen. Es handelt sich um sog. **Standardermächtigungen** („Standardbefugnisse"),[2] die aufgrund des Grundsatzes des Vorrangs spezialgesetzlicher Regelungen den Generalklauseln des Polizei- und Ordnungsrechts vorgehen. Diese „Standardisierung von Eingriffsbefugnissen" dient schließlich auch der Rechtsklarheit.[3]

2 Die ausdrücklich normierten Standardermächtigungen stellen sich bei näherer Betrachtung als sehr **inhomogen** dar. Teilweise enthalten sie Verwaltungsaktermächtigungen, teils gestatten sie die Vornahme von Realakten. Einige Standardermächtigungen enthalten zugleich Regelungen über ihre Durchsetzung, bei anderen können erlassene Verfügungen mit den Mitteln des allgemeinen Verwaltungsvollstreckungsrechts durchgesetzt werden. Einige beziehen sich auf den Umgang mit Daten, andere erlauben den unmittelbaren Zugriff auf die Person des Adressaten (z.B. die Durchsuchung von Personen oder die Ingewahrsamnahme). Dieser Befund wirft die Frage nach der **Rechtsnatur der Standardmaßnahmen** auf.[4] So wird etwa bei solchen Standardmaßnahmen, die eindeutig nicht als Verwaltungsakt ausgestaltet sind, sondern schlichtes Verwaltungshandeln („Realakt") darstellen, diskutiert, ob gleichzeitig ein auf Duldung dieses Realaktes gerichteter Verwaltungsakt ergeht (sog. – gegebenenfalls konkludente – „Duldungsverfügung"); geht eine explizite Anordnung der Maßnahme (z.B. einer Personendurchsuchung) voraus, wird man diese jedenfalls als Verwaltungsakt qualifizieren können, so dass die Konstruktion einer Duldungsverfügung entbehrlich ist.[5]

Beispiel: Das Betreten und Durchsuchen einer Wohnung ist ein Realakt (Rn. 152 ff.). Parallel könnte ein (konkludenter, an den Wohnungsinhaber gerichteter) Verwaltungsakt folgenden Inhalts ergehen: „Es wird angeordnet, dass Sie das Betreten und Durchsuchen der Wohnung zu dulden haben!". Eine solche Duldungsverfügung scheidet jedoch dann aus, wenn der Wohnungsinhaber etwa nicht zuhause ist. Ähnliches gilt für die Sicherstellung einer Sache (Rn. 162 ff.), bei der eine gleichzeitige Duldungsverfügung nur dann ergehen könnte, wenn der Eigentümer bzw. der Inhaber der tatsächlichen Gewalt anwesend ist. Bei einer Ingewahrsamnahme (Rn. 103 ff.) ist der Adressat dagegen stets anwesend, weil sich die Maßnahme unmittelbar gegen seine Person richtet, so dass eine parallele Duldungsverfügung in Betracht kommt.

---

1 Grundlegend Schmitt-Kammler, NWVBl. 1995, 166.
2 Möstl, Jura 2011, 840.
3 Schoch in: Schoch (Hrsg.), 2. Kap. Rn. 256. – Die Schaffung von Standardermächtigungen ist andererseits häufig Gegenstand (verfassungs-)gerichtlicher Auseinandersetzungen, vgl. etwa jüngst LVerfG SA LKV 2015, 33, zur Änderung des Polizeirechts in Sachsen-Anhalt von 2013.
4 Eingehend Schenke, Rn. 115 ff.; zur Rechtsnatur von Eingriffsbefugnissen allgemein Beckmann, NVwZ 2011, 842.
5 Eingehend Götz, § 12 Rn. 3 ff.

Die Konstruktion der Duldungsverfügung soll dazu dienen, die dogmatische Bewälti- 3
gung einer zwangsweisen Durchsetzung der Standardmaßnahme zu erleichtern – etwa
das Aufbrechen einer Wohnungstür. Die Frage, ob eine Duldungsverfügung zu konstruieren ist, ist indes **für jede Standardmaßnahme gesondert** zu beantworten. Insgesamt wird man die Konstruktion jedoch sehr zurückhaltend zu gebrauchen haben.
Denn zu Recht wird im Schrifttum darauf hingewiesen, dass die Duldungsverfügung
auf die Generalklausel gestützt werden müsste, was zu einer Inkongruenz der tatbestandlichen Voraussetzung des in der Standardmaßnahme liegenden Realaktes und der
Duldungsverfügung führte.[6] Teilweise wird daher davon ausgegangen, dass die Befugnis zum Erlass des Realaktes eo ipso und ohne gesonderte Verfügung die Pflicht zur
Duldung des Realaktes einschließe.[7] Alternativ ist jeweils zu erwägen, zur (gewaltsamen) Durchsetzung von Standardmaßnahmen auf die allgemeinen Regelungen zur
Verwaltungsvollstreckung zurückzugreifen; denkbar ist insbesondere eine Ausübung
des Verwaltungszwangs im „sofortigen Vollzug", sofern diese Ausübungsvariante landesrechtlich vorgesehen ist (§ 13 Rn. 16 ff.). Der Rückgriff auf das Verwaltungsvollstreckungsrecht ist im Zusammenhang mit Standardmaßnahmen auch nicht gesperrt,
wie dies gelegentlich vertreten worden ist; den gesetzlichen Vorschriften zum Verwaltungszwang ist eine solche Einschränkung nicht zu entnehmen. Soweit Standardmaßnahmen als Verwaltungsakte ergehen und keine eigenständigen Durchsetzungsbestim-
mungen getroffen sind, spricht auch nichts dagegen, etwa eine Vollstreckung im sog.
„gestreckten Verfahren" durchzuführen, das auf einem vollstreckbaren Verwaltungsakt basiert. Anderes kann für Standardmaßnahmen gelten, die sozusagen „selbstaus-
führend" (*„self executing"*[8]) sind, Vollstreckungselemente also bereits in sich tragen.
Bei solchen Maßnahmen ist jeweils zu erwägen, ob (zusätzlich) für die Anwendung des
allgemeinen Verwaltungsvollstreckungsrechts Raum bleibt.

Auch die **Reihenfolge der Normierung** der Standardermächtigungen in den Landesge- 4
setzen, ihre **Bezeichnungen** und ihre **tatbestandlichen Voraussetzungen** variieren teilweise erheblich. Eine durchgehend anerkannte thematisch gegliederte Darstellung der
Standardbefugnisse scheidet damit aus.[9] Immerhin gibt es Ansätze im Schrifttum, sie in
verschiedene Gruppen zu unterteilen.[10] Die Darstellung in diesem Lehrbuch folgt der
gesetzlichen Reihenfolge und den Bezeichnungen im *Polizeigesetz des Landes Nordrhein-Westfalen*. Auf die entsprechenden Bestimmungen und rechtlichen Besonderheiten in Baden-Württemberg wird jeweils hingewiesen.

▶ Aus didaktischen Gründen werden dabei **Schwerpunkte** bei denjenigen Standardermächtigungen gesetzt, die erfahrungsgemäß besonders häufig Gegenstand der Fallbearbeitung
in der rechtswissenschaftlichen Ausbildung sind. Die zahlreichen Ermächtigungsnormen
werden daher nicht gleichermaßen ausführlich behandelt. Namentlich die umfangreichen
Vorschriften über den Umgang mit Daten sowie die Standardbefugnisse zur Datenerhebung in besonderen Fällen und durch besondere Mittel sind nur im Überblick behandelt; die

---

6   Schenke, Rn. 116.
7   So Schenke, Rn. 116.
8   So J. Dietlein, in: Dietlein/Burgi/Hellermann, § 3 Rn. 238, für die Ingewahrsamnahme (Rn. 171), die Durch-
    suchung (Rn. 183) und die Sicherstellung (Rn. 198).
9   So auch Schoch in: Schmidt-Aßmann/Schoch (Hrsg.), 2. Kap. Rn. 259. – S. allerdings die Versuche bei Erich-
    sen, Jura 1993, 45.
10 Vgl. etwa Knemeyer, Rn. 164 ff.; Pieroth/Schlink/Kniesel, § 12 Rn. 6 ff., die einerseits zwischen „aktionellen"
    und „informationellen", andererseits zwischen „Anordnungs-" und „Handlungsbefugnissen" unterschei-
    den.

tatbestandlichen Voraussetzungen ergeben sich hier weit überwiegend aus dem Gesetzestext. ◀

5   In **Nordrhein-Westfalen** sind Standardermächtigungen für die Polizei in den §§ 9 ff. PolG NW geregelt. § 24 OBG NW verweist für die Ordnungsbehörden auf zahlreiche dieser Bestimmungen, so dass sich die Ordnungsbehörden auf die jeweilige Nummer des § 24 OBG NW i.V.m. der entsprechenden Norm des PolG NW als Ermächtigungsgrundlage stützen können. § 24 OBG NW verweist allerdings nicht auf sämtliche Standardermächtigungen der §§ 9 ff. PolG NW und schließt zudem die Anwendung einiger der dort enthaltenen Vorschriften auf das Handeln der Ordnungsbehörden ausdrücklich aus. Ausgenommen sind vor allem besonders eingriffsintensive Ermächtigungen sowie solche, die in engem Zusammenhang mit den polizeilichen Aufgaben der Verfolgung von Straftaten stehen. Da den Ordnungsbehörden gemäß §§ 1 Abs. 1, 5 Abs. 1 OBG NW nur die Aufgabe der Gefahrenabwehr zukommt (s. zur Abgrenzung zu den Zuständigkeiten der Polizeibehörden § 4 Rn. 36 f.), können sie ihr Handeln selbstverständlich nicht auf polizeiliche Ermächtigungsnormen stützen, die zur Erfüllung der über die Gefahrenabwehr hinausgehenden Aufgaben der Polizei (§ 4 Rn. 5 ff.) wahrgenommen werden können. Darüber hinaus ist zu beachten, dass je nach handelnder Behörde auch die tatbestandlichen Voraussetzungen variieren können.

6   In **Baden-Württemberg** sind die Standardermächtigungen für die „Polizei" in §§ 26 ff. PolG BW geregelt („Einzelmaßnahmen"). Ferner bestehen detaillierte Regelungen zum Umgang mit Daten („Datenerhebung", §§ 19 ff. PolG BW), die teilweise ebenfalls Ermächtigungsnormen enthalten.

II. Befragung, Auskunftspflicht

1. Grundlagen

7   Die **Befragung** (§ 9 PolG NW, § 24 Nr. 1 OBG NW; § 20 Abs. 1 PolG BW – Polizei) dient der Gewinnung von Informationen im Wege der mündlichen Äußerung einer Person.[11] Sie ist das „klassische" Mittel der Datenerhebung[12] und scheint auf den ersten Blick keinen Eingriffscharakter zu besitzen[13] – sie ist jedoch so verstehen, dass die Polizeibehörden den Adressaten der Maßnahme „Befragung" anhalten und vernehmen dürfen und dass dieser das (kurzfristige) Angehalten- und Befragtwerden zu dulden hat. Die Vorschriften über die Befragung enthalten mithin jedenfalls eine Ermächtigung zu Realakten. Eingriffscharakter besitzt diese Maßnahme jedoch nur dann, wenn sie gegen den Willen des Betroffenen erfolgt.

8   Im Schrifttum wird diskutiert, ob der Befragung zugleich eine verhaltensregelnde Maßnahme mit Verwaltungsaktcharakter innewohnt[14] – hier könnte von einem **Auskunftsverlangen** gesprochen werden. Für diese Deutung spricht, dass man eine Befragung – wäre sie lediglich Realakt – nur mit den gesondert geregelten Anschlussmaßnahmen wie der Vorladung bzw. Vorführung oder – soweit landesrechtlich vorgesehen – im „sofortigen Vollzug" durchsetzen könnte. Nur wenn man zugleich von einem Verwaltungsakt ausgeht, kommt eine Vollstreckung im sog. „gestreckten" Verwaltungsvollstreckungsverfahren in Betracht, also etwa die Anordnung eines Zwangsgeldes (§ 12

---

11   Eingehend Gusy NVwZ 1991, 614; Pünder, NordÖR 2005, 349, 350.
12   Pieroth/Schlink/Kniesel, § 14 Rn. 1.
13   J. Dietlein, in: Dietlein/Burgi/Hellermann, § 3 Rn. 213.
14   J. Dietlein, in: Dietlein/Burgi/Hellermann, § 3 Rn. 215.

Rn. 8 ff.). Zu unterscheiden sind mithin die Pflicht zur Duldung der Befragung als Realakt sowie die Anordnung, der Auskunftspflicht gerecht zu werden.[15]

2. Voraussetzungen

Die Gefahrenabwehrbehörden können „jede Person" befragen, wenn anzunehmen ist, dass diese **sachdienliche Angaben** machen kann, die zur Wahrnehmung einer bestimmten polizeilichen Aufgabe erforderlich sind. Die befragende Behörde muss hinsichtlich der Frage, ob die befragte Person solche Angaben machen kann, eine Prognoseentscheidung „ex ante" anstellen, wobei der begründete „Verdacht", die Person könnte sie machen, ausreicht. Befragungen ohne jeden konkreten Anhaltspunkt sind dagegen unzulässig. Sie müssen ferner der Erfüllung einer bestimmten polizeilichen (bzw. ordnungsbehördlichen) Aufgabe dienen. 9

Dem umfassenden Befragungsrecht korrespondiert eine nur eingeschränkte Pflicht zur Antwort. Die befragte Person muss hinsichtlich bestimmter **Grunddaten** (insbesondere Vor- und Familienname, Datum und Ort der Geburt, Wohnanschrift, Staatsangehörigkeit, sonstige Kontaktdaten usw.) Auskunft erteilen (vgl. § 9 Abs. 2 S. 1 PolG NW; § 20 Abs. 1 S. 2 PolG BW). Die Aufnahme dieser Informationen dient dazu, zu einem späteren Zeitpunkt weitere Befragungen der Person zu ermöglichen und zu diesem Zweck deren Erreichbarkeit sicherzustellen. Eine konkrete Gefahrenlage ist zur Erhebung dieser Daten nicht erforderlich.[16] Die Befragung eignet sich daher insbesondere auch für Gefahrerforschungsmaßnahmen. Unklar bleibt allerdings, auf welche rechtliche Grundlage die handelnden Beamten Maßnahmen stützen können, um die Angaben zu verifizieren (und damit ihre Brauchbarkeit zu gewährleisten); meist wird man auf die Bestimmungen zur Identitätsfeststellung zurückgreifen müssen, die freilich höhere tatbestandliche Hürden errichten (s. dazu auch u. Rn. 15). 10

Zur Preisgabe **darüber hinausgehender Informationen** ist die befragte Person indes nur dann verpflichtet, wenn weitere Voraussetzungen hinzutreten. Nach § 9 Abs. 2 S. 2 PolG NW ist sie zu weiteren Auskünften verpflichtet, soweit gesetzliche Handlungspflichten bestehen. Solche Pflichten zur Auskunftserteilung können sich z.B. aus § 138 StGB (Anzeigepflicht für bestimmte Straftaten) oder § 1626 BGB (Sorgepflicht der Eltern) ergeben. 11

▶ In Baden-Württemberg sind nach § 20 Abs. 1 S. 3 PolG BW weiterführende Angaben zu machen, wenn dies zur Abwehr einer Gefahr für Leben, Gesundheit oder Freiheit einer Person oder für bedeutende fremde Sach- oder Vermögenswerte dienlich ist.[17] Im Schrifttum wird auch bei fehlender gesetzlicher Anordnung weiterreichender Auskunftspflichten angenommen, dass jedenfalls bei Vorliegen einer Gefahr der gefahrenabwehrrechtlich Verantwortliche zu umfassenderen Auskünften verpflichtet ist.[18] ◀

Im Rahmen der Befragung gilt der Grundsatz nicht, dass sich der Auskunft Erteilende nicht selbst belasten muss und daher die Aussage verweigern darf (*„nemo tenetur se ipsum accusare"*). Die Vernehmung dient nicht der repressiven Strafverfolgung, sondern allein präventiven Zwecken der Gefahrenabwehr. 12

---

15 Diese Unterscheidung nimmt auch Gusy, Rn. 222, vor, sieht die Befragung aber (lediglich) als Realakt; ähnlich Götz, § 8 Rn. 19.
16 Möller/Warg, Rn. 282; kritisch Lisken, NWVBl. 1990, 325, 327.
17 Vgl. Schenke, Rn. 182.
18 Möller/Warg, Rn. 282; Erichsen, Jura 1993, 45.

▶ Anderes gilt bei ausdrücklicher gesetzlicher Anordnung eines Verweigerungsrechts, vgl. § 20 Abs. 1 S. 5 PolG BW, der auf die Auskunftsverweigerungsrechte der §§ 52 Abs. 1 und 2, 55 StPO verweist. Nach S. 6 gelten diese Rechte jedoch nicht, wenn die Auskunft für die Abwehr einer unmittelbar bevorstehenden Gefahr für Leben, Gesundheit oder Freiheit einer Person erforderlich ist. ◀

Nach h.M. sind die Vorgaben des § 136a StPO, auf den die landesrechtlichen Bestimmungen zur Vorladung – etwa § 10 Abs. 4 PolG NW – verweisen und der eine Befragung u.a. unter Folter, Täuschung oder Ermüdung sowie weitere Vernehmungsmethoden untersagt (Rn. 22), auch bei der „einfachen" Befragung zu beachten.[19] Eine „Präventionsfolter" ist in jedem Fall rechtswidrig.[20]

13   Hinsichtlich des **Adressaten** der Vernehmung ist auf den offenen Tatbestand der Ermächtigungsnormen zu verweisen: Danach kann die Behörde **„jede Person"** vernehmen. Eine Anwendung der allgemeinen Adressatenregelungen ist damit gesperrt – weder muss der Vernommene „Störer" sein, noch muss er die erhöhten Anforderungen der Inanspruchnahme eines Nichtstörers erfüllen. Auf eine „Gefahrennähe" der befragten Person kann es nicht ankommen. Gleichwohl enthalten einige Ermächtigungsnormen zur Vernehmung spezielle „Adressatenregeln". Nach § 9 Abs. 3 S. 1 PolG NW richtet sich die Befragung an die „betroffene Person"; vorrangig ist also eine zu befragende Person zur Selbstauskunft anzuhalten. Nach S. 2 können die Daten auch ohne Kenntnis der betroffenen Person erhoben werden (also etwa durch Befragung einer anderen Person), sofern die Befragung der betroffenen Person nicht oder nicht rechtzeitig möglich ist oder sie die Erfüllung der polizeilichen Aufgaben erheblich erschweren oder gefährden würde.

14   Die Ermächtigungsnormen enthalten ferner **Verfahrensvorschriften**. § 9 Abs. 4 PolG NW ordnet etwa an, dass die Befragung offen durchzuführen ist. Dies trägt dem Grundrecht auf informationelle Selbstbestimmung Rechnung. Weitere Einschränkungen enthält § 9 Abs. 5 PolG NW. Ferner gelten Hinweis- und Belehrungspflichten nach § 9 Abs. 6 PolG NW.

15   Muss die Behörde zum Zwecke der Befragung einer Person weitere Maßnahmen ergreifen, etwa weil dieser **nicht freiwillig** zur Auskunft bereit ist oder seinen Namen nicht nennen möchte, muss sie also beispielsweise die Person mit auf die Wache nehmen, um ihre Identität festzustellen, reichen die Bestimmungen über die Befragung als Ermächtigungsgrundlage nicht mehr aus. Die Standardermächtigungen über die Vorladung bzw. Vorführung (§§ 10 ff. PolG NW; § 27 PolG BW) ergänzen daher die Ermächtigung zur Befragung. Ergänzend kann auch auf die Vorschriften über die Verwaltungsvollstreckung zurückgegriffen werden; so kann bei einer Verweigerung der Auskunftserteilung neben der Vorladung bzw. Vorführung auch die Androhung und Festsetzung eines Zwangsgeldes erfolgen (vgl. § 20 Abs. 1 S. 9 PolG BW). Verweigert der Adressat der Befragung die Auskunft zu Unrecht, kann dies eine Ordnungswidrigkeit (§ 111 OWiG), gegebenenfalls auch eine Straftat (§ 138 StGB – Nichtanzeige geplanter Straftaten) darstellen.

---

19   J. Dietlein, in: Dietlein/Burgi/Hellermann, § 3 Rn. 218.
20   Eingehend Knemeyer, Rn. 374a.

III. Allgemeine Datenerhebung

1. Grundlagen

In engem Zusammenhang mit der Befragung stehen die allgemeinen Bestimmungen zur **16** Datenerhebung (vgl. § 9 Abs. 4 und 5 PolG NW; §§ 19 ff. PolG BW). Darunter versteht man die Beschaffung von Daten über eine Person. In Nordrhein-Westfalen ist die Datenerhebung gemeinsam mit der Befragung in § 9 PolG NW normiert, der allgemeine Regeln aufstellt. In Baden-Württemberg sind die allgemeinen Regeln der Datenerhebung in § 19 PolG BW niedergelegt, während die Befragung in § 20 Abs. 1, die Datenerhebung im Übrigen in § 20 Abs. 2 PolG BW normiert ist. Die genannten Vorschriften bilden gleichsam eine „Generalklausel" zur Datenerhebung.[21] Spezielle Ermächtigungen zum Umgang mit Daten finden sich in §§ 11 ff. PolG NW bzw. in § 21 ff. PolG BW (Rn. 25 ff.).

2. Grundsätze der Datenerhebung

Die Gefahrenabwehrgesetze regeln überwiegend **allgemeine Grundsätze der Datenerhebung** (§ 9 Abs. 4 und 5, § 19 PolG BW), die für die allgemeine Datenerhebung wie für **17** die speziellen Ermächtigungsnormen gelten. So ist die Datenerhebung im Grundsatz offen durchzuführen; eine verdeckte Datenerhebung ist in Nordrhein-Westfalen nur dann zulässig, wenn dies durch Gesetz zugelassen ist (§ 9 Abs. 4 PolG NW). Zudem sind die Daten primär unmittelbar beim Betroffenen zu erheben (vgl. § 9 Abs. 3 PolG NW). Weitere Beschränkungen enthält § 9 Abs. 5 PolG NW.

▶ In Baden-Württemberg ist eine verdeckte Datenerhebung nur zulässig, wenn sonst die Wahrnehmung der polizeilichen Aufgabe gefährdet oder nur mit unverhältnismäßig hohem Aufwand möglich oder wenn anzunehmen ist, dass dies den überwiegenden Interessen des Betroffenen entspricht (§ 19 Abs. 2 S. 2 PolG BW). Personenbezogene Daten sind ferner – sofern sie nicht aus allgemein zugänglichen Quellen entnommen werden – bei dem Betroffenen mit seiner Kenntnis zu erheben (§ 19 Abs. 1 S. 1 PolG BW; zu Ausnahmen wiederum S. 2). ◀

3. Voraussetzungen

Die **Ermächtigung zur allgemeinen Datenerhebung** zum Zwecke der Erfüllung gefah- **18** renabwehrbehördlicher Aufgaben ergibt sich in Nordrhein-Westfalen aus § 9 Abs. 3 S. 2 i.V.m. Abs. 1 S. 1 PolG NW. Ferner können die Gefahrenabwehrbehörden nach **§ 11 PolG NW** (i.V.m. § 24 Nr. 3 OBG NW) Namen, Vornamen, akademische Grade, Anschriften, Telefonnummern und andere Daten über die Erreichbarkeit sowie nähere Angaben über die Zugehörigkeit zu einer der in Nrn. 1–3 genannten Personengruppen erheben, soweit dies zur **Vorbereitung für die Hilfeleistung und das Handeln in Gefahrenfällen** erforderlich ist. Erfasst sind nach Nr. 1 Personen, denen Kenntnisse oder Fähigkeiten zur Gefahrenabwehr benötigt werden, 2. Verantwortliche für Anlagen oder Einrichtungen, von denen eine erhebliche Gefahr ausgehen kann, und 3. Verantwortliche für gefährdete Anlagen oder Einrichtungen.

▶ In Baden-Württemberg bestehen differenzierter normierte Befugnisse. Nach § 20 Abs. 2 PolG BW kann die Polizei Daten von Verhaltens- oder Zustandsverantwortlichen sowie von anderen Personen erheben, soweit dies zur Abwehr einer Gefahr oder zur Beseitigung einer

---

21 Vgl. Pieroth/Schlink/Kniesel, § 13 Rn. 1 ff.

Störung der öffentlichen Sicherheit oder Ordnung erforderlich ist und die Befugnisse der Polizei nicht anderweitig geregelt sind. Nach Abs. 4 kann auch in Baden-Württemberg die Polizei von bestimmten Personengruppen Daten erheben, soweit dies für die Vorbereitung auf die Gefahrenabwehr erforderlich ist. Dem Polizeivollzugsdienst steht darüber hinaus nach § 20 Abs. 3 PolG BW die Befugnis zu, Daten bei weiteren Personengruppen zu erheben, soweit dies zur vorbeugenden Bekämpfung von Straftaten erforderlich ist (Personen, bei denen tatsächliche Anhaltspunkte für eine künftige Straftatbegehung vorliegen; deren Kontakt- und Begleitpersonen; Personen, bei denen tatsächliche Anhaltspunkte dafür vorliegen, dass sie Opfer von Straftaten werden; Personen im räumlichen Umfeld einer in besonderem Maße als gefährlich erscheinenden Person; Zeugen, Hinweisgeber oder sonstige Auskunftspersonen). ◄

IV. Vorladung, Vorführung

1. Grundlagen

19   Die **Vorladung** ist die Aufforderung an eine Person, zur Klärung bzw. zur Erörterung von Tatsachen zu einem festgesetzten Zeitpunkt bei einer Behörde oder an einem sonstigen Ort in eigener Person zu erscheinen (vgl. § 10 PolG NW, Teilverweisung in § 24 Nr. 2 OBG NW; § 27 PolG BW).[22] Sie steht in engem Zusammenhang mit der Datenerhebung bzw. Befragung und ist ein (schriftlich oder mündlich ergehender) Verwaltungsakt, der im Wege der **Vorführung** nach § 10 Abs. 3 PolG NW zwangsweise durchgesetzt werden kann.[23] Die Ermächtigungsgrundlage kombiniert mithin Grundverfügung (Vorladung) und eine Variante ihre Durchsetzung (Vorführung). Ob darüber hinaus ein Rückgriff auf die Instrumente der Verwaltungsvollstreckung statthaft ist, ist zweifelhaft, wird jedoch aus Verhältnismäßigkeitsgründen bejaht werden müssen[24] – so kann die Behörde eine Vorladung etwa auch mit einem Zwangsgeld bewehren, um den Adressaten zum Erscheinen zu bewegen, anstatt ihn mittels der Vorführung, also gewaltsam zur Befolgung der Vorladung zu zwingen.

2. Voraussetzungen der Vorladung

20   Die Vorladung kann zum einen zur **Ermöglichung einer Befragung** (Rn. 7 ff.; § 10 Abs. 1 Nr. 1 PolG NW, § 24 Nr. 2 OBG NW; § 27 Abs. 1 Nr. 1 PolG BW) erfolgen. Sie unterliegt sodann denselben Voraussetzungen wie die Befragung. Ferner ist die Vorladung zulässig, wenn sie zur **Durchführung erkennungsdienstlicher Maßnahmen** (Rn. 33 ff.; § 10 Abs. 1 Nr. 2 PolG NW, nicht für die Ordnungsbehörden; § 27 Abs. 1 Nr. 2 PolG NW) erforderlich ist. Befragung bzw. erkennungsdienstliche Maßnahme werden, wenn die vorgeladene Person der Vorladung Folge geleistet hat und erschienen ist, jedoch nicht (mehr) von der Ermächtigungsgrundlage für die Vorladung gedeckt; vielmehr müssen sie sich auf die jeweilige Ermächtigungsnorm für die Informationserhebung stützen lassen.[25] Strafprozessrechtliche Befugnisnormen hinsichtlich der Vorladung bzw. Vorführung finden sich in §§ 133, 161a und 163a StPO; sie regeln die Vorladung vor den Richter bzw. vor den Staatsanwalt.

---

22 Vgl. Götz, § 8 Rn. 20; Pieroth/Schlink/Kniesel, § 14 Rn. 71 ff.; Petersen-Thrö/Ornatwowski, SächsVBl. 2008, 29.

23 J. Dietlein, in: Dietlein/Burgi/Hellermann, § 3 Rn. 216; Gusy, Rn. 225; Kugelmann, 6. Kap. Rn. 20.

24 Götz, § 8 Rn. 20; Knemeyer, Rn. 185.

25 Möller/Warg, Rn. 284.

Für die Vorladung ist **keine richterliche Anordnung** erforderlich (s. zur Vorführung 21
Rn. 23 f.). Der **Grund** der Vorladung ist anzugeben; zudem soll bei der **Festsetzung des Zeitpunkts**, zu dem der Adressat vorgeladen wird, auf seinen Beruf und seine sonstigen Lebensverhältnisse Rücksicht genommen werden (§ 10 Abs. 2 PolG NW; § 27 Abs. 2 PolG BW). Der Adressat ist sodann dazu verpflichtet, zum festgesetzten Zeitpunkt am vorgeschriebenen Ort zu erscheinen und bis zum Abschluss der beabsichtigten behördlichen Maßnahmen zu bleiben.[26]

Die Landesgesetze verweisen teilweise auf **§ 136a StPO** bzw. ordnen dessen entsprechende Geltung an (vgl. § 10 Abs. 4 PolG NW). Diese Bestimmung enthält in Konkretisierung der Menschenwürdegarantie gemäß Art. 1 Abs. 1 GG umfassende Ver- und Gebote hinsichtlich der Art und Weise der Vernehmung. Nach Abs. 1 S. 1 der Vorschrift darf die Freiheit der Willensentschließung und der Willensbetätigung des Beschuldigten nicht beeinträchtigt werden durch Misshandlung, durch Ermüdung, durch körperlichen Eingriff, durch Verabreichung von Mitteln, durch Quälerei, durch Täuschung oder durch Hypnose. Nach Satz 3 sind die Drohung mit einer (nach den Vorschriften des Strafverfahrensrecht) unzulässigen Maßnahme und das Versprechen eines gesetzlich nicht vorgesehenen Vorteils verboten. Nach Abs. 2 sind Maßnahmen, die das Erinnerungsvermögen oder die Einsichtsfähigkeit des Beschuldigten beeinträchtigen, nicht gestattet. Nach Abs. 3 gelten diese Vorgaben ohne Rücksicht auf eine Einwilligung des Beschuldigten. Systematisch ist die Verortung dieser Verweisung bei den Vorschriften über die Vorladung jedenfalls unglücklich; nach h.M. gelten die Direktiven des § 136a StPO auch für die Befragung (i.S.v. § 9 PolG NW).[27]

3. Voraussetzungen der Vorführung

Die zwangsweise erfolgende **Vorführung** ist eine freiheitsbeschränkende Maßnahme 23
(Art. 2 Abs. 2 S. 2 i.V.m. Art. 104 GG; „unmittelbarer Zwang" zur Durchsetzung einer Vorladung[28]) und als Zwangsmittel nur dann zulässig, wenn eine Gefahr für Leib, Leben oder Freiheit einer Person besteht und diese durch die Angaben der vorgeführten Person voraussichtlich abgewehrt werden kann oder wenn eine erkennungsdienstliche Maßnahme durchgeführt werden soll (vgl. § 10 Abs. 3 S. 1 PolG NW, § 24 Nr. 2 OBG NW – nicht für erkennungsdienstliche Maßnahmen; § 27 Abs. 3 PolG BW). Geht es lediglich um eine Befragung, ist die Vorführung also nur unter engeren Voraussetzungen rechtmäßig als die Vorladung.

Zweifelhaft ist die Geltung des **Art. 104 Abs. 2 GG (richterliche Anordnung bzw. Entscheidung)** für die Vorführung, soweit die Notwendigkeit einer richterlichen Anordnung nicht ausdrücklich in den Gefahrenabwehrgesetzen angeordnet ist (vgl. § 10 Abs. 3 S. 2 PolG NW; nicht in Baden-Württemberg). Es müsste sich bei der Vorführung dann um eine **Freiheitsentziehung** handeln. Eine Freiheitsbeschränkung ist immer schon gegeben, wenn eine Person in irgendeiner Art und Weise in ihrer körperlichen Bewegungsfreiheit eingeschränkt wird. Schwieriger ist die Bestimmung des Begriffs der Freiheitsentziehung: Teilweise wird es für ausreichend gehalten, wenn eine Person ohne oder gegen ihren Willen an einem bestimmten Ort festgehalten wird und dieses Festhalten eine gewisse Intensität erreicht. Nach diesen Kriterien wäre auch die Vorfüh-

---

26 Schoch in: Schoch (Hrsg.), 2. Kap. Rn. 273.
27 J. Dietlein, in: Dietlein/Burgi/Hellermann, § 3 Rn. 218.
28 Möller/Warg, Rn. 285.

rung freiheitsentziehend.[29] Die verbreitete Gegenauffassung geht dagegen davon aus, dass eine bloße Verbringung zur Dienststelle keine Freiheitsentziehung darstellt, wenn die Beeinträchtigung der körperlichen Bewegungsfreiheit lediglich eine kurzfristige, begleitende Erscheinung zur Erfüllung einer Handlungspflicht, also nicht der hauptsächliche Zweck der Maßnahme ist (wie etwa bei der Ingewahrsamnahme, Rn. 103 ff.).[30] Bei entsprechender Dauer und Intensität kann diese „Sistierung" jedoch in eine Freiheitsentziehung „umschlagen" und sodann gesondert rechtfertigungsbedürftig sein. Trotz dieser Einordnung als lediglich freiheitsbeschränkende Maßnahme ist nach den meisten Landesgesetzen für die Vorführung eine richterliche Anordnung erforderlich, sofern nicht Gefahr im Verzug besteht.

V. Identitätsfeststellung

1. Grundlagen

25   Eine **Identitätsfeststellung** (auch: „Personenfeststellung", § 26 PolG BW) ist die offene Erhebung von Daten, die eine natürliche Person von einer anderen unterscheiden, insbesondere Vor- und Familiennamen, Tag und Ort der Geburt, Wohnanschrift, Staatsangehörigkeit (vgl. § 12 PolG NW, § 24 Nr. 4 OBG NW – nicht an polizeilichen Kontrollstellen; § 26 PolG BW).[31] Die Behörden dürfen die zur Feststellung der Identität erforderlichen Maßnahmen treffen (vgl. § 12 Abs. 2 PolG NW, § 24 Nr. 4 OBG NW; § 26 Abs. 2 PolG BW). Die Identitäts- bzw. Personenfeststellung ist damit eigentlich lediglich eine Bezeichnung für das *Ergebnis* einer (oder bei Erfolglosigkeit mehrerer verschiedener) Einzelmaßnahmen. Diese Feststellung kann etwa zunächst durch bloßes Anhalten – das im Sinne eines kurzzeitigen „Aufhaltens" ohne Freiheitsbeschränkung und damit nur als Eingriff in die allgemeine Handlungsfreiheit gemäß Art. 2 Abs. 1 GG zu verstehen ist – und Befragen erfolgen, gegebenenfalls unter Belehrung darüber, dass eine Verweigerung der Angabe der Personalien bzw. eine unzutreffende Angabe gemäß § 111 Abs. 1, 2 OWiG eine bußgeldbewehrte Ordnungswidrigkeit darstellt. Zur Verifizierung der mündlich mitgeteilten Daten können Ausweispapiere kontrolliert werden.[32] So verpflichtet § 1 Abs. 1 S. 2 PAuswG dazu, den Personalausweis auf Verlangen einer zur Feststellung der Identität berechtigten Behörde vorzulegen; nach Satz 4 dürfen diese Behörden auch in Abweichung von Satz 3 verlangen, den Personalausweis zu hinterlegen oder in sonstiger Weise den Gewahrsam aufzugeben. Schließlich darf die betroffene Person sogar „festgehalten" werden, wenn die Identität auf andere Weise nicht oder nur unter erheblichen Schwierigkeiten festgestellt werden kann (vgl. § 12 Abs. 2 S. 3 PolG NW, § 24 Nr. 4 OBG NW; § 26 Abs. 2 S. 2 PolG BW). Dieses „Festhalten" geht über das bloße „Anhalten" hinaus und weist den Charakter jedenfalls einer Freiheitsbeschränkung auf. Auch wenn der Wortlaut lediglich das Berühren und „Am-Ort-Halten" zu erfassen scheint, ist das „Festhalten" weit zu verstehen. Die handelnden Beamten dürfen den Adressaten beispielsweise auch in einen Streifenwagen setzen oder auch mit zur Wache nehmen (dann freilich sind die weiteren Anforderungen an die Freiheitsbeschränkung/-entziehung zu beachten, etwa §§ 36 ff. PolG NW).

---

29 Möller/Warg, Rn. 294, sehen sogar das Festhalten zur Durchführung einer Durchsuchung als Freiheitsentziehung.

30 BVerwGE 62, 325, 327; 82, 243, 245; i. Erg. auch Schoch in: Schoch (Hrsg.), 2. Kap. Rn. 275, der eine richterliche Anordnung nur dann für erforderlich hält, wenn diese ausdrücklich gesetzlich vorgeschrieben ist; ferner BayObLG DVBl. 1983, 1069; Götz, § 8 Rn. 30; Kugelmann, 6. Kap. Rn. 21.

31 BVerfG BayVBl. 1992, 433; BGH BayVBl. 1990, 91; Pieroth/Schlink/Kniesel, § 14 Rn. 24 ff.

32 Kugelmann, 7. Kap. Rn. 65 f.

Unter denselben Voraussetzungen können auch die betroffene Person sowie die von ihr mitgeführten Sachen durchsucht werden. Diese Ermächtigung erstreckt sich nur auf die Durchsuchung zum Zwecke der Identitätsfeststellung (etwa mit dem Ziel, Ausweispapiere aufzufinden); eine Durchsuchung mit anderen Zielsetzungen muss auf die gesonderten Ermächtigungsnormen zu diesen Maßnahmen (Rn. 140 ff.) gestützt werden. Zudem sind, z.b. in § 14a PolG NW, unter besonderen Voraussetzungen die Entnahme von Körperzellen und die Erstellung von DNA-Identifizierungsmustern gestattet ("molekulargenetische Untersuchung", etwa zum Abgleich der Muster einer hilflosen Person mit derjenigen einer vermissten Person).

▶ In Baden-Württemberg ist das Verbringen zur Dienststelle explizit in § 26 Abs. 2 S. 3 PolG BW gestattet. ◀

2. Voraussetzungen

Die Identitätsfeststellung ist zunächst zulässig zur **Abwehr einer Gefahr** für die öffentliche Sicherheit oder Ordnung (vgl. § 12 Abs. 1 Nr. 1 PolG NW, § 24 Nr. 4 OBG NW; § 26 Abs. 1 Nr. 1 PolG BW).

Beispiel: Im Vorfeld einer Versammlung sind zwei Personen als Beobachter eingesetzt, um über Funk Dritte über die ausgespähten polizeilichen Vorkontrollen zu unterrichten. Die Polizei darf wegen des mitgeführten Funkgeräts und wegen auffälligen Verhaltens davon ausgehen, dass ihre Maßnahmen ausgespäht werden sollen, daher eine Gefahr annehmen und Identitätsfeststellungen bzw. Durchsuchungen vornehmen.[33]

Unabhängig vom Bestehen einer konkreten Gefahrenlage, insbesondere im Vorfeld tatsächlicher Gefährdungen bzw. bei Gefahrenverdacht sind Identitätsfeststellungen zulässig bei Personen, die sich an **"verrufenen Orten"** aufhalten; dabei handelt es sich um Orte, von denen Tatsachen die Annahme rechtfertigen, dass dort Personen Straftaten von erheblicher Bedeutung verabreden, vorbereiten oder verüben, sich dort Personen treffen, die gegen aufenthaltsrechtliche Strafvorschriften verstoßen, oder sich dort gesuchte Straftäter aufhalten (vgl. § 12 Abs. 1 Nr. 2 PolG NW, § 24 Nr. 4 OBG NW; ähnliche Voraussetzungen in § 26 Abs. 1 Nr. 2 PolG BW unter Erweiterung auf Orte, an dem erfahrungsgemäß Personen der Prostitution nachgehen). Zweifelhaft ist, ob eine Identitätsfeststellung nur dann rechtmäßig ist, wenn der fragliche Ort (zuvor) aufgrund behördlicher Entscheidung in einen "Katalog" gefährlicher Orte aufgenommen wurde. Aus dem Wortlaut der Ermächtigungsnormen ist eine solche Anforderung nicht herzuleiten; vielmehr wird man auch eine "Ad-hoc-Einordnung" der handelnden Beamtinnen und Beamten für zulässig halten müssen. Der Begriff der "Straftaten von/mit erheblicher Bedeutung" ist teilweise in Strafnorm-"Katalogen" legaldefiniert (vgl. § 8 Abs. 3 PolG NW; § 22 Abs. 5 PolG BW).

Die Gefahrenabwehrbehörden dürfen ferner die Identität von Personen feststellen, die sich an **"besonders gefährdeten Orten"** befinden oder sich in deren unmittelbarer Nähe aufhalten. Erfasst sind namentlich Verkehrs- und Versorgungsanlagen und -einrichtungen, öffentliche Verkehrsmittel, Amtsgebäude und andere besonders gefährdete Objekte. Voraussetzung ist ferner, dass Tatsachen die Annahme rechtfertigen, dass in oder an Objekten dieser Art (nicht: an dem konkreten Ort) Straftaten begangen werden sollen, durch die Personen oder diese Objektive gefährdet sind, und die Identitätsfeststellung aufgrund der Gefährdungslage oder auf die Person bezogener Anhalts-

26

27

28

---

33 OVG Berlin-Brandenburg Beschl. v. 6.6.2012, Az. OVG 1 N 28.11.

punkte erforderlich ist (vgl. § 12 Abs. 1 Nr. 3 PolG NW, § 24 Nr. 4 OBG NW; ähnlich in § 26 Abs. 1 Nr. 3 PolG BW). In neuerer Zeit steht eine Praxis weniger Polizeibehörden in der Kritik, die als „Racial Profiling" eine öffentliche Kontroverse hervorgerufen hat.[34] Dabei werden gezielt Maßnahmen gegen Personen getroffen, die ihrem äußeren Erscheinungsbild nach bestimmte Kriterien erfüllen. Die Rechtsprechung hat z.B. Personenkontrollen in Zügen durch die Bundespolizei nach dem äußeren Erscheinungsbild für rechtswidrig erklärt.[35]

29   Die Identitätsfeststellung ist zudem zulässig an von der Polizei eingerichteten **Kontrollstellen** (vgl. § 12 Abs. 1 Nr. 4 PolG NW; § 26 Abs. 1 Nr. 4 PolG BW, nach Nr. 5 auch innerhalb von Kontrollbereichen). Kontrollstellen sind Sperren auf Straßen, Plätzen und anderen öffentlich zugänglichen Orten, an denen Personen kontrolliert werden.[36] Zu welchem Zweck die Kontrollstellen eingerichtet sein müssen, um Identitätsfeststellungen zu ermöglichen, ist in den Landesgesetzen unterschiedlich geregelt. In Nordrhein-Westfalen muss es sich um eine Kontrollstelle handeln, die (soweit nicht Gefahr im Verzug vorliegt) mit Zustimmung des Innenministeriums bzw. einer von diesem beauftragten Stelle eingerichtet worden ist, um Straftaten nach § 129a StGB (Bildung terroristischer Vereinigungen), § 250 Abs. 1 Nr. 1 lit. a), b), Abs. 2 (schwerer Raub), § 255 StGB (räuberische Erpressung in qualifizierten Begehungsformen) oder § 27 VersG (Mitführen von Waffen und anderen gefährlichen Gegenständen bei Versammlungen) zu verhüten. Die Einrichtung der Kontrollstelle selbst bedarf als „polizeitaktische" Maßnahme ohne Eingriffscharakter keiner gesonderten Ermächtigungsgrundlage.[37]

▶ In Baden-Württemberg erlaubt § 26 Abs. 1 Nr. 4 PolG BW die Identitätsfeststellung, wenn Personen an Kontrollstellen angetroffen werden, die von der Polizei zum Zwecke der Fahndung nach Straftätern eingerichtet worden sind. Nach Nr. 5 gilt dies auch für in Kontrollbereichen angetroffene Personen, die von der Polizei eingerichtet worden sind zum Zwecke der Fahndung nach Personen, die als Täter oder Teilnehmer eine der in § 100a StPO genannten Straftaten („schwere Straftaten") begangen bzw. bei Versuchsstrafbarkeit versucht oder vorbereitet haben. Während die Identitätsfeststellung an Kontrollstellen in Nordrhein-Westfalen also vor allem die Verhütung von Straftaten bezweckt, steht in Baden-Württemberg die Fahndung im Vordergrund. – Nach § 26 Abs. 1 Nr. 6 PolG BW kann die Identität einer Person ferner festgestellt werden zum Zwecke der Bekämpfung der grenzüberschreitenden Kriminalität in öffentlichen Einrichtungen des internationalen Verkehrs sowie auf Durchgangsstraßen (Bundesautobahnen, Europastraßen und andere Straßen von erheblicher Bedeutung für die grenzüberschreitende Kriminalität). Dabei handelt es sich um die sog. **„Schleierfahndung"**, die verdachts- und ereignisunabhängige Identitätsfeststellung im Grenzgebiet zur Verhinderung oder Unterbindung der unerlaubten Einreise in das Bundesgebiet oder zur Verhütung bestimmter Straftaten.[38] In Nordrhein-Westfalen ist die Schleierfahndung nicht vorgesehen. Wegen der geringen Voraussetzungen werden den Ermächti-

---

34 Dazu Tischbirek/Wihl, JZ 2013, 219; Wagner, DÖV 2013, 113.
35 OVG Koblenz v. 29.10.2012, Az. 7 A 10532/12.OVG.
36 Gusy, Rn. 205; Pieroth/Schlink/Kniesel, § 14 Rn. 38.
37 Möller/Warg, Rn. 290.
38 Dazu Götz, § 17 Rn. 42 ff.; Knemeyer, Rn. 172; Kugelmann, 7. Kap. Rn. 85 ff.; Schoch in: Schoch (Hrsg.), 2. Kap. Rn. 266; Groh, NdsVBl. 2011, 10; Trennt, DÖV 2012, 216.

gungsgrundlagen gegenüber europa-[39] und verfassungsrechtliche Bedenken[40] geäußert. Die Gegenauffassung hält sie im Wesentlichen aus polizeitaktischen Gründen für verfassungsrechtlich unbedenklich.[41] Der Haupteinwand der Eingriffsintensität kann einerseits durch eine entsprechende Modifikation der Eingriffsermächtigung (so geschehen in § 27a SOG MV n.F.) oder aber durch eine strikte Anwendung des Verhältnismäßigkeitsgrundsatzes[42] ausgeräumt werden. ◄

Abzugrenzen sind die Kontrollstellen einerseits von **Verkehrskontrollen** gemäß § 36   30
Abs. 5 StPO (lex specialis), andererseits von der „Razzia". Eine solche **Razzia** besteht aus zahlreichen Einzelmaßnahmen: Dem Betreten und Absperren eines Kontrollraumes und einer Vielzahl von Identitätsfeststellungen bei einem größeren Personenkreis.[43] Das Betreten des Kontrollraums durch die Polizei kann auf die Ermächtigungsnorm zum Betreten und Durchsuchen von Wohnungen (z.B. § 41 PolG NW) gestützt werden, das Absperren des Kontrollraums auf die Befugnis zum Anhalten von Personen (z.B. § 12 Abs. 2 S. 2 PolG NW), die Identitätsfeststellung auf die entsprechenden Standardermächtigungen (etwa § 12 Abs. 1 Nr. 1, Nr. 2 PolG NW).

Die Ermächtigungsgrundlagen für die Identitätsfeststellung setzen überwiegend keine   31
Störereigenschaft des **Adressaten** voraus. So genügt meist das bloße „Angetroffenwerden" zur Rechtfertigung von Identitätsfeststellungen. Ein bloß zufälliges Passieren des Ortes wird allerdings nicht ausreichen; die Ermächtigungsnormen verlangen meist ein „Sichaufhalten", was jedes nicht nur ganz vorübergehende körperliche Anwesendsein bezeichnet. Die Identität von Personen, die erkennbar keinerlei Bezug zu dem fraglichen Ort haben, darf nicht festgestellt werden; dies wird allerdings nach der konkreten Gefährdungslage zu beurteilen sein. Zweifelhaft ist, ob diese „Störerunabhängigkeit" auch für die tatbestandlichen Varianten gilt, die an das Vorliegen einer Gefahr für die öffentliche Sicherheit oder Ordnung anknüpfen (§ 12 Abs. 1 Nr. 1 PolG NW; § 26 Abs. 1 Nr. 1 PolG BW). Nach der gängigen Dogmatik ist auf die Regelungen zur Störereigenschaft zurückzugreifen, wenn eine Ermächtigungsgrundlage das Vorliegen einer „Gefahr" als tatbestandliche Voraussetzung vorsieht, ohne konkrete Adressaten zu benennen. Auf der anderen Seite wird den handelnden Beamten zum Zeitpunkt der Identitätsfeststellungsmaßnahme noch gar nicht klar sein, ob es sich um Störer oder Nichtstörer handelt; die Identitätsfeststellung dient häufig gerade erst dazu, die Situation und die Beteiligung des Adressaten abzuklären. Aus diesen Gründen ist es überzeugender, auch bei diesen tatbestandlichen Varianten lediglich auf das bloße Antreffen des Adressaten im Kontext der Gefahrenlage abzustellen.[44]

Einige Landesgesetze regeln gesondert, aber in engem systematischen Zusammenhang   32
mit der Identitätsfeststellung das **Überprüfen von Berechtigungsscheinen** (vgl. § 13 PolG NW, § 24 Nr. 5 OBG NW; § 26 Abs. 3 PolG BW). Dabei handelt es sich um aufgrund gesetzlicher Anordnung mitzuführende Unterlagen, die bestätigen, dass be-

---

39 Vgl. Lindner, JuS 2005, 302, 304, zu Bedenken der EU-Kommission hinsichtlich möglicher nicht gerechtfertigter Beschränkungen der Grundfreiheiten; dazu auch Kugelmann, 7. Kap. Rn. 90.
40 Kugelmann, 7. Kap. Rn. 91: unverhältnismäßig, mögliche Grundrechtseingriffe; Lisken, NVwZ 1998, 22, 23 f.; Möllers, NVwZ 2000, 382, 384 f.; Waechter, DÖV 1999, 145, hebt den Aspekt der – unzulässigen – indirekten Verhaltenssteuerung hervor. A.A. LVerfG SA NVwZ 2002, 1281: kein Eingriff.
41 VerfGH Bay DVBl. 2003, 261: Grundrechtseingriff gerechtfertigt; vgl. auch Pieroth/Schlink/Kniesel, § 14 Rn. 42; Schenke, Rn. 121 f.; Götz, NVwZ 1998, 683 f.; Horn, BayVBl. 2003, 545.
42 Dafür etwa Pieroth/Schlink/Kniesel, § 14 Rn. 42.
43 Vgl. Götz, § 8 Rn. 12; Knemeyer, Rn. 169; Kugelmann, 7. Kap. Rn. 76; Möller/Warg, Rn. 289; Pieroth/Schlink/Kniesel, § 14 Rn. 25.
44 A.A. etwa Bialon/Springer, Eingriffsrecht, Rn. 194.

stimmte Tätigkeiten ausgeübt bzw. bestimmte Gegenstände mitgeführt werden dürfen (Beispiele: Führerschein, Waffenbesitzkarte bzw. Waffenschein, Jagdschein, Fischereischein, Reisegewerbekarte usw.). Für einige dieser Scheine gelten spezialgesetzliche Bestimmungen (vgl. etwa § 36 Abs. 5 StVO u.a. für die Verkehrskontrolle, bei der die Vorlage von Führer- und Fahrzeugschein verlangt werden kann). Zu beachten ist ferner die Reichweite der jeweiligen Ermächtigungsnorm. So kann die Polizei nach § 26 Abs. 3 PolG BW die Polizei (nur) das Vorzeigen des Scheines und das Aushändigen zur Prüfung verlangen. Eine Befugnis zum Anhalten ist nicht zwingend von der spezialgesetzlichen Regelung umfasst (vgl. etwa § 15 Abs. 1 S. 1 BJagdG), so dass dazu auf die allgemeinen Ermächtigungsnormen des Polizei- und Ordnungsrechts zurückgegriffen werden muss.[45] Das Prüfen von Berechtigungsscheinen ist nur dann statthaft, wenn der Adressat zum Zeitpunkt der Kontrolle diejenige Tätigkeit ausübt, für die er den fraglichen Schein benötigt.[46]

VI. Erkennungsdienstliche Maßnahmen

1. Grundlagen

33   **Erkennungsdienstliche Maßnahmen** (vgl. § 14 PolG NW, nicht für die Ordnungsbehörden; § 36 PolG BW – nur für den Polizeivollzugsdienst) sind die Feststellung, Registrierung und Auswertung individueller äußerer körperlicher Merkmale, insbesondere die Abnahme von Finger- und Handflächenabdrücken, die Erstellung von Lichtbildern, die Feststellung körperlicher Merkmale (z.B. Augen- und Haarfarbe) und Messungen (z.B. der Körpergröße und des Gewichts, der Atem- und der Pulsfrequenz und des Blutdrucks). Die in den Landesgesetzen enthaltenen Aufzählungen (vgl. § 14 Abs. 4 PolG NW; § 36 Abs. 2 PolG BW) sind, da es sich um Regelbeispiele handelt („insbesondere"), nicht abschließend; auf der Grundlage der Ermächtigungsnorm können mithin auch andere Maßnahmen zu Zwecken des Erkennungsdienstes vorgenommen werden. Denkbar sind Schrift- und Stimmproben, Zahnabdrücke, aber auch der Ohrabdruck des horchenden Einbrechers an der Wohnungstür.[47] Die Rechtsprechung erlaubt sogar die Veränderung der Haar- und Barttracht, um eine bessere Vergleichbarkeit mit bereits vorhandenem Datenmaterial zu ermöglichen.[48]

34   Nicht auf die Vorschriften des allgemeinen Polizei- und Ordnungsrechts zu erkennungsdienstlichen Maßnahmen gestützt werden können dagegen die Gewinnung von DNA-Proben und ihr Abgleich mit vorhandenem Datenmaterial (s. z.B. § 14a PolG NW).[49] Ebenfalls nicht von der Ermächtigungsgrundlage gedeckt sind Eingriffe in die **körperliche Integrität**, etwa die Entnahme einer Blutprobe oder die Verabreichung eines Brechmittels; nach überwiegender Auffassung erfasst die Vorschrift lediglich **äußere Merkmale**.[50] Die Unterscheidung zwischen „innen" und „außen" darf allerdings nicht zum bloßen Blankett werden. Demgemäß soll nach einer abweichenden Auffassung zu den erkennungsdienstlichen Maßnahmen auch die Ermittlung „innerer" Merkmale gehören, deren Gewinnung von geringer Eingriffsintensität ist (z.B. Spei-

---

45 Knemeyer, Rn. 170.
46 Gusy, Rn. 219.
47 J. Dietlein, in: Dietlein/Burgi/Hellermann, § 3 Rn. 221. Zu erkennungsdienstlichen Maßnahmen gegen einen rückfallgefährdeten Sexualstraftäter OVG Lüneburg NdsVBl. 2011, 290.
48 BVerfGE 47, 239, 246 ff.; a.A. Grünwald, JZ 1981, 423, 426 f.
49 Knemeyer, Rn. 178; Möller/Warg, Rn. 299; Schoch in: Schoch (Hrsg.), 2. Kap. Rn. 269.
50 Schenke, Rn. 125.

chelprobe, Entnahme eines Haares).[51] Diese Ansicht beruft sich darauf, dass die Befugnisnormen lediglich Regelbeispiele („insbesondere") für erkennungsdienstliche Maßnahmen aufzählten und die „Feststellung äußerer körperlicher Merkmale" lediglich eines der Beispiele darstelle, weshalb eine Erstreckung des Tatbestands sogar auf Maßnahmen zur Feststellung des „genetischen Fingerabdrucks" möglich sei.[52] Wegen des besonderen Eingriffscharakters im Hinblick auf die körperliche Integrität und das Recht auf informationelle Selbstbestimmung ist für solche Maßnahmen jedoch mit der h.M. eine hinreichend bestimmte Ermächtigungsgrundlage außerhalb derjenigen zur Vornahme erkennungsdienstlicher Maßnahmen zu fordern. Bei Standardermächtigungen ist der tatbestandliche Anwendungsbereich grundsätzlich eng zu fassen.

Einige Landesgesetze sehen spezialgesetzliche Ermächtigungen zu **DNA-Analysen** (Entnahme von Körperzellen) und zu **medizinischen bzw. molekulargenetischen Untersuchungen zu erkennungsdienstlichen Zwecken** vor.[53]   35

▶ Vgl. § 21a ASOG Berl; § 15a SOG Nds; § 14a PolG NW; § 11a Abs. 2 POG RP; § 10a PolG Saarl. ◀

Ziel dieser Untersuchungen ist überwiegend die Feststellung der Identität von Toten oder von hilflosen Personen, die sich in einem die freie Willensbildung ausschließenden Zustand befinden, im Wege eines Abgleichs des DNA-Identifizierungsmusters mit demjenigen einer vermissten Person. Sofern es sich bei den Personen der zweiten Gruppe – wie häufig – um Strafunmündige handelt, scheiden Maßnahmen auf der Grundlage der StPO aus.[54] Darüber hinaus ermächtigen die Normen zur Ermöglichung eines Abgleichs auch zur Sicherstellung von Proben – beispielsweise von Gegenständen mit Spurenmaterial –, um das DNA-Muster vermisster Personen feststellen zu können.[55]

Einzelne Landesgesetze enthalten ferner ausdrückliche Ermächtigungsnormen zur Vornahme von **Untersuchungen an Personen.**   36

▶ § 15 Abs. 4 SOG Hamb; § 36 Abs. 5 SOG Hess; § 41 Abs. 5 SOG SA; § 53 Abs. 4 SOG MV; § 17a PolG Saarl. In Baden-Württemberg und Nordrhein-Westfalen fehlen vergleichbare Regelungen. ◀

Die Vorschriften setzen meist voraus, dass der Person, die untersucht werden soll, eine Gefahr für Leib, Leben oder Freiheit droht. Die körperliche Untersuchung darf nur durch den Richter angeordnet werden; bei Gefahr im Verzug darf auch die Polizei eine Untersuchung anordnen, die jedoch ausschließlich von Ärzten durchgeführt werden darf. Einem anderen „Normtypus" mit abweichender Zwecksetzung zuzuordnen sind § 53 Abs. 4 SOG MV und § 22 Abs. 4 SOG Nds: Danach können bei einer lebenden oder verstorbenen Person, von der sich ergibt oder anzunehmen ist, dass sie krank, krankheitsverdächtig, ansteckungsverdächtig ist oder war, körperliche Untersuchungen, Entnahmen von Blutproben und andere körperliche Eingriffe zur Feststellung des Infektionsstatus angeordnet werden. Dazu müssen Tatsachen die Annahme rechtfertigen, dass es zu einer Übertragung von Krankheitserregern (insbesondere Hepatitis B oder C bzw. HIV) auf eine andere Person gekommen ist und bei dieser Person dadurch eine Gefahr für das Leben oder eine schwerwiegende Gesundheitsgefährdung besteht

---

51 So Pieroth/Schlink/Kniesel, § 14 Rn. 57.
52 So etwa Pieroth/Schlink/Kniesel, § 14 Rn. 57.
53 Vgl. Graulich, NVwZ 2005, 271, 274; Braun/Stienkmeier, Die Polizei 2012, 43 (zu § 14a NW).
54 Kugelmann, 7. Kap. Rn. 99; zu den Anforderungen an die Speichelprobenentnahme bei Strafunmündigen OLG Frankfurt a.M. NStZ-RR 2011, 188.
55 Vgl. Kugelmann, 7. Kap. Rn. 99.

und die Kenntnis des Infektionsstatus zur Abwehr der Gefahr erforderlich ist. Die Vorschriften ermöglichen es, den Infektionsstatus eines potenziellen „Ansteckers" zu ermitteln, um eine andere Person im Wege der sog. therapeutischen „Postexpositionsprophylaxe" zu schützen.[56] Die Bestimmungen enthalten weitere Verfahrensvorgaben; so sind auch hier die richterliche Anordnung und eine Durchführung durch den Arzt erforderlich.

37   Bei erkennungsdienstlichen Maßnahmen stellt sich häufig die Frage nach der zutreffenden Ermächtigungsgrundlage. Denn sowohl das präventive als auch das repressive Eingriffsrecht kennen Normen, die zu derartigen Handlungen ermächtigen. Gemäß § 81b StPO[57] können Lichtbilder und Fingerabdrücke des Beschuldigten auch gegen seinen Willen aufgenommen und Messungen und ähnliche Maßnahmen an ihm vorgenommen werden, soweit es für die Zwecke der Durchführung eines Strafverfahrens oder für die Zwecke des Erkennungsdienstes notwendig ist. Soweit bereits ein Strafverfahren eröffnet ist, kommt lediglich die erste Alternative des § 81b StPO in Betracht. Bei der Variante „für die Zwecke des Erkennungsdienstes" besteht eine Konkurrenz zu den gefahrenabwehrrechtlichen Ermächtigungsnormen. Deren kompetenzielle Verfassungsgemäßheit ist zweifelhaft; das Bundesverfassungsgericht hat anerkannt, dass der Bund auf der Grundlage seiner Gesetzgebungskompetenz aus Art. 74 Abs. 1 Nr. 1 GG („gerichtliches Verfahren") in der Strafprozessordnung eine abschließende Regelung hinsichtlich erkennungsdienstlicher Maßnahmen getroffen habe. Zwar sah das Gericht diese Maßnahmen als (auch) präventiv an, ordnete sie aber doch dem repressiven Strafverfahren zu. Damit ist eine Gesetzgebungskompetenz des Bundes zu bejahen, die dieser auch abschließend ausgeübt hat, so dass für ergänzende landesrechtliche Regelungen kein Raum mehr ist (o. § 4 Rn. 8). Die landesrechtlichen präventiven Befugnisnormen für erkennungsdienstliche Maßnahmen können zur Vereinfachung von § 81b StPO wie folgt abgegrenzt werden: Ist bereits ein Straf- oder Ermittlungsverfahren gegen den Betroffenen anhängig (Tatbestandsmerkmal: „Beschuldigter" i.S.v. §§ 157, 163a StPO), erfolgt die erkennungsdienstliche Behandlung auf der Grundlage von § 81b 2. Alt. StPO; es handelt sich um eine präventive Maßnahme der Strafverfolgungsvorsorge, gegen die der Rechtsweg zu den Verwaltungsgerichten eröffnet ist.[58] Die gefahrenabwehrrechtlichen Ermächtigungsnormen sind nur einschlägig, wenn erkennungsdienstliche Maßnahmen außerhalb von Strafverfahren durchgeführt werden, etwa gegenüber noch nicht oder nicht mehr Beschuldigten (etwa Strafunmündigen bzw. bereits rechtskräftig Verurteilten).

▶ Umstritten ist, ob § 81b StPO (über seinen Wortlaut hinaus) die Aufbewahrung der erkennungsdienstlichen Unterlagen auch über den Abschluss des Strafverfahrens hinaus gestattet. Die Rechtsprechung bejaht dies,[59] im Schrifttum finden sich unter Hinweis darauf, dass § 81b StPO nur die Gewinnung, nicht die Speicherung bzw. Aufbewahrung von Unterlagen erlaube, kritische Stimmen.[60] ◀

---

56 Dazu eingehend Götz, § 8 Rn. 72.
57 Schenke, JZ 2006, 707.
58 BVerwG JA 2011, 959; vgl. auch OVG Münster NJW 1999, 2689; OVG Schleswig NVwZ-RR 2007, 817; J. Dietlein, in: Dietlein/Burgi/Hellermann, § 3 Rn. 221.
59 BVerwGE 11, 181, 182; 26, 169, 170; VGH Kassel NVwZ-RR 1994, 652, 654.
60 Kugelmann, 7. Kap. Rn. 110; s. auch Gusy, Rn. 247 f.

2. Voraussetzungen

Nach der gefahrenabwehrrechtlichen Ermächtigungsnorm sind erkennungsdienstliche Maßnahmen zulässig, wenn eine (nach der jeweiligen Ermächtigungsgrundlage) statthafte **Identitätsfeststellung anders nicht möglich** ist (vgl. § 14 Abs. 1 Nr. 1 PolG NW; § 36 Abs. 1 Nr. 1 PolG BW), oder wenn sie zur **vorbeugenden Bekämpfung von Straftaten** erforderlich sind (jeweils Nr. 2), weil die betroffene Person verdächtig ist, eine Tat begangen zu haben, die mit Strafe bedroht ist, und wegen der Art und Ausführung der Tat die Gefahr der Wiederholung besteht (ähnlich in Baden-Württemberg: „…Umstände des Einzelfalles die Annahme rechtfertigen, dass … zukünftig eine Straftat begehen wird"). Die erste Variante betrifft vor allem Fälle, in denen sich der Adressat einer Aufforderung, seine Identität preis zu geben, widersetzt und im Wege der Vorführung z.B. zur Polizeiwache verbracht wird. 38

Zweifelhaft ist, ob die Ermächtigungsnormen zur erkennungsdienstlichen Behandlung zugleich zu **vorbereitenden oder begleitenden Zwangsmaßnahmen** berechtigen. So kann ein widerspenstiger Betroffener bei der Anfertigung von Fotografien fixiert werden müssen, oder seine Finger müssen gewaltsam zunächst in Farbe und sodann auf den Abdruckbogen gepresst werden. Nach h.M. bedarf es für eine solche Zwangsausübung einer gesonderten Ermächtigungsgrundlage.[61] Es kommt die Konstruktion einer Duldungsverfügung hinsichtlich der erkennungsdienstlichen Behandlung in Betracht, die sodann mit den gängigen Zwangsmitteln des Verwaltungsvollstreckungsrechts durchgesetzt werden kann. 39

Adressat der Maßnahme ist bei der ersten Alternative derjenige, dessen Identität festgestellt werden soll. Bei der zweiten Alternative ist sie gegen den Verdächtigen zu richten.[62] 40

Die Ermächtigungsnormen zu erkennungsdienstlichen Maßnahmen enthalten häufig weitere Bestimmungen, die die Behörde zum **Löschen** der durch die erkennungsdienstliche Behandlung erhobenen (personenbezogenen) Daten und zur **Vernichtung** der entsprechenden Unterlagen verpflichten, wenn die Voraussetzungen für ihre Gewinnung entfallen sind und eine Aufbewahrung nicht nach anderen Rechtsvorschriften zulässig ist (vgl. § 14 Abs. 2 PolG NW; § 36 Abs. 3 PolG BW). Die Bestimmungen bilden zugleich eine Anspruchsgrundlage für den Betroffenen, die indes nur hinsichtlich solcher Unterlagen greift, die auch auf Grundlage der polizeirechtlichen Ermächtigungsnorm gewonnen bzw. angefertigt worden sind. Nach h.M. kann der Anspruch auf Vernichtung der erkennungsdienstlichen Unterlagen im Wege der allgemeinen Leistungsklage vor den Verwaltungsgerichten klageweise geltend gemacht werden.[63] Nach § 14 Abs. 3 PolG NW ist die betroffene Person über den Vernichtungsanspruch zu belehren. 41

VII. Datenerhebung in besonderen Situationen

1. Grundlagen

Die Gefahrenabwehrgesetze der Länder enthalten neben den allgemeinen Vorgaben über die Datenerhebung (Rn. 16 ff.) gesonderte Ermächtigungsgrundlagen für die **Datenerhebung in besonderen Situationen**. In Nordrhein-Westfalen regeln § 15 PolG NW 42

---

61 J. Dietlein, in: Dietlein/Burgi/Hellermann, § 3 Rn. 221; Pieroth/Schlink/Kniesel, § 14 Rn. 69; a.A. für die straf-prozessualen Befugnisnormen Gerhold/Rakoschek, Jura 2008, 895, 900.
62 Knemeyer, Rn. 180.
63 J. Dietlein, in: Dietlein/Burgi/Hellermann, § 3 Rn. 222.

die Datenerhebung bei öffentlichen Veranstaltungen und Ansammlungen, § 15a PolG NW die Datenerhebung durch den offenen Einsatz optisch-technischer Mittel und § 15b PolG NW die Datenerhebung zur Eigensicherung. Die Bestimmungen in Baden-Württemberg folgen einer abweichenden Systematik; die folgende Darstellung zeichnet die nordrhein-westfälische Rechtslage nach; auf vergleichbare Vorschriften in Baden-Württemberg wird verwiesen.

2. Datenerhebung bei öffentlichen Veranstaltungen und Ansammlungen

43   Die Landesgesetze enthalten besondere Ermächtigungen zur Datenerhebung bei öffentlichen Veranstaltungen und Ansammlungen (vgl. § 15 PolG NW, § 24 Nr. 6 OBG NW; § 21 Abs. 1 PolG BW – nur Polizeivollzugsdienst), bei denen es sich nicht um „Versammlungen" im Sinne von Art. 8 Abs. 1 GG und des Versammlungsgesetzes handelt (§ 18 Rn. 1 ff.).

Beispiele: Volksfeste, Schützenfeste, Sportveranstaltungen, Musikkonzerte.

Die Vorschriften ermächtigen die Gefahrenabwehrbehörden zur Anfertigung von **Bild- und Tonaufzeichnungen**, in Nordrhein-Westfalen allgemein zur Erhebung **personenbezogener Daten von Teilnehmern**. Dort ist Voraussetzung, dass Tatsachen die Annahme rechtfertigen, dass bei der Veranstaltung bzw. Ansammlung Straftaten und Ordnungswidrigkeiten begangen werden.

▶ In Baden-Württemberg setzen die Maßnahmen dagegen ein besonderes Gefährdungsrisiko der Veranstaltungen bzw. Ansammlungen voraus, das sich etwa auf der Grundlage einer aktuellen Gefährdungsanalyse ergeben kann – ist anzunehmen, dass Veranstaltungen und Ansammlungen vergleichbarer Art und Größe von terroristischen Anschlägen bedroht sind, liegt ein solches Risiko vor (§ 21 Abs. 1 S. 2 Nr. 1 PolG BW). Ebenso ist ein Gefährdungsrisiko anzunehmen, wenn aufgrund der Art und Größe der Veranstaltungen und Ansammlungen erfahrungsgemäß erhebliche Gefahren für die öffentliche Sicherheit entstehen können. ◀

44   Die Landesgesetze ordnen eine **Vernichtung bzw. Löschung** der gewonnenen Daten spätestens einen Monat (teilweise zwei Monate) nach ihrer Erhebung an, sofern diese nicht zur Verfolgung von Straftaten oder Ordnungswidrigkeiten benötigt werden oder Tatsachen die Annahme rechtfertigen, dass die aufgenommene(n) Person(en) künftig Straftaten von erheblicher Bedeutung begehen könnten, zu deren vorbeugender Bekämpfung die Aufbewahrung erforderlich ist (vgl. § 15 Abs. 1 S. 3 PolG NW; § 21 Abs. 5 S. 2 PolG BW).

3. Datenerhebung durch den offenen Einsatz optisch-technischer Mittel

45   Die Gefahrenabwehrgesetze normieren ferner Ermächtigungsnormen zur Überwachung öffentlich zugänglicher Orte mittels offener, also für die Beobachteten erkennbarer Bildübertragung („**Videoüberwachung**"[64]). Derartige Überwachungen werden zu Recht als rechtfertigungsbedürftige Eingriffe in das Recht auf informationelle Selbstbestimmung gemäß Art. 2 Abs. 1 i.V.m. Art. 1 Abs. 1 GG bewertet, das durch die offe-

---

64 Götz, § 17 Rn. 50; Gusy, Rn. 201 f.; Knemeyer, Rn. 199a; Schenke, Rn. 184 ff.; Anderheiden, JuS 2003, 438; Henrichs, BayVBl. 2006, 289; Krist, LKRZ 2011, 171; Maske, NVwZ 2001, 1248; Roggan, NVwZ 2001, 134; Fallbearbeitung bei Röger/Stephan, NWVBl. 2001, 207 und 243. S. jüngst BVerwG NVwZ 2012, 757 m. krit. Anm. Siegel, NVwZ 2012, 738.

ne[65] wie die verdeckte beobachtende und observierende Tätigkeit der Gefahrenab-wehrbehörden beeinträchtigt wird.[66] Dass sich eine observierte oder überwachte Person in die Öffentlichkeit begibt, schließt den Eingriffscharakter nicht aus und stellt auch keine Einwilligung dar. Soweit Bildaufnahmen unmittelbar nach der Aufzeichnung wieder gelöscht werden oder schon gar kein „Mitschnitt" erfolgt, finden sich in der Rechtsprechung allerdings Ansätze, einen Eingriff abzulehnen.[67] Die bloße Videobeobachtung ohne Aufzeichnung sei dem „Blick eines beobachtenden Beamten" gleichzusetzen.[68] Dem ist nicht zu folgen. So erhöht eine Beobachtung mit technischen Mitteln den Überwachungsdruck auf die Bevölkerung, da der jeweils Beobachtete nicht einschätzen kann, wie weiter mit seinen Bildern verfahren wird.[69] Konsequent wird daher auch die Verwendung von Kameraattrappen als grundrechtlich relevanter Eingriff qualifiziert.

In Nordrhein-Westfalen ist diese Form der Datenerhebung in § 15a PolG NW geregelt. **46** Danach kann die Polizei einzelne öffentlich zugängliche Orte mittels Bildübertragung überwachen und die übertragenen Bilder aufzeichnen, wenn an den Orten **wiederholt Straftaten begangen wurden** und ihre Beschaffenheit die **Begehung von Straftaten begünstigt,** und solange Tatsachen die Annahme rechtfertigen, dass an diesen Orten **weiter Straftaten begangen werden.** Die Vorschrift schreibt in Abs. 2 eine Höchstdauer von 14 Tagen für die Speicherung der gewonnenen Daten vor, sofern diese nicht zur Verfolgung von Straftaten benötigt werden oder Tatsachen die Annahme rechtfertigen, dass eine Person künftig Straftaten begehen wird, und die Aufbewahrung zur vorbeugenden Bekämpfung von Straftaten erforderlich ist. Abs. 4 ordnet an, dass die Überwachungsmaßnahmen zu dokumentieren und jeweils auf ein Jahr befristet sind sowie nach Revision um ein weiteres Jahr verlängert werden können. Die Geltung der Bestimmung ist nach Abs. 5 insgesamt begrenzt; sie ist im Zuge der Reform des nordrhein-westfälischen Polizeirechts 2013 „verlängert" worden und tritt am 31. Juli 2018 außer Kraft.

▶ In Baden-Württemberg ist § 21 Abs. 3 PolG BW einschlägig. Danach können der Polizeivollzugsdienst und die Ortspolizeibehörden an öffentlich zugänglichen Orten Bild- und Tonaufzeichnungen von Personen anfertigen, wenn sich die Kriminalitätsbelastung dort von der des Gemeindegebiets deutlich abhebt und Tatsachen die Annahme rechtfertigen, dass dort auch künftig mit der Begehung von Straftaten zu rechnen ist. – Ferner enthält § 21 Abs. 4 PolG BW eine Ermächtigung zur offenen Beobachtung mittels Bildübertragung von in Gewahrsam genommenen Personen, soweit dies zu ihrem oder zum Schutz des zur Durchführung des Gewahrsams eingesetzten Personals oder zur Verhütung von Straftaten in polizeilich genutzten Räumen erforderlich ist. In Nordrhein-Westfalen gestattet § 37 Abs. 3 S. 3 PolG NW eine offene Beobachtung in Gewahrsam genommener Personen durch Bild- und Tonübertragung, wenn dies zum Schutz dieser Personen erforderlich ist. ◀

4. Datenerhebung zur Eigensicherung

Die Gefahrenabwehrgesetze ermächtigen teilweise schließlich auch zur **Datenerhebung** **47** **zum Zweck der Eigensicherung,** etwa bei Personen- oder Fahrzeugkontrollen durch die

---

65 BVerfG DVBl. 2007, 497.
66 BVerfGE 115, 320, 342.
67 BVerfGE 120, 378, 397.
68 VG Halle LKV 2000, 164, 165.
69 J. Dietlein, in: Dietlein/Burgi/Hellermann, § 3 Rn. 223.

offenkundige oder erkennbare Anfertigung von Bildaufnahmen und -aufzeichnungen durch den Einsatz optisch-technischer Mittel in Fahrzeugen der Polizei (vgl. § 15b PolG NW).

▶ Eine Eigensicherung kann auch durch die Datenerhebung durch den verdeckten Einsatz technischer Mittel, gegebenenfalls in oder aus Wohnungen bezweckt sein, vgl. §§ 17 Abs. 4, 18 Abs. 5 PolG NW (Rn. 54 f.). In Baden-Württemberg kann die offene Beobachtung in Gewahrsam genommener Personen durch Bildübertragung (auch) der Eigensicherung des zur Durchführung des Gewahrsams eingesetzten Personals dienen (§ 21 Abs. 4 PolG BW). ◀

VIII. Datenerhebung mit besonderen Mitteln

1. Grundlagen

48   Daten können nicht nur in besonderen Situationen erhoben werden, sondern auch durch **besondere Mittel**. Die Gefahrenabwehrgesetze normieren in diesem Zusammenhang eine Vielzahl datenbezogener Standardmaßnahmen mit Eingriffscharakter. In Nordrhein-Westfalen sind die Ermächtigungsnormen in den §§ 16 ff. PolG geregelt; für die Ordnungsbehörden gelten diese Vorschriften mangels Verweisung in § 24 OBG NW sämtlich nicht. In Baden-Württemberg finden sich ähnliche Standardbefugnisse in der „Sammelvorschrift" des § 22 PolG BW sowie in den §§ 22a ff. PolG BW. Beispielhaft behandelt werden im Folgenden: Die Observation (Rn. 51 f.), die verdeckte Anfertigung von Bild- und Tonaufnahmen (Rn. 53), die verdeckte Datenerhebung in und aus Wohnungen (Rn. 54 f.) sowie der Einsatz von Vertrauensleuten und verdeckten Ermittlern (Rn. 56 und Rn. 57). Darüber hinaus sind als besondere Formen der Datenerhebung die automatisierte Erfassung von Kraftfahrzeugen (Rn. 58) sowie die Rasterfahndung (Rn. 59 f.) zu erörtern.

49   Die Datenerhebung mit besonderen Mitteln unterliegt spezifischen **Rechtmäßigkeitsanforderungen**. In Nordrhein-Westfalen gilt § 16 PolG NW, der Regelungen zum Schutz des „**Kernbereichs privater Lebensgestaltung**" bei der Datenerhebung mit besonderen Mitteln regelt. Die Erhebung personenbezogener Daten, die diesem Kernbereich zuzuordnen sind, ist für unzulässig erklärt (Abs. 1). Ist also vor der Datenerhebung bekannt, dass kernbereichsrelevante Daten berührt sein werden, muss die Erhebung unterbleiben. Ergeben sich (erst) im Laufe einer Datenerhebung tatsächlich Anhaltspunkte dafür, dass kernbereichsrelevante Daten erfasst wurden, ist die Erhebung unverzüglich zu unterbrechen – es sei denn, sie kann aus zwingenden informations- oder ermittlungstechnischen Gründen nicht unterbleiben (Abs. 2 S. 1). Die Ermittlung darf fortgesetzt werden, wenn die Gründe für die Unterbrechung nicht mehr vorliegen. Sind kernbereichsrelevante Daten erhoben, dürfen diese nicht verwendet werden; Aufzeichnungen (über die Erhebung) sind unverzüglich zu löschen, die Tatsache der Erlangung und Löschung ist zu dokumentieren. Bei Zweifeln hinsichtlich der Kernbereichsrelevanz erhobener Daten sind diese unverzüglich dem behördlichen Datenschutzbeauftragten bzw. einer von der Behördenleitung besonders beauftragten Leitungsperson des höheren Polizeivollzugsdienstes zur Durchsicht vorzulegen (Abs. 3).

▶ In Baden-Württemberg enthält die Ermächtigungsnorm für den Einsatz technischer Mittel zur Datenerhebung in oder aus Wohnungen (§ 23 PolG BW) vergleichbare Bestimmungen zum Kernbereichsschutz (Abs. 2, 5). ◀

50   Die besonderen Anforderungen zum Schutz des Kernbereichs privater Lebensgestaltung beruhen auf der neueren Judikatur des Bundesverfassungsgerichts, das vor allem

in seiner Entscheidung zur „Online-Durchsuchung" ein spezielles Schutzkonzept für diesen Kernbereich entwickelt hat.[70] Dieser steht in engem Zusammenhang mit der **Menschenwürdegarantie gemäß Art. 1 Abs. 1 GG und dem Recht auf freie Entfaltung der Persönlichkeit gemäß Art. 2 Abs. 1 GG**; zur Entfaltung der Persönlichkeit in diesem Kernbereich gehört nach der Rechtsprechung

> „die Möglichkeit, innere Vorgänge wie Empfindungen und Gefühle sowie Überlegungen, Ansichten und Erlebnisse höchstpersönlicher Art zum Ausdruck zu bringen, und zwar ohne Angst, dass staatliche Stellen dies überwachen. Vom Schutz umfasst sind auch Gefühlsäußerungen, Äußerungen des unbewussten Erlebens sowie Ausdrucksformen der Sexualität."[71]

Der Kernbereich ist nicht absolut geschützt; so hat das Bundesverfassungsgericht durchaus anerkannt, dass im Zuge der Datenerhebung unter Umständen kernbereichsrelevante Daten (mit) erhoben werden, ohne dass dies von den handelnden Behörden beabsichtigt ist. Für diese Fälle hat das Gericht umfassende Vorgaben für das Verfahren aufgestellt, die u.a. nunmehr in § 16 PolG NW einfachgesetzlich realisiert worden sind. Gemäß § 16 Abs. 5 PolG NW sind dem Kernbereich auch das durch das Berufsgeheimnis geschützte Vertrauensverhältnis zu den in §§ 53 und 53a StPO genannten Berufsgeheimnisträgern (z.B. Geistliche, Strafverteidiger, Rechtsanwälte, Notare, Wirtschaftsprüfer, Steuerberater, Ärzte, Zahnärzte, Psychologen, Apotheker, Hebammen, Schwangerschaftskonfliktberater, Abgeordnete, Journalisten usw.) zuzurechnen.

2. Observation

Observation ist die planmäßige Beobachtung von Personen und Orten nicht durch Bildaufzeichnungen oder optisch-technische Mittel, sondern durch anwesende Beamtinnen und Beamte (vgl. § 16a PolG NW; § 22 Abs. 1 Nr. 1 PolG BW).[72] Sie kann verdeckt oder offen erfolgen,[73] wobei die offene Observation im Regelfall schon aufgrund der Zielsetzung der Maßnahme ausscheiden dürfte. Die Ermächtigungsnormen qualifizieren jedoch teilweise nur solche Observationen als relevante längerfristige Observationen, die – je nach Gesetz – länger als 24 Stunden bzw. an mehreren Tagen vorgesehen sind bzw. durchgeführt werden. In Nordrhein-Westfalen erfasst die Ermächtigungsnorm jedoch (unter gesondert geregelten Voraussetzungen) auch die kurzzeitige Observation (§ 16a Abs. 4 PolG NW); in Baden-Württemberg ist explizit nur die längerfristige Observation geregelt, die kurzfristige Observation kann auf die Generalklausel gestützt werden. Observiert werden können „Störer" sowie gefahrenabwehrrechtlich nicht verantwortliche Personen, wenn dies zur Abwehr einer gegenwärtigen Gefahr für Leib, Leben oder Freiheit einer Person erforderlich ist; ferner Personen, soweit Tatsachen die Annahme rechtfertigen, dass sie Straftaten von erheblicher Bedeutung begehen wollen (vgl. § 16a Abs. 1 PolG NW; engere Voraussetzungen in § 22 Abs. 3 PolG BW). Als rechtlich problematisch hat sich insbesondere die längerfristige (Dauer-)Observation von Sexualstraftätern erwiesen, die aus der Haft entlassen worden sind. In derartigen Fallkonstellationen kollidieren die Interessen der Bevölkerung,

51

---

70 BVerfGE 120, 274. Vgl. Kugelmann, 7. Kap. Rn. 118 ff.; Möller/Warg, Rn. 278a; Schenke, Rn. 196 f.; Trurnit, VBlBW 2010, 413.
71 BVerfGE 109, 279.
72 Götz, § 17 Rn. 68; Kugelmann, 7. Kap. Rn. 129 ff.; Pieroth/Schlink/Kniesel, § 14 Rn. 100 ff.; Linke, DVBl. 2013, 559; Fallbearbeitungen bei Jahn, JA 1997, 303; Vahle, VR 1996, 128.
73 Möller/Warg, Rn. 310; Guckelberger, VBlBW 2011, 209.

von der Nachbarschaft mit einer derart straffällig gewordenen Person Kenntnis zu erlangen, mit dem Anspruch des Haftentlassenen auf Resozialisierung (Art. 2 Abs. 1 i.V.m. Art. 1 Abs. 1 GG).[74]

52 Die Landesgesetze sehen teilweise darüber hinaus die Observation von **Kontakt- und Begleitpersonen** vor;[75] die Begriffsbestimmungen divergieren stark. Nach § 16a Abs. 1 S. 3 PolG NW gelten als Kontaktpersonen nur Personen, die enge persönliche, dienstliche oder geschäftliche Beziehungen zu den Personen gemäß Absatz 1 S. 1 Nr. 2 unterhalten. Begleitpersonen sind Personen, die nicht nur kurzfristig mit diesen Personen angetroffen werden, ohne jedoch enge persönliche, dienstliche oder geschäftliche Beziehungen zu ihnen zu unterhalten. Meist werden bei Observationsmaßnahmen auch Unbeteiligte „mitbeobachtet"; § 16a Abs. 1 S. 2 PolG NW erlaubt aber beispielsweise, dass auch personenbezogene Daten „über andere Personen erhoben werden, soweit dies erforderlich ist, um eine Datenerhebung (...) durchführen zu können".

3. Verdeckte Anfertigung von Bild- und Tonaufnahmen

53 Weitere Ermächtigungsnormen gestatten die **Datenerhebung durch den verdeckten Einsatz technischer Mittel**, namentlich die Anfertigung von Bildaufnahmen und -aufzeichnungen bzw. das Abhören und Aufzeichnen des gesprochenen Wortes (vgl. § 17 PolG NW; § 22 Abs. 2 BW). In Nordrhein-Westfalen richtet sich auch diese Maßnahme gegen „Störer" und gefahrenabwehrrechtlich nicht Verantwortliche, sofern dies zur Abwehr einer gegenwärtigen Gefahr für Leib, Leben oder Freiheit einer Person erforderlich ist, bzw. gegen Personen, soweit Tatsachen die Annahme rechtfertigen, dass diese Personen Straftaten von erheblicher Bedeutung begehen wollen, und wenn die Datenerhebung zur vorbeugenden Bekämpfung von Straftaten erforderlich ist. Ferner können Kontakt- und Begleitpersonen überwacht werden.

4. Verdeckte Datenerhebung in und aus Wohnungen

54 Die Gefahrenabwehrgesetze enthalten ferner Ermächtigungen zur verdeckten Datenerhebung in und aus Wohnungen (vgl. § 18 PolG NW; § 23 PolG BW). Die Maßnahmen werden häufig als „Großer" bzw. „Kleiner" Lauschangriff bezeichnet.[76] Unter dem „**Großen Lauschangriff**" versteht man den verdeckten Einsatz technischer Mittel zum Abhören und Aufzeichnen des gesprochenen Wortes in oder aus Wohnungen bzw. zur Anfertigung von Lichtbildern und Lichtaufzeichnungen.[77] Es handelt sich mithin um eine **akustische** bzw. **optische Wohnraumüberwachung**. Diese unterliegt wegen der besonderen Bedeutung des Grundrechts auf Unverletzlichkeit der Wohnung gemäß Art. 13 GG detaillierten Verfahrensvorgaben. Der „**Kleine Lauschangriff**" (vgl. § 18 Abs. 5 PolG NW) bezeichnet den Einsatz technischer Mittel zum Abhören und Aufzeichnen des gesprochenen Wortes, wobei das technische Mittel ausschließlich zum Schutz der bei einem polizeilichen Einsatz in Wohnungen tätig werdenden Personen mitgeführt und verwendet werden darf.

55 Die Ermächtigungsnormen für die verdeckte Datenerhebung in und aus Wohnungen sind **wegen Art. 13 Abs. 4 GG verfassungsgemäß**, soweit sie die verfassungsrechtlichen

74 Zur Problematik Eisenbarth, DVBl. 2013, 566; Greve/von Lucius, DÖV 2012, 97; Goldmann, KJ 2009, 282; VG Freiburg v. 14.2.2013, Az. 4 K 1115/12; OVG Münster v. 5.7.2013, Az. 5 A 607/11.
75 Allgemein Shirvani, VerwArch. 2010, 86.
76 Gusy, Rn. 211.
77 Kugelmann, 7. Kap. Rn. 157 ff.; Schenke, Rn. 193 ff.

Anforderungen erfüllen.[78] Die Verfassungsbestimmung gestattet jedoch den „Lausch-angriff" lediglich zur „Abwehr dringender Gefahren für die öffentliche Sicherheit", so dass landesgesetzliche Vorschriften, die die technische Wohnraumüberwachung (auch) zur vorbeugenden Bekämpfung von Straftaten gestatten, insoweit verfassungswidrig sind.[79]

5. Einsatz von Vertrauensleuten

Besonderes Mittel der Datenerhebung ist auch der **Einsatz von Vertrauensleuten** (z.B. § 19 PolG NW). Es handelt sich dabei um Personen, die nicht der Polizei angehören („verlängerte Arme der Polizei"[80]) und deren Zusammenarbeit mit den Gefahrenab-wehrbehörden Dritten nicht bekannt ist.[81] In Baden-Württemberg lässt § 22 Abs. 1 Nr. 5 PolG BW den Einsatz von Personen, deren Zusammenarbeit mit der Polizei Drit-ten nicht bekannt ist (Vertrauenspersonen) als besonderes Mittel der Datenerhebung zu. 56

6. Einsatz verdeckter Ermittler

Vom Einsatz der Vertrauensleute zu unterscheiden ist der **Einsatz verdeckter Ermittler** aus den Reihen der Gefahrenabwehrbehörden (vgl. § 20 PolG NW; 24 PolG BW).[82] Es handelt sich regelmäßig um besonders ausgewählte und ausgebildete Polizeivollzugsbe-amte, die unter der Nutzung einer sog. „Legende" Kontakt zu Personen aufnehmen, die der kriminellen Szene angehören; der Zweck des Einsatzes liegt in der Gewinnung von Anhaltspunkten für spätere Maßnahmen zur vorbeugenden Bekämpfung von Straftaten von erheblicher Bedeutung,[83] er kann aber auch der Abwehr einer gegen-wärtigen Gefahr für Leib, Leben oder Freiheit einer Person dienen (vgl. § 20 Abs. 1 Nr. 1 PolG NW). Der verdeckte Ermittler muss sich rechtstreu verhalten, darf aller-dings aufgrund gesonderter gesetzlicher Gestattung Urkundendelikte im Zusammen-hang mit der Schaffung und Aufrechterhaltung seiner „Legende" begehen (vgl. § 20 Abs. 2 PolG NW; § 24 Abs. 1 PolG BW). Auch darf er unter falschem Namen Rechts-geschäfte eingehen. Die Ausnutzung des gewonnenen Vertrauens zur Gewinnung von Informationen stellt einen rechtfertigungsbedürftigen Eingriff in das Recht auf infor-mationelle Selbstbestimmung dar.[84] Der Einsatz verdeckter Ermittler kann in der Pra-xis auch im Internet erfolgen, etwa in sozialen Netzwerken und Internet-Boards.[85] 57

7. Automatisierte Erfassung von Kraftfahrzeugkennzeichen

Einige Bundesländer haben die **automatisierte Erfassung von Kraftfahrzeugkennzei-chen**[86] gesondert als Ermächtigungsgrundlage normiert. In Nordrhein-Westfalen fehlt eine solche Regelung, in Baden-Württemberg kann der Polizeivollzugsdienst gemäß 58

---

78 Vgl. Götz, § 17 Rn. 69 f.; Pieroth/Schlink/Kniesel, § 14 Rn. 124 ff.
79 Pieroth/Schlink/Kniesel, § 14 Rn. 125; so auch VerfG MV LKV 2000, 345.
80 Pieroth/Schlink/Kniesel, § 14 Rn. 108.
81 Götz, § 17 Rn. 73; Gusy, Rn. 210; Schenke, Rn. 200 ff.
82 Götz, § 17 Rn. 72; Gusy, Rn. 210; Schenke, Rn. 198 f.
83 Möller/Warg, Rn. 321.
84 BVerfG NJW 2008, 836; dazu Siegel, NVwZ 2012, 738.
85 Dazu Rosengarten/Römer, NJW 2012, 1764.
86 Cornils, Jura 2010, 443; Bodenbenner/Heinemann, NVwZ 2010, 679; Braun, BayVBl. 2011, 546; Kempfler/ Käß, BayVBl. 2011, 556; vgl. BVerwG NVwZ 2015, 906, zu den Anforderungen an einen Eingriff in das Recht auf informationelle Selbstbestimmung.

§ 22a PolG BW zur Abwehr einer Gefahr oder zur vorbeugenden Bekämpfung von Straftaten bei Kontrollen nach § 26 Abs. 1 PolG BW (Personenfeststellung) durch den verdeckten Einsatz technischer Mittel automatisch Bilder von Fahrzeugen aufzeichnen und deren Kennzeichen erfassen. Diese Datenerhebungen dürfen jedoch nicht flächendeckend durchgeführt werden und unterliegen je nach Variante der Personenfeststellung weiteren Einschränkungen. Diese dienen der Umsetzung der Rechtsprechung des Bundesverfassungsgerichts zur automatisierten Erfassung von Kraftfahrzeugkennzeichen, das im Hinblick auf das Grundrecht auf informationelle Selbstbestimmung einer solchen Erfassung enge Grenzen gesetzt hat.[87]

8. Datenerhebung mit sonstigen Mitteln

59   Einige Bundesländer regeln gesondert die polizeiliche Beobachtung bzw. **Ausschreibung zur polizeilichen Beobachtung,** und zwar entweder als besonderes Mittel der Datenerhebung (vgl. § 36 Abs. 2 Nr. 4 PolG Sachs) oder als sonstige Standardermächtigung (vgl. etwa § 21 PolG NW; § 25 PolG BW). Der Polizeivollzugsdienst kann danach eine Person oder Kennzeichen der auf den Namen der Person zugelassenen, von ihr benutzten oder eingesetzten Kraftfahrzeuge zum Zwecke der Mitteilung über das Antreffen zur „Polizeilichen Beobachtung" ausschreiben, wenn entweder die Gesamtwürdigung der Person und ihrer bisher begangenen Straftaten oder sonstige Tatsachen die Annahme rechtfertigen, dass die Person zukünftig Straftaten mit erheblicher Bedeutung begehen wird und die Mitteilung über das Antreffen zur vorbeugenden Bekämpfung dieser Straftaten erforderlich ist. Diese Ausschreibung gestattet es anderen Behörden, im Rahmen einer polizeilichen Kontrolle gewonnene Erkenntnisse, namentlich über das Antreffen der ausgeschriebenen Personen bzw. Kraftfahrzeuge, über Kontakt- und Begleitpersonen bzw. über mitgeführte Sachen an die ausschreibende Dienststelle zu übermitteln.[88]

60   Einzelne Länder haben ferner die **Fahndung** gesondert normiert. Darunter sind Maßnahmen zu verstehen, die auf die Ermittlung unbekannter Personen, insbesondere Störer, Unbeteiligter und Zeugen oder auf die Ermittlung des unbekannten Aufenthaltsorts bekannter Personen gerichtet sind.[89] Nach den Ermächtigungsnormen der Länder ist etwa die öffentliche Bekanntgabe personenbezogener Daten und Abbildungen einer Person zum Zwecke der Ermittlungen der Identität oder des Aufenthaltsortes oder zur Warnung gestattet, wenn die Abwehr einer Gefahr für Leib oder Leben (bzw. der Freiheit) auf andere Weise nicht möglich erscheint oder (nicht in allen Ländern) Tatsachen die Annahme rechtfertigen, dass diese Person eine Straftat von erheblicher Bedeutung begehen wird, und die Vorsorge für die Verfolgung oder die Verhütung dieser Straftat auf andere Weise nicht möglich erscheint.

▶ Vgl. § 36g Abs. 2 PolG Brem; § 44 Abs. 2 SOG Nds; § 34 Abs. 7 POG RP; ferner § 21 S. 1 PolGDVG Hamb.[90] ◀

61   Schließlich enthalten zahlreiche Landesgesetze **Ermächtigungsnormen für polizeiliche Maßnahmen mit Bezug zur Telekommunikation** (vgl. § 23a PolG BW). In Nordrhein-Westfalen fehlten lange entsprechende Bestimmungen über die Telekommunikationsüberwachung und die sonstige Datenerhebung aus der Telekommunikation; inzwi-

---

87   BVerfGE 120, 378.
88   Vgl. Schenke, Rn. 203.
89   Gusy, Rn. 274; Schenke, Rn. 205; Soiné, ZRP 1992, 84.
90   Dazu OVG Hamburg NVwZ-RR 2009, 878.

schen erlaubt aber § 20a PolG NW die Abfrage von Telekommunikations- und Telemediendaten (Bestandsdaten, Verkehrsdaten und Nutzungsdaten und jeweils unterschiedlichen Voraussetzungen). § 20b PolG NW gestattet ferner den Einsatz technischer Mittel bei Mobilfunkendgeräten zur Ermittlung des Standortes eines aktiv geschalteten Mobilfunkendgerätes und zur Ermittlung der Geräte- und Kartennummern (sog. „IMSI"-Catching).[91]

▶ In Baden-Württemberg kann der Polizeivollzugsdienst unter den in § 23a Abs. 1 PolG BW genannten Voraussetzungen ohne Wissen des Betroffenen Verkehrsdaten (§§ 96 Abs. 1, 113a TKG) erheben (z.B. die Nummer bzw. die Kennung der beteiligten Anschlüsse, Standortdaten bei mobilen Geräten, Beginn und Ende der Verbindungen nach Datum und Uhrzeit usw.). Nach Abs. 6 darf er zu diesem Zweck auch technische Mittel einsetzen, um den Standort eines Mobilfunkendgerätes oder die Kennung eines Telekommunikationsanschlusses oder eines Endgerätes zu ermitteln, gegebenenfalls auch, um Telekommunikationsverbindungen zu unterbrechen oder zu verhindern (Abs. 7). ◀

IX. Datenspeicherung, Datenveränderung, Datennutzung

1. Grundlagen

Die Gefahrenabwehrgesetze der Länder enthalten sehr differenzierte Vorschriften über die Erhebung, das Speichern, die Nutzung, die Übermittlung, die Sperrung und die Löschung **personenbezogener Daten** (vgl. §§ 22 ff. PolG NW, teilweise auch für die Ordnungsbehörden, § 24 Nrn. 7 ff. OBG NW; §§ 37 ff. PolG BW). Der Umgang mit solchen personenbezogenen Daten ist in erheblicher Weise grundrechtlich sensibel. Das Bundesverfassungsgericht hat in seinem sog. „Volkszählungsurteil"[92] aus dem Jahre 1983 nicht nur das **Grundrecht auf informationelle Selbstbestimmung** als besondere grundrechtliche Ausprägung des allgemeinen Persönlichkeitsrechts gemäß Art. 2 Abs. 1 i.V.m. Art. 1 Abs. 1 GG aus der Taufe gehoben, sondern zugleich dessen Bedeutung für die hoheitliche Sammlung, Auswertung und Aufbewahrung von Informationen verdeutlicht. Das Grundrecht auf informationelle Selbstbestimmung gewährleistet dem Einzelnen die Befugnis, grundsätzlich selbst über die Preisgabe und Verwendung seiner Daten zu bestimmen. Unter „Daten" versteht man dabei alle Einzelangaben über persönliche oder sachliche Verhältnisse einer bestimmten oder bestimmbaren Person. Infolge des Volkszählungsurteils, mit dem das Bundesverfassungsgericht das Grundrecht auf informationelle Selbstbestimmung strikt unter die Geltung des Vorbehalts des Gesetzes gestellt hat, sind im Laufe der 1980er Jahre in die Gefahrenabwehrgesetze der Länder zahlreiche Bestimmungen aufgenommen worden, die besondere Anforderungen an den Umgang mit personenbezogenen Daten stellen.

62

Die Bezeichnungen der datenschutzrechtlich relevanten Tätigkeiten der Gefahrenabwehrbehörden folgen im Wesentlichen den gängigen Begriffen der Landesdatenschutzgesetze (vgl. die Legaldefinitionen in § 3 Abs. 2 DSG NW; § 3 Abs. 2 LDSG BW). Unter **Verarbeiten von Daten** versteht man das Speichern, Verändern, Übermitteln, Sperren oder Löschen personenbezogener Daten. **Speichern** meint das Erfassen, Aufnehmen oder Aufbewahren personenbezogener Daten auf einem Datenträger zum Zwecke ihrer weiteren Verarbeitung oder Nutzung. **Verändern** bedeutet das inhaltliche Umge-

63

---

91 Vgl. zum Rückgriff auf die Ermächtigungsgrundlagen zur Datenerhebung mit technischen Mitteln Pieroth/Schlink/Kniesel, § 14 Rn. 130.
92 BVerfGE 65, 1 ff.

stalten gespeicherter personenbezogener Daten. Unter **Übermitteln** versteht man das Bekanntgeben gespeicherter oder durch Datenverarbeitung gewonnener personenbezogener Daten an einen Dritten in der Weise, dass a) die Daten an den Dritten weitergegeben werden oder b) der Dritte zur Einsicht oder zum Abruf bereitgehaltene Daten einsieht oder abruft. Mit **Sperren** ist das Kennzeichnen gespeicherter personenbezogener Daten gemeint, um ihre weitere Verarbeitung oder Nutzung einzuschränken, mit **Löschen** das Unkenntlichmachen gespeicherter personenbezogener Daten durch restlose Entfernung. **Nutzen** ist jede Verwendung personenbezogener Daten, soweit es sich nicht um Verarbeitung handelt.

64   Die **praktische Bedeutung** der datenbezogenen Regelungen ist hoch. Im Rahmen der rechtswissenschaftlichen Ausbildung sind sie jedoch regelmäßig von eher untergeordneter Bedeutung. Es sollen daher nur einige Grundzüge anhand der nordrhein-westfälischen Rechtslage dargestellt werden; ansonsten ist auf die Lektüre des Normtextes zu verweisen. Eingehendere Behandlung findet allerdings der Spezialfall der sog. „Rasterfahndung" (Rn. 69).

2. Speicherung, Veränderung und Nutzung

65   Die **Speicherung, Veränderung und Nutzung** von rechtmäßig erlangten Daten in Akten oder Dateien ist der Polizei regelmäßig zur Erfüllung ihrer Aufgaben erlaubt (vgl. § 24 PolG NW; §§ 37, 38 PolG BW). Unter bestimmten Voraussetzungen darf sie auch personenbezogene Daten speichern, verändern und nutzen, die im Rahmen der Verfolgung von Straftaten gewonnen wurden und für Zwecke der Gefahrenabwehr verwendet werden können. Die Dauer der Speicherung ist auf das erforderliche Maß zu beschränken; es sind Prüfungstermine oder Aufbewahrungsfristen festzusetzen. Die Speicherung, Veränderung und Nutzung darf nur zu dem Zweck erfolgen, zu dem die Daten erlangt worden sind; bei einer Nutzung, weiteren Speicherung und Veränderung zu einem anderen Zweck muss die Polizei zur Datenerhebung auch zu diesem Zweck befugt sein; der Umgang mit Daten unterliegt mithin einer strikten „Zweckbindung".

3. Datenabgleich

66   Der **Abgleich von Daten** (vgl. § 25 PolG NW; §§ 39 f. PolG BW) dient dazu zu ermitteln, ob über eine bestimmte Person bereits Daten gespeichert sind. Dazu werden gewonnene Daten mit dem bereits vorhandenen Datenbestand polizeilicher Dateien verglichen. Die Landesgesetze sehen vor, dass ein solcher Abgleich bei Personen zulässig ist, die polizeilich Verantwortliche sind. Personenbezogene Daten anderer Personen darf die Polizei nur abgleichen, wenn Tatsachen die Annahme rechtfertigen, dass dies zur Erfüllung einer bestimmten polizeilichen Aufgabe erforderlich ist. Rechtmäßig erlangte personenbezogene Daten darf die Polizei ferner mit dem Fahndungsbestand abgleichen (o. Rn. 60). Ein Datenabgleich ist insbesondere über das von Bund und Ländern gemeinsam betriebene elektronische Informationssystem der Polizei (INPOL) möglich, das beim Bundeskriminalamt als Zentralstelle für den elektronischen Datenverbund eingerichtet ist (vgl. §§ 2 Abs. 3, 11 Abs. 1 BKAG).[93]

---

93   Eingehend Schenke, Rn. 211, auch zu den Einzeldateien; zur Datei „Gewalttäter Sport" Spiecker/Kehr, DVBl. 2011, 930; allg. zum Problem von „Hooligans" Siegel, NJW 2013, 1035.

4. Datenübermittlung

Die Gefahrenabwehrbehörden sind auf eine informationelle Kooperation angewiesen, um ihre Aufgaben ordnungsgemäß erfüllen zu können (Rn. 65 f.). Aus diesem Grund erlauben die Gefahrenabwehrgesetze die **Übermittlung von Daten** an bzw. von anderen Stellen (vgl. §§ 27 ff. PolG NW; §§ 41 ff. PolG BW). Jeweils gesonderte Regelungen bestehen dabei für die Datenübermittlung zwischen Polizeibehörden, die Datenübermittlung von der Polizei an öffentliche Stellen, ausländische Stellen und über- und zwischenstaatliche Stellen, die Datenübermittlung von der Polizei an Personen oder Stellen außerhalb des öffentlichen Bereiches und die Datenübermittlung an die Polizei. 67

5. Berichtigung, Löschung und Sperrung

Personenbezogene Daten sind zu **berichtigen**, wenn sie unrichtig sind; in Akten sind Berichtigungsvermerke anzubringen. Die Daten sind **zu löschen oder zu vernichten**, wenn dies gesetzlich angeordnet wird, die (weitere) Speicherung unzulässig ist bzw. bei einer Prüfung oder Einzelfallbearbeitung festgestellt wird, dass die Daten für die weitere Aufgabenerfüllung nicht weiter benötigt werden. Löschung bzw. Vernichtung unterbleiben, wenn Grund zu der Annahme besteht, dass dadurch schutzwürdige Belange der betroffenen Person beeinträchtigt würden, die Daten zur Behebung einer bestehenden Beweisnot unerlässlich sind oder die Nutzung der Daten zu wissenschaftlichen Zwecken erforderlich ist. Die Daten sind in diesen Fällen mit einem **Sperrvermerk** versehen werden und dürfen nur unter engen Voraussetzungen genutzt werden (vgl. zum Ganzen § 32 PolG NW; § 46 PolG BW). 68

6. Rasterfahndung

Die in allen Ländern gestattete „**Rasterfahndung**"[94] ist eine besondere Form des Datenabgleichs (vgl. § 31 PolG NW; § 40 Abs. 1 PolG BW). Die Behörden werden dazu ermächtigt, von öffentlichen Stellen und von Stellen außerhalb des öffentlichen Sektors zum Zwecke eines maschinellen, automatisierten Abgleichs mit vorhandenen Datenbeständen die Übermittlung von personenbezogenen Daten einer unbestimmten Anzahl von Personen zu verlangen, die bestimmte – auch auf den Verursacher der Gefahr vermutlich zutreffende – Prüfungskriterien erfüllen. Dieser Datenabgleich dient in erster Linie dem Ausschluss von Personen aus dem Kreis der „Verdächtigen". Er kann jedoch auch bereits vorhandene Verdachtsmomente verfestigen.[95] Die Rasterfahndung ist in die Gefahrenabwehrgesetze als Standardmaßnahme aufgenommen worden, um das Aufspüren sog. „Schläfer" zu ermöglichen bzw. zu erleichtern.[96] Das Bundesverfassungsgericht hat sie für präventive Zwecke nur für zulässig erklärt, wenn eine konkrete Gefahr für hochrangige Rechtsgüter wie den Bestand oder die Sicherheit des Bundes oder eines Landes oder für Leib, Leben oder Freiheit einer Person vorliegt.[97] Insbesondere, so das Gericht, genügten eine allgemeine Bedrohungslage, wie sie im Hinblick auf terroristische Anschläge seit dem 11. September 2001 durchgehend bestanden habe, oder außenpolitische Spannungslagen für die Anordnung einer Rasterfahndung nicht. Erforderlich sei vielmehr das Vorliegen weiterer Tatsachen, aus denen sich eine 69

---

94 Knemeyer, Rn. 204; Schenke, Rn. 213 ff.; Meister, JA 2003, 83; zur Entstehungsgeschichte Schewe, NVwZ 2007, 174.
95 J. Dietlein, in: Dietlein/Burgi/Hellermann, § 3 Rn. 225.
96 J. Dietlein, in: Dietlein/Burgi/Hellermann, § 3 Rn. 225.
97 BVerfGE 115, 320; Götz, § 17 Rn. 77.

konkrete Gefahr, etwa für die Vorbereitung oder Durchführung terroristischer Anschläge, ergebe.

X. Platzverweisung, Aufenthaltsverbot

1. Platzverweisung

a) Grundlagen

70   Eine **Platzverweisung** bzw. (synonym verwendet) ein Platzverweis ist die Anordnung, eine Örtlichkeit oder einen räumlich festgelegten Bereich vorübergehend, also für einen kurzen Zeitraum, zu verlassen und nicht wieder zu betreten.[98] In der Praxis werden mithin ein Entfernungsverbot und ein (auf die Zukunft gerichtetes) Betretungsverbot miteinander kombiniert;[99] es handelt sich um eine einheitliche Verfügung, also einen Verwaltungsakt. Während die Platzverweisung als kurzfristige Maßnahme für einen eher überschaubaren räumlichen Bereich konzipiert ist, greift das Aufenthaltsverbot (Rn. 83 ff.) weiter aus – es kann sich z.b. (unter Beachtung des Verhältnismäßigkeitsgrundsatzes) auf ein gesamtes Gemeindegebiet und über mehrere Wochen bis Monate erstrecken. Die Platzverweisung stellt (jedenfalls[100]) einen Eingriff die allgemeine Handlungsfreiheit gemäß Art. 2 Abs. 1 GG dar.[101]

71   Die Landesgesetze regeln die Platzverweisung nahezu durchgängig als Standardbefugnis (vgl. § 34 PolG NW, § 24 Nr. 13 OBG NW; § 27a PolG BW), teilweise in engem systematischen Zusammenhang mit anderen Maßnahmen, die faktisch die räumliche Bewegungsfreiheit einschränken (Aufenthaltsverbot, Wohnungsverweisung bei häuslicher Gewalt usw.). Ist die Platzverweisung nicht als Standardermächtigung normiert, kommt allein die Generalklausel als Ermächtigungsgrundlage in Betracht. Zu beachten ist der Vorrang des § 164 StPO bei Amtshandlungen im Rahmen der Strafverfolgung bzw. der Verfolgung von Ordnungswidrigkeiten (Verweis in § 46 Abs. 1 OWiG) an Ort und Stelle: Der leitende Beamte ist befugt, Personen, die seine amtliche Tätigkeit stören oder sich den von ihm innerhalb seiner Zuständigkeit getroffenen Anordnungen widersetzen, festnehmen und bis zur Beendigung seiner Amtsverrichtungen, jedoch nicht über den nächstfolgenden Tag hinaus, festhalten zu lassen.

b) Voraussetzungen

72   Tatbestandliche Voraussetzung ist zunächst eine **Gefahr** (für die öffentliche Sicherheit oder Ordnung). Einige Landesgesetze regeln zudem den Sonderfall, dass der Adressat der Platzverweisung die Tätigkeit von **Hilfs- und Rettungsdiensten** und anderen Einrichtungen behindert und aus diesem Grund verwiesen wird (vgl. § 34 Abs. 1 S. 2 PolG NW). Dabei handelt es sich jedoch um ein Regelbeispiel,[102] auch wenn in Nordrhein-Westfalen die Formulierung „kann ferner…" eine eigenständige Ermächtigungsnorm suggeriert. Die Einordnung als Regelbeispiel hat zur Konsequenz, dass auch bei einer Beteiligung von Hilfs- und Rettungsdiensten nach h.M. die bloße Behinderung tatbestandlich nicht ausreicht, sondern eine (durch die Behinderung freilich im Regelfall in-

---

98   Allgemein Bösch, Jura 2009, 650; Krugmann, NVwZ 2006, 152.

99   J. Dietlein, in: Dietlein/Burgi/Hellermann, § 3 Rn. 157.

100   Teilweise wird ein Eingriff in Art. 11 GG bzw. Art. 2 Abs. 2 S. 2 GG bejaht; die Kurzfristigkeit der Maßnahme ist jedoch ein Argument dafür, keinen Eingriff in die Freizügigkeit anzunehmen; Kugelmann, 6. Kap. Rn. 24.

101   Kugelmann, 6. Kap. Rn. 24; Schoch in: Schoch (Hrsg.), 2. Kap. Rn. 278.

102   J. Dietlein, in: Dietlein/Burgi/Hellermann, § 3 Rn. 160.

dizierte) Gefahr vorliegen muss. Die tatbestandlichen Anforderungen der Sonderregeln für Hilfs- und Rettungsdienste sind also gegenüber der Platzverweisung im Übrigen nicht „abgesenkt".[103] Auf der anderen Seite schlägt der Rechtsgedanke des Regelbeispiels nicht auf die Auslegung der Grundnorm zurück – so kommt eine Platzverweisung nicht (nur) in Betracht, um Maßnahmen der erteilenden (oder einer anderen) Gefahrenabwehrbehörde zu ermöglichen oder zu erleichtern; dies freilich ist der praktische Hauptanwendungsfall der Platzverweisung.[104]

Problematisch sind Platzverweisungen gegenüber **Nichtsesshaften**. Die Obdachlosigkeit selbst kann eine Gefahr für die öffentliche Sicherheit darstellen, wird jedoch durch die Platzverweisung nicht behoben. Eine bloße Beeinträchtigung des Straßenbildes oder eine negative Wirkung auf den Tourismus reichen nicht zu Rechtfertigung einer Platzverweisung aus. Auch das „stille Betteln" ist nicht mehr als Gefährdung der öffentlichen Sicherheit oder Ordnung zu qualifizieren (§ 8 Rn. 45, 48).

73

Leistet der Adressat einer Platzverweisung nicht Folge, ist diese zwangsweise durchzusetzen. Zu diesem Zweck kommt vor allem eine **Ingewahrsamnahme** in Betracht (zu diesem Durchsetzungsgewahrsam Rn. 125 ff.).

74

Auf Rechtsfolgenseite ist zu beachten, dass die Platzverweisung nur **vorübergehend** sein darf.

75

▶ Hinweis für die Fallbearbeitung: Diese Problematik kann schon bei der Wahl der Ermächtigungsgrundlage zu erörtern sein – möchte die Gefahrenabwehrbehörde eine längerfristige Entfernung von einem Ort mit Betretungsverbot aussprechen, kann dies wegen des Merkmals „vorübergehend" nicht auf die Ermächtigungsnorm zur Platzverweisung gestützt werden. In Betracht kommt dann lediglich ein Aufenthaltsverbot (Rn. 83 ff.). Die Einschränkung hinsichtlich der potenziellen Rechtsfolgen hat also Konsequenzen für den Anwendungsbereich der Standardmaßnahme. Hat eine Behörde auf der Grundlage der Standardermächtigung für die Platzverweisung eine zeitlich zu ausgedehnte Verfügung getroffen, ist diese rechtswidrig, weil trotz Vorliegens der tatbestandlichen Voraussetzungen die ausdrücklichen gesetzlichen Beschränkungen auf Rechtsfolgenseite nicht beachtet wurden. Prüfungssystematisch wird dies am günstigsten beim Handlungsauswahlermessen zu problematisieren sein (§ 8 Rn. 166); das Merkmal „vorübergehend" ist dann eine „gesetzliche Grenze des Ermessens" i.S.v. § 40 VwVfG. ◀

„Vorübergehend" ist ein unbestimmter Rechtsbegriff; Einigkeit herrscht nur dahin gehend, dass es sich um einen begrenzten, nicht allzu langen Zeitraum handeln muss. Im Schrifttum werden hierzu die unterschiedlichsten Zeitspannen benannt, ohne dass sich diese aus der Entstehungsgeschichte der Normen oder dem systematischen Zusammenhang ableiten ließen. So werden etwa 24 Stunden als verfassungskonforme Obergrenze bezeichnet.[105] Dies erscheint „gegriffen"; immerhin zieht Art. 11 GG eine gewisse Grenze; in Nordrhein-Westfalen wird dieses Grundrecht beispielsweise im OBG NW entgegen Art. 19 Abs. 1 S. 2 GG nicht als eingeschränktes Grundrecht zitiert (vgl. § 44 OBG NW), so dass eine Einschränkung der Freizügigkeit durch eine ordnungsbehördliche Platzverweisung nicht zulässig ist, was wiederum ein mehrtägiges Betretungsver-

---

103 J. Dietlein, in: Dietlein/Burgi/Hellermann, § 3 Rn. 160; a.A. Bösch, Jura 2009, 650, 654.
104 Ähnlich Möller/Warg, Rn. 349.
105 Kugelmann, 6. Kap. Rn. 25; Möller/Warg, Rn. 350; Schenke, Rn. 132; a.A. Gusy, Rn. 277: „regelmäßig für wenige Stunden, nie länger als drei bis vier Tage".

bot ausschließen könnte; teilweise wird daher eine strikte Beschränkung auf den „Stundenbereich" angenommen.[106]

76   Der Zeitraum, der (noch) als „vorübergehend" anerkannt werden kann, sollte allein anhand des **Zwecks der konkreten Maßnahme** im Einzelfall und damit an der jeweiligen Sachlage ausgerichtet werden. Zu weit geht allerdings die Annahme, die Grenze für die „vorübergehende" Platzverweisung ziehe der Zeitpunkt, zu dem die Gefahr beseitigt ist oder festgestellt wird, dass sie gar nicht oder nicht mittels der Platzverweisung behoben werden kann;[107] diese Deutung überdehnt die klare tatbestandliche Einschränkung, die im Merkmal „vorübergehend" zu sehen ist.[108]

Beispiel: Soll eine Unfallstelle, an der zwei Kraftfahrzeuge auf einer Kreuzung kollidiert sind, von „Gaffern" freigehalten werden, um ein leicht verletztes Unfallopfer zu bergen, wird „vorübergehend" lediglich einen Zeitraum von wenigen Stunden umfassen. Hat dagegen ein Unfall mit einem mit stark toxischem Material beladenen Gefahrguttransporter stattgefunden und dieses einen Autobahnabschnitt kontaminiert, kann ein „vorübergehender" Verweis durchaus auch einen Zeitraum von mehreren Tagen oder gar Wochen umfassen. Die Behörde darf dabei in gewissem Rahmen großzügig „typisieren", so dass bei Unglücksfällen beispielsweise ein Zeitraum von 24 Stunden als „vorübergehend" gewertet werden kann.[109]

77   Auf welchen Bereich sich die Platzverweisung **räumlich** erstrecken darf, ist ebenfalls anhand der Umstände des Einzelfalles und der Zielsetzung der Platzverweisung sowie unter Beachtung des Verhältnismäßigkeitsgrundsatzes zu bewerten.[110] Wenngleich die landesgesetzlichen Standardermächtigungen anders als hinsichtlich der zeitlichen Begrenzung keine tatbestandlichen Festsetzungen treffen, wird in den Normen meist die Formulierung „von einem Ort verweisen" verwendet (z.B. § 34 Abs. 1 S. 1 PolG NW), während die Bestimmungen zum Aufenthaltsverbot auf einen „bestimmten örtlichen Bereich" ausgerichtet sind (z.B. § 34 Abs. 2 S. 1 PolG NW; ähnliche Differenzierungen in § 27a Abs. 1 und Abs. 2 PolG BW). Gleichwohl ist in der Rechtsprechung anerkannt, dass auch eine Platzverweisung für ein größeres Areal, sogar für ein gesamtes Gemeindegebiet ausgesprochen werden kann (sofern die zeitliche Einschränkung gewahrt ist).[111] Eine restriktivere Sichtweise[112] vermag schon deshalb nicht zu überzeugen, weil die pauschale „kleinteilige" Beschränkung auf einen „Ort", also etwa einen Straßenabschnitt oder einen einzelnen Platz, kaum praktikabel wäre und bei zu enger Fassung die Platzverweisung zu einem untauglichen Mittel werden ließe. Der Begriff „Ort" lässt sich nicht „nach Quadratmetern" bemessen;[113] er bedarf einer funktionalen Deutung anhand des Gefahrenabwehrzwecks der Platzverweisung. Im Regelfall wird sich die Platzverweisung in der Praxis allerdings schon aus Verhältnismäßigkeitsgründen tatsächlich auf einzelne Plätze, Straßen, Parks[114] oder Gebäude beschränken; eine „großräumigere" Betretungssperre kann zudem im Wege des Aufenthaltsverbots (Rn. 83 ff.) erfolgen.

---

106   J. Dietlein, in: Dietlein/Burgi/Hellermann, § 3 Rn. 157.
107   Vgl. Schmidbauer, BayVBl. 2002, 257, 263.
108   Schenke, Rn. 132 Fn. 282.
109   Schoch in: Schoch (Hrsg.), 2. Kap. Rn. 281.
110   J. Dietlein, in: Dietlein/Burgi/Hellermann, § 3 Rn. 158: maßgeblich sind „funktionale Aspekte".
111   VGH Mannheim DVBl. 1998, 97; zustimmend Schoch in: Schoch (Hrsg.), 2. Kap. Rn. 281.
112   Vgl. etwa Robrecht/Petersen-Thrö, SächsVBl. 2006, 29, 31.
113   Götz, § 8 Rn. 21.
114   VGH München BayVBl. 2001, 529.

Bei Zustandsstörern kann mit der Platzverweisung die Anordnung verbunden sein, eine (gefährliche oder gefährdete) **Sache** (z.B. ein Fahrzeug) oder ein **Tier** mit sich zu nehmen und damit ebenfalls von dem fraglichen Ort zu entfernen. Nach h.M. muss diese Anordnung nicht zusätzlich auf die Generalklausel gestützt werden, sondern ist noch von der Ermächtigung zur Platzverweisung gedeckt.[115] Erforderlich ist allerdings eine Abgrenzung zur Sicherstellung (Rn. 162 ff.).[116]   78

Adressaten der Platzverweisung können neben „Störern" nach zutreffender Auffassung unter den normativen Voraussetzungen der Nichtstörer-Inanspruchnahme auch gefahrenabwehrrechtlich Nichtverantwortliche sein.[117]   79

▶ In Niedersachsen ist dies ausdrücklich geregelt; § 17 SOG Nds: „jede Person". Auch in Nordrhein-Westfalen und Baden-Württemberg ist jeweils nur von einer „Person" als Adressat die Rede. ◀

Die Gegenauffassung sieht allein den „Störer" als potenziellen Adressaten einer Platzverweisung.[118] Dies überzeugt nicht: Wenn – wie bei der Platzverweisung – die Standardermächtigungen keine (ausdrücklichen) eigenen Adressatenregelungen treffen, kann nach zutreffender Auffassung auf die allgemeinen Bestimmungen zurückgegriffen werden.[119] Dies schließt im Interesse einer effektiven Gefahrenabwehr auch die Möglichkeit ein, Platzverweisungen gegenüber „Nichtstörern" auszusprechen.

Beispiel: Wegen eines Bombenfundes muss ein Mietshaus vorübergehend geräumt werden, um Entschärfungsmaßnahmen durchzuführen. Weigert sich eine betagte Bewohnerin, ihre Wohnung zu verlassen, kann ihr gegenüber eine Platzverweisung ausgesprochen werden.[120]

Ansätze im Schrifttum, die Adressatenfrage bei der Platzverweisung gänzlich von den gefahrenabwehrrechtlichen Kategorien von Störer und Nichtstörer abzulösen, um ein Tätigwerden auch gegenüber solchen Personen zu ermöglichen, die nicht die strikten Anforderungen an den gefahrenabwehrbehördlichen Notstand (§ 8 Rn. 130 ff.) erfüllen,[121] haben sich allerdings zu Recht nicht durchsetzen können. Die Ermächtigungsnormen für die Platzverweisung bieten keinerlei interpretatorische Anhaltspunkte für eine (ohnedies verfassungsrechtlich bedenkliche) Abkehr von der allgemeinen Adressatendogmatik.[122]

Platzverweisungen können sich gegen Einzelpersonen richten, in Gestalt einer **Allgemeinverfügung** (§ 35 S. 2 VwVfG) aber auch gegenüber einer Vielzahl von Person erlassen werden; die Landesgesetze sehen dafür meist als Voraussetzung eine „gemeine Gefahr" (§ 8 Rn. 69) vor. Bekannt gegeben werden derartige Allgemeinverfügungen sodann in „ortsüblicher Form" (§ 41 Abs. 4 VwVfG), beispielsweise durch Megaphon oder Lautsprecher.[123]   80

---

115 Mäller/Warg, Rn. 349.
116 Eingehend J. Dietlein, in: Dietlein/Burgi/Hellermann, § 3 Rn. 159.
117 VGH München BayVBl. 1969, 105; Pieroth/Schlink/Kniesel, § 16 Rn. 15; Schenke, Rn. 132a; Schoch in: Schoch (Hrsg.), 2. Kap. Rn. 283; Robrecht/Petersen-Thrö, SächsVBl. 2006, 29, 34 ff.; i. Erg. auch Kugelmann, 6. Kap. Rn. 26, der auf die Grundsätze zur polizeilichen Verantwortlichkeit verweist.
118 Knemeyer, Rn. 218: Adressat ist die Gefahr verursachende Person; so auch Götz, § 8 Rn. 22.
119 Möller/Warg, Rn. 349; Schloer, DÖV 1991, 995.
120 Vgl. den ähnlichen Fall bei Heckmann/Klein, JuS 1995, 327: Räumung eines Lokals.
121 Ausnahmsweise wollen dies Pieroth/Schlink/Kniesel, § 16 Rn. 19, zulassen.
122 Ablehnend auch J. Dietlein, in: Dietlein/Burgi/Hellermann, § 3 Rn. 161; s. auch VG Schleswig NVwZ 2000, 464, 465.
123 J. Dietlein, in: Dietlein/Burgi/Hellermann, § 3 Rn. 162.

81   **Durchgesetzt** wird eine Platzverweisung durch die verwaltungsvollstreckungsrechtlichen Zwangsmittel. Die Gefahrenabwehrgesetze normieren teilweise zusätzlich die Möglichkeit, die Platzverweisung im Wege einer **Ingewahrsamnahme** durchzusetzen (sog. „Durchsetzungsgewahrsam", vgl. § 35 Abs. 1 Nr. 3 PolG NW, § 24 Nr. 13 OBG NW). Die entsprechenden Ermächtigungsnormen zum Durchsetzungsgewahrsam gehen den allgemeinen Vollstreckungsbestimmungen in diesem Falle vor.

82   In der Praxis ist häufig die Variante des sog. „**Verbringungsgewahrsams**" zur Durchsetzung einer Platzverweisung vorzufinden; seine Rechtmäßigkeit ist jedoch zweifelhaft. Es handelt sich um das Verbringen einer Person an einen anderen Ort mittels eines Polizei- oder sonstigen Einsatzfahrzeugs (Rn. 129 ff.). Eindeutig ist der Verbringungsgewahrsam selbst keine Platzverweisung und kann daher nicht auf die entsprechenden Standardermächtigungen gestützt werden.[124]

2. Aufenthaltsverbot

a) Grundlagen

83   Während die Platzverweisung lediglich eine vorübergehende Entfernung zum Ziel hat, ist das **Aufenthaltsverbot** auf einen längeren Zeitraum hin ausgerichtet (vgl. § 34 Abs. 2 PolG NW, nicht für die Ordnungsbehörden; § 27a Abs. 2 PolG BW).[125] Wie die Platzverweisung ist es ein Verwaltungsakt. Ein solches Aufenthaltsverbot stellt (wegen der im Vergleich mit der Platzverweisung längeren zeitlichen Dauer und dem meist umfassenderen räumlich betroffenen Areal) einen Eingriff in Art. 11 GG dar;[126] wegen Art. 73 Nr. 3 GG fallen Regelungen zur Freizügigkeit zudem in die Gesetzgebungskompetenz des Bundes. Die landesrechtlichen Ermächtigungsnormen zum Aufenthaltsverbot, die teilweise erst in den vergangenen Jahren und primär zum Zwecke der Verhinderung von Ausschreitungen („Chaos-Tage")[127] sowie der Bekämpfung der offenen Drogenszenen und ihrer Folgeprobleme (Beschaffungskriminalität, Verunreinigungen, aggressives Betteln usw.) in die Regelwerke aufgenommen wurden,[128] sind gleichwohl nicht kompetenzwidrig.[129] Zum einen ist der Regelungsbereich „Gefahrenabwehr" betroffen, in dem die Länder zur Gesetzgebung ermächtigt sind; Gefahrenabwehrmaßnahmen ohne die Möglichkeit zu Eingriffen in die Freizügigkeit blieben „stumpfe Schwerter".[130] Zum anderen gewährleistet Art. 73 Nr. 3 GG nach h.M. lediglich die „interterritoriale" Freizügigkeit, also die Bewegung zwischen den Ländern, so dass die Freizügigkeit innerhalb eines Landes von den Ländern geregelt werden kann.[131] Verfassungsrechtliche Bedenken gegenüber den Ermächtigungsnormen zum Aufenthaltsverbot greifen damit im Ergebnis nicht durch. Zu beachten ist jedoch, dass diese Normen den qualifizierten Gesetzesvorbehalt gemäß Art. 11 Abs. 2 GG (sowie das Zitiergebot, Art. 19 Abs. 1 S. 2 GG) zu beachten haben. Soweit die Länder das Aufenthalts-

---

124   J. Dietlein, in: Dietlein/Burgi/Hellermann, § 3 Rn. 157.
125   Fallbearbeitung bei Schnapp/Mühlhoff, NWVBl. 2003, 484; zur Rechtsprechung Hecker, NVwZ 2003, 1334.
126   Schoch in: Schoch (Hrsg.), 2. Kap. Rn. 284.
127   So hat Niedersachsen 1996 unter dem Eindruck der „Chaos-Tage" in Hannover als erstes Land das Aufenthaltsverbot als Standardbefugnis ausdrücklich normiert; vgl. Götz, § 8 Rn. 24.
128   In Nordrhein-Westfalen z.B. erst durch Gesetz vom 8. Juli 2003. Zur Einordnung der offenen Drogenszene als Gefahr für die öffentliche Sicherheit OVG Münster NVwZ 2001, 459.
129   Kritisch allerdings Hecker, NVwZ 1999, 261, 262, hinsichtlich der Gesetzgebungszuständigkeit der Länder.
130   J. Dietlein, in: Dietlein/Burgi/Hellermann, § 3 Rn. 163.
131   Götz, § 8 Rn. 25; Pieroth/Schlink/Kniesel, § 16 Rn. 21; Schoch in: Schoch (Hrsg.), 2. Kap. Rn. 284; Alberts, NVwZ 1997, 45, 47; Cremer, NVwZ 2001, 1218, 1223; Schoch, Jura 2005, 34, 37 f.; s. aber Hecker, NVwZ 1999, 261, 262 f.; NVwZ 2003, 1334, 1335.

verbot als Standardbefugnisse geregelt haben, dürfte diesen Anforderungen Genüge getan sein.

▶ In Nordrhein-Westfalen darf ein Aufenthaltsverbot wegen der eingeschränkten Verweisung in § 24 Nr. 13 OBG NW nur von der Polizei ausgesprochen werden. In Thüringen ist (neben den Regelungen zur Platzverweisung und zum Aufenthaltsverbot in § 17 Abs. 1 bzw. Abs. 2 OBG Thür) auf die Sonderregelung in § 41 OBG Thür hinzuweisen; nach dieser Vorschrift kann das Betreten und Befahren von Grundstücken oder bestimmter Gebiete zur Verhütung erheblicher Gefahren für Leben oder Gesundheit für die voraussichtliche Dauer der Gefahr verboten werden. ◀

Zweifelhaft ist, ob ein Aufenthaltsverbot bei Fehlen einer entsprechenden Standardermächtigung auf **andere Ermächtigungsnormen** gestützt werden kann.[132] Vor der Aufnahme der Regelungen zum Aufenthaltsverbot in die Landesgesetze ist der Versuch unternommen worden, die Vorschriften über die Platzverweisung extensiv auszulegen, insbesondere die Rechtsfolgeneinschränkung „vorübergehend" interpretatorisch auszudehnen. Nach diesem Verständnis ist das Aufenthaltsverbot schlicht eine „qualifizierte Platzverweisung". Diese Deutung ist angesichts der Zielsetzung der Platzverweisung, wie sie von den Landesgesetzgebern offensichtlich beabsichtigt war, nicht überzeugend.[133] Ein Aufenthaltsverbot könnte unter Zugrundelegung dieser Sichtweise – als „aliud" zur Platzverweisung – allenfalls auf der Grundlage der jeweiligen Generalklausel ergehen.[134] Dies erscheint allerdings wegen der verfassungsrechtlichen Bindungen des Art. 11 Abs. 2 GG nur dann zulässig, wenn die Voraussetzungen der Generalklausel entsprechend restriktiv ausgelegt werden.[135] In Ländern, in denen zwar eine Platzverweisung, nicht aber das Aufenthaltsverbot als Standardbefugnis geregelt ist, wird ein Rückgriff auf die Generalklausel zudem deshalb ausscheiden, weil andernfalls ein zeitlich eingriffsintensiveres Handeln auf eine Ermächtigungsnorm gestützt werden könnte, die geringere Anforderung stellt als die Vorschriften über die Platzverweisung.[136] Gegenwärtig besteht eine entsprechende „Regelungslücke" nur noch in Bayern; dort ist in Art. 16 PAG Bay lediglich die Platzverweisung geregelt.

b) Voraussetzungen

Ein Aufenthaltsverbot setzt voraus, dass Tatsachen die Annahme rechtfertigen, dass eine Person in einem bestimmten örtlichen Bereich eine **Straftat begehen** oder **zu ihrer Begehung beitragen** wird (vgl. § 34 Abs. 2 S. 1 PolG NW; § 27a Abs. 2 S. 1 PolG BW).

Beispiel: Weiteres Anwendungsfeld neben der Bekämpfung der offenen Drogenszene ist der Umgang mit gewaltbereiten Personen, die sich zu gemeinsamem strafrechtlich relevantem Agieren verabreden (z.B. „Chaos-Tage" oder Fußball-„Hooligans").[137]

---

132 Zur Diskussion Gusy, Rn. 282.
133 Vgl. auch OVG Bremen NVwZ 1999, 314, 315; VG Frankfurt a.M. NVwZ-RR 2002, 575, 576; Schenke, Rn. 134 für Bayern; Schoch in: Schoch (Hrsg.), 2. Kap. Rn. 285; Cremer, NVwZ 2001, 1218, 1220; a.A. VG Göttingen NVwZ-RR 1999, 169.
134 So in Nordrhein-Westfalen vor Inkrafttreten des § 34 Abs. 2 PolG NW, vgl. etwa OVG Münster NWVBl. 2001, 93. Befürwortend auch Knemeyer, Rn. 213; Götz, § 8 Rn. 26.
135 OVG Bremen NVwZ 1999, 314, 316 f.; Schoch in: Schoch (Hrsg.), 2. Kap. Rn. 285; Cremer, NVwZ 2001, 1218, 1219.
136 Kritisch daher gegen eine Anwendung der Generalklausel Möller/Warg, Rn. 354; Cremer, NVwZ 2001, 1218 f.; Hecker, NJW 2003, 1335.
137 Möller/Warg, Rn. 354.

In Nordrhein-Westfalen kann sich das Aufenthaltsverbot **räumlich** auf einen „bestimmten örtlichen Bereich" erstrecken; „örtlicher Bereich" ist nach der Legaldefinition in § 34 Abs. 2 S. 2 PolG NW ein Gemeindegebiet oder ein Gebietsteil innerhalb einer Gemeinde.

▶ In Baden-Württemberg gestattet § 27a Abs. 2 S. 1 PolG BW ein Aufenthaltsverbot für einen bestimmten Ort, ein bestimmtes Gebiet innerhalb einer Gemeinde oder ein Gemeindegebiet. ◀

Das Aufenthaltsverbot darf sich allerdings nicht auf einen Bereich beziehen, in dem der Adressat der Maßnahme seine **Wohnung** hat oder **berechtigte Interessen wahrnimmt** (vgl. § 34 Abs. 2 S. 1 PolG NW; in Baden-Württemberg besteht ausdrücklich nur die Einschränkung hinsichtlich der Wohnung – § 27a Abs. 2 S. 2 PolG BW, der Notwendigkeit eines Zugangs etwa zur Arbeitsstelle wird dann im Rahmen der Verhältnismäßigkeitserwägungen Rechnung zu tragen sein, § 8 Rn. 155 ff.).

86 Die Anknüpfung an „Tatsachen, die die Annahme rechtfertigen...", lässt einen **Verdacht** ausreichen; es muss mithin nicht im Hinblick auf die drohenden Straftaten eine hinreichende Wahrscheinlichkeit im Sinne des Gefahrenbegriffs festzustellen sein. Bloße Vermutungen oder subjektive Einschätzungen genügen hingegen nicht.[138] Diese tatbestandlichen Anforderungen tragen dem sog. „Kriminalvorbehalt" in Art. 11 Abs. 2 GG Rechnung.[139] Das „Begehen" einer Straftat schließt (soweit diese strafbar sind) die strafrechtlichen Teilnahmeformen (Anstiftung, Beihilfe) ein. Die tatbestandliche Alternative „Beitragen" kann daher nicht an strafrechtliche Kategorien anzubinden sein; vielmehr genügt es nach h.M., wenn das Verhalten des Adressaten die Gefahr einer anderweitigen Begehung von Straftaten in zurechenbarer Weise erhöht.[140] Diese weite Auslegung des Begriffs des „Beitragen" ist allerdings durch wertende Betrachtungen zu kompensieren: So kann etwa wie bei den Zurechnungskriterien des Verhaltensverantwortlichen eine Inanspruchnahme ausscheiden, wenn ein potenzieller Adressat von seinen Rechten Gebrauch macht (§ 8 Rn. 93 f.). Nach überwiegender Auffassung kann ein Aufenthaltsverbot – anders als die Platzverweisung (Rn. 79) – nicht gegenüber einem „Nichtstörer" erlassen werden.[141]

87 Welchen **zeitlichen Umfang** ein Aufenthaltsverbot haben darf, ist teilweise gesetzlich geregelt – die zulässige Dauer variiert dabei von Land zu Land teilweise erheblich; mitunter sind Verlängerungsoptionen normiert – und ansonsten anhand von Verhältnismäßigkeitserwägungen für den konkreten Einzelfall zu entscheiden.

▶ In Nordrhein-Westfalen und in Baden-Württemberg darf das Aufenthaltsverbot die Dauer von drei Monaten nicht überschreiten (vgl. § 34 Abs. 2 S. 4 PolG NW; § 27a Abs. 2 S. 3 PolG BW). ◀

88 Aufenthaltsverbote unterliegen strikt den Bindungen des **Verhältnismäßigkeitsgrundsatzes**; so sind sie zeitlich und örtlich **auf den zur Verhütung der Straftat erforderlichen Umfang zu beschränken** (vgl. § 34 Abs. 2 S. 3 PolG NW; § 27a Abs. 2 S. 2 PolG BW). Bei Aufenthaltsverboten ist häufig die **Geeignetheit zweifelhaft**, weil eine „Verdrängung" unerwünschten Verhaltens an andere Örtlichkeiten droht. Da an die Geeignetheit allerdings nicht sehr hohe Anforderungen zu stellen sind (§ 8 Rn. 180), genügt es,

---

138 OVG Lüneburg DÖV 2015, 712 – Ls.
139 Schoch in: Schoch (Hrsg.), 2. Kap. Rn. 286.
140 J. Dietlein, in: Dietlein/Burgi/Hellermann, § 3 Rn. 166.
141 J. Dietlein, in: Dietlein/Burgi/Hellermann, § 3 Rn. 166.

wenn die Gefahr jedenfalls an derjenigen Stelle, auf die sich das Aufenthaltsverbot erstreckt, beseitigt ist. Ebenfalls im Rahmen der Verhältnismäßigkeitserwägungen ist – sofern nicht ausdrücklich Orte vom Aufenthaltsverbot ausgenommen werden, an denen der Adressat berechtigte Interessen wahrnimmt (vgl. § 34 Abs. 2 S. 1 PolG NW) – darauf Rücksicht zu nehmen, dass der Adressat unter Umständen ausnahmsweise und vorübergehend den Bereich des Aufenthaltsverbots betreten muss, etwa zum Zwecke von Arztbesuchen oder unaufschiebbaren Behördengängen. Eine Maßnahme ist indes nicht per se rechtswidrig, wenn solche Ausnahmen nicht von Anfang an vorgesehen werden; sie können auch nachträglich zugelassen werden.

Adressaten eines Aufenthaltsverbots können angesichts der Vorgaben des Art. 11 Abs. 2 GG und der tatbestandlichen Voraussetzungen der Standardermächtigungen nur solche Personen sein, die als Verhaltensstörer hinsichtlich der potenziellen Begehung strafbarer Handlungen bzw. des Beitragens zu solchen Handlungen qualifiziert werden können.[142] Ein Rückgriff auf die allgemeinen Adressatenregelungen ist damit gesperrt.   89

Zweifelhaft ist, ob auch ein Aufenthaltsverbot wie die Platzverweisung im Wege des **Durchsetzungsgewahrsams** vollstreckt werden kann. In Nordrhein-Westfalen erlaubt § 35 Abs. 1 Nr. 3 PolG NW eine Ingewahrsamnahme, wenn diese zur Durchsetzung einer „Platzverweisung gemäß § 34" erforderlich ist. Zwar unterscheidet diese Formulierung nicht zwischen den Alternativen des § 34 Abs. 1 und Abs. 2, angesichts der längeren Dauer des Aufenthaltsverbots und der verfassungsrechtlich bedingten Beschränkungen des Gewahrsams erscheint es allerdings nicht denkbar, das Aufenthaltsverbot durch einen Gewahrsam durchzusetzen.[143] Vielmehr ist auf die allgemeinen vollstreckungsrechtlichen Vorschriften zurückzugreifen, so dass ein Aufenthaltsverbot insbesondere durch die Verhängung eines (möglicherweise mehrfachen bzw. „gestaffelten") Zwangsgeldes, als ultima ratio durch die Ersatzzwangshaft durchzusetzen ist (§ 12 Rn. 11 ff.).   90

XI. Wohnungsverweisung, Rückkehrverbot, Näherungs- und Kontaktverbot

1. Grundlagen

In die Gefahrenabwehrgesetze sind in jüngerer Zeit Sonderregelungen zur Bekämpfung häuslicher Gewalt aufgenommen worden. Nahezu durchgehend (mit Ausnahme von Bayern[144]) finden sich Standardermächtigungen zur sog. „**Wohnungsverweisung**" (auch: „Wegweisung", „Wohnungsverweis"),[145] kombinierbar (und mit Blick auf die Zielrichtung der Maßnahmen im Regelfall kombiniert) mit einem Rückkehrverbot oder sonstigen Näherungs- und Kontaktverboten (vgl. § 34a PolG NW, nicht für die Ordnungsbehörden; § 27a Abs. 3–5 PolG BW). Diese Maßnahmen ergänzen den Schutz, den das *Gesetz zum zivilrechtlichen Schutz vor Gewalttaten und Nachstellungen* (Gewaltschutzgesetz – GewSchG) vermittelt; zivilrechtliche Eilmaßnahmen zum   91

---

142 Schoch in: Schoch (Hrsg.), 2. Kap. Rn. 286; vgl. auch Schloer, DÖV 1991, 955.
143 J. Dietlein, in: Dietlein/Burgi/Hellermann, § 3 Rn. 167.
144 Entsprechende Maßnahmen können dort auf die Ermächtigungsnormen zur Platzverweisung bzw. zur Ingewahrsamnahme gestützt werden, die allerdings lediglich kurzzeitig wirkendes Handeln gestatten; für längerfristige Maßnahmen kann nicht auf die Generalklauseln zurückgegriffen werden; vgl. Kugelmann, 6. Kap. Rn. 32; Schenke, Rn. 135a.
145 Eingehend Guckelberger, JA 2011, 1; dies./Gard, NJW 2014, 2822; Kay, NVwZ 2003, 521; Krugmann, NVwZ 2006, 152; Naucke-Lömler, NJW 1992, 3525; Seiler, VBlBW 2004, 93; Storr, ThürVBl. 2005, 97; Wuttke, JuS 2005, 779; Fallbearbeitungen bei Baumeister/Ruthig, VBlBW 2006, 367 und 403; Traulsen, JuS 2004, 414.

Schutz vor häuslicher Gewalt sind aus Zeitgründen häufig nicht ausreichend, eine akute Gefahrenlage zu beseitigen.[146]

▶ Nach den Gefahrenabwehrgesetzen hat das zuständige Gericht die Polizei über die Beantragung zivilrechtlichen Schutzes bzw. über Anträge nach dem Gewaltschutzgesetz sowie über hierauf erfolgte Entscheidungen, gerichtliche Vergleiche oder einstweilige Anordnungen usw. zu unterrichten (vgl. § 34a Abs. 6 PolG NW; § 27a Abs. 5 PolG BW). ◀

92   Da mit Wohnungsverweisung und Rückkehrverbot – wenn auch im Regelfall nur vorübergehend – Personen der Aufenthalt in der (**eigenen**) **Wohnung** (die jedenfalls faktisch teilweise mitgenutzt werden muss) untersagt wird, bedürfen derartige Eingriffe einer gesonderten, den verfassungsrechtlichen Anforderungen des **Art. 13 GG** genügenden Rechtsgrundlage. Die landesrechtlichen Standardermächtigungen zur Wohnungsverweisung sind vor diesem Hintergrund verfassungsrechtlich nicht zu beanstanden.[147] Auch kompetenzielle Bedenken greifen im Ergebnis nicht durch. Zwar könnte die Bewältigung häuslicher Gewalt als Element zivilrechtlicher Konfliktbewältigung unter den Kompetenztitel des Art. 74 Abs. 1 Nr. 1 GG und damit in die Gesetzgebungszuständigkeit des Bundes fallen; auch in einem solchen „Grenzbereich" zur gefahrenabwehrrechtlichen Tätigkeit kann jedoch noch von einer Kompetenz der Länder ausgegangen werden.[148]

2. Voraussetzungen

93   Die Ermächtigungsnormen sehen als tatbestandliche Voraussetzung für die Wohnungsverweisung eine von der zu verweisenden Person ausgehende **gegenwärtige Gefahr für Leib, Leben oder Freiheit** einer anderen Person (vgl. § 34a Abs. 1 S. 1 PolG NW; in Baden-Württemberg: unmittelbar bevorstehende erhebliche Gefahr, § 27a Abs. 3 S. 1 PolG BW). Die Feststellung der Gefahrenlage kann im Einzelfall schwierig sein. Nach der Rspr. ist entweder eine „Gewaltbeziehung" mit konkreten Anzeichen für wiederholte Misshandlungen oder – bei erstmaliger Gewalttat – eine Wiederholungsgefahr aufgrund der Intensität des Angriffs und der Schwere der Verletzungen erforderlich.[149] An die „Gegenwärtigkeit" der Gefahr wird man indes keine allzu hohen Anforderungen zu stellen haben; es wird ausreichen müssen, wenn es unmittelbar nach dem Fortgang der Beamten jederzeit wieder zu Rechtsgutverletzungen bei der gefährdeten Person kommen kann. Die Gefahr muss sich aber innerhalb der Wohnung zu realisieren drohen; (drohende) Gewalttätigkeiten außerhalb der Wohnung können zwar wesentlichen Einfluss auf die Gefahrenprognose in Bezug auf die Wohnung nehmen, reichen aber allein nicht aus.

Beispiel: Eine Ehefrau kündigt einen Suizid an, weil sie sich von ihrem in der gemeinsamen Wohnung lebenden Ehemann bedroht fühlt. Wenn bislang keine strafbaren Handlungen des Ehemannes und auch keine konkreten Anhaltspunkte für künftige Straftaten vorliegen, kann zwar eine Gefahr für das Leben der Ehefrau vorliegen; eine Wohnungsverweisung dem Ehemann gegenüber kommt jedoch gleichwohl nicht in Betracht.[150]

---

146   Vgl. Möller/Warg, Rn. 358.
147   Schoch in: Schoch (Hrsg.), 2. Kap. Rn. 289.
148   J. Dietlein, in: Dietlein/Burgi/Hellermann, § 3 Rn. 168.
149   OVG Münster NJW 2015, 1468.
150   VGH Mannheim NJW 2005, 88, 89.

Gelegentlich wird in restriktiver Deutung der tatbestandlichen Voraussetzungen ein **94** strafrechtlich relevantes Verhalten gefordert.[151] Dies ist abzulehnen; die gefahrenabwehrrechtlichen Ermächtigungsnormen sehen eine solche Einschränkung weder vor (eine entsprechende Anforderung hätte wie beim Aufenthaltsverbot durchaus auch ausdrücklich in die Norm aufgenommen werden können), noch ist sie anderweitig zu begründen. Im Interesse eines effektiven Gewaltschutzes muss das Vorliegen einer gegenwärtigen Gefahr für die aufgezählten Rechtsgüter (bzw. einer gegenwärtigen erheblichen Gefahr) ausreichen.

Die Ermächtigungsnormen dienen der Sicherung der Gefahrenfreiheit des räumlichen **95** Rückzugsraums der Wohnung gemäß Art. 13 GG. Tatbestandlich **nicht erforderlich** ist daher eine **familiäre oder partnerschaftliche Bindung** zwischen dem Adressaten der Verweisung und dem Opfer. Damit werden Fälle häuslicher Gewalt zwischen Eheleuten, Eltern und Kindern, sonstigen gemeinsam wohnenden Familienmitgliedern, aber auch zwischen den Mitgliedern einer Wohngemeinschaft erfasst.[152]

Beispiel: Der 40jährige S lebt noch immer bei seiner allein stehenden, resoluten Mutter M. Diese pflegt den S, wenn er seinen vielfältigen täglichen Haushaltspflichten nicht nachkommt, mit einem massiven Holzstock zu züchtigen. Die Nachbarin N beobachtet dies eines Tages durch ihr Fenster und benachrichtigt die Polizei. Die herbeigerufenen Polizisten P und Q verweisen die M aus der Wohnung, ordnen ein einwöchiges Rückkehrverbot für einen Bereich von 500 m um das Haus an und gestatten der M, zuvor einige Kleidungsstücke und persönliche Gegenstände einzupacken.

Wie sich aus dem Regelungskontext der Ermächtigungsnormen ergibt, muss es sich jedoch um eine von Adressat und Opfer jedenfalls vorübergehend **gemeinsam bewohnte** **96** **Wohnung** handeln, aus der (und deren unmittelbarer Umgebung) verwiesen wird. Es wird eine „häusliche Gemeinschaft" zu fordern sein, die etwa über einen bloß regelmäßigen Besuch hinausgeht. Diese aus den tatbestandlichen Vorgaben nicht eindeutig abzulesende Beschränkung ergibt sich schon aus dem Zweck der Normen, häusliche Gewalt einzudämmen. Zudem ist nach den gesetzlichen Vorgaben dem Adressaten zu gestatten, Gegenstände des persönlichen Bedarfs aus der Wohnung mitzunehmen (vgl. § 34a Abs. 2 PolG NW),[153] was darauf hindeutet, dass nur die vom Adressaten ebenfalls bewohnte Wohnung gemeint sein kann. Gefährdungen, die durch einen kurzfristigen Besucher einer fremden Wohnung hervorgerufen werden, können damit nicht im Wege der Wohnungsverweisung beseitigt werden (die Voraussetzungen der Norm wären für eine solche Maßnahme auch zu „hochgesteckt"); in solchen Fällen ist auf andere Standardbefugnisse (insb. die Platzverweisung) bzw. die Generalklausel zurückzugreifen.

Zweifelhaft war, ob Wohnungsverweisung, Rückkehrverbot und ähnliche Maßnahmen **97** zum Schutz vor häuslicher Gewalt und Gewalt in sozialen Näheverhältnissen auch **gegen den Willen des Opfers** bzw. seinen Wunsch, der Täter möge in die Wohnung zurückkehren, angeordnet und durchgesetzt werden können. Dies ist zu bejahen,[154] so dass ein entgegenstehender Wille des Opfers zwar möglicherweise im Rahmen der Er-

---

151 Bösch, Jura 2009, 650, 654.
152 J. Dietlein, in: Dietlein/Burgi/Hellermann, § 3 Rn. 169.
153 J. Dietlein, in: Dietlein/Burgi/Hellermann, § 3 Rn. 169. – Es genügt, wenn der gefährdenden Person die Möglichkeit zur Mitnahme solcher Gegenstände eingeräumt wird; sie muss nicht tatsächlich von dieser Option Gebrauch machen. Zudem erstreckt sich das Recht lediglich auf dringend benötigte persönliche Gegenstände; eine „Besitzaufteilung" vor Ort kann die Polizei nicht leisten.
154 VG Aachen NJW 2004, 1888, 1889; eingehend zur Problematik Guckelberger/Gard, NJW 2014, 2822.

messenserwägungen zu berücksichtigen ist, entsprechende Maßnahmen aber nicht gänzlich sperrt.[155] Denn es ist häufig schon gar nicht feststellbar, ob der geäußerte Wille, der Gewalttäter möge in der (gemeinsamen) Wohnung verbleiben, wirklich dem freien Wunsch des Opfers entspricht oder ob es diesen Wunsch nicht aus Angst vor dem Täter (der ja nach Ende der Wohnungsverweisung und des Rückkehrverbotes voraussichtlich zurückkehren oder auch außerhalb der Wohnung den Kontakt zur gefährdeten Person suchen wird) oder aufgrund psychischer Abhängigkeiten äußert. Zudem wird es sich häufig nicht um einen Erst- bzw. Einzelfall handeln, so dass der Schutz der gefährdeten Person ihrem geäußerten Willen vorgeht. Soll der Schutz durch die Gefahrenabwehrbehörden gerade auch unabhängig vom Opferwillen erfolgen, kann es für den Erlass einer Wohnungsverweisung ferner nicht erforderlich sein, dass der Geschädigte selbst nach § 1 Abs. 1 GewSchG gegen den Täter vorgeht.[156]

98 Keine tatbestandlichen Voraussetzungen sind die Bestimmungen bezüglich der **Information der gefährdeten Person über Beratungsangebote** bzw. des **Hinweises auf zivilrechtlichen Schutz** (vgl. § 34a Abs. 4 PolG NW).

99 Mit der Wohnungsverweisung wird im Regelfall ein **Rückkehrverbot** ausgesprochen; es untersagt dem Adressaten der Wohnungsverweisung für einen begrenzten Zeitraum das Betreten der Wohnung und kann zudem die „unmittelbare Umgebung" der Wohnung erfassen (§ 34a Abs. 1 S. 1 PolG NW). Was unter „unmittelbarer Umgebung" zu verstehen ist, ist im Einzelfall unter Berücksichtigung der Schutzinteressen der gefährdeten Person zu bemessen; Wohnungsverweisung und Rückkehrverbot dürfen aber nicht so weit gehen, dass sie in ein allgemeines Näherungsverbot oder ein großräumiges Aufenthaltsverbot „umschlagen". In einigen Bundesländern gestatten die Ermächtigungsnormen ferner ausdrücklich, zusätzlich der verwiesenen Person zu untersagen, sich der verletzten oder bedrohten Person **anzunähern** (vgl. § 27a Abs. 3 S. 2 PolG BW). Beides setzt in Baden-Württemberg Tatsachen voraus, die die Annahme rechtfertigen, dass die qualifizierte Gefahrenlage nach Verlassen der Wohnung fortbesteht. In Nordrhein-Westfalen entsprechen die Voraussetzungen für das Rückkehrverbot denjenigen für die Wohnungsverweisung; eine gesonderte Ermächtigung zu Annäherungsbzw. Kontaktverboten besteht nicht, so dass gegebenenfalls auf die Generalklausel zurückzugreifen ist.

100 Die **Geltungsdauer** der Wohnungsverweisung bzw. des mit ihr verbundenen Rückkehrverbotes variiert in den landesgesetzlichen Ermächtigungsnormen. In Nordrhein-Westfalen (vgl. § 34a Abs. 5 S. 1 PolG NW; die Polizei kann – allerdings nur im Ausnahmefall, z.B. dann, wenn das Opfer der häuslichen Gewalt eine längere Abwesenheit plant, die vor Ablauf der 10 Tage beginnen soll – eine kürzere Geltungsdauer anordnen) und einigen anderen Ländern (Brandenburg, Bremen, Hamburg, Saarland, Thüringen) beträgt sie 10 Tage, in anderen Ländern 14 Tage (Berlin, Hessen, Niedersachsen, Mecklenburg-Vorpommern, Sachsen-Anhalt, Schleswig-Holstein). In Rheinland-Pfalz ist keine Regelung hinsichtlich der Geltungsdauer getroffen; in Baden-Württemberg wird danach differenziert, ob der Polizeivollzugsdienst (dann vier Tage) oder die Polizeibehörde (dann 14 Tage, mit Verlängerungsmöglichkeit bei Antrag nach Gewaltschutzgesetz) die Verfügung erlässt (vgl. § 27a Abs. 4 PolG BW). Die Maßnahmen enden, wenn eine gerichtliche Entscheidung oder eine einstweilige Anordnung ergeht bzw. ein gerichtlicher Vergleich geschlossen wird (vgl. § 34a Abs. 5 S. 2 PolG NW; § 27a Abs. 4 S. 3

---

155 So i. Erg. auch Schenke, Rn. 134a.
156 Vgl. aber Storr, ThürVBl. 2005, 97, 101.

PolG BW); gegebenenfalls verlängern sie sich – sofern ein Antrag auf gerichtlichen Rechtsschutz gestellt ist und das Gericht noch nicht entschieden hat – ohne erneute Anordnung um bis zu weitere 10 Tage (§ 34a Abs. 5 S. 2 PolG NW). Die Einhaltung eines Rückkehrverbots ist in Nordrhein-Westfalen durch die Behörde mindestens einmal während seiner Dauer zu überprüfen (vgl. § 34a Abs. 7 PolG NW).

Adressat der Maßnahmen kann nur der Täter der häuslichen Gewalt, nicht aber das Opfer sein. Der Gewaltanwender soll nicht noch dadurch entlohnt werden, dass er die Wohnung allein und uneingeschränkt nutzen kann. Bei wechselseitigen Gewalttätigkeiten haben die handelnden Beamten nach pflichtgemäßem Ermessen zu entscheiden, ob eine Wohnungsverweisung erfolgt und welche Person als Adressat ausgewählt wird; ausschlaggebend können z.B. ebenfalls in der Wohnung lebende Kinder eines der Kontrahenten sein. Handelt es sich bei der gefährdeten Person um eine minderjährige oder um eine Person, die aus anderen Gründen nicht in der Lage ist, die Wohnung allein zu bewohnen, ist zu erwägen, ob eine Wohnungsverweisung in Betracht kommt oder ob nicht andere Maßnahmen zu treffen sind. Aus den gesetzlichen Bestimmungen können sich weitere Pflichten der aus der Wohnung verwiesenen Person ergeben: So hat sie der Gefahrenabwehrbehörde ihren neuen Aufenthaltsort anzugeben, damit etwa eine ladungsfähige Adresse z.B. zu Strafverfolgungszwecken vorliegt; die Polizei hat sie zur Angabe dieser Informationen aufzufordern (vgl. § 34a Abs. 3 PolG NW).
101

Wohnungsverweisung und **Rückkehrverbot** können durch die allgemeinen vollstreckungsrechtlichen Vorgaben **durchgesetzt** werden. Ausdrücklich vorgesehen ist zudem häufig die Möglichkeit des Durchsetzungsgewahrsams (vgl. § 35 Abs. 1 Nr. 4 PolG NW; Rn. 125 ff.). Häufig werden Wohnungsverweisung und Rückkehrverbot in der Praxis zusätzlich mit einem angedrohten Zwangsgeld für den Fall der Zuwiderhandlung flankiert; der Rückgriff auf das allgemeine Vollstreckungsrecht einschließlich des Zwangsmittels „Zwangsgeld" ist neben den Bestimmungen über die Durchsetzung von Wohnungsverweisung und Rückkehrverbot in Gestalt einer Ingewahrsamnahme zulässig. Die ebenfalls häufig vorgenommene Sicherstellung eines Haus- oder Wohnungsschlüssels begegnet rechtlichen Bedenken, soweit keine Anhaltspunkte für einen drohenden Verstoß gegen das Rückkehrverbot bestehen.
102

XII. Ingewahrsamnahme, Gewahrsam

1. Grundlagen

Einen erheblichen Eingriff in grundrechtliche Rechtspositionen stellen die **Ingewahrsamnahme** als Akt der „Festnahme" sowie der **Gewahrsam** als Aufrechterhaltung der Festnahme im Rahmen eines in Ausübung hoheitlicher Gewalt hergestellten Rechtsverhältnisses dar (vgl. § 35 PolG NW, § 24 Nr. 13 OBG NW mit Ausnahme des Durchsetzungsgewahrsams zur Durchsetzung von Wohnungsverweisung und Rückkehrverbot; § 28 PolG BW).[157] Anders als das Anhalten zum Zwecke der Befragung, das lediglich kurzzeitige freiheitsbeschränkende Wirkung hat, und die Vorführung zur kurzfristigen Durchsetzung einer Vorladung greifen Ingewahrsamnahme und Gewahrsam, die den Adressaten „verwahren" und daran hindern sollen, sich frei, insbesondere fort zu bewegen, in das Grundrecht der persönlichen Freiheit nach Art. 2 Abs. 2 S. 2 GG ein und stellen damit eine besonders zu rechtfertigende Freiheitsentziehung, nicht lediglich eine
103

---

157 Ähnlich Götz, § 8 Rn. 30: „Einschließung"

Freiheitsbeschränkung (vgl. Art. 104 GG) dar.[158] Die landesgesetzlichen Ermächtigungsnormen sind verfassungsgemäß[159] und verstoßen auch nicht gegen Art. 5 EMRK.[160]

104   Bei freiheitsentziehenden Maßnahmen sind gegebenenfalls **spezialgesetzliche Ermächtigungsnormen** zu beachten. So finden sich z.b. strafprozessrechtliche Regelungen in §§ 112 ff., 126 a f., 164 StPO. Doch auch im präventiven Handlungsfeld bestehen Sonderregelungen wie z.b. in den §§ 10 ff. PsychKG. Eine präventive Ingewahrsamnahme kann in eine Festnahme, etwa nach § 127 StPO, übergehen, sofern die tatbestandlichen Voraussetzungen der Norm vorliegen.[161]

105   Der eigentliche Akt der Ingewahrsamnahme, aber auch der Gewahrsam selbst sind **Realakte**, die zugleich Vollstreckungselemente aufweisen. Teilweise wird eine Einordnung als Verwaltungsakt favorisiert.[162] Einige der Standardermächtigungen weisen einen ähnlichen Charakter auf und befinden sich daher gewissermaßen im Schnittfeld zwischen Grundverfügung und Verwaltungsvollstreckung. Aufgrund dieser Einordnung als schlicht hoheitliches Handeln wird im Schrifttum gelegentlich eine zusätzliche und konkludent mit dem Realakt verbundene sog. „Duldungsverfügung" konstruiert. Sie soll ein Verwaltungsakt sein und den Inhalt haben: „Dulden Sie den Realakt der Ingewahrsamnahme!". Dies soll die Durchsetzung der Ingewahrsamnahme, etwa gegen den **Widerstand** des Adressaten, im Wege der Anwendung von Verwaltungszwang ermöglichen (§§ 11–14). Denn die entsprechenden Vorschriften ermächtigen zwar nicht nur zur eigentlichen Freiheitsentziehung, sondern zugleich zu einem gewissen Maß an körperlicher Einwirkung. Zweifelhaft ist jedoch, ob auch das Brechen eines entgegenstehenden Willens durch Gewalt noch von den Ermächtigungsnormen zur Begründung des Gewahrsams gedeckt ist. Diese könnten insoweit bei Erfülltsein ihrer Voraussetzungen lediglich vom Verbot der Freiheitsentziehung dispensieren, nicht aber vom Verbot körperlicher Zwangseinwirkungen. Es erscheint daher überzeugend, die Gewaltanwendung nicht auf die Ermächtigungsnormen zum Gewahrsam, sondern auf das allgemeine Verwaltungsvollstreckungsrecht zu stützen. Hält man das Vollstreckungsrecht für anwendbar, ließen sich mehrere Maßnahmen unterscheiden: 1. die zugrunde liegende Verfügung (Platzverweisung, Aufenthaltsverbot), 2. die Ingewahrsamnahme, 3. die Aufrechterhaltung des Gewahrsams und 4. die Anwendung unmittelbaren Zwangs zur Realisierung der Ingewahrsamnahme. Die Konstruktion einer (konkludenten) Duldungsverfügung ist dann entbehrlich, wenn landesrechtlich „sofortiger Vollzug" ermöglicht ist.

106   Umstritten ist, ob die Einordnung einer Maßnahme als „Gewahrsam" und damit der Rückgriff auf die entsprechenden Ermächtigungsnormen begrifflich voraussetzen, dass die festgehaltene Person **in eigenen Räumen der Gefahrenabwehrbehörden** bzw. einem Fahrzeug (z.b. Streifenwagen) untergebracht wird. Teilweise wird angenommen, eine Freiheitsentziehung liege nur dann vor, wenn gegen das Verlassen des eng umgrenzten Raums Sicherungen bestehen, oder wenn bei einem Versuch, sich dem Gewahrsam zu entziehen, mit der Anwendung unmittelbaren Zwangs zu rechnen ist.[163] Nähme man

---

158 J. Dietlein, in: Dietlein/Burgi/Hellermann, § 3 Rn. 171; Pieroth/Schlink/Kniesel, § 17 Rn. 1a.
159 BVerfG (K) NVwZ 2006, 579, 582 f.; BayVerfGH NVwZ 1991, 664; SächsVerfGH LKV 1996, 272, 275 f.; VG Schleswig NJW 2000, 970; Schoch in: Schoch (Hrsg.), 2. Kap. Rn. 295.
160 SächsVerfGH LKV 1996, 273, 276; VGH Mannheim DÖV 2005, 165, 166; Götz, § 8 Rn. 35.
161 Knemeyer, Rn. 221; zu § 127 StPO Otto, Jura 2003, 685.
162 J. Dietlein, in: Dietlein/Burgi/Hellermann, § 3 Rn. 171.
163 Vgl. die Nachweise bei Pieroth/Schlink/Kniesel, § 17 Rn. 6.

eine solche **räumliche Beschränkung** an, würde ein Gewahrsam durch Beaufsichtigung im eigenen Wohnraum („Hausarrest") begrifflich ebenso ausscheiden wie eine Einkesselung von Personen durch Polizeibeamte.[164] Im Ergebnis kann es nicht darauf ankommen, wie der Gewahrsam konkret ausgestaltet wird – entscheidend ist das Gebot, den Gewahrsam nicht zu verlassen.[165]

Beispiel: Werden die Insassen eines Reisebusses an einer abgelegenen polizeilichen Kontrollstelle zur Nachtzeit faktisch festgehalten, kann darin eine Ingewahrsamnahme liegen.[166]

Die Ingewahrsamnahme und die Aufrechterhaltung des Gewahrsams unterliegen dem **Gebot richterlicher Anordnung** gemäß Art. 104 Abs. 2 GG bzw. der entsprechenden Bestimmungen der Landesverfassungen. Meist sehen die Gefahrenabwehrgesetze folgende Vorgehensweise vor: Erforderlich ist grundsätzlich eine vorherige Einwilligung des Richters (vgl. § 36 PolG NW). Ist dies nicht möglich, muss die Einwilligung unverzüglich nachgeholt werden (vgl. § 28 Abs. 3 S. 3 PolG BW). „Unverzüglich" bedeutet (anders als in § 121 BGB – „ohne schuldhaftes Zögern"), dass jede Verzögerung zu vermeiden ist, die sich nicht aus tatsächlichen oder rechtlichen Gründen rechtfertigen lässt.[167] Als „unverzüglich" hat die Rechtsprechung noch gebilligt, wenn die Hinzuziehung eines Richters zur Tagzeit zwei bis drei Stunden dauert.[168] Bestimmte im Rahmen der Gewahrsamsbegründung typischerweise anfallende Tätigkeiten wie der Transport an einen anderen Ort, die Aufnahme und Protokollierung und die Einweisung in den Arrestraum stellen solche zu rechtfertigenden Verzögerungen dar.[169] Selbstverständlich führen auch durch den in Gewahrsam Genommenen selbst, etwa durch erheblichen Widerstand, hervorgerufene Verzögerungen nicht zu einem Verstoß gegen das Unverzüglichkeitsgebot.[170] Freilich darf man andererseits den renitenten Gewahrsamsadressaten nicht im Anschluss an sein Verhalten durch ein längeres Zuwarten bis zur Vorführung sanktionieren. So soll nach der Rspr. die Notwendigkeit, eine unverzügliche richterliche Entscheidung herbeizuführen, nicht deshalb entfallen, weil der Adressat aufgrund Volltrunkenheit nicht vorführbar ist.[171] Auch der Richter muss zügig entscheiden.[172] In Baden-Württemberg darf der Gewahrsam ohne richterliche Entscheidung nicht länger als bis zum Ende des Tags nach dem Ergreifen aufrechterhalten werden (vgl. § 28 Abs. 3 S. 2 PolG BW). Gegen die richterliche Entscheidung steht dem Betroffenen der **Rechtsweg** zu den ordentlichen Gerichten offen.

Die richterliche Einwilligung darf nur dann unterbleiben, wenn sie erst **zeitlich nach dem Fortfall des Gewahrsamsgrundes** eingeholt werden kann (vgl. § 36 Abs. 1 S. 2 PolG NW; § 28 Abs. 3 S. 4 PolG BW). Diese Regelung – die eine Verlängerung des Gewahrsams zulasten des Adressaten ausschließlich durch die Notwendigkeit eines Wartens auf die richterliche Entscheidung vermeiden soll – darf freilich nicht dazu missbraucht werden, die Einholung zu verzögern. Umstritten ist, welches Gericht anzurufen ist, wenn die Nachholung der richterlichen Anordnung unterbleibt, weil sie erst nach Fortfall des Gewahrsamsgrundes eingeholt werden könnte. Eine Auffassung sieht

107

108

---

164 J. Dietlein, in: Dietlein/Burgi/Hellermann, § 3 Rn. 172.
165 Pieroth/Schlink/Kniesel, § 17 Rn. 6.
166 Vgl. VG Würzburg NJW 1980, 2541; Birk, JuS 1982, 496.
167 BVerfG, NVwZ 2007, 1004; BVerwGE 45, 51, 63; Götz, § 8 Rn. 40; Gusy, Rn. 303.
168 OLG Rostock NVwZ-RR 2008, 173, 176 f.; Schoch in: Schoch (Hrsg.), 2. Kap. Rn. 301.
169 Vgl. Götz, § 8 Rn. 40.
170 Vgl. BVerfGE 105, 239, 249; Götz, § 8 Rn. 40.
171 OVG Bremen NordÖR 2015, 175.
172 Vgl. Götz, § 8 Rn. 41.

auch hier den Rechtsweg zu den ordentlichen Gerichten als eröffnet, die Gegenposition geht von einer (Fortsetzungsfeststellungs-)Klage vor den Verwaltungsgerichten aus. Auf das Vorführen beim Richter kann zudem dann **verzichtet** werden, wenn der Betroffene nicht vorführungsfähig, also etwa stark betrunken oder in einem Zustand ist, der die freie Willensbestimmung ausschließt. Nach der Rechtsprechung des Bundesverwaltungsgerichts ist eine nachträgliche richterliche Entscheidung nicht zwingend.[173]

109   Die **Dauer der Freiheitsentziehung** wird wesentlich durch verfassungs- und europarechtliche Vorgaben determiniert, ist jedoch in den Landesgesetzen nicht einheitlich geregelt. Die Dauer ist in der richterlichen Entscheidung festzulegen. In Nordrhein-Westfalen darf der Gewahrsam nach § 38 Abs. 1 Nr. 3 PolG NW höchstens bis zum Ende des Tages nach dem Ergreifen andauern. Er darf mithin 48 Stunden nicht überschreiten. Die in den übrigen Ländern zugelassenen Zeitspannen reichen von vier Tagen bis zu zwei Wochen. In Baden-Württemberg beträgt die Höchstdauer zwei Wochen (§ 28 Abs. 3 PolG BW). Ferner sehen die Landesgesetze abweichende Höchstdauern für besondere Formen des Gewahrsams vor; nach § 38 Abs. 2 PolG NW darf der Gewahrsam zum Zwecke der Identitätsfeststellung etwa die Dauer von 12 Stunden nicht überschreiten.

110   Weitere Regelungen hinsichtlich der **Durchführung des Gewahrsams** finden sich in den allgemeinen Polizei- und Ordnungsgesetzen; in einigen Ländern gelten ergänzend eine **(Polizei-)Gewahrsamsordnung** bzw. nähere Bestimmungen der allgemeinen Durchführungsverordnungen.

▶ In Nordrhein-Westfalen regelt die Polizeigewahrsamsordnung für das Land Nordrhein-Westfalen – ein Runderlass des Innenministeriums aus dem Jahr 2009 – Einzelheiten des Gewahrsams, insbesondere zur Aufnahme, zur Unterbringung, zu Besuchsregelungen, zur Ausstattung der Gewahrsamszelle, zur Entlassung und zur Sicherheit und Ordnung im Gewahrsam. Ermächtigungsgrundlage für Sicherungsmaßnahmen der aufsichtführenden Beamten wie die Unterbringung in einem anderen geeigneten Raum, die Fesselung bzw. die Fixierung ist § 27 PolGewO; Voraussetzung sind Gewalttätigkeiten, Widerstand, Fluchtversuche, Eigengefährdung oder konkrete Anhaltspunkte für eine Gefangenenbefreiung. In Baden-Württemberg enthält § 1 der Durchführungsverordnung zum Polizeigesetz (DVO PolG) nähere Vorgaben für den Gewahrsam. ◀

111   In Gewahrsam genommene Personen sind nach den landesgesetzlichen Vorgaben meist grundsätzlich von Straf- bzw. Untersuchungsgefangenen getrennt **unterzubringen** (vgl. § 37 Abs. 3 PolG NW). Männer und Frauen müssen ebenfalls getrennt voneinander untergebracht werden. § 37 Abs. 3 S. 4 und 5 PolG NW erlaubt im Ausnahmefall – zum Schutz der festgehaltenen Person – eine offene Beobachtung durch Bild- und Tonübertragungen, nicht aber entsprechende Aufzeichnungen oder verdeckte Maßnahmen.[174]

112   Die in Gewahrsam gehaltenen Personen sind zu **entlassen,** wenn und sobald der Grund für den Gewahrsam fortgefallen ist, oder wenn die Fortdauer der Freiheitsentziehung durch den Richter für unzulässig erklärt wurde. Zudem sind sie zu entlassen, wenn die gesetzlich bzw. durch den Richter festgesetzte Höchstdauer der Freiheitsentziehung erreicht ist (vgl. § 38 Abs. 1 PolG NW). Eine Freiheitsentziehung zum Zwecke der Fest-

---

173   BVerwGE 45, 51, 64; a.A. Lisken, NWVBl. 1990, 325, 331.
174   J. Dietlein, in: Dietlein/Burgi/Hellermann, § 3 Rn. 182.

stellung der Identität darf die Dauer von insgesamt zwölf Stunden nicht überschreiten (vgl. § 38 Abs. 2 PolG NW).

2. Voraussetzungen

Die landesgesetzlichen Ermächtigungsnormen zählen **verschiedene tatbestandliche Varianten** des Gewahrsams auf. Die Darstellung erfolgt entlang der Systematik des nordrhein-westfälischen Polizeigesetzes; auf die entsprechenden Regelungen in Baden-Württemberg wird hingewiesen.

Der **Schutzgewahrsam** (vgl. § 35 Abs. 1 Nr. 1 PolG NW; vergleichbare Regelung in § 28 Abs. 1 Nr. 2 PolG BW) bezweckt den Schutz der in Gewahrsam genommenen Person selbst. Er setzt voraus, dass die Person gegen eine drohende Gefahr für Leib oder Leben geschützt werden soll.

▶ In Baden-Württemberg muss hinzutreten, dass die Person selbst um Gewahrsam nachsucht, sich erkennbar in einem die freie Willensbestimmung ausschließenden Zustand oder sonst in einer hilflosen Lage befindet oder Selbsttötung begehen will (vgl. § 29 Abs. 1 Nr. 2 PolG BW). ◀

Der Schutzgewahrsam erfordert zunächst, dass **Leib und Leben** in Gefahr sind, mithin hochrangige Rechtsgüter geschützt werden sollen. Das Rechtsgut „Leib" ist allerdings nur gefährdet, wenn Verletzungen drohen, die einer qualifizierten Körperverletzung entsprechen – kleinere Verletzungen, die etwa einen Eingriff in die körperliche Unversehrtheit darstellen, genügen nach h.M. nicht (vgl. auch die Legaldefinitionen in § 2 Nr. 1 lit. d) SOG Nds; § 3 Nr. 3 lit. d) SOG SA; § 54 Nr. 3 lit. c) OBG Thür).

In Nordrhein-Westfalen ist als Regelbeispiel („insbesondere") der Fall genannt, dass sich die in Gewahrsam genommene Person erkennbar in einem **die freie Willensbestimmung ausschließenden Zustand oder sonst in hilfloser Lage** befindet. In solchen Konstellationen besitzt die gefährdete Person keinen erkennbaren Willen oder vermag diesen nicht rechtlich relevant zu äußern (z.B. ein Kleinkind, ein schwer[175] Betrunkener, ein geistig Behinderter usw.).

Darüber hinaus ist Schutzgewahrsam möglich **gegen den Willen** des Betroffenen (in Baden-Württemberg nur bei beabsichtigter Selbsttötung, vgl. § 28 Abs. 1 Nr. 2 lit. c) PolG BW). Der Schutz von Leib und Leben gegen den Willen des in Gewahrsam Genommenen begegnet indes Bedenken, weil die Grundrechte nach überwiegender Auffassung jedenfalls in gewissem Rahmen auch ein Recht auf Selbstgefährdung gewähren. So ist es beispielsweise grundrechtlich geschützt, eine gefährliche Sportart auszuüben, ohne dass dies etwa durch einen Schutzgewahrsam unterbunden werden dürfte. Man wird dies über erhöhte Anforderungen an die Prognose hinsichtlich der Wahrscheinlichkeit des Schadenseintritts sowie über einen strikten Vorrang der Inanspruchnahme von Störern lösen können, die Gefahren für Leib und Leben Dritter verursachen. Nur wenn Maßnahmen gegen solche Störer ausscheiden oder keinen Erfolg versprechen, wird man auf den Schutzgewahrsam als „ultima ratio" zurückgreifen können.

Die Ingewahrsamnahme (bzw. die Aufrechterhaltung des Gewahrsams) muss zudem **erforderlich** zum Schutz der Person sein (vgl. § 35 Abs. 1 Nr. 1 PolG NW). Dies ist ein gleichsam aus der Ermessensentscheidung auf die Tatbestandsebene hochgezogenes

113

114

115

116

117

118

---

175 Ist eine Person lediglich leicht angetrunken, scheidet ein Schutzgewahrsam schon wegen des Nichtvorliegens der tatbestandlichen Voraussetzungen aus, VGH Mannheim NVwZ-RR 2005, 247, 248.

Verhältnismäßigkeitskriterium (§ 8 Rn. 155 ff.): Die Ingewahrsamnahme muss das „mildeste Mittel" darstellen. So kann ein Schutzgewahrsam etwa dann nicht erforderlich sein, wenn die betroffene Person statt der Ingewahrsamnahme auch einer sorgeberechtigten Person übergeben werden kann.[176]

119   Der einzig zulässige **Adressat** des Schutzgewahrsams ergibt sich zweifelsfrei aus der Ermächtigungsnorm selbst: Es muss sich um die konkret gefährdete Person handeln.

120   Neben den Schutzgewahrsam treten verschiedene Varianten des sog. „Präventivgewahrsams".[177] Der Vorbeuge- oder **Sicherheitsgewahrsam** (auch: Verhinderungs- oder Unterbindungsgewahrsam; vgl. § 35 Abs. 1 Nr. 2 PolG NW; weiter gefasster Tatbestand in § 28 Abs. 1 Nr. 1 PolG BW) dient dazu, Rechtsgüter vor einer gefährdenden Person zu schützen.

121   Erforderlich ist in Nordrhein-Westfalen, dass der Gewahrsam unerlässlich ist, um die **unmittelbar bevorstehende Begehung oder Fortsetzung einer Straftat oder einer Ordnungswidrigkeit von erheblicher Bedeutung für die Allgemeinheit** zu verhindern. Auf ein schuldhaftes Handeln kommt es dabei allerdings nicht an, sondern lediglich auf die rechtswidrige Erfüllung des (objektiven) Tatbestands.

Beispiel: Ein „Hütchenspieler", gegen den bereits über 100 Ermittlungsverfahren wegen Durchführung eines verbotenen Glücksspiels (§ 284 StGB) eingeleitet sind, kann – sofern er seinen Tisch aufbaut und zu einem weiteren Strafrechtsverstoß ansetzt – rechtmäßig in Gewahrsam genommen werden.[178]

In Baden-Württemberg kann die Polizei eine Person in Gewahrsam nehmen, wenn auf andere Weise eine unmittelbar bevorstehende erhebliche Störung der öffentlichen Sicherheit oder Ordnung nicht verhindert oder eine bereits eingetretene Störung nicht beseitigt werden kann (vgl. § 28 Abs. 1 Nr. 1 PolG BW).

122   Das qualifizierende Merkmal „**von erheblicher Bedeutung für die Allgemeinheit**" bezieht sich lediglich auf die drohende Ordnungswidrigkeit.[179] Als Indiz für die erhebliche Bedeutung soll gelten, wenn der Ordnungswidrigkeitentatbestand bußgeldbewehrt ist. Diese formelle Betrachtung ist auf Widerspruch gestoßen: Die Gegenauffassung stellt auf den Grad der konkreten Beeinträchtigung gefahrenabwehrrechtlicher Schutzgüter ab.[180] Gegenüber der Einbeziehung der Ordnungswidrigkeiten in den Tatbestand des Sicherheitsgewahrsams bestehen europarechtliche Bedenken. Nach Art. 5 Abs. 1 S. 1 EMRK hat jede Person das Recht auf Freiheit und Sicherheit; die Freiheit darf nur unter den Voraussetzungen des Satzes 2 entzogen werden. Die (drohende) Begehung von Ordnungswidrigkeiten ist dort jedoch nicht explizit genannt; vielmehr wird allein auf die Begehung „strafbarer Handlungen" abgestellt (Art. 5 Abs. 1 S. 2 lit. c) EMRK). Die EMRK gilt in Deutschland als einfaches Recht auf Bundesebene, so dass ein Verstoß gegen ihre Vorgaben durch landesrechtliche Bestimmungen zu deren Unwirksamkeit führen würde. Nach einem Teil der Rechtsprechung ist das Anknüpfen des Sicherheitsgewahrsams auch an Ordnungswidrigkeiten jedoch zulässig;[181] die Vorschriften

---

176   J. Dietlein, in: Dietlein/Burgi/Hellermann, § 3 Rn. 174.
177   Zur Abgrenzung zu repressiven Maßnahmen eingehend Schoch in: Schoch (Hrsg.), 2. Kap. Rn. 297.
178   VG Frankfurt a.M. NVwZ 1994, 720.
179   J. Dietlein, in: Dietlein/Burgi/Hellermann, § 3 Rn. 175.
180   J. Dietlein, in: Dietlein/Burgi/Hellermann, § 3 Rn. 175; zur Problematik eingehend Renzikowski/Schmidt-De Caluwe, JZ 2013, 289; Hoffmann, NVwZ 2013, 266; Heinemann/Hilker, DVBl. 2012, 1467.
181   BayObLG NVwZ 1999, 106; a.A. LG Hannover NVwZ-RR 1999, 578 (s. aber wiederum VG Hannover NVwZ-RR 2012, 925); OVG Lüneburg NdsVBl. 2014, 218; vgl. auch Hoffmann, NVwZ 2015, 720; Waechter, NVwZ 2014, 995.

des Grundgesetzes und der EMRK seien erlassen worden, als das Ordnungswidrigkeitenrecht noch nicht aus dem Strafrecht „ausgekoppelt" gewesen ist. Der Begriff der „strafbaren Handlung" erfasse daher auch Ordnungswidrigkeiten. Der EGMR hat entschieden, dass Art. 5 Abs. 1 S. 2 lit. c) EMRK nur eine Gewahrsamnahme aus repressiv-polizeilichen Gründen bei Vorliegen strafbarer Handlungen gestatte, wenn der Betroffene einem Richter zur Aburteilung zugeführt werden solle.[182]

Die Ingewahrsamnahme muss zur Verhinderung der Tat **unerlässlich** sein. Auch dieses Merkmal entspricht den Kriterien der Geeignetheit und Erforderlichkeit des Verhältnismäßigkeitsgrundsatzes (§ 8 Rn. 155 ff.). Zudem stellt es erhöhte Anforderungen an die Sachverhaltsaufklärung durch die Behörde, so dass bloße Vermutungen nicht ausreichen.[183]

123

Adressat des Sicherheitsgewahrsams ist, auch wenn sich dies nicht eindeutig aus der normativen Grundlage ergibt, regelmäßig diejenige Person, von der zu erwarten ist, dass sie die fragliche Straftat oder Ordnungswidrigkeit mit erheblicher Bedeutung für die Allgemeinheit begehen wird.[184]

124

▶ In Baden-Württemberg trifft § 28 Abs. 1 Nr. 1 PolG BW keine gesonderte Adressatenregelung; erforderlich ist nur eine unmittelbar bevorstehende erhebliche Störung. Wegen der besonderen Eingriffsintensität des Gewahrsams wird man die allgemeinen Regelungen über die „Störer" und die Anforderungen an die Inanspruchnahme eines Nichtverantwortlichen heranzuziehen haben. ◀

Mit der ersten Variante des **Durchsetzungsgewahrsams** (vgl. § 35 Abs. 1 Nr. 3 PolG NW; entsprechende Regelungen fehlen in Baden-Württemberg) setzt die Behörde eine Platzverweisung gemäß § 34 PolG NW durch. Sofern dies nicht landesgesetzlich ausdrücklich angeordnet wird, ist ein Durchsetzungsgewahrsam zur Vollstreckung eines Aufenthaltsverbots (vgl. § 34 Abs. 2 PolG NW) nicht möglich (Rn. 83 ff.). Denkbar ist insbesondere, den Adressaten für eine gewisse Zeit (etwa für die Dauer einer Veranstaltung) in einem Polizeifahrzeug oder auf der Polizeiwache in Gewahrsam zu halten (zur Problematik einer Verbringung u. Rn. 129 ff.). Zu beachten ist, dass eine Platzverweisung bzw. ein Aufenthaltsverbot auch auf andere Weise durchgesetzt werden können, etwa durch ein gewaltsames Fernhalten von der betroffenen Örtlichkeit. Solche Maßnahmen sind kein Durchsetzungsgewahrsam und müssen auf die allgemeinen Bestimmungen zur Verwaltungsvollstreckung der Gefahrenabwehrbehörden gestützt werden. Der Durchsetzungsgewahrsam ist in einer zweiten Variante zudem möglich, wenn er unerlässlich ist, um eine zur Vermeidung oder Beendigung häuslicher Gewalt erlassene Wohnungsverweisung bzw. ein Rückkehrverbot (§ 34a PolG NRW) durchzusetzen (vgl. § 35 Abs. 1 Nr. 4 PolG NW).

125

Den Ermächtigungsnormen lässt sich nicht entnehmen, ob die durchzusetzende „Grundmaßnahme" rechtmäßig erlassen worden sein muss, damit ein Durchsetzungsgewahrsam ebenfalls rechtmäßig vorgenommen werden kann. Nach verbreiteter Auffassung kann es – entsprechend der verwaltungsrechtlichen Konzeption von Wirksamkeit und Rechtswidrigkeit von Verwaltungsakten und der unabhängig von der Rechtmäßigkeit der Grundverfügung zulässigen Verwaltungsvollstreckung – auf die Rechtmäßigkeit der zugrunde liegenden Maßnahme, die durchgesetzt werden soll, nicht an-

126

---

182 EGMR NVwZ 2014, 43.
183 OLG Hamm NVwZ-RR 2008, 321.
184 OVG Bremen NVwZ 2001, 221; J. Dietlein, in: Dietlein/Burgi/Hellermann, § 3 Rn. 175.

kommen; allerdings müssen die Platzverweisung bzw. das Aufenthaltsverbot wirksam erteilt, dürfen also insbesondere nicht nichtig sein. Zweifelhaft ist, ob diese grundsätzlich überzeugende Auffassung wegen Art. 5 Abs. 1 S. 2 lit. b) EMRK modifiziert werden muss (zur Geltung der EMRK Rn. 121): Dieser Vorschrift zufolge darf die Freiheit u.a. bei einer rechtmäßigen Festnahme oder rechtmäßigen Freiheitsentziehung wegen Nichtbefolgung einer rechtmäßigen gerichtlichen Anordnung oder zur Erzwingung der Erfüllung einer gesetzlichen Verpflichtung entzogen werden. Im Schrifttum wird aus diesen Formulierungen gefolgert, dass die Platzverweisung, die mittels des Durchsetzungsgewahrsams „vollstreckt" wird, rechtmäßig sein müsse.[185] Art. 5 Abs. 1 S. 2 lit. b) EMRK bezieht sich zwar nur auf die Nichtbefolgung einer „rechtmäßigen gerichtlichen Anordnung" (so dass wegen der Nichtbefolgung einer behördlichen Anordnung eine Freiheitsentziehung möglicherweise gar nicht in Betracht käme); die Rechtmäßigkeitsanforderung ließe sich aber jedenfalls auf behördliche Anordnungen übertragen.

▶ **Hinweis für die Fallbearbeitung:** In der Fallbearbeitung empfiehlt es sich, die Problematik anzusprechen und die Rechtmäßigkeit der durchzusetzenden Verfügung zu prüfen; ist sie rechtmäßig, braucht die Streitfrage nicht entschieden zu werden. Bei rechtswidriger durchzusetzender Verfügung erscheint der Hinweis auf die Vorgaben des Art. 5 Abs. 1 S. 2 lit. b) EMRK überzeugend. ◀

127   Auch der Durchsetzungsgewahrsam muss **unerlässlich** zur Durchsetzung der Platzverweisung bzw. des Aufenthaltsverbots sein; es darf mithin kein anderes, milderes Mittel in Betracht kommen. Auch darf der Gewahrsam in zeitlicher Hinsicht nur so lange aufrechterhalten werden, wie auch die Platzverweisung bzw. das Aufenthaltsverbot wirksam sind. Allerdings wäre es beispielsweise unverhältnismäßig, eine Person drei Monate in Durchsetzungsgewahrsam zu halten, weil sie mehrfach ein dreimonatiges Aufenthaltsverbot missachtet hat.

128   **Adressat** des Durchsetzungsgewahrsams ist der Adressat der Platzverweisung bzw. des Aufenthaltsverbots.

129   Hinsichtlich ihrer rechtlichen Zulässigkeit sehr umstritten ist die Sonderform des **Verbringungsgewahrsams.**

Beispiel: Der Journalist J steht mit seiner Kamera an einer viel befahrenen Straßenkreuzung, auf der sich gerade ein sehr schwerer Verkehrsunfall ereignet hat. Nachdem J den mehrfachen Aufforderungen der Polizeibeamten P und Q, sich umgehend vom Unfallort zu entfernen, um die Rettungskräfte nicht zu behindern, nicht Folge geleistet hat, wird er von diesen gewaltsam in den Streifenwagen verfrachtet und fünf Kilometer vom Unfallort entfernt wieder „ausgesetzt".

Eine Variante stellt der sog. Rückführungsgewahrsam dar, wenn Personen etwa an ihren Heimatort zurückgebracht werden.

Beispiel: Die Polizei nimmt mehrere Fußball-„Hooligans" bei einem auswärtigen Fußballspiel in Gewahrsam, um sie an ihren Wohnort zurück zu transportieren.

130   Zweifelhaft ist bereits, auf welche **Ermächtigungsgrundlage** sich ein derartiger **Verbringungsgewahrsam** stützen lässt.[186] Denn aufgrund der Zielsetzung, den Adressaten auf räumliche Distanz zu bringen, tritt der Charakter der Freiheitsentziehung in den Hintergrund. Eine solche entsteht lediglich „bei Gelegenheit" der Verbringung, während

---

185   Schoch in: Schoch (Hrsg.), 2. Kap. Rn. 298, unter Hinweis auf OLG Köln NVwZ 2000, 350.
186   Eingehend Finger, NordÖR 2006, 423; Schucht, DÖV 2011, 553.

der Betroffene ab dem Zeitpunkt der Aussetzung von jedem den Gewahrsam ansonsten kennzeichnenden hoheitlichen Herrschaftsverhältnis frei ist. Der Verbringungsgewahrsam ist jedenfalls selbst keine Platzverweisung und lässt sich daher nicht auf die entsprechenden Befugnisnormen stützen.[187] Er könnte jedoch auch nicht als „Gewahrsam",[188] sondern als (anderweitige) Vollstreckungsmaßnahme zur Durchsetzung einer Platzverweisung oder eines Aufenthaltsverbotes zu qualifizieren sein. Für diese Sichtweise spricht zwar nicht, dass die Ermächtigungsnormen zur Ingewahrsamnahme den Verbringungsgewahrsam nicht ausdrücklich regeln – es könnte sich gleichwohl um einen Gewahrsam handeln, für den es dann jedoch an einer Ermächtigungsgrundlage fehlte, so dass auf eine Analogie zurückgegriffen werden müsste. In der Tat geht die Verbringung über den Durchsetzungsgewahrsam hinaus, hat der Adressat doch nicht nur die Durchsetzung einer mit der Platzverweisung bzw. dem Aufenthaltsverbot angeordneten örtlichen „Verlassenspflicht" zu dulden, sondern wird zusätzlich für einen längeren Zeitraum (denjenigen, den er für die Rückkehr benötigt) hinsichtlich seines Aufenthaltsortes determiniert. Auf der anderen Seite erscheint es nicht völlig fernliegend, etwa ein Verbringen des „Störers" zu seiner Wohnung noch als Maßnahme des Durchsetzungsgewahrsams zu qualifizieren. Problematisch ist dagegen die Einordnung einer Verbringung, die lediglich dazu dient, den Adressaten an einer zeitnahen Rückkehr an den betroffenen Ort zu hindern.

Im Schrifttum[189] findet sich gelegentlich eine Qualifizierung des Verbringungsgewahrsams als Durchsetzungsgewahrsam im Sinne der entsprechenden Ermächtigungsnormen, so dass er unmittelbar auf diese gestützt werden könne. Es sei unerheblich, dass der eng umgrenzte Ort, an dem der Gewahrsam kurzzeitig stattfinde – im Regelfall ein Polizei- oder sonstiges Einsatzfahrzeug – zu einem anderen Ort unterwegs sei. Statthaft erscheinen jedoch ebenso eine analoge Anwendung der Bestimmungen über den Durchsetzungsgewahrsam oder der Rückgriff auf das allgemeine Vollstreckungsrecht,[190] dessen Anwendung nach zutreffender Auffassung im Geltungsbereich der Standardermächtigungen nicht grundsätzlich gesperrt ist. Rechtsprechung und h.M. lehnen einen Verbringungsgewahrsam auf der Grundlage der Standardermächtigungen zur Ingewahrsamnahme indes auf breiter Front ab.[191] Ein Rückgriff auf die Generalklauseln könnte dann allerdings aufgrund der verfassungsrechtlichen Anforderungen des Art. 104 Abs. 2 GG ebenfalls gesperrt sein.[192] Andere wollen die Verbringung jedenfalls in den Fällen auf die jeweils einschlägige Generalklausel stützen, in denen konkrete Anhaltspunkte dafür vorliegen, dass die bloße zwangsweise Durchsetzung der Platzverweisung im Wege eines Durchsetzungsgewahrsams zur Gefahrenabwehr nicht ausreicht, weil der Adressat nach Gewahrsamsende unverzüglich – und im Hinblick auf die Gefahrenabwehrziele zu früh – zu dem Ort zurückkehren wird, von dem

131

---

187 J. Dietlein, in: Dietlein/Burgi/Hellermann, § 3 Rn. 157.
188 So Schoch in: Schoch (Hrsg.), 2. Kap. Rn. 299: im „Rechtssinne keine Ingewahrsamnahme i.S.d Standardbefugnis"; so auch Kugelmann, 6. Kap. Rn. 58.
189 Für die Zulässigkeit des Verbringungsgewahrsams auf Grundlage der Ermächtigungsnormen zur Ingewahrsamnahme etwa Leggereit, NVwZ 1999, 263 („Minus-Maßnahme"); vgl. auch BayObLG BayVBl. 1990, 347, 350.
190 So deutet Götz, § 8 Rn. 39, den Verbringungsgewahrsam als Durchsetzung eines Platzverweises oder Aufenthaltsverbots mit unmittelbarem Zwang.
191 OLG Celle NVwZ-RR 2005, 252; LG Hamburg NVwZ-RR 1997, 537; Schenke, Rn. 142; Schoch in: Schoch (Hrsg.), 2. Kap. Rn. 299; Kappeler, DÖV 2000, 227; Maaß, NVwZ 1985, 151; Mußmann, VBlBW 1986, 52.
192 Schoch in: Schoch (Hrsg.), 2. Kap. Rn. 299; auch Pieroth/Schlink/Kniesel, § 17 Rn. 5, haben die Generalklausel als Grundlage eines Verbringungsgewahrsams nur für eine „Übergangszeit" für statthaft gehalten.

er verwiesen wurde.[193] Noch schwieriger wird die Zuordnung zu einer Ermächtigungs-grundlage, wenn es an einer Platzverweisung oder einem Aufenthaltsverbot, das mittels der Verbringung durchgesetzt werden könnte, fehlt. Hierzu wird vertreten, dass die Verbringung in diesem Fall auf eine Kombination aus Generalklauseln (Duldungs-verfügung hinsichtlich der Verbringung) und allgemeinem Vollstreckungsrecht (gewalt-same Durchsetzung der Duldungsverfügung) gestützt werden könne. Die Duldungs-konstruktion begegnet indes den bereits dargestellten Bedenken (Rn. 2 f.) und ist über-dies in denjenigen Ländern überflüssig, in denen eine Vollstreckungsmaßnahme nach den einschlägigen Normen auch ohne konkreten Grund-Verwaltungsakt vorgenommen werden kann („sofortiger Vollzug" statt „gestrecktem Verfahren", § 13 Rn. 16 ff.). Im Ergebnis erscheint am überzeugendsten, eine Einordnung der Verbrin-gung als Gewahrsamsform wegen der Nachrangigkeit der Freiheitsentziehung abzuleh-nen. Wird eine Platzverweisung bzw. ein Aufenthaltsverbot durchgesetzt, handelt es sich um die Anwendung unmittelbaren Zwangs im Rahmen der **Verwaltungsvollstre-ckung**. Fehlt es an einer durchzusetzenden Verfügung, kommt allenfalls die Anwen-dung des Verwaltungszwangs im „sofortigen Vollzug" in Betracht. Die Verbringung ist also als Vollstreckungsmaßnahme einzuordnen.

132　Unabhängig vom Lösungsansatz hinsichtlich der zu wählenden Ermächtigungsnorm ist beim Verbringungsgewahrsam besonderes Augenmerk auf die **Verhältnismäßigkeit** der Maßnahme zu legen. Nach zutreffender Auffassung ist eine Verbringung nicht per se unverhältnismäßig, sondern kommt vor allem in Betracht, wenn Alternativen ausschei-den. Kommt jemand einer Platzverweisung oder einem Aufenthaltsverbot nicht nach, könnten die Behörden meist ja auch einen Durchsetzungsgewahrsam vornehmen. Demgegenüber kann die Verbringung je nach Sachverhaltsgestaltung durchaus auch das „mildere Mittel" (etwa gegenüber einer ganztägigen „Verwahrung" in einer Zelle der Polizeiwache) sein. Die Verbringung beschränkt den eigentlichen Gewahrsam auf den Zeitraum des Transports und beendet ihn sodann wieder. Ist die Verbringung in-nerhalb angemessener Frist (und mit zumutbarem Aufwand) durch eine Rückkehr rückgängig zu machen, wird man sie für verhältnismäßig erachten können. Anderer-seits wäre es etwa unverhältnismäßig, eine sich einer Platzverweisung widersetzende Person in eine 20 Kilometer entfernte, unbelebte und nicht an eine Verkehrsinfrastruk-tur angeschlossene Gegend zu verfrachten, um sie für eine längere Zeit an der Rück-kehr zu hindern. Eine mühsame Rückkehr, körperliche Gegebenheiten beim Adressa-ten wie Erkrankungen oder Behinderungen oder eine Rechtsgütergefährdung (Ausset-zen in unwegsamem Gelände, zur Nachtzeit usw.) wären ebenfalls in die Verhältnis-mäßigkeitserwägungen einzubeziehen. Auf der anderen Seite ist die Verbringung nicht lediglich knapp außerhalb des Bereichs, auf den sich die Platzverweisung bzw. das Auf-enthaltsverbots, sondern an einen weiter entfernt gelegenen Ort, nicht per se unver-hältnismäßig; die Sicherung des Verbotes kann gegenüber dem Verbot selbst durchaus verhältnismäßig einen größeren räumlichen Aktionsradius der agierenden Behörde rechtfertigen.[194]

133　Im Schrifttum wird ein Verbringungsgewahrsam zudem für unverhältnismäßig gehal-ten, wenn er der Durchsetzung einer Platzverweisung bzw. eines Aufenthaltsverbots dient, die einem „**Nichtstörer**" (§ 8 Rn. 130 ff.) gegenüber erlassen wurden. Denn sol-

---

193 Möller/Warg, Rn. 352; Schenke, Rn. 139; Götz, NVwZ 1998, 679, 683.
194 So auch Götz, § 8 Rn. 39.

che Maßnahmen sind auch gegenüber gefahrenabwehrrechtlich nicht Verantwortlichen statthaft.

Beispiel: Bei einem Brand in einem Mietshaus werden die Bewohner aufgefordert, das Gebäude zu verlassen. Die ältere Dame O weigert sich. Die Polizeibeamten P und Q erteilen ihr gegenüber eine Platzverweisung. Als O auch diese nicht befolgt, wird sie von P und Q in Gewahrsam genommen.

In derartigen Fällen wird man in der Tat eine Verbringung für unverhältnismäßig halten können. Im Regelfall werden die handelnden Beamten auf eine andere Form des Durchsetzungsgewahrsams zurückgreifen. Dies hängt im Beispiel aber weniger mit der Nichtstörereigenschaft des Adressaten der Platzverweisung zusammen, sondern mit der besonderen Situation der O, der man kaum einen Fußweg zurück zu ihrer Wohnung zumuten kann (überdies dürfte das Wohnhaus ohnehin für eine gewisse Zeit unbewohnbar bleiben).

Verletzt eine Person fortgesetzt und beharrlich die privaten Rechte eines anderen und ist zivilgerichtliche Hilfe nicht rechtzeitig zu erlangen, darf der Geschädigte auf die Selbsthilferechte des Zivilrechts zurückgreifen (§§ 229 f. BGB). Unter gewissen Voraussetzungen darf er den Schädiger sogar festnehmen. Um dies zu vermeiden, gestatten einige Landesgesetze einen **Gewahrsam zum Schutze privater Rechte** (vgl. § 35 Abs. 1 Nr. 5 PolG NW). Diese Bestimmungen erscheinen als „erratische Blöcke", sind doch die Gefahrenabwehrbehörden zum Schutz privater Rechte nur im Ausnahmefall zuständig (§ 4 Rn. 28 ff.). Im Schrifttum wird daher zu Recht darauf hingewiesen, es handele sich nicht um eine polizeiliche Standardmaßnahme – der Schutz privater Rechte gehört eben nicht zum „Standard"-Repertoire der Polizei. Nur ausnahmsweise wird also die Polizei aufgrund einer besonderen zeitlichen Dringlichkeit tätig werden dürfen.

134

Diese Gewahrsamsform ist rechtmäßig, wenn der Gewahrsam **unerlässlich** ist, um private Rechte zu schützen, und wenn eine **Festnahme und Vorführung der Person nach den §§ 229, 230 Abs. 3 BGB** zulässig ist. Damit müssen die Voraussetzungen dieser „Selbsthilfe"-Rechte inzident geprüft werden. Erforderlich sind ein (gerichtlich durchsetzbarer) Anspruch (der den Gefahrenabwehrbehörden lediglich glaubhaft vorgetragen werden muss), eine Gefährdung der Realisierung dieses Anspruchs sowie die Unerreichbarkeit obrigkeitlicher Hilfe.[195] Im Rahmen ihrer Ermessensentscheidung hat die Polizei die gesetzlichen Grenzen der Selbsthilfe gemäß § 230 BGB zu berücksichtigen. So muss im Anschluss an eine Festnahme zur Selbsthilfe nach § 230 Abs. 3 BGB der persönliche Arrest beim Amtsgericht beantragt werden; beabsichtigt der zur Selbsthilfe Berechtigte dies nicht, ist auch eine Ingewahrsamnahme durch die Behörde nicht statthaft. Ferner ist eine Ingewahrsamnahme zum Schutze privater Rechte rechtswidrig, wenn der potenzielle Adressat eine Sicherheitsleistung anbietet und diese auch zu leisten in der Lage ist.[196]

135

Adressat des Gewahrsams zum Schutze privater Rechte ist diejenige Person, der gegenüber die Selbsthilferechte geltend gemacht bzw. ergriffen werden.

136

Für die (Vollzugs-)Polizei enthalten einige Gefahrenabwehrgesetze zwei weitere spezielle Ermächtigungen zur Ingewahrsamnahme. So kann die Polizei **Minderjährige** (im Sinne von § 2 BGB), die sich der Obhut der Sorgeberechtigten entzogen haben, in Gewahrsam nehmen, um sie den Sorgeberechtigten oder dem Jugendamt zuzuführen (vgl. § 35 Abs. 2 PolG NW). Ein Entzug aus der Obhut liegt dann vor, wenn den Sorgeberechtigten (im Regelfall die Eltern nach § 1626 BGB, ein gesetzlicher Vertreter nach

137

---

195 J. Dietlein, in: Dietlein/Burgi/Hellermann, § 3 Rn. 178.
196 J. Dietlein, in: Dietlein/Burgi/Hellermann, § 3 Rn. 178.

§ 1629 BGB oder ein Vormund nach § 1773 BGB) bzw. dem verantwortlichen Jugendamt der gegenwärtige Aufenthaltsort des Minderjährigen nicht bekannt ist.

▶ Zu beachten ist § 8 Abs. 1 JuSchG, der in seinem Anwendungsbereich lex specialis gegenüber den landesrechtlichen Gewahrsamsermächtigungen ist. Nach dieser Vorschrift hat die „zuständige Behörde oder Stelle" (dies richtet sich meist nach landesrechtlichen Zuständigkeitsverordnungen; überwiegend sind Gefahrenabwehrbehörden für zuständig erklärt) die zur Abwendung der Gefahr erforderlichen Maßnahmen zu treffen, wenn sich ein Kind oder eine jugendliche Person (Legaldefinitionen in § 1 JuSchG) an einem Ort aufhält, an dem ihm oder ihr eine unmittelbare Gefahr für das körperliche, geistige oder seelische Wohl droht („jugendgefährdender Ort"). Nach Satz 2 Nr. 2 hat sie das Kind oder die jugendliche Person, wenn nötig, der erziehungsberechtigten Person oder – wenn diese nicht erreichbar ist – dem Jugendamt zuzuführen. ◀

138 Ferner kann die Polizei eine Person, die aus dem Vollzug von Untersuchungshaft, Freiheitsstrafen oder freiheitsentziehenden Maßnahmen der Besserung und Sicherung **entwichen** ist oder sich sonst ohne Erlaubnis außerhalb der Justizvollzugsanstalt aufhält, in Gewahrsam nehmen und **in die Anstalt zurückbringen** (vgl. § 35 Abs. 3 PolG NW).

Beispiel: Ein Strafgefangener ist nach seinem Hafturlaub nicht wieder in die Justizvollzugsanstalt zurückgekehrt oder hält sich nicht an die Vorgaben eines „offenen Vollzugs" (vgl. § 10 StVollzG).

Ungeschriebene, „negative" tatbestandliche Voraussetzung ist, dass **kein Ersuchen der Strafvollzugsbehörde zur Amts- bzw. Vollzugshilfe** vorliegt;[197] in diesen Fällen würde die Polizei nicht originär tätig, sondern lediglich im Rahmen der Bestimmungen über die Amts- bzw. Vollzugshilfe (§ 4 Rn. 15 f.) in Verbindung mit Ermächtigungen für die ersuchende Behörde, z.B. gemäß § 87 Abs. 1 StVollzG (Festnahmerecht der Vollzugsbehörde), § 457 Abs. 2 und 3 StPO.

139 Diese beiden Fälle des „**Rückführungsgewahrsams**" stellen insoweit eine Besonderheit dar, als sie naturgemäß kein Ermessen der handelnden Beamten dahin gehend eröffnen, wie lange und wo die in Gewahrsam genommene Person dort gehalten werden soll. Diese muss unverzüglich den Sorgeberechtigten oder dem Jugendamt bzw. der Anstalt übergeben werden.

▶ Das PsychKG enthält keine eigenständigen Befugnisse für die Polizei; die Rückführung (nicht: die erstmalige Einweisung) ist daher auf die Vorschriften des allgemeinen Gefahrenabwehrrechts zu stützen. ◀

XIII. Durchsuchungen

1. Durchsuchung von Personen

a) Grundlagen

140 Die **Durchsuchung von Personen** ist das zielgerichtete und planmäßige Suchen am äußeren menschlichen Körper sowie in Kleidung und anderen Sachen, die unmittelbar am Körper getragen werden (z.B. Brustbeutel, Gürteltaschen; für diese gelten dann nicht die Vorschriften über die Durchsuchung von Sachen). Die „Durchsuchung" muss final auf das Auffinden von Gegenständen ausgerichtet sein[198] und kann nur am leben-

---

197 Ähnlich J. Dietlein, in: Dietlein/Burgi/Hellermann, § 3 Rn. 179: eines besonderen Ersuchens bedarf es nicht.
198 J. Dietlein, in: Dietlein/Burgi/Hellermann, § 3 Rn. 184.

den Menschen erfolgen (zur Durch- bzw. Untersuchung von Toten Rn. 35). Sie ist Realakt.[199]

Die h.M. sieht auch das Durchsuchen der problemlos, also ohne Hilfsmittel erreichbaren äußeren Körperöffnungen als von der Ermächtigungsnorm gedeckt an (z.b. geöffneter Mund, After, nicht: weiblicher Genitalbereich[200]).[201] Gelegentlich wird die eigentliche Durchsuchung am Körper von derjenigen der **am Körper getragenen Sachen** unterschieden und letztere als „**Nachschau**" qualifiziert.[202] Diese Differenzierung erscheint sachgerecht, ist der Begriff der „Durchsuchung" doch unglücklich gewählt; wegen der Beschränkung auf den äußeren Körper wird sich die Maßnahme regelmäßig auf ein Betrachten und Betasten beschränken.[203] Einzig die am Körper getragenen Gegenstände werden im eigentlichen Sinne „durchsucht". Konsequent ist es daher auch, wenn man für noch am Körper getragene Sachen die Ermächtigungsnorm zur Durchsuchung von Personen heranzieht, für bereits abgelegte Sachen dagegen die Vorschrift zur Durchsuchung von Sachen. | 141

Von der Durchsuchung zu unterscheiden ist die körperliche **Untersuchung**,[204] also die Nachschau in Körperöffnungen mit Hilfsmitteln oder weitergehende, mit Eingriffen in die körperliche Integrität verbundene medizinische Untersuchungen wie z.B. das „Auspumpen" des Magens.[205] Derartige Untersuchungen können jedoch durch andere Ermächtigungsnormen gedeckt sein, nach h.M. allerdings nicht durch die Generalklauseln.[206] Repressive Befugnisse sind in §§ 81a, 81c StPO geregelt. | 142

b) Voraussetzungen

Durchsuchungen von Personen sind nach den gesetzlichen Regelungen zu mehreren verschiedenen Zwecken und unter unterschiedlichen Voraussetzungen zulässig (vgl. § 39 PolG NW, § 24 Nr. 13 OBG NW; § 29 PolG BW). Die folgenden Darstellungen orientieren sich an der Rechtslage in Nordrhein-Westfalen; auf Besonderheiten in Baden-Württemberg wird hingewiesen. | 143

Die Durchsuchung von Personen ist zunächst nach den Vorschriften über die Identitäts- bzw. Personenfeststellung zur **Feststellung der Identität** zulässig (vgl. § 12 Abs. 2 S. 4 PolG NW; § 26 Abs. 2 S. 3 PolG BW). | 144

Eine Person kann durchsucht werden, wenn sie nach den gefahrenabwehrrechtlichen Bestimmungen **festgehalten** werden kann (vgl. § 39 Abs. 1 Nr. 1 PolG NW; § 29 Abs. 1 Nr. 1 PolG BW – zusätzlich, wenn sie in Gewahrsam genommen werden darf), wenn Tatsachen die Annahme rechtfertigen, dass sie **Sachen mit sich führt, die sichergestellt** bzw. beschlagnahmt **werden dürfen** (vgl. § 39 Abs. 1 Nr. 2 PolG NW; § 29 Abs. 1 Nr. 2 PolG BW) oder wenn sie sich erkennbar in einem die freie Willensbestimmung ausschließenden Zustand oder sonst **in hilfloser Lage** befindet (vgl. § 39 Abs. 1 Nr. 3 PolG | 145

---

199 Gusy, Rn. 247.
200 VGH München NVwZ-RR 1999, 310.
201 Gusy, Rn. 245. Bedenken äußert mit Blick auf das verfassungsrechtliche Erfordernis eines bestimmten Gesetzes J. Dietlein, in: Dietlein/Burgi/Hellermann, § 3 Rn. 184.
202 Knemeyer, Rn. 236.
203 Vgl. Möller/Warg, Rn. 374.
204 Kugelmann, 6. Kap. Rn. 77; Pieroth/Schlink/Kniesel, § 18 Rn. 3; Schenke, Rn. 150; Schoch in: Schoch (Hrsg.), 2. Kap. Rn. 311.
205 Vgl. hierzu EGMR NJW 2006, 3117.
206 J. Dietlein, in: Dietlein/Burgi/Hellermann, § 3 Rn. 184: fraglich; Möller/Warg, Rn. 375, weist zu Recht auf die Eingriffsintensität der Untersuchung hin.

NW). Ist eine Person hilflos, kann eine Durchsuchung vorgenommen werden, etwa um festzustellen, welche Substanzen diese Person zu sich genommen hat, die zur Hilflosigkeit geführt haben, um einzunehmende Medikamente aufzufinden oder um die Kontaktdaten von zu verständigenden Personen zu ermitteln (sog. „Schutz- oder Unterstützungsdurchsuchung"). Hilflos ist eine Person, wenn sie sich nicht mehr aus eigener Kraft helfen kann, also eine Notlage nicht mehr selbsttätig beenden kann.[207] Befindet sich eine Person an einem **gefährlichen Ort** (Rn. 27), ist eine Durchsuchung ebenfalls statthaft (vgl. § 39 Abs. 1 Nr. 4; § 29 Abs. 1 Nr. 3 PolG BW). Nach der Rechtsprechung genügt es jedoch nicht, wenn sich der Adressat lediglich (zufällig) an einem gefährlichen Ort befindet. Vielmehr muss hinzutreten, dass die Durchsuchung der Person auch in einer entsprechenden Beziehung zu den Tatsachen steht, die die Gefährlichkeit des Ortes begründen.[208] Gleiches gilt, wenn Tatsachen die Annahme rechtfertigen, dass an **gefährdeten Orten** bzw. Objekten Straftaten begangen werden sollen (vgl. § 39 Abs. 1 Nr. 5; § 29 Abs. 1 4 PolG BW). Die Polizei kann schließlich Personen zur Eigensicherung und zum Schutz Dritter nach Waffen, anderen gefährlichen Werkzeugen und Sprengstoffen durchsuchen (§ 39 Abs. 2 PolG NW; § 25 Abs. 2 PolG BW). Erforderlich sind auch hier konkrete Anhaltspunkte dafür, dass die Person entsprechende Gegenstände mit sich führt. Ferner muss es um Personen gehen, deren Identität festgestellt werden soll, oder um solche, die vorgeführt oder an einen anderen Ort verbracht werden sollen. Diese Maßnahmen müssen also zeitlich nach der vorgenommenen bzw. geplanten Durchsuchung liegen. Die Bestimmungen zielen mithin auf eine „ad-hoc"-Eigensicherung vor dem Ergreifen weiterer Maßnahmen, z.B. im Falle einer „Nacheile" in Verfolgung erwiesenermaßen besonders gefährlicher oder gewaltbereiter Täter.

▶ In Baden-Württemberg darf eine Person ferner durchsucht werden, wenn sie nach § 25 PolG BW oder nach Art. 99 Abs. 1 des Schengener Durchführungsübereinkommens zur Fahndung ausgeschrieben ist. ◀

146   In einigen Landesgesetzen wird angeordnet, dass die Durchsuchung außer in besonders geregelten Fällen nur durch eine **Person gleichen Geschlechts** oder einen **Arzt** durchgeführt werden darf (vgl. § 39 Abs. 3 PolG NW; § 29 Abs. 3 PolG BW). Sind weder ein Arzt noch eine gleichgeschlechtliche Person anwesend und können sie nicht kurzfristig herbeigerufen werden, stellt sich die Frage, ob nicht ein kurzzeitiges Festhalten (Gewahrsam) bis zu deren Eintreffen gegenüber der Durchsuchung durch eine andersgeschlechtliche Person ein milderes Mittel darstellt.

2. Durchsuchung von Sachen

a) Grundlagen

147   Die **Durchsuchung von Sachen** (Legaldefinition in § 90 BGB) ist die planmäßige und zielgerichtete Nachschau in Sachen (gegebenenfalls auch an Tieren, auf die wegen § 90a BGB nur eine entsprechende Anwendung der Durchsuchungsvorschriften für Sachen in Betracht kommt), vor allem an nicht ohne Weiteres einsehbaren Stellen. Durchsuchbare Sachen sind nicht nur bewegliche (Hauptanwendungsfall in der Praxis: Kraftfahrzeuge[209]), sondern auch unbewegliche Sachen, beispielsweise Grundstücke, soweit nicht in Gebäude eingedrungen werden soll, die als „Wohnung" im Sinne von

---

207   Vgl. mit Praxishinweisen Becker/Hühn, Die Polizei 2010, 114.
208   VerfGH Bay DÖV 2012, 816.
209   Vgl. Götz, § 8 Rn. 47.

Art. 13 GG zu qualifizieren sind. Für das Betreten und Durchsuchen von Wohnungen gelten Sonderregelungen (Rn. 152 ff.). Befinden sich die Sachen am Körper einer Person, sind die Vorschriften über die Durchsuchung von Personen einschlägig (Rn. 140 ff.).[210]

Soweit Sachen zum Zwecke der Durchsuchung **betreten** werden müssen (etwa die Ladefläche eines geschlossenen LKW), wird man – da die Ermächtigungsnormen zum Durchsuchen von Sachen anders als diejenigen zum Betreten und Durchsuchen von Wohnungen gerade nicht zum Betreten der Sache ermächtigen – dazu auf die Generalklausel zurückgreifen müssen.[211]   148

b) Voraussetzungen

Die Durchsuchung von Sachen ist zunächst nach den Vorschriften über die Identitäts-bzw. Personenfeststellung zur **Feststellung der Identität** zulässig (vgl. § 12 Abs. 2 S. 4 PolG NW; § 30 Nr. 7 PolG BW).   149

Sachen dürfen ferner dann untersucht werden, wenn sie **von einer Person mitgeführt werden, die** ihrerseits **durchsucht werden darf** (vgl. § 40 Abs. 1 Nr. 1 PolG NW, § 24 Nr. 13 OBG NW; § 30 Nr. 1 PolG BW). Erforderlich ist, dass die zu durchsuchende Sache „mitgeführt" wird, die handelnden Beamten also eine unmittelbare Zugriffsmöglichkeit haben. Ferner ist die Durchsuchung von Sachen statthaft, wenn Tatsachen die Annahme rechtfertigen, dass sich **in der Sache eine Person befindet**, die **in Gewahrsam genommen werden** darf (das Vorliegen der tatbestandlichen Voraussetzungen der Ingewahrsamnahme ist dann „eingeschachtelt" zu prüfen), die **widerrechtlich festgehalten wird** oder die **hilflos** ist (vgl. § 40 Abs. 1 Nr. 2 PolG NW, § 24 Nr. 13 OBG NW; § 30 Nr. 2 PolG BW).   150

Beispiel: Ein auf einem entlegenen Grundstück befindlicher Holzschuppen wird durchsucht, weil dort ein entführter Minderjähriger vermutet wird, der in Schutzgewahrsam genommen werden kann.

Sachen dürfen zudem durchsucht werden, wenn Tatsachen die Annahme rechtfertigen, dass sich in der Sache bzw. in dem Tier eine andere Sache oder ein Tier befindet, die bzw. das nach präventivpolizeilichen Bestimmungen **sichergestellt** werden darf (vgl. § 40 Abs. 1 Nr. 3, § 24 Nr. 13 OBG NW; § 30 Nr. 3 PolG BW). Die Voraussetzungen für eine Sicherstellung müssen vorliegen. Die Durchsuchung von Sachen ist auch zulässig, wenn sich die Sache an einem **gefährlichen oder** an einem **gefährdeten Ort** (z.B. an einem Ort, an dem bereits Anschläge mit gefährlichen Gegenständen begangen wurden oder angekündigt worden sind) bzw. in unmittelbarer Nähe befindet (vgl. § 40 Abs. 1 Nrn. 4 und 5 PolG NW, § 24 Nr. 13 OBG NW; § 30 Nrn. 4 und 5 PolG BW). Schließlich darf eine Durchsuchung erfolgen, wenn es sich um ein **Land-, Wasser- oder Luftfahrzeug** handelt, in dem sich eine Person befindet, deren Identität (nach § 12 Abs. 1 Nr. 4 PolG NW bzw. § 26 Abs. 1 Nr. 4 oder 5 PolG BW) festgestellt werden darf; die Durchsuchung kann sich in diesem Fall auch auf die in dem Fahrzeug enthaltenen Sachen erstrecken (vgl. § 40 Abs. 1 Nr. 6 PolG NW, § 28 Nr. 13 OBG NW; § 30 Nr. 6 PolG BW).

---

210 Pieroth/Schlink/Kniesel, § 18 Rn. 12.
211 J. Dietlein, in: Dietlein/Burgi/Hellermann, § 3 Rn. 188.

▶ In Baden-Württemberg darf ein Kraftfahrzeug durchsucht werden, dessen Kennzeichen nach § 25 PolG BW oder nach Art. 99 Abs. 1 des Schengener Durchführungsübereinkommens zur gezielten Kontrolle ausgeschrieben ist.

Gelegentlich enthalten die Landesgesetze Ermächtigungen zur Durchsuchung von Sachen im Rahmen der Schleierfahndung (vgl. Art. 22 Abs. 1 Nr. 1 i.V.m. Art. 21 Abs. 1 Nr. 3 und Art. 13 Abs. 1 Nr. 5 PAG Bay; § 24 Abs. 1 Nr. 4 i.V.m. § 14 Abs. 1 Nr. 5 PAG Thür). Die Rechtsprechung legt die genannten Ermächtigungsnormen für die Durchsuchungen einschränkend so aus, dass ein durch besondere Anhaltspunkte belegbarer Verdacht (allerdings: keine konkrete Gefahr) erforderlich ist.[212] ◀

151   Als **Verfahrensvorschriften** einzuordnen sind Bestimmungen, die anordnen, dass der Inhaber der tatsächlichen Gewalt bei der Durchsuchung das Recht hat, anwesend zu sein, bzw. dass – im Verhinderungsfall – sein Vertreter oder ein anderer Zeuge hinzugezogen werden soll (vgl. § 40 Abs. 2 PolG NW, § 24 Nr. 13 OBG NW). Die Nichtbeachtung dieser Vorschriften führt (nur) zur formellen Rechtswidrigkeit der Maßnahme.

3. Betreten und Durchsuchung von Wohnungen

a) Grundlagen

152   Besondere Anforderungen stellen die Gefahrenabwehrgesetze an das **Betreten und** die **Durchsuchung von Wohnungen**. Der Begriff der „**Wohnung**" ist dabei an denjenigen in Art. 13 GG anzulehnen und weit zu verstehen;[213] erfasst sind Wohnräume einschließlich kurzzeitig genutzter Hotel- und Krankenhauszimmer, Nebenräume wie Garagen oder Kellerräume, Arbeits-, Betriebs- und Geschäftsräume sowie anderes befriedetes, also durch Einzäunung o.ä. der öffentlichen Nutzung entzogenes Besitztum (vgl. § 41 Abs. 1 S. 2 PolG NW, § 24 Nr. 13 OBG NW). Entscheidend ist, dass der Verfügungsberechtigte den Raum der allgemeinen Zugänglichkeit entzogen hat und tatsächlich „bewohnt",[214] so dass auch eine Schiffskabine und die Schlafkoje eines LKW, Wohnmobile, Campingwagen, Hausboote und Zelte dem besonderen Schutz der Wohnung unterliegen.[215] Wegen des besonderen grundrechtlichen Schutzes bedürfen ein Betreten und Durchsuchen von Wohnungen einer qualifizierte Anforderungen aufstellenden gesetzlichen Ermächtigungsgrundlage.

153   Nach h.M. ist der grundrechtliche Schutz der **Arbeits-, Betriebs- und Geschäftsräume** auf niedrigerem Niveau anzusetzen als der Schutz des eigentlichen Wohnraums.[216] Art. 13 GG ist Ausdruck des Persönlichkeitsschutzes und zielt auf die Gewährleistung eines privaten Rückzugsraumes. Sind Räumlichkeiten bereits durch den Willen des Eigentümers bzw. Besitzers ganz oder teilweise der Öffentlichkeit zugänglich gemacht, wie dies etwa bei Ladenlokalen der Fall ist, besteht ein deutlich geringeres Schutzbedürfnis als bei gänzlich privat genutzten Räumen. Nach verbreiteter Auffassung erfolgt der Schutz solcher Betriebs- oder Geschäftsräume gleichwohl über Art. 13 GG, nach anderer Auffassung ist Art. 2 Abs. 1 GG anzuwenden, wobei in diesem Fall erhöhte Anforderungen an die Eingriffsrechtfertigung zu stellen sind, die im Ergebnis den Vorgaben des Art. 13 GG entsprechen.

---

212 BayVerfGH JZ 2006, 671; dazu Schenke, Rn. 151; Korber, BayVBl. 2006, 344; Wolff, BayVBl. 2006, 661.
213 BVerfGE 32, 54, 68 ff.; Wesser, NJW 2002, 2138.
214 Gusy, Rn. 250; Möller/Warg, Rn. 385.
215 Vgl. Kugelmann, 6. Kap. Rn. 82.
216 Fallbearbeitung bei Löhr, JA 2006, 627.

Betreten ist das körperliche Hineingelangen in die Wohnung (ohne eine Durchsuchung). Erfasst ist auch der Fall, dass Beamte zunächst freiwillig in die Wohnung eingelassen, dann aber zum Gehen aufgefordert werden.[217] Das Verbleiben in der Wohnung gegen den Willen des Eigentümers bzw. Mieters muss dann ebenso gerechtfertigt werden wie ein Betreten. Das Betreten ist mithin weit zu verstehen und schließt auch das bloße Zur-Kenntnis-Nehmen von Personen, Sachen und Geschehensabläufen in der Wohnung ein.[218] Ein Betreten ohne Durchsuchungsabsicht kommt etwa dann in Betracht, wenn Personen zu retten sind oder aus einer Wohnung Passanten mit Waffen oder Wurfgeschossen angegriffen werden.[219] Ob die handelnden Beamten einen regulären Zugang (Eingangstür) wählen oder sich auf ungewöhnliche Weise Zutritt verschaffen (Fenster, Kellerluke usw.), ist unerheblich. Nicht als Betreten zu qualifizieren sind dagegen ein Hineinsehen oder Hineinhören in eine nicht räumlich zugängliche Wohnung mit oder ohne Hilfsmittel; zwar findet auch hier ein „Überwinden" der räumlichen Barriere statt, die die Wohnung im Interesse des Persönlichkeitsschutzes bilden soll, Betreten im Sinne der gefahrenabwehrrechtlichen Vorschriften ist jedoch nur das tatsächliche körperliche Hineingelangen, wobei bereits das „Fuß-in-die-Tür-Stellen" erfasst ist. Für die akustische oder optische Wohnraumüberwachung von außerhalb gelten dagegen jeweils besondere Vorschriften (Rn. 54 f.). 154

Ist neben dem eigentlichen Betreten eine **Gewalteinwirkung** erforderlich, etwa ein Beiseitedrängen des Wohnungsinhabers oder das gewaltsame Öffnen verschlossener Zugänge zur Wohnung, stellt sich die Frage, ob diese Einwirkung von der Ermächtigungsnorm zum Betreten und Durchsuchen (noch) gedeckt wird. Dies wird im Schrifttum unterschiedlich beantwortet. Teilweise wird auch das Öffnen der Tür bzw. das Beiseitedrängen als untrennbar mit dem Betreten und Durchsuchen verbundene, weil diese erst ermöglichende Maßnahme qualifiziert; beide sind dann Bestandteil der Betretungs- bzw. Durchsuchungsmaßnahme selbst.[220] Überzeugender erscheint es, die Gewalteinwirkung als gesonderten (und damit auch gesondert zu rechtfertigenden) Eingriff zu bewerten. Diese muss mithin auf eine gesonderte Ermächtigungsgrundlage gestützt werden. Meist wird es sich um eine Maßnahme der Verwaltungsvollstreckung handeln („unmittelbarer Zwang" bzw. Ersatzvornahme), mit der eine gegebenenfalls erlassene Verfügung zum Öffnen der Tür bzw. zum Beiseitetreten durchgesetzt wird. Diese Verfügung ließe sich dann allerdings ihrerseits auf die Ermächtigungsnorm für das Betreten bzw. Durchsuchen (a.A.: Generalklausel[221]) stützen. 155

▶ Der Unterschied zur erstgenannten Auffassung liegt darin, dass bei dieser das gewaltsame Öffnen bzw. Beiseiteschieben zur Maßnahme „Betreten und Durchsuchen" gehört, während es bei der zweiten Auffassung eine (eigenständige Vollstreckungs-)Maßnahme darstellt. ◀

Das **Durchsuchen** von Wohnungen ist das zielgerichtete und planmäßige Suchen nach Personen, Sachen oder Tieren an Stellen, die nicht durch das bloße Betreten und Nachsehen eingesehen werden können. Es geht darum, etwas aufzuspüren, was der Inhaber der Wohnung nicht von sich aus offenlegen oder herausgeben möchte.[222] Das „Umse- 156

---

217 Gusy, Rn. 251: Betreten ist das körperliche Eindringen, Verweilen und Besichtigen.
218 Möller/Warg, Rn. 386.
219 Vgl. BVerwGE 47, 31; Götz, § 8 Rn. 50.
220 So wohl Gusy, Rn. 251: „Das Betreten ist ein Realakt; es kann durch Öffnen der Tür erzwungen werden".
221 J. Dietlein, in: Dietlein/Burgi/Hellermann, § 3 Rn. 192.
222 BVerwGE 47, 31, 37; J. Dietlein, in: Dietlein/Burgi/Hellermann, § 3 Rn. 192; Götz, § 8 Rn. 50; Schenke, Rn. 152.

hen" in der Wohnung, wohl auch das Umhergehen wird schon vom Betreten erfasst sein. Nach überwiegender Auffassung ist der „Große Lauschangriff", die akustische bzw. optische Wohnraumüberwachung, keine Durchsuchung.[223]

b) Voraussetzungen

157   Die Landesgesetze erlauben das Betreten und Durchsuchen von Wohnungen unter unterschiedlichen tatbestandlichen Voraussetzungen. In Nordrhein-Westfalen gelten die folgenden Bestimmungen: Die Polizei kann eine Wohnung ohne Einwilligung des Inhabers betreten und durchsuchen, wenn Tatsachen die Annahme rechtfertigen, dass sich in ihr eine **Person** befindet, die **vorgeführt** oder **in Gewahrsam genommen** werden darf (vgl. § 41 Abs. 1 Nr. 1 PolG NW, § 24 Nr. 13 OBG NW), oder dass sich in ihr eine Sache befindet, die nach § 43 Nr. 1 PolG NW **sichergestellt** werden darf (Nr. 2). Ferner kann eine Wohnung betreten und durchsucht werden, wenn von der Wohnung **Immissionen** ausgehen, die nach Art, Ausmaß oder Dauer zu einer erheblichen Belästigung der Nachbarschaft führen (Nr. 3). Schließlich kommt ein Betreten und Durchsuchen in Betracht, wenn dies zur **Abwehr einer gegenwärtigen Gefahr für Leib, Leben oder Freiheit einer Person oder für Sachen von bedeutendem Wert** erforderlich ist (Nr. 4).

▶ In Baden-Württemberg wird klarer zwischen Ermächtigungen zum Betreten und zum Durchsuchen getrennt. Nach § 31 Abs. 1 PolG BW kann die Polizei eine Wohnung gegen den Willen des Inhabers nur betreten, wenn dies zum Schutz eines einzelnen oder des Gemeinwesens gegen dringende Gefahren für die öffentliche Sicherheit oder Ordnung erforderlich ist. Nach § 31 Abs. 2 PolG BW kann sie eine Wohnung nur durchsuchen, wenn Tatsachen die Annahme rechtfertigen, dass sich eine Person in der Wohnung befindet, die in Gewahrsam genommen werden darf, widerrechtlich festgehalten wird oder infolge Hilflosigkeit an Leib oder Leben gefährdet ist, oder wenn Tatsachen die Annahme rechtfertigen, dass sich eine Sache in der Wohnung befindet, die sichergestellt oder beschlagnahmt werden darf. Darüber hinaus darf bei Entführungsfällen eine Wohnung durchsucht werden, wenn Tatsachen die Annahme rechtfertigen, dass sich die entführte Person in einem Gebäude oder einer Gebäudegruppe festgehalten wird und Durchsuchungen das einzige Mittel sind, um eine Lebensgefahr oder Gesundheitsgefahr von der entführten Person oder von einem Dritten abzuwehren (§ 31 Abs. 3 PolG BW). ◀

158   Besondere Anforderungen gelten zur **Nachtzeit**, deren Beginn und Ende unterschiedlich legaldefiniert werden. Die Landesgesetze verweisen dabei häufig auf § 104 Abs. 3 StPO, dem zufolge die Nachtzeit im Zeitraum vom 1. April bis zum 30. September die Stunden von 21.00 h bis 4.00 h und im Zeitraum vom 1. Oktober bis zum 31. März die Stunden von 21.00 h bis 6.00 h umfasst (s. auch § 31 Abs. 4 PolG BW). In einigen Landesgesetzen muss eine qualifizierte Gefahrenlage gegeben sein, andere beschränken die Durchsuchung einer Wohnung zur Nachtzeit auf ausgewählte Wahrnehmungsalternativen. In Nordrhein-Westfalen darf eine Wohnung zur Nachtzeit nur in den Fällen des § 41 Abs. 1 S. 1 Nrn. 3 und 4 PolG NW betreten und durchsucht werden. Die zeitliche Beschränkung gilt allerdings als Rückausnahme für das Betreten nicht, wenn ein Fall des Abs. 3 Nr. 1 bzw. 2 vorliegt („verrufener Ort"). Jederzeit betreten werden darf eine Wohnung nach diesen Vorgaben etwa dann, wenn Tatsachen die Annahme rechtfertigen, dass in der Wohnung Straftaten von erheblicher Bedeutung verabredet, vorbereitet oder verübt werden, wenn die Tatsachen die Annahme rechtfertigen, dass sich in

---

223   Schenke, Rn. 153.

der Wohnung Personen treffen, die gegen aufenthaltsrechtliche Strafnormen verstoßen, oder gesuchte Straftäter verbergen, oder wenn die Wohnungen der Prostitution dienen (vgl. § 41 Abs. 3 PolG NW). Ferner ist bei **Arbeits-, Betriebs- und Geschäftsräumen** ein Betreten zum Zwecke der Gefahrenabwehr während der Arbeits-, Geschäfts- und Aufenthaltszeiten gestattet (§ 41 Abs. 4 PolG NW).[224]

▶ In Baden-Württemberg ist zur Nachtzeit ein Betreten nur dann zulässig, wenn dies der Abwehr einer gemeinen Gefahr oder einer Lebensgefahr oder schweren Gesundheitsgefahr für einzelne Personen dient (§ 31 Abs. 1 S. 2). Eine Durchsuchung zur Nachtzeit ist im Falle des Abs. 3 nur gestattet, wenn sie zur Abwehr der dort genannten Gefahren unumgänglich notwendig ist. ◀

Von erheblicher Bedeutung für das Durchsuchen von Wohnungen sind die besonderen **Verfahrensvorgaben** (vgl. § 42 PolG NW, § 24 Nr. 13 OBG NW; § 31 Abs. 5 PolG BW). Die Landesgesetze fordern durchgehend, dass zuvor eine Anordnung des zuständigen Amtsrichters einzuholen ist ("**Durchsuchungsbefehl**"). Dieser handelt zwar in richterlicher Unabhängigkeit, übt aber funktional vollziehende Gewalt aus.[225] Das Durchsuchen von Wohnungen steht mithin unter **Richtervorbehalt**. Lediglich bei Gefahr im Verzug (§ 8 Rn. 72 f.), also wenn eine vorherige Befassung des Amtsrichters den Zweck der Gefahrenabwehrmaßnahme zunichte machen würde, kann darauf verzichtet werden; die Rechtsprechung entscheidet hier indes regelmäßig restriktiv.[226] Zudem haben Gerichte und Polizei organisatorische und rechtliche Vorkehrungen zu treffen, um die reguläre Erreichbarkeit eines Richters zu gewährleisten; so muss etwa während der Tagzeit auch außerhalb der Dienstzeiten ein Richter verfügbar sein, während der Nachtzeit bei praktischem Bedarf.[227] Ob Gefahr im Verzug vorgelegen hat, ist zudem in vollem Umfang gerichtlich überprüfbar.[228]

Adressat der Maßnahme ist nach den landesgesetzlichen Bestimmungen jeweils der Wohnungsinhaber, so dass kein Rückgriff auf die allgemeinen Adressatenregelungen erforderlich ist. Wohnungsinhaber ist bei lebensnaher Betrachtung und bei Orientierung am Schutzzweck des Art. 13 Abs. 1 GG diejenige Person, deren Privatsphäre durch die Wohnung in räumlicher Hinsicht geschützt wird. Bei Arbeits-, Betriebs- und Geschäftsräumen tritt der Aspekt des Persönlichkeitsschutzes in den Hintergrund, so dass hier der Inhaber der tatsächlichen Gewalt als Adressat heranzuziehen ist. Der jeweilige Wohnungsinhaber muss nicht der nach zivilrechtlichen Vorschriften Berechtigte sein.

Beispiele: Überlässt ein Student einem Freund ohne Wissen des Vermieters als „Untermieter" für einige Wochen seine Wohnung, weil er selbst ein Auslandssemester absolviert, ist Wohnungsinhaber i.S.d. Vorschriften über das Betreten und Durchsuchen von Wohnungen der „Untermieter". Da bei dieser Standardmaßnahme ein Rückgriff auf die allgemeinen Adressatennormen gesperrt ist, müssen für den Wohnungsinhaber auch nicht die Voraussetzungen für die Inanspruchnahme eines Nichtstörers gegeben sein. – Schwieriger ist die Bewertung beim Betreten und Durchsuchen von „besetzten" Häusern;[229] hier könnte man –

159

160

---

224 Zweifel an der Verfassungsgemäßheit mit Blick auf Art. 13 Abs. 7 GG J. Dietlein, in: Dietlein/Burgi/Hellermann, § 3 Rn. 195, der die erhöhten verfassungsrechtlichen Anforderungen in § 41 Abs. 4 PolG NW „hineinlesen" will. Wohl keine Bedenken aber bei BVerfGE 97, 228, 266.
225 BVerfGE 107, 395, 406.
226 BVerfG NJW 2001, 1121.
227 BVerfG, NJW 2001, 1121; 2005, 1637, 638 (teilweise zur strafprozessrechtlichen Durchsuchung).
228 BVerfG (K) NJW 2002, 1333; BbgVerfG NJW 2003, 2305, 2306.
229 Allgemein Benighaus, LKV 2009, 202.

weil sich die „Hausbesetzer" unberechtigt in den Besitz des Wohnraums gebracht haben – das Vorhandensein eines Wohnungsinhabers verneinen; Ermächtigungsnorm wäre dann konsequenter Weise auch nicht mehr die Befugnisnorm zum Betreten und Durchsuchen von Wohnungen, sondern die Generalklausel. Sachgerechter erscheint es jedoch auch hier, von der Wohnungsinhabereigenschaft der „Hausbesetzer" auszugehen.

161 Der Inhaber der tatsächlichen Gewalt hat ein Recht darauf, **bei der Durchsuchung anwesend** zu sein. Ist er abwesend, so ist – wenn möglich – sein Vertreter oder ein erwachsener Angehöriger, Hausgenosse oder Nachbar zuzuziehen (vgl. 42 Abs. 2 PolG NW, § 24 Nr. 13 OBG NW; § 31 Abs. 7 PolG BW). Es wird daher als rechtswidrig betrachtet werden müssen, wenn Beamte an verschiedenen Stellen in einer Wohnung gleichzeitig suchen und der Inhaber der Wohnung daher nicht zeitgleich übersehen kann, was durchsucht wird. Darüber hinaus muss ihm der Grund der Maßnahme sowohl beim Betreten als auch beim Durchsuchen benannt werden (vgl. § 42 Abs. 3 PolG NW, § 24 Nr. 13 OBG NW; ähnlich § 31 Abs. 8 PolG BW). Verlangt der Wohnungsinhaber eine Niederschrift über die Durchführung der Maßnahme, so ist ihm diese auszuhändigen (vgl. § 42 Abs. 4 PolG NW; s. auch § 2 DVO PolG NW), sofern nicht eine Ausnahmevorschrift greift (vgl. § 42 Abs. 5 PolG NW). In letzterem Fall ist es hinreichend, wenn ihm die Durchsuchung schriftlich unter Angabe der verantwortlichen Dienststelle, Zeit und Ort der Durchsuchung bestätigt wird. Schließlich wird auf die Belehrungspflicht hinsichtlich des Anspruchs auf Vernichtung der Daten verwiesen.

XIV. Sicherstellung und Beschlagnahme, Verwahrung, Verwertung und Herausgabe

1. Grundlagen

162 Die **Sicherstellung** ist die Aufhebung des sachenrechtlichen Gewahrsams, also der tatsächlichen Sachherrschaft, des Adressaten an einer beweglichen[230] oder unbeweglichen[231] Sache bzw. eines Tiers (vgl. § 5 Abs. 1 S. 2 PolG NW) unter gleichzeitiger Begründung hoheitlichen Gewahrsams („Verstrickung").[232] Die handelnden Beamten bringen die fragliche Sache mithin in ihren unmittelbaren Besitz; ihr Handeln muss gezielt darauf ausgerichtet sein, damit es sich um eine Sicherstellung handelt.[233] Wird eine Sache zur Abwehr einer Gefahr vor Ort zerstört, so liegt keine Sicherstellung vor, da kein hoheitlicher Gewahrsam begründet wird. Auch die Begründung einer Sachherrschaft der Behörde an herrenlosen Sachen ist keine Sicherstellung und bedarf keiner gesetzlichen Ermächtigungsgrundlage;[234] dass die Zustandsverantwortlichkeit des ehemaligen Eigentümers im Falle einer Dereliktion aufrecht erhalten bleibt (§ 8 Rn. 122), ändert nichts daran, dass es sich bei einer solchen Ingewahrsamnahme mangels Bruch fremden Gewahrsams nicht um einen Eingriff handelt. Die Behörde kann die Sache jedoch auf der Grundlage der Generalklausel in Verwahrung nehmen und dem „Derelinquenten" als früherem Eigentümer und damit Zustandsstörer die Kostenfolge auferlegen.

---

230 Etwa – unter besonderen Voraussetzungen – auch Bargeld, vgl. Söllner, NJW 2009, 3339; VGH Bay, Beschl. v. 17.9.2015, 10 CS 15.435, 10 C 15.1434; s. u. Rn. 166.
231 Drews/Wacke/Vogel/Martens, S. 209; Möller/Warg, Rn. 399, die darauf hinweisen, dass in diesem Fall vorrangig die Ordnungsbehörden zuständig seien.
232 Vgl. J. Dietlein, in: Dietlein/Burgi/Hellermann, § 3 Rn. 197; Pieroth/Schlink/Kniesel, § 19 Rn. 1; Schenke, Rn. 158. – Die Inverwahrungnahme herrenloser Sachen ist keine „Sicherstellung", da kein fremder Gewahrsam aufhoben wird.
233 Vgl. Möller/Warg, Rn. 397.
234 Einschränkend Möller/Warg, Rn. 400: für Sachen, die aus anderen Gründen als durch Dereliktion herrenlos geworden sind.

Begrifflich unterscheiden einige Landesgesetze zudem zwischen der Sicherstellung und der **Beschlagnahme**. Wenn differenziert wird, dient – wie in Baden-Württemberg – die Sicherstellung dem Schutz der Sache vor Verlust oder Beschädigung (vgl. § 32 PolG BW), die (im Regelfall gegen den Willen des Berechtigten erfolgende) Beschlagnahme dem Schutz Dritter bzw. der Allgemeinheit vor einer (gefährlichen) Sache (vgl. § 33 PolG BW). „Quer" dazu liegt ein Verständnis der Beschlagnahme als zwangsweise Durchsetzung der Sicherstellung bei einer Verweigerung der Herausgabe durch den Berechtigten. In diesem Sinne wird die Beschlagnahme in den strafprozessualen Ermächtigungsnormen (§§ 94 ff., § 111b StPO; ferner § 53 Abs. 2 OWiG) verstanden. In Nordrhein-Westfalen sind die in Baden-Württemberg gesondert normierten Konstellationen der Sicherstellung und der Beschlagnahme unter dem Oberbegriff „Sicherstellung" in § 43 PolG NW geregelt (für die Ordnungsbehörden i.V.m. § 24 Nr. 13 OBG NW).

163

Die **Einordnung der Sicherstellung** in das verwaltungsrechtliche System der Handlungsformen wird kontrovers diskutiert. Mit dem Realakt des Ansichnehmens kann die Anordnung verbunden sein, die Sache herauszugeben, so dass nicht nur der eigentliche Akt des Gewahrsamswechsels, sondern auch die entsprechende Anordnung von der Ermächtigungsnorm umfasst sein müsste. Nach verbreiteter Auffassung ist die Sicherstellung dieser Herausgabeanordnung wegen als Verwaltungsakt zu qualifizieren.[235] Sachgerechter erscheint folgende Unterscheidung: Ist der Berechtigte bei der Sicherstellung nicht anwesend, ist die Sicherstellung ein bloßer Realakt („adressatenneutrale Sicherstellung").[236] Ist er anwesend, kann ausnahmsweise der sonst mit Zurückhaltung zu begegnenden Annahme einer parallel zu gefahrenabwehrbehördlichen Realakten laufenden konkludenten Verfügung gefolgt werden, wobei es sich hier gerade nicht um eine „Duldungsverfügung", sondern um eine ein aktives Tun fordernde Verfügung handelt. Nach h.M. wird dem (anwesenden) Adressaten der Sicherstellung durch Verwaltungsakt mithin eine „Herausgabepflicht" auferlegt, die gegebenenfalls mit Mitteln der Verwaltungsvollstreckung durchgesetzt werden kann.[237]

164

Diese Frage nach der zwangsweisen **Durchsetzung** der Sicherstellung wird ebenfalls unterschiedlich beantwortet. Folgt man der Differenzierung zwischen Sicherstellung „mit" Adressaten und „adressatenneutraler" Sicherstellung, so ist die Sicherstellung gegenüber einem anwesenden Betroffenen ein Verwaltungsakt; widersetzt er sich der Herausgabeanordnung, kann ihm die Sache etwa durch die Anwendung unmittelbaren Zwangs weggenommen werden. Bei „adressatenneutraler" Sicherstellung will ein Teil des Schrifttums auf die vollstreckungsrechtlichen Regelungen zum sofortigen Vollzug (bzw. auf die unmittelbare Ausführung) zurückgreifen,[238] die Gegenauffassung geht von einer „einaktigen" Einordnung der Sicherstellung als „zwangsweiser Entzug der Sachherrschaft" aus.[239] Überzeugender erscheint der Rückgriff auf die Regelungen zur Verwaltungsvollstreckung.

165

---

235 So auch Gusy, Rn. 286; Kugelmann, 6. Kap. Rn. 94.
236 OVG Münster NVwZ-RR 2000, 429; ferner Drews/Wacke/Vogel/Martens, S. 216 f.; Möller/Warg, Rn. 398; Schwabe, NJW 1983, 369, der allerdings die Durchsetzung nicht auf das Verwaltungsvollstreckungsrecht stützen will, weil die Sicherstellungsbestimmungen für den Regelfall bereits selbst die Durchsetzung gestatten.
237 OVG Münster NWVBl. 1991, 338; VGH Kassel NVwZ 2008, 784.
238 Möller/Warg, Rn. 398.
239 VGH Kassel, NJW 1995, 2123, 2124; s. auch J. Dietlein, in: Dietlein/Burgi/Hellermann, § 3 Rn. 198; Schwabe, NJW 1983, 369.

166   Nicht alle beweglichen und unbeweglichen Sachen sind „**sicherstellungsfähig**". Eine Sicherstellung bzw. Beschlagnahme kann aufgrund gesetzlicher Anordnung verwehrt sein. So sind Druckwerke im Sinne der Landespressegesetze (vgl. § 7 PresseG NW) wegen der „Polizeifestigkeit" der Presse nicht sicherstellungsfähig. Dieser Ausschluss der Sicherstellung erstreckt sich nach h.M. allerdings nicht auf sonstige Gegenstände, die von Pressejournalisten verwendet werden, z.B. einen Fotoapparat, einen Film oder eine Speicherkarte.[240] Bargeld kann nach der Rspr. Gegenstand einer polizeilichen Sicherstellung sein.[241]

2. Voraussetzungen

167   Die landesrechtlichen Ermächtigungsnormen unterscheiden teilweise zwischen tatbestandlichen Voraussetzungen für die Sicherstellung und für die Beschlagnahme (Rn. 163). Im Folgenden wird die nordrhein-westfälische Rechtslage behandelt; auf Besonderheiten in Baden-Württemberg wird hingewiesen.

168   Die Sicherstellung ist nach den landesgesetzlichen Regelungen zunächst statthaft, um eine **gegenwärtige Gefahr abzuwehren** (vgl. § 43 Nr. 1 PolG NW, § 24 Nr. 13 OBG NW; § 43 Abs. 1 Nr. 1 PolG NW).

169   Umstritten ist, ob die **Einweisung von Obdachlosen**[242] in leerstehenden Wohnraum o.ä. als Sicherstellung (bzw. Beschlagnahme) eingeordnet und auf die entsprechenden Ermächtigungsnormen gestützt werden kann.

▶ In Sachsen wird die Inanspruchnahme einer Wohnung zur Unterbringung von Obdachlosen als „Beschlagnahme" qualifiziert (§ 27 Abs. 3 S. 2 PolG Sachs). ◀

Zwar differenzieren die Vorschriften über die Sicherstellung (bzw. Beschlagnahme, vgl. § 33 Abs. 1 Nr. 1 PolG BW) nicht nach der Art der abzuwehrenden Gefahr, und eine im Anschluss an die Sicherstellung erforderliche Verwahrung (vgl. § 44 Abs. 1 S. 1 PolG) kann gemäß den einschlägigen Bestimmungen durchaus auch durch Dritte durchgeführt werden. Nach verbreiteter Auffassung wird man die Ermächtigungsnorm zur Sicherstellung jedoch in Einschränkung des weiter gefassten Wortlauts so auszulegen haben, dass eine Sicherstellung nur zur Abwehr solcher Gefahren erfolgen kann, die von einer Sache ausgehen oder ihr drohen.[243] Diese restriktive Deutung lässt sich in Nordrhein-Westfalen mit dem Erfordernis der weiteren Verwahrung begründen, deren strikte Anordnung unnötig ist, wenn eine Sache sichergestellt wird, um mit ihr eine von ihr unabhängige Gefahrenlage zu beseitigen. Zum anderen deuten die in den Landesgesetzen geregelten Varianten der Sicherstellung eine solche Restriktion an; in Nordrhein-Westfalen verdeutlichen § 43 Nrn. 2 und 3 PolG NW die Sachbezogenheit der Sicherstellung. Der Verweis auf die übrigen Alternativen ist jedoch ein schwaches Argument – umgekehrt könnte man die weite tatbestandliche Fassung der Nr. 1 und die Anknüpfung lediglich an eine Gefahr gerade als bewusste Entscheidung des Gesetz-

---

240   Vgl. VGH Mannheim VBlBW 2001, 102; OVG Koblenz DVBl. 1998, 101.
241   OVG Bremen NordÖR 2015, 26; nach VGH München NVwZ-RR 2014, 522 allerdings nur, wenn derjenige, bei dem es sichergestellt werden soll, weder Eigentümer noch zum Besitz berechtigt ist; s. auch OVG Lüneburg DVBl. 2013, 598 – Ls.; VGH Bay, Beschl. v. 17.9.2015, 10 CS 15.435, 10 C 15.1434.
242   Günther/Traumann, NVwZ 1993, 130.
243   So auch Möller/Warg, Rn. 400; Pieroth/Schlink/Kniesel, § 19 Rn. 7. A.A. J. Dietlein, in: Dietlein/Burgi/Hellermann, § 3 Rn. 199, der den behördlichen Zugriff auf eine Wohnung zum Zwecke der späteren Einweisung eines Obdachlosen als Sicherstellung und Inverwahrungnahme qualifiziert; s. auch ebd. Rn. 201; Gusy, Rn. 284.

gebers für eine umfassende Verwendbarkeit der Standardmaßnahme deuten. Die Gegenauffassung hält eine Sicherstellung auch dann für die geeignete Maßnahme, wenn die Gefahr ihre „Wurzel" an anderer Stelle, nicht bei der Sache hat.[244]

Beispiel: Die Polizeibeamten P und Q „stellen" eine schwere hydraulische Presse bei einer benachbarten Werkstatt „sicher", um damit möglichst schnell eine massive Metalltür zu öffnen, hinter der sich ein vermeintlicher Selbstmörder verschanzt hat. Folgt man dem Wortlaut der Bestimmungen zur Sicherstellung, käme eine solche zur Abwehr der Gefahr für den Suizidenten in Betracht. Da aber kein sachlicher Grund dafür besteht, die Presse zu verwahren, und die Vorschriften über die Sicherstellung zwingend eine Verwahrung anordnen, handelt es sich nicht um eine Sicherstellung, sondern um eine auf die Generalklausel zu stützende Maßnahme.

Sehr kontrovers diskutiert wird ferner, ob das **Abschleppen von Kraftfahrzeugen** als Sicherstellung (in Baden-Württemberg: gegebenenfalls als Beschlagnahme) eingeordnet werden kann. Wird das Fahrzeug zum Schutz vor Diebstahl oder Beschädigung sichergestellt und von der Behörde oder einem Beauftragten in Verwahrung genommen, wird man dies bejahen können (Rn. 172).[245] Gleiches dürfte gelten, wenn von dem Fahrzeug selbst eine Gefahr ausgeht, die nichts mit einem Rechtsnormenverstoß zu tun hat. | 170

Beispiel: Ein Fahrzeug verliert Öl, welches das Grundwasser zu verunreinigen droht. Das Abschleppen kann in diesem Fall als Sicherstellung mit anschließender Verwahrung qualifiziert werden.[246]

In allen anderen Fällen ist davon auszugehen, dass das Fahrzeug nicht in Verwahrung genommen werden soll (Rn. 175 ff.). Umgekehrt ist auch unter den Befürwortern der Sicherstellung anerkannt, dass diese jedenfalls dann nicht als Ermächtigungsgrundlage in Betracht kommt, wenn ein Fahrzeug lediglich an einen anderen Platz umgesetzt wird.[247] Insgesamt erscheint es sachgerechter, die Abschleppfälle als Vollstreckungsmaßnahmen zu qualifizieren. Im Schrifttum wird gelegentlich ein Fall der Anwendung unmittelbaren Zwangs angenommen, die h.M. sieht das Abschleppen jedoch als Ersatzvornahme bzw. – sofern dies landesrechtlich geregelt ist – als Anwendungsfall der unmittelbaren Ausführung (§ 8 Rn. 139 f.). Zum Streit s. ausführlich § 12 Rn. 4 ff.

Adressat dieser Variante der Sicherstellung ist im Regelfall der Inhaber der tatsächlichen Gewalt bzw. der Eigentümer, wenn dieser anwesend ist und die Sache in Gewahrsam hat. Ist der Berechtigte nicht anwesend oder nicht ermittelbar, kann es sich um eine „adressatenneutrale" Sicherstellung handeln. Wichtig ist in diesen Fällen jedoch, dass ein fremder Gewahrsam aufgehoben wird, ansonsten handelt es sich schon begrifflich nicht um eine Sicherstellung, sondern um eine Inverwahrungnahme auf der Grundlage der Generalklausel. | 171

Ferner ist eine Sicherstellung zulässig, um den Eigentümer oder den rechtmäßigen Inhaber der tatsächlichen Gewalt **vor Verlust oder Beschädigung der Sache zu schützen** (vgl. § 43 Nr. 2 PolG NW; § 32 Abs. 1 PolG BW – in Baden-Württemberg „Sicherstellung" im engeren Sinne). Die Behörde handelt hier im erklärten oder mutmaßlichen Interesse des Berechtigten.[248] Dies kann zur Folge habe, dass eine Sicherstellung unverhältnismäßig ist, weil die handelnden Beamten Möglichkeiten zur Kontaktaufnahme | 172

244 J. Dietlein, in: Dietlein/Burgi/Hellermann, § 3 Rn. 201; auch Götz, § 8 Rn. 61, sieht die Obdachloseneinweisung als Sicherstellung (bzw. Beschlagnahme).
245 VGH München NJW 2001, 1960; s. aber OVG Münster NJW 1978, 720: unverhältnismäßig.
246 Vgl. OVG Münster DVBl. 1973, 922; Becker, JA 2000, 677.
247 So Götz, § 8 Rn. 60, der andernfalls eine Sicherstellung bejaht. S. auch VGH München NJW 1984, 2962.
248 J. Dietlein, in: Dietlein/Burgi/Hellermann, § 3 Rn. 203.

mit dem Eigentümer bzw. Inhaber der tatsächlichen Gewalt und zur Rückfrage nicht genutzt haben.

Beispiel: Ein Kraftfahrzeug mit eingeschlagener Seitenscheibe soll sichergestellt werden. Die Gefahrenabwehrbehörde kann (und muss, sofern nicht weitere Umstände hinzutreten) den Halter ermitteln und versuchen, mit ihm Kontakt aufzunehmen.[249]

173   Schließlich können Sachen sichergestellt werden, wenn sie von einer Person mitgeführt werden, die **festgehalten** wird, und die von dieser Person dazu verwendet werden können, **sich zu töten oder zu verletzen, Leben oder Gesundheit anderer zu schädigen, fremde Sachen zu beschädigen** oder die **Flucht zu ermöglichen oder zu erleichtern** (vgl. § 43 Nr. 3 PolG NW, § 24 Nr. 13 OBG NW; weiter gefasster Tatbestand in § 33 Abs. 1 Nr. 2 PolG BW – Beschlagnahme zur Verhinderung einer missbräuchlichen Verwendung durch eine Person, die festgehalten wird oder in Gewahrsam genommen worden ist).

174   In einigen Landesgesetzen ist als eigenständige Fallgruppe die Sicherstellung von Sachen gestattet, die **zur Begehung von Straftaten oder Ordnungswidrigkeiten** gebraucht werden können (vgl. § 33 Abs. 1 Nr. 3 PolG BW – Beschlagnahme zum Schutz eines Einzelnen oder des Gemeinwesens vor der Gefahr einer Straftat von erheblicher Bedeutung nach § 22 Abs. 5 Nr. 1 und 2 lit. a) und b) PolG BW; § 40 Nr. 4 SOG Hess).

175   Die Sicherstellung hat zur Folge, dass die handelnden Beamten bzw. ihre Behörde eine Verantwortlichkeit für die Sicherung der Integrität der sichergestellten Sache trifft – es entsteht eine Obhutspflicht. Aus diesem Grund sind sichergestellte Sachen in **Verwahrung** zu nehmen (vgl. § 44 Abs. 1 S. 1 PolG NW).[250]

▶ In Baden-Württemberg scheint die Aufbewahrung als Bestandteil der Sicherstellung bzw. Beschlagnahme verstanden zu werden. So sind nach § 32 Abs. 4, § 33 Abs. 4 PolG BW Sicherstellung bzw. Beschlagnahme „aufzuheben", wenn der Eigentümer bzw. der Inhaber der tatsächlichen Gewalt dies verlangt oder wenn ein Schutz nicht mehr erforderlich ist (Sicherstellung) bzw. wenn der Zweck der Beschlagnahme erreicht ist (Beschlagnahme). Nähere Vorschriften über die Verwahrung regelt § 3 DVO PolG BW, der auf der Verordnungsermächtigung nach § 84 Abs. 1 Nr. 4 PolG BW beruht. ◀

176   Die Verwahrung ist **keine eigenständige Standardmaßnahme;** die entsprechende Vorschrift ist auch keine Ermächtigungsgrundlage, sondern begründet behördliche Pflichten im Anschluss an die Standardmaßnahme Sicherstellung. Allerdings schlägt die Pflicht zur Inverwahrungnahme auf den Charakter der Sicherstellung zurück: Maßnahmen, die lediglich ein kurzzeitiges Ansichnehmen einer Sache umfassen, sind daher mangels eines auf Sicherstellung *und* Verwahrung ausgerichteten Behördenwillens keine Sicherstellung.[251]

177   Es entsteht ein **öffentlich-rechtliches Verwahrungsverhältnis,**[252] für das besondere Verhaltenspflichten gelten, deren Verletzung staatshaftungsrechtliche Ersatzansprüche auslösen kann. Nach h.M. sind ferner die Bestimmungen über den zivilrechtlichen Verwahrungsvertrag analog anzuwenden.[253] Wie diese Verwahrung erfolgt, ist von der sichergestellten Sache abhängig: Denkbar ist, diese in einer Asservatenkammer aufzube-

---

249   Vgl. VG Berlin LKV 2002, 293.
250   Möller/Warg, Rn. 404: zwingende Rechtsfolge.
251   So auch Pieroth/Schlink/Kniesel, § 19 Rn. 3; vgl. aber Schwabe, NJW 1983, 369, 373.
252   Vgl. OVG Münster DVBl. 1991, 1373; Möller/Warg, Rn. 397; Schenke, Rn. 160; Schoch in: Schoch (Hrsg.), 2. Kap. Rn. 320.
253   Kugelmann, 6. Kap. Rn. 100; Pieroth/Schlink/Kniesel, § 19 Rn. 15; Schenke, Rn. 160.

wahren. Auch eine Verwahrung durch bzw. bei Dritten ist möglich (z.b. bei sicherge-stellten Kraftfahrzeugen oder zur Unterbringung sichergestellter Tiere), sofern die Sa-che eine Verwahrung bei der Behörde nicht zulässt bzw. eine solche unzweckmäßig ist und sie daher auf eine andere Weise aufbewahrt bzw. gesichert werden muss. Handelt es sich um eine unbewegliche Sache, wird also eine Wohnung „sichergestellt", wird die Verwahrung meist durch eine Versiegelung der Wohnung bzw. eine Bewachung vorge-nommen werden.

Mit der Obhuts- und Verwahrungspflicht geht die Pflicht einher, **Schäden** von der Sa-che **fernzuhalten**; diese sind gegen Verlust, Untergang, Beschädigung oder Wertminde-rung zu sichern (vgl. § 44 Abs. 3 S. 1 PolG NW). Droht der Sache eine erhebliche Wertminderung, kann ihre Freigabe in Betracht kommen, obwohl die gesetzlichen Vor-aussetzungen für eine Rückgabe nicht erfüllt sind. **178**

Wird die Sache einem **Dritten** in Verwahrung gegeben, kann dessen Fehlverhalten der Behörde zugerechnet werden, so dass sich Ersatzansprüche aus Amtshaftung (§ 839 BGB i.V.m. Art. 34 GG) bzw. aus den gefahrenabwehrrechtlichen Anspruchsnormen (vgl. § 39 Abs. 1 lit. b) OBG NW, ggf. i.V.m. § 67 PolG NW) ergeben können. Hat die Behörde den Dritten fehlerhaft ausgewählt oder unzureichend überwacht, haftet sie bzw. ihr Rechtsträger; im Übrigen gelten die allgemeinen Zurechnungsregelungen. Ins-besondere wird eine Haftung ausscheiden, wenn das Fehlverhalten beim Dritten liegt und es für die Behörde nicht erkennbar bzw. nicht zu verhindern war. Regressansprü-che im Verhältnis zwischen Behörde/Rechtsträger und mit der Verwahrung beauftrag-tem Dritten richten sich nach der Rechtsnatur des zwischen ihnen bestehenden Rechts-verhältnisses.[254] **179**

Die Landesgesetze sehen vor, dass eine sichergestellte und in Verwahrung befindliche Sache unter bestimmten Voraussetzungen **verwertet** werden kann. Dies gilt namentlich für Sachen, die nicht von ihren Eigentümern beansprucht werden. In Nordrhein-West-falen ist eine Verwertung nach § 45 PolG NW möglich, wenn der Verderb der Sache oder eine wesentliche Wertminderung drohen (Nr. 1), ihre Verwahrung, Pflege und Er-haltung mit unverhältnismäßigen Kosten oder Schwierigkeiten verbunden ist (Nr. 2), die Verwahrung ihrerseits gefahrträchtig ist (Nr. 3), die Sache auch nach einem Jahr nicht an eine berechtigte Person herausgegeben werden kann, ohne dass die Vorausset-zungen der Sicherstellung erneut eintreten würden (Nr. 4), oder wenn der Berechtigte die (bereitgestellte) Sache nicht abholt (Nr. 5). Die Verwertung erfolgt im Regelfall durch eine öffentliche **Versteigerung** (vgl. § 45 Abs. 3 S. 1 PolG NW). Kommt eine sol-che nicht in Betracht, weil sie von vornherein aussichtslos ist oder unverhältnismäßige Kosten verursachen würde, so kann die Sache „freihändig" verwertet oder auch später einem gemeinnützigen Zweck zugeführt werden (vgl. § 45 Abs. 3 S. 2, 4 PolG NW). Der Erlös tritt an die Stelle der verwerteten Sache und ist dem Berechtigten – gegebe-nenfalls unter Abzug der Kosten – herauszugeben (u. Rn. 184). **180**

▶ In Baden-Württemberg finden sich nähere Vorschriften zur Verwertung in § 3 Abs. 2 DVO PolG BW. ◀

Scheiden auch diese Handlungsmöglichkeiten aus, kann die Sache **unbrauchbar**, also funktionsunfähig gemacht oder gar **vernichtet** werden (vgl. § 45 Abs. 4 PolG NW). Bei **181**

---

254 Gusy, Rn. 287.

Tieren (vgl. § 5 Abs. 1 S. 2 PolG NW) kommt die „Einschläferung" in Betracht.[255] Gegebenenfalls sind spezialgesetzliche Ermächtigungsnormen vorrangig, vgl. etwa § 16 Abs. 1 S. 1 des Infektionsschutzgesetzes, wenn es um die Vernichtung von Sachen zur Verhütung übertragbarer Krankheiten geht.[256]

182   Einige Landesgesetze regeln die **Einziehung** in rechtmäßiger Weise beschlagnahmter Sachen, die dann in Betracht kommt, wenn die Sache nicht herausgegeben werden kann, ohne dass die Voraussetzungen für eine Beschlagnahme erneut einträten (vgl. § 34 Abs. 1 PolG BW). Die Einziehung ist schriftlich anzuordnen. Die eingezogenen Sachen können dann im Wege der öffentlichen Versteigerung verwertet werden (§ 383 Abs. 3 BGB); der Erlös ist an den Betroffenen herauszugeben (vgl. § 34 Abs. 2 PolG BW). Ist eine Verwertung nicht möglich, ist die Sache unbrauchbar zu machen oder zu vernichten (vgl. § 34 Abs. 3 PolG BW). Die Kosten für die Verwertung, Unbrauchbarmachung oder Vernichtung sind vom Betroffen zu tragen (vgl. § 34 Abs. 4 PolG BW).

183   Sind die Voraussetzungen für die Sicherstellung weggefallen, ist die Sache bzw. als „Surrogat" der durch ihre Verwertung erzielte Erlös an den letzten Inhaber der tatsächlichen Gewalt **herauszugeben** (vgl. § 46 PolG NW). Diesem steht ein gerichtlich durchsetzbarer Herausgabeanspruch zu; der Rechtsweg ist zweifelhaft. Einerseits könnte die abdrängende Sonderzuweisung zur ordentlichen Gerichtsbarkeit nach § 40 Abs. 2 S. 1 3. Fall VwGO greifen, weil es um vermögensrechtliche Ansprüche aus öffentlich-rechtlicher Verwahrung geht. Andererseits ließen sich die gefahrenabwehrrechtlich normierten Herausgabeansprüche als gesetzliche Konkretisierungen des Folgenbeseitigungsanspruchs qualifizieren, für dessen Geltendmachung der Verwaltungsrechtsweg eröffnet ist. Zur Erfüllung des Herausgabeanspruchs genügt es, wenn die zuständige Behörde den Gegenstand zur Abholung bereitstellt.[257] Sofern nach der Herausgabe die Voraussetzungen für die Sicherstellung allerdings erneut erfüllt wären, muss die Behörde dem Herausgabebegehren nicht Folge leisten.[258]

184   Der Anspruchsteller ist dazu verpflichtet, die **Kosten** für die Sicherstellung, Verwahrung und Verwertung zu tragen; dies gilt jedenfalls dann, wenn er Zustands- oder Verhaltensstörer ist. Gemäß § 46 Abs. 3 S. 1 PolG NW fallen die Kosten der Sicherstellung und Verwahrung den nach den §§ 4 oder 5 Verantwortlichen zur Last. Zweifelhaft ist dabei allerdings die Reichweite des Begriffs des nach § 5 Verantwortlichen, also des Zustandsstörers. Denn Zustandsstörer ist nach Abs. 1 S. 1 der Inhaber der tatsächlichen Gewalt, wenn und soweit von einer Sache oder einem Tier eine Gefahr ausgeht. Die Ermächtigungsnormen gestatten eine Sicherstellung jedoch auch dann, wenn der Sache bzw. dem Tier selbst eine Gefahr droht. Auch in diesen Fällen ist es sachgerecht, wenn die Behörde die Sicherstellungs-, Verwahrungs- und Verwertungskosten dem Betroffenen gegenüber geltend machen kann, auch wenn dieser nicht Zustandsstörer im eigentlichen Sinne ist. Die Vorschrift über die Kostentragungspflicht ist mithin im Wege der Auslegung zu erweitern. Zu demselben Ergebnis kommt man, wenn man eine Verantwortlichkeit hinsichtlich der Kosten unmittelbar aus der Befugnisnorm, z.B. § 43 Nr. 2 PolG NW, ableitet. Die Gefahrenabwehrgesetze, z.B. § 46 Abs. 3 S. 3 PolG

255 OVG Münster NWVBl. 2001, 97. Vgl. J. Dietlein, in: Dietlein/Burgi/Hellermann, § 3 Rn. 208: kein Verstoß gegen § 17 Nr. 1 TierSchG, da ein „vernünftiger Grund" für die Tötung vorliegt.

256 Zur ordnungsrechtlichen Problematik von Schädlingsbefall und Maßnahmen nach dem IfSG beim „Messie"-Syndrom vgl. etwa Stollenwerk, KommJur 2011, 206.

257 J. Dietlein, in: Dietlein/Burgi/Hellermann, § 3 Rn. 206.

258 VG Hannover NdsVBl. 2001, 228, 229 – sichergestelltes Radarwarngerät.

NW, verweisen teilweise auf die für Kosten einschlägigen Vorschriften des jeweiligen Verwaltungsvollstreckungsgesetzes (z.B. § 77 VwVG NW). Der Behörde kommt ein Zurückbehaltungsrecht zu.[259]

Der Anspruch auf Herausgabe des **Erlöses** tritt an die Stelle des Anspruchs auf Herausgabe der sichergestellten Sache, wenn diese verwertet worden ist. Der Anspruch unterliegt einer Frist, nach deren Ablauf er erlischt (vgl. § 46 Abs. 2 S. 3 PolG NW: drei Jahre nach Ablauf des Jahres, in dem die Sache verwertet worden ist). Zudem kann der Anspruch der Höhe nach zu mindern sein (vgl. § 46 Abs. 3 S. 5 PolG NW), wenn etwa die Kosten der Sicherstellung und Verwahrung aus dem Erlös gedeckt werden können und ein Kostenersatzanspruch der Behörde besteht (Rn. 184).

185

XV. Exkurs: Landespolizeiliche Aufgaben der Grenzkontrolle

In Bayern und in Hamburg sind zusätzliche **Standardbefugnisse der Polizei** für Aufgaben der Grenzkontrolle gesetzlich geregelt (Art. 13 Abs. 1 Nr. 5, Art. 29 PAG Bay; § 16b SOG Hamb). In diesen Ländern sowie in Bremen treten Zuständigkeiten der Landespolizei für Aufgaben des grenzpolizeilichen Einzeldienstes neben die genuine Zuständigkeit der Bundespolizei. In Bremen und Hamburg beschränken sich die landesrechtlichen Aufgabenzuweisungen auf die Kontrolle der (See-)Häfen. Eingriffsermächtigungen finden sich nur in Hamburg (z.B. Betretungsrechte, Ermächtigung zur Identitätsfeststellung). Art. 29 PAG Bay ermächtigt die Polizei zur Durchführung grenzpolizeilicher Aufgaben etwa zum Betreten (nicht: Durchsuchen) eines Grundstücks; die Anwendung der allgemeinen Ermächtigungsnormen ist jedoch nicht gesperrt, so dass z.B. die Durchsuchung eines Grundstücks auf Art. 22 Abs. 1 Nrn. 2, 3 PAG Bay gestützt werden kann. Für die Durchsuchung von Wohnungen und anderen befriedeten Besitztümern gilt allein Art. 23 PAG Bay.

186

WIEDERHOLUNGS- UND VERSTÄNDNISFRAGEN

1. Erläutern Sie das Zusammenspiel von Identitätsfeststellung, Vorladung und Vorführung. (Rn. 19–26)

2. Wie sind erkennungsdienstliche Maßnahmen zu präventiven bzw. zu repressiven Zwecken abzugrenzen, und welche Ermächtigungsgrundlage ist jeweils heranzuziehen? (Rn. 33–37)

3. Was bedeutet „vorübergehend" im Zusammenhang mit den Ermächtigungsnormen zur Platzverweisung? (Rn. 75–76)

4. Darf eine Wohnungsverweisung auch gegen den Willen des Opfers erfolgen? (Rn. 97)

5. Ist ein „Verbringungsgewahrsam" rechtlich zulässig? Auf welche Ermächtigungsgrundlage kann er gestützt werden? (Rn. 129–133)

6. Kann eine Sicherstellung auch zur Abwehr einer Gefahr erfolgen, die unabhängig von der sichergestellten Sache entstanden ist? (Rn. 169)

---

259 Schenke, Rn. 161.

Teil 3. Grundlagen der Verwaltungsvollstreckung ("Sekundärebene")

§ 11 Einführung

1 Wird einem Adressaten durch Verfügung ein Handeln, Dulden oder Unterlassen aufgegeben, oder ermächtigt eine Standardermächtigung zu einem Realakt, nicht aber zu seiner notfalls gewaltsamen Durchsetzung, und stößt die Behörde auf Widerstand, wird sie gegebenenfalls zu den Handlungsinstrumenten der **Verwaltungsvollstreckung**[1] greifen. Sie besitzt damit ein Recht der „Selbsttitulierung und Selbstvollstreckung".[2] Dazu gehören die für das Gefahrenabwehrrecht allenfalls marginale Bedeutung besitzende Beitreibung, also die Verwaltungsvollstreckung zur Einziehung von Geldforderungen (vgl. §§ 1 ff. VwVG NW), sowie der **Verwaltungszwang**: Befolgt ein Adressat eine Handlungs-, Duldungs- oder Unterlassungsverfügung nicht, so kann diese zwangsweise durchgesetzt, also vollstreckt werden.

Beispiel: Die Ordnungsbehörde ordnet an, dass ein morscher Baum auf dem Grundstück des E von diesem gefällt und beseitigt werden soll. Befolgt E diese Anordnung nicht, kann die Behörde den Baum beispielsweise selbst entfernen (lassen; zur sog. „Ersatzvornahme" § 12 Rn. 2 ff.) und dem E gegebenenfalls die Kosten auferlegen (§ 15 Rn. 1 ff.).

Auch bei Realakten, die eigenen „Vollziehungscharakter" aufweisen können, kann die Vollstreckung erforderlich werden; in diesen Fällen wird regelmäßig der unmittelbare Zwang als Zwangsmittel in Betracht kommen.

Beispiel: Eine Person soll in Gewahrsam genommen werden, weigert sich aber. Die Polizisten P und Q packen ihn gewaltsam und drücken ihn in das Einsatzfahrzeug.

2 Die **Regelungen** über die Verwaltungsvollstreckung sind in den einzelnen Ländern an unterschiedlichen Stellen verortet. Häufig bestehen (allgemeine) Landesgesetze über die Verwaltungsvollstreckung, mitunter sind Bestimmungen über den Verwaltungszwang in den gefahrenabwehrrechtlichen Regelwerken enthalten, die sodann als speziellere Normen vorrangig anwendbar sind. In **Nordrhein-Westfalen** ist zwischen Vollstreckungsmaßnahmen der Polizei und der Ordnungsbehörden zu unterscheiden. Während das PolG NW gesonderte Vorschriften über die Vollstreckung enthält (§§ 50 ff. PolG NW), muss für das Handeln der Ordnungsbehörden auf das Verwaltungsvollstreckungsgesetz des Landes zurückgegriffen werden (VwVG). Die Grundstrukturen sind sehr ähnlich, es bestehen aber Unterschiede im Detail (z.B. bezüglich der Androhung bzw. Festsetzung von Zwangsmitteln). In **Baden-Württemberg** gilt einheitlich das Verwaltungsvollstreckungsgesetz – VwVG BW – für den gesamten Bereich der Gefahrenabwehr; § 49 Abs. 1 PolG BW erklärt die Vorschriften des Landesverwaltungsvollstreckungsgesetzes für anwendbar auf die Zwangsmittel Zwangsgeld, Zwangshaft und Ersatzvornahme. Für die Anwendung unmittelbaren Zwangs der Polizei gelten nach § 49 Abs. 2 PolG BW die §§ 50 ff. PolG BW; nach § 52 Abs. 4 PolG BW ist ergänzend auf eine Vielzahl von Bestimmungen des VwVG BW zurückzugreifen.

---

1 Überblick zur Rechtslage in Nordrhein-Westfalen: Werner, VR 1999, 73; Fallsammlung bei Muckel, JA 2012, 272; instruktiv Hyckel, LKV 2015, 300 u. 342.
2 Pieroth/Schlink/Kniesel, § 24 Rn. 2.

In den anderen Bundesländern gelten folgende Regelwerke: 3

In **Bayern** das Verwaltungszustellungs- und Vollstreckungsgesetz (VwZVG Bay), für die Vollstreckung durch die Polizei: Art. 18 Abs. 2 VwZVG Bay i.V.m. Art. 53 ff. PAG Bay. In **Berlin** § 5a des Gesetzes über das Verfahren der Berliner Verwaltung, der das VwVG des Bundes in der jeweils geltenden Fassung für anwendbar erklärt („dynamische Verweisung"), ferner das Gesetz über die Anwendung unmittelbaren Zwangs bei der Ausübung öffentlicher Gewalt (UZwG Berl). In **Brandenburg** das Verwaltungsvollstreckungsgesetz (VwVG Bbg) sowie für die Polizei §§ 53 ff. PolG Bbg. In **Bremen** das Gesetz über das Verfahren zur Erzwingung von Handlungen, Duldungen oder Unterlassungen – Bremisches Verwaltungsvollstreckungsgesetz (BremVwVG), für die Anwendung unmittelbaren Zwangs §§ 41 ff. PolG Brem. In **Hamburg** das Verwaltungsvollstreckungsgesetz (VwVG Hamb.), für die Anwendung unmittelbaren Zwangs §§ 17 ff. SOG Hamb. In **Hessen** für den Verwaltungszwang durch die Polizei- und Ordnungsbehörden §§ 47 ff. HSOG, für die Vollstreckung von Geldforderungen im Bereich der Gefahrenabwehr das Verwaltungsvollstreckungsgesetz (VwVG Hess). In **Mecklenburg-Vorpommern** §§ 79 ff. SOG MV. In **Niedersachsen** gemäß § 70 Abs. 1 des Verwaltungsvollstreckungsgesetzes (VwVG Nds) für die Durchsetzung von Duldungen, Handlungen und Unterlassen der Sechste Teil des SOG Nds, für die Herausgabe von Sachen zudem § 71 VwVG Nds. In **Rheinland-Pfalz** das Verwaltungsvollstreckungsgesetz für Rheinland-Pfalz (LVwVG RP), für die Anwendung unmittelbaren Zwangs durch die Polizei § 57 Abs. 2 POG RP i.V.m. §§ 58 ff. POG RP. Im **Saarland** die §§ 44 ff. PolG Saarl für die Vollstreckung von Gefahrenabwehrmaßnahmen, ergänzend das Saarländische Verwaltungsvollstreckungsgesetz (VwVG Saarl). In **Sachsen** das Verwaltungsvollstreckungsgesetz (VwVG Sachs), zusätzlich für den unmittelbaren Zwang §§ 30 ff. PolG Sachs. In **Sachsen-Anhalt** §§ 9, 48 ff. SOG SA. In **Schleswig-Holstein** §§ 228 LVwG SA. In **Thüringen** das Verwaltungszustellungs- und Vollstreckungsgesetz (VwZVG Thür), für die Vollstreckung durch die Polizei §§ 18 Abs. 3 VwZVG Thür i.V.m. §§ 51 ff. PAG Thür.

§ 12 Mittel des Verwaltungszwangs

1   Die gefahrenabwehrgesetzlichen Bestimmungen zum Verwaltungszwang kennen eben-so wie die allgemeinen Verwaltungsvollstreckungsgesetze im Wesentlichen **drei Mittel** des Verwaltungszwangs.

I. Ersatzvornahme

2   Die **Ersatzvornahme** ist die Vornahme einer vertretbaren Handlung durch einen ande-ren als den Adressaten der diese Handlung anordnenden Verfügung an dessen Stelle (vgl. §§ 51 Abs. 1 Nr. 1, 52 PolG NW, §§ 57 Abs. 1 Nr. 1, 59 VwVG NW; §§ 19 Abs. 1 Nr. 2, 25 VwVG BW).[1] Sie kann als „Selbstvornahme" durch die Behörde oder als „Fremdvornahme" durch einen Dritten, etwa einen beauftragten Unternehmen, erfol-gen.

▶ Die Kosten der Fremdvornahme trägt zunächst die Behörde; diese kann jedoch gegen-über dem Adressaten die Kosten durch Kostenbescheid geltend machen (§ 15 Rn. 1 ff.).[2] ◀

3   **Vertretbare Handlungen** sind solche, die auch durch einen anderen vorgenommen wer-den können (bei dem sich der Adressat also gewissermaßen „vertreten" lassen kann). Die Ersatzvornahme kommt damit nur in Betracht, wenn eine Handlungs-Verfügung vollstreckt werden soll; Duldungs- und Unterlassungs-Verfügungen können – da sie kein vertretbares Verhalten gebieten – nur mit einem der anderen Zwangsmittel durch-gesetzt werden. Zudem muss die von der Behörde bzw. ihrem Beauftragten vorgenom-mene Maßnahme nach zutreffender Auffassung identisch mit der in der Grundverfü-gung angeordneten Handlung sein; eine bloße Gleichheit „im Ergebnis" genügt nicht.[3]

Beispiel: Wird die Anordnung an einen Wohnungsinhaber, die Wohnungstür zu öffnen, nicht befolgt, und brechen die handelnden Polizeibeamten diese daraufhin auf, so ist dies keine Ersatzvornahme, sondern die Anwendung unmittelbaren Zwangs. Die ursprünglich angeordnete Handlung: „Öffnen Sie die Tür!" deckt sich nicht mit dem gewaltsamen Auf-brechen.[4] Diese Deutung ist freilich umstritten; teilweise wird das gewaltsame Aufbrechen einer Wohnungstür als Bestandteil der Standardbefugnis „Betreten und Durchsuchen von Wohnungen" gedeutet (§ 10 Rn. 152 ff.).

4   Aus diesem Grund erscheint die gängige Einordnung der „**Abschleppfälle**" (Abschlep-pen von Kraftfahrzeugen)[5] als Ersatzvornahme als rechtlich zweifelhaft. Dies gilt je-denfalls dann, wenn das Abschleppen wegen eines Verstoßes gegen ein Verkehrsschild (Halteverbotsschild usw.) erfolgt.[6] Das Schild ist ein Verwaltungsakt in Gestalt der All-gemeinverfügung (§ 35 S. 2 VwVfG) und dient als vollstreckbare „Grundverfügung". Der Regelungsgehalt des Schildes umfasst nach der anerkannten „Verkehrszeichen-rechtsprechung" des Bundesverwaltungsgerichts[7] das Verbot: „Ihr Fahrzeug darf hier nicht halten!" sowie die Anordnung: „Fahren Sie Ihr Fahrzeug aus dem Halteverbot

---

1 Fallbearbeitungen bei Puttler, JA 2001, 669; Schoch, JuS 1995, 307; Werner, JA 2000, 902, 906 ff.
2 Instruktives Schaubild über die Rechtsbeziehungen bei Möller/Warg, Rn. 190.
3 J. Dietlein, in: Dietlein/Burgi/Hellermann, § 3 Rn. 243.
4 J. Dietlein, in: Dietlein/Burgi/Hellermann, § 3 Rn. 243.
5 Eingehend Becker, JA 2000, 677; Bertrams, NWVBl. 2003, 289; Fischer, JuS 2002, 446; Janssen, JA 1996, 165; Klenke, NWVBl. 1994, 288; Fallbearbeitungen bei Bodanowitz, JuS 1996, 911; Muckel, NWVBl. 2004, 285; Ost, NWVBl. 2005, Beil. Heft 6, 25; Sasse, NdsVBl. 2008, 329; ferner Kugelmann, 11. Kap. Rn. 50 ff.; Schenke, Rn. 710 ff.
6 Zu Rechtsfragen im Zusammenhang mit Verkehrszeichen eingehend Beaucamp, JA 2008, 612.
7 Vgl. BVerwG NJW 1978, 656; BVerwGE 102, 316.

weg!". Wollte man in diesen Fällen auf eine Ersatzvornahme zurückgreifen, müsste man die Anordnung allgemeiner fassen: „Bewegen Sie das Fahrzeug hier weg!", sie also im Sinne eines abstrakten „Räumungsgebotes" verstehen.[8] Nur dann ist das Abschleppen identisch mit der ursprünglichen Verfügung, da ein Wegschleppen sich nicht mit einem Wegfahren deckt.

▶ Hinweis für die Fallbearbeitung: Wenig Beachtung findet meist das Problem, dass die im Verkehrsschild liegende Grundverfügung nicht von der ein Fahrzeug abschleppenden Polizei, sondern von der jeweils zuständigen Straßenverkehrsbehörde erlassen worden ist. Diese Tatsache kann bei der Rechtmäßigkeitskontrolle der Vollstreckungsmaßnahmen zu Schwierigkeiten bei der Begründung der (sachlichen) Zuständigkeit der Polizei führen, soweit diese im gestreckten Verfahren handelt (§ 13 Rn. 2 ff.). ◀

Die Alternative wäre die Annahme einer Anwendung unmittelbaren Zwangs;[9] gelegentlich wird auch eine Sicherstellung angenommen (§ 10 Rn. 162 ff.). Dogmatisch erscheint es indes schlüssiger, in den Abschleppfällen die im Verkehrsschild liegende Handlungsordnung nicht zu eng im Sinne einer Wegfahranordnung auszulegen. Abgesehen davon, dass eine solche Deutung ohnehin nur an eine hypothetische sprachliche „Transskription" des Regelungsgehalts des Schildes anknüpft und insoweit willkürlich erscheint, ist die weite Fassung als „**Räumungsgebot**" lebensnäher, da die Geltung des Halteverbotsschildes und die Pflicht zum Wegbewegen des Fahrzeugs etwa auch nicht entfallen würden, wenn das Fahrzeug aufgrund eines Defekts gar nicht mehr bewegt werden könnte. Auf welche Weise das Fahrzeug entfernt wird, ist aus Sicht der Gefahrenabwehr irrelevant. Eher unproblematisch ist – sofern landesrechtlich vorgesehen – der Fall des Tätigwerdens im sofortigen Vollzug, da die abschleppende bzw. die Abschleppung veranlassende Behörde eine „hypothetische Grundverfügung" erlassen könnte, die an den Verstoß gegen das Halteverbot anknüpft, auf die Generalklausel gestützt werden kann und die Regelung „Entfernen Sie das Fahrzeug!" enthält (s. zum sofortigen Vollzug eingehend § 13 Rn. 16 ff.). Im sofortigen Vollzug, gegebenenfalls in unmittelbarer Ausführung sind zudem Fahrzeuge abzuschleppen, die sich nicht im Geltungsbereich eines Verkehrszeichens befinden, für die sich aber ein Wegfahrgebot unmittelbar aus gesetzlichen Vorschriften ergibt (z.B. § 12 Abs. 1 Nrn. 1–5, Abs. 3 StVO); in diesen Fällen fehlt es an einer Grundverfügung.[10]

Die „Abschleppfälle" finden sich in zahlreichen **Varianten**. Gegebenenfalls kommen Maßnahmen nach dem Straßen- und Wegerecht in Betracht, wenn das abgestellte Fahrzeug als Fall der „Sondernutzung" qualifiziert werden kann (etwa bei fehlender Zulassung oder Betriebsbereitschaft bzw. bei einem Einsatz als Werbemittel). Sind Verkehrszeichen nicht erkennbar (verschmutzt, „eingeschneit" usw.), stellt sich hinsichtlich der Rechtmäßigkeit der Vollstreckungsmaßnahme die Frage nach einer wirksamen Grundverfügung. Die Wirksamkeit der Allgemeinverfügung Verkehrszeichen wird im Regelfall zu bejahen sein; insbesondere entfällt sie nicht gemäß § 43 Abs. 2 VwVfG. Die mangelnde Erkennbarkeit des Schildes kann jedoch als Vollstreckungshindernis gewertet oder aber auf der Ebene der Verhältnismäßigkeit thematisiert werden.[11] Die Rechtsprechung zeigt sich indes recht streng und erlegt dem Fahrzeugführer eine

---

8 So J. Dietlein, in: Dietlein/Burgi/Hellermann, § 3 Rn. 245.
9 Explizit Klenke, NWVBl. 1994, 288, 289.
10 Vgl. Möller/Warg, Rn. 416.
11 J. Dietlein, in: Dietlein/Burgi/Hellermann, § 3 Rn. 257.

Pflicht zur Umgebungskontrolle auf Verkehrszeichen auf.[12] Ähnliche Fragen stellen sich bei zeitlich nach dem Abstellen des Fahrzeugs aufgestellten Verkehrszeichen.

Beispiel: „Mobile" Verkehrszeichen, die auf Antrag eines Dritten an einem Straßenstück aufgestellt werden, um für einen Umzugstag das Abstellen des Umzugswagens und genügend „Rangierraum" für den Transport zu sichern.

Die Rechtsprechung geht von der Wirksamkeit dieser Verkehrszeichen auch gegenüber Personen aus, die ihr Fahrzeug vor deren Errichtung an der fraglichen Stelle geparkt haben. Ein Fahrzeugführer müsse sich auf mögliche Veränderungen der verkehrsrechtlichen Situation einstellen und sei in regelmäßigen Abständen zur Kontrolle verpflichtet. Ein Abschleppen ist daher rechtmäßig, wenn eine Gefahrenlage besteht. Ob dem Adressaten allerdings die Kosten auferlegt werden, macht die Rechtsprechung aus Verhältnismäßigkeitsgründen von einer „Schonzeit" abhängig; diese variiert zwischen 48 Stunden und mehreren Tagen; nach neueren Entscheidungen wird man von vier Tagen ausgehen können.[13] Steht das Fahrzeug etwa länger im Halteverbot als diese Schonfrist läuft, können vom Betroffenen auch die Kosten für die Abschleppmaßnahme erhoben werden. Weitere Fallkonstellationen der „Abschleppfälle" betreffen Verstöße gegen § 32 StVO bzw. gegen straßen- und wegerechtliche Bestimmungen zur Sondernutzung (z.B. § 18 Abs. 1 StWG NW).

Beispiel: Ein nicht zugelassenes Kraftfahrzeug ist im öffentlichen Straßenraum abgestellt. Die Anwendung der straßenrechtlichen Vorschriften neben der StVO ist umstritten;[14] dies betrifft allerdings in erster Linie die Frage nach der Ermächtigungsgrundlage für die Grundverfügung. Bei bestehender Zulassung kann in jedem Fall ein Vorgehen aufgrund der Vorschriften zur Sondernutzung in Betracht kommen, wenn etwa das Fahrzeug aufgrund angebrachter sichtversperrender Werbung nicht jederzeit verkehrsbereit ist.[15]

7   **Verhältnismäßigkeitserwägungen** sind auch in denjenigen Fällen anzustellen, in denen anstelle des Abschleppens bzw. zuvor eine Kontaktaufnahme mit dem Fahrzeughalter in Betracht kommt. Den Gefahrenabwehrbehörden ist es während ihrer praktischen Alltagstätigkeit nicht zuzumuten, bei jedem im Halteverbot abgestellten Fahrzeug zunächst zu versuchen, über den Halter den jeweiligen Fahrer zu erreichen und zu einem Entfernen zu bewegen. Abgesehen vom tatsächlichen Aufwand wird diese Vorgehensweise regelmäßig zu viel Zeit in Anspruch nehmen. Anderes kann gelten, wenn der Fahrzeugführer einen Zettel mit einer Rufnummer oder der Angabe eines nahe gelegenen Ortes, an dem er sich befindet, gut sichtbar im Fahrzeug hinterlässt. Die Rechtsprechung hält jedoch auch in diesen Fällen ein Abschleppen ohne vorherigen Versuch der Kontaktaufnahme für rechtmäßig.[16] Das Schrifttum ist dieser Sichtweise unter Berufung auf Verhältnismäßigkeitsaspekte entgegen getreten: Sei eine Ermittlung und Herbeiholung ohne Weiteres möglich, sei ein Abschleppen unverhältnismäßig.[17] Dies überzeugt; jedenfalls ist es der Behörde zuzumuten, die angegebene Rufnummer wenigstens einmal anzurufen oder den angegebenen Ort, sofern er in unmittelbarer Nähe

---

12 OVG Münster NJW 1998, 331.
13 OVG Bautzen NJW 2009, 2551; VGH München BayVBl. 2009, 21; J. Dietlein, in: Dietlein/Burgi/Hellermann, § 3 Rn. 257. A.A. OVG Münster NVwZ-RR 1996, 59: zwei Tage ausreichend; dagegen BVerwG NJW 1997, 1021, 1023.
14 Gegen eine Anwendung des straßenrechtlichen Regimes etwa OLG Köln VRS 1982, 79; Hentschel, NJW 2003, 716, 719 Fn. 38.
15 Vgl. OVG Münster NVwZ 2002, 218; s. auch BVerwG NJW 1982, 2332.
16 BVerwG NJW 2014, 2888, bei einem an einem Taxistand geltenden allgemeinen Halteverbot; VG Köln BeckRS 2008, 30354.
17 J. Dietlein, in: Dietlein/Burgi/Hellermann, § 3 Rn. 258.

liegt und zugänglich ist (wie etwa ein Restaurant), aufzusuchen, um den Fahrzeugführer zu erreichen. Weitere „Aufklärungsmaßnahmen", etwa das Klingeln an Wohnungstüren oder das Besprechen eines Anrufbeantworters, wird man dagegen nicht aus Erforderlichkeitserwägungen verlangen können.[18] In diesen Fällen ist eine einzelfallbezogene Wertung anzustellen.

▶ Anschlussprobleme bei Abschleppfällen ergeben sich, wenn ein Anspruch auf Verwahrungskosten gegenüber dem Fahrzeughalter bzw. -führer geltend gemacht werden soll. In einigen Bundesländern kann ferner eine Verwaltungsgebühr erhoben werden, vgl. § 15 Abs. 1 Nrn. 7, 8, 13 und 14 VO VwG NW.[19] ◀

II. Zwangsgeld, Ersatzzwangshaft

Das **Zwangsgeld** als „klassisches" Instrument der Willensbeugung[20] ist das Auferlegen einer Zahlungsverpflichtung, um den Vollstreckungsschuldner schon mittels der Androhung des Zwangsgeldes zu einem bestimmten Verhalten zu bewegen (vgl. §§ 51 Abs. 1 Nr. 2, 53 PolG NW, §§ 57 Abs. 1 Nr. 2, 60 VwVG NW; §§ 19 Abs. 1 Nr. 1, 23, 24 VwVG BW).[21] In der Praxis wird es meist eingesetzt, um den Adressaten zur Vornahme einer nicht vertretbaren Handlung anzuhalten, die von den Gefahrenabwehrbehörden nicht im Wege der Ersatzvornahme realisiert oder durch unmittelbaren Zwang forciert werden kann. Das Zwangsgeld kommt jedoch auch bei vertretbaren Handlungen in Betracht. Darüber hinaus ist es das Mittel der Wahl, wenn es um Verpflichtungen zu einer Duldung oder zu einem Unterlassen geht.[22] Anders als Ersatzvornahme und unmittelbarer Zwang führt der Einsatz des Zwangsgelds aber nicht unmittelbar zum behördlicherseits erwünschten Resultat, sondern belässt die Entscheidung über ein anordnungskonformes Verhalten beim Adressaten. Daher sehen die einschlägigen Bestimmungen die Möglichkeit vor, das Zwangsgeld mehrfach bzw. für jeden Fall der Zuwiderhandlung anzudrohen bzw. festzusetzen.

8

Das Zwangsgeld ist keine (Verwaltungs-)Strafe oder sonstige Sanktion, sondern ein „Beugemittel".[23] Demgemäß ist das beigetriebene Zwangsgeld letztlich ein Fehlschlag der Verwaltungsvollstreckung, weil der Adressat nicht zum eigentlich gewünschten Handeln bewegt werden konnte.[24] Aus diesem Grund kommt auch eine wiederholte, in der Höhe „gestaffelte" Zwangsgeldanordnung in Betracht, sofern die gesetzlichen Regelungen Zwangsgelder in der insgesamt festgesetzten Höhe decken. Die Landesgesetze erlauben teilweise die beliebig häufige Wiederholung des Zwangsgeldes (vgl. § 60 Abs. 1 S. 3 VwVG NW).

9

Die **Höhe des** (einzelnen) **Zwangsgeldes** ist jedoch wegen der (verfassungs-)rechtlichen Bestimmtheitsanforderungen exakt bereits in der Androhung festzulegen. Die zulässige Höhe variiert stark; nach § 60 Abs. 1 VwVG NW wird es auf mindestens zehn und höchstens 100.000 Euro festgesetzt, nach § 53 Abs. 1 PolG NW auf mindestens fünf, höchstens 2.500 Euro, nach § 23 VwVG BW auf mindestens zehn, höchstens 50.000 Euro.

10

---

18 S. auch BVerwG NJW 2014, 2888: wer seine Handynummer hinterlässt, muss auch erreichbar sein.
19 Dazu Gusy, Rn. 293; Möller/Warg, Rn. 428; ferner OVG Münster NJW 2001, 2035.
20 J. Dietlein, in: Dietlein/Burgi/Hellermann, § 3 Rn. 242.
21 Fallbearbeitung bei Schoch, JuS 1995, 307.
22 Vgl. OVG Berlin NVwZ-RR 1998, 412; OVG Münster DÖV 1993, 398.
23 BVerwGE 117, 332, 338; 125, 110; VGH Mannheim NVwZ-RR 1994, 620; J. Dietlein, in: Dietlein/Burgi/Hellermann, § 3 Rn. 240; Pieroth/Schlink/Kniesel, § 24 Rn. 11; Schenke, Rn. 556.
24 Möller/Warg, Rn. 193.

Beispiel: Rechtswidrig daher die Androhung eines Zwangsgeldes „bis zu 100 Euro".[25]

Ein Zwangsgeld kann auch dann festgesetzt werden, wenn ein Verstoß bereits erfolgt, eine erneute Zuwiderhandlung aber wegen Fristablaufs oder Erledigung der Verfügung nicht mehr möglich ist. Entscheidend ist nach der Rechtsprechung, dass der Verstoß nach der Androhung des Zwangsmittels und während der Zeit, in der die vollstreckbare Verfügung wirksam war, erfolgt ist.[26] Andernfalls würde das Zwangsgeld seine Funktion als Beugemittel verlieren. In Nordrhein-Westfalen ist auf § 61 i.V.m. § 60 Abs. 3 S. 2 VwVG NW bzw. § 54 i.V.m. § 53 Abs. 3 S. 3 PolG NW hinzuweisen. Danach unterbleibt die Beitreibung des Zwangsgeldes, sobald der Betroffene die gebotene Handlung ausführt oder die zu duldende Maßnahme gestattet; beizutreiben ist das Zwangsgeld allerdings, wenn der Duldungs- oder Unterlassungsverpflichtung zuwidergehandelt worden ist, deren Erfüllung durch die Androhung des Zwangsgeldes erreicht werden sollte.

11   Die **Ersatzzwangshaft** (z.B. §§ 61 VwVG NW, 54 PolG NW; § 24 VwVG BW) ist kein eigenständiges Zwangsmittel, sondern dient als „Austauschmittel" für ein angedrohtes Zwangsgeld bzw. als dessen verschärfte Fortsetzung, sofern dieses uneinbringlich ist.[27] Dies ist dann der Fall, wenn der Adressat über kein pfändbares Vermögen verfügt bzw. die Beitreibung des Zwangsgeldes bereits erfolglos verursacht worden ist. Weigert er sich lediglich, das Zwangsgeld zu bezahlen, ist dieses nicht „uneinbringlich", und die Behörde muss die Forderung beitreiben. Wie das Zwangsgeld ist die Zwangshaft Beuge-, nicht Strafmittel; aufgrund der mit ihr verbundenen Freiheitsentziehung kommt sie zudem lediglich als ultima ratio in Betracht;[28] insbesondere dann, wenn der Adressat im Wissen um seine Mittellosigkeit von der Androhung und Festsetzung eines Zwangsgelds unbeeindruckt bleibt. Vorrangig sind also stets andere Vollstreckungsmittel anzuwenden, namentlich die Ersatzvornahme.

Beispiel: Gegenüber einer Person sind eine Wohnungsverweisung und ein Rückkehrverbot angeordnet worden. Gleichzeitig wurde ein Zwangsgeld für den Fall der Zuwiderhandlung angedroht. Kehrt der Adressat während der Geltungsdauer des Rückkehrverbots anordnungswidrig mehrfach in die Wohnung zurück und kann das Zwangsgeld nicht eingebracht werden, kommt eine Ersatzzwangshaft für die weitere Dauer des Rückkehrverbots in Betracht.[29]

12   Die Ersatzzwangshaft kann in Nordrhein-Westfalen auf Antrag der Polizei bzw. der Ordnungsbehörde vom **Verwaltungsgericht** angeordnet werden, wenn bei der Androhung des Zwangsgeldes hierauf, also auf die Möglichkeit der gerichtlichen Festsetzung einer Haft, hingewiesen worden ist (vgl. § 54 Abs. 1 PolG NW, § 61 Abs. 1 OBG NW). Sie ist auf Antrag der Polizei bzw. der Ordnungsbehörde von der Justizverwaltung nach den Vorgaben der §§ 901, 904 bis 910 ZPO zu vollstrecken (vgl. § 54 Abs. 2 PolG NW, § 61 Abs. 2 OBG NW). Sie beträgt mindestens einen Tag, höchstens zwei Wochen (vgl. § 54 Abs. 1 S. 2 PolG NW, § 61 Abs. 1 S. 2 OBG NW). In Baden-Württemberg gilt ähnliches: Nach § 24 Abs. 1 VwVG BW hat das Verwaltungsgericht, wenn es eine Zwangshaft anordnet, einen Haftbefehl auszufertigen; die Zwangshaft ist von der Justizverwaltung nach Maßgabe der §§ 904 ff. ZPO zu vollstrecken, und die

---

25 Gusy, Rn. 444.
26 OVG Münster DÖV 1993, 398.
27 Möller/Warg, Rn. 195; Schoch in: Schoch (Hrsg.), 2. Kap. Rn. 386.
28 OVG Münster DVBl. 1997, 674; NVwZ-RR 1999, 802; NVwZ-RR 2004, 786, 787; Schoch in: Schoch (Hrsg.), 2. Kap. Rn. 386.
29 Vgl. OVG Münster NJW 2006, 2569.

Haft darf zwischen einem Tag und zwei Wochen dauern (vgl. § 24 Abs. 2 und 3 VwVG BW).

Problematisch sind die Fälle der „**verlängerten Ersatzzwangshaft**". Grundsätzlich sind Maßnahmen der Freiheitsentziehung unverzüglich zu beenden, wenn ihr Grund entfällt. So ist die Zwangshaft auszusetzen, sobald der Adressat der Grundverfügung diese befolgt, also eine angeordnete Handlung vornimmt oder die zu duldende Maßnahme gestattet. Denkbar sind jedoch Fälle, in denen ein Aufenthaltsverbot unter Zwangsgeld- und Ersatzhaftandrohung erteilt wird, der Adressat jedoch gegen das Verbot verstößt. Ist nun das Zwangsgeld uneinbringlich, kann er in Ersatzzwangshaft genommen werden. Läuft nun das Aufenthaltsverbot zeitlich aus, während sich der Adressat in Haft befindet, stellt sich Frage, ob diese fortgesetzt werden darf. Die Rechtsprechung hält dies etwa im Falle von Aufenthaltsverboten gegenüber Drogenhändlern (nicht aber: Drogenkonsumenten) für zulässig.[30] Hinsichtlich der Durchsetzung von Unterlassungspflichten mittels Ersatzzwangshaft gelten in einigen Ländern Sonderregelungen.

13

III. Unmittelbarer Zwang

Drittes Zwangsmittel ist der **unmittelbare Zwang** (§§ 51 Abs. 1 Nr. 3, 55 PolG NW, §§ 57 Abs. 1 Nr. 3, 62, 66 ff. VwVG NW; §§ 49 Abs. 2, 50 ff. PolG BW). Dabei handelt es sich um die Einwirkung auf Personen oder Sachen durch körperliche Gewalt, Hilfsmittel körperlicher Gewalt oder Waffen (vgl. die Legaldefinitionen in § 58 Abs. 1 PolG NW, § 67 Abs. 1 VwVG NW; § 50 Abs. 1 PolG BW, § 26 Abs. 1 VwVG BW).[31] Im Einsatz körperlicher Gewalt liegt meist zugleich ein „Brechen" eines entgegenstehenden Willens des Adressaten. Der unmittelbare Zwang ist „ultima ratio" des Zwangsmitteleinsatzes (vgl. § 55 Abs. 1 S. 1 PolG NW, § 62 Abs. 1 S. 1 VwVG NW). So ist seine Anwendung unzulässig zur Abgabe einer Erklärung (vgl. § 62 Abs. 2 VwVG NW, § 55 Abs. 2 PolG NW).[32]

14

▶ Für die Anwendung unmittelbaren Zwangs gibt es eine Reihe von spezielleren Ermächtigungsnormen in Spezialgesetzen, vgl. etwa §§ 94 ff. StVollG (unmittelbarer Zwang durch Bedienstete der Justizvollzugsanstalten); §§ 1 ff. UZwG (unmittelbarer Zwang bei Ausübung öffentlicher Gewalt durch Vollzugsbeamte des Bundes gemäß § 6 UZwG, also z.B. Vollzugsbeamte der Bundespolizei, Beamte des Zollgrenzdienstes, des Zollfahndungsdienstes, Beamte der Bundesgerichte und Bundesjustizverwaltung mit Vollzugsaufgaben usw.); §§ 1 ff. UZwGBw (unmittelbarer Zwang durch Soldaten der Bundeswehr und verbündeter Streitkräfte sowie ziviler Wachpersonen). ◀

Hinsichtlich des unmittelbaren Zwangs bestehen teilweise Beschränkungen hinsichtlich der **Behörden**, die ihn ausüben dürfen. § 30 Abs. 2 PolG Sachs geht dabei am weitesten und erklärt nur den Polizeivollzugsdienst als zur Anwendung unmittelbaren Zwangs befugt. § 68 VwVG NW ordnet an, dass neben der Polizei nur bestimmte, mit Dienstausweisen ausgestattete „Vollzugsdienstkräfte" unmittelbaren Zwang anwenden dür-

15

---

30 OVG Münster NVwZ 2009, 516; vgl. auch Bertrams, NWVBl. 2003, 289, 293; zustimmend J. Dietlein, in: Dietlein/Burgi/Hellermann, § 3 Rn. 242.

31 Fallbearbeitungen bei Hendricks/Merz, NWVBl. 1999, 198 und 236; König, JA 1993, 11; Werner, JA 2000, 902, 904 ff.

32 J. Dietlein, in: Dietlein/Burgi/Hellermann, § 3 Rn. 244, deutet die Bestimmung zu Recht als (weiteres) gesetzliches „Folterverbot"; Schenke, Rn. 558a.

fen. Die Dienstkräfte der Ordnungsbehörden gemäß § 13 OBG NW gehören jedoch nach § 68 Abs. 1 Nr. 2 VwVG NW zum Kreis der Berechtigten.

16   **Körperliche Gewalt** kann „mit bloßen Händen" ausgeübt werden, aber auch mit anderen Körperteilen (Aufbrechen einer Tür mit der Schulter, Eintreten mit dem Fuß usw.). Auch der Einsatz des eigenen Körpergewichts, z.B. bei einem Niederdrücken des Adressaten, ist körperliche Gewalt. Als **Waffen** sind nach den landesgesetzlichen Bestimmungen meist zugelassen: Schlagstock, Pistole und Revolver (für die Ordnungsbehörden, vgl. § 67 Abs. 4 VwVG NW), für die Polizei ferner Gewehr und Maschinenpistole (vgl. § 58 Abs. 4 PolG NW). Handgranaten und Maschinengewehre („besondere Waffen") darf in den einigen Ländern lediglich die Bundespolizei verwenden (vgl. § 58 Abs. 5 PolG NW), sofern diese in den Fällen des Art. 35 Abs. 2 S. 1 oder des Art. 91 Abs. 1 GG eingesetzt wird. Zahlreiche Länder verwehren aber auch der Bundespolizei den Einsatz dieser Waffen (vgl. § 58 Abs. 5 i.V.m. Abs. 4 SOG SA). In Bayern können Maschinengewehre und Handgranaten nach Art. 69 Abs. 1 PAG Bay unter engen Voraussetzungen auch durch die Landespolizei gegen Personen eingesetzt werden. Die **Hilfsmittel der körperlichen Gewalt** werden in den Gefahrenabwehrgesetzen lediglich beispielhaft aufgezählt (vgl. § 58 Abs. 4 PolG NW; § 50 Abs. 2 PolG BW verweist auf eine Regelung durch das Innenministerium): Fesseln (vgl. dazu § 62 PolG NW), Wasserwerfer[33], Barrieren (etwa auch die Versiegelung[34] von Gebäuden bzw. Baustellen), Diensthunde, Dienstpferde, Reiz- und Betäubungsstoffe (wie das inzwischen gängige „Pfefferspray" oder das Tränengas – CN- bzw. CS-Gas – usw.[35]). Der Polizei ist meist zusätzlich der Einsatz von Sprengmitteln gestattet (vgl. § 58 Abs. 3 PolG NW). Der Unterschied zu den Waffen liegt in der Zweckrichtung des Einsatzes bzw. des Gegenstands: Wird ein Gegenstand unmittelbar zum Angriff oder zur Verteidigung verwendet, handelt es sich um eine Waffe.

17   Die gefahrenabwehrrechtlichen Regelwerke enthalten zudem Vorschriften über **Sonderformen des unmittelbaren Zwangs**. Beispielhaft genannt werden kann § 62a VwVG NW zur Zwangsräumung (vgl. auch § 27 VwVG BW).

18   Besondere Bestimmungen regeln den **Einsatz von Schusswaffen** als Sonderform des unmittelbaren Zwangs (vgl. §§ 63 ff. PolG NW, § 74 VwVG NW; §§ 53 ff. PolG BW). In Nordrhein-Westfalen ist der Schusswaffengebrauch nach diesen Bestimmungen neben der Polizei nur den in § 68 Abs. 1 Nr. 13 VwVG NW bezeichneten Dienstkräfte der Gerichte und Staatsanwaltschaften (die mit Vollzugs-, Vollstreckungs- und Sicherungsmaßnahmen beauftragten Personen der Gerichte und Staatsanwaltschaften, nicht aber die Gerichtsvollzieher und die Vollziehungsbeamten der Justiz) gestattet. Gesteigerte Anforderungen werden an den **Schusswaffengebrauch gegen Personen** gestellt (§ 64 PolG NW; § 54 PolG BW). Ein Schuss, der mit an Sicherheit grenzender Wahrscheinlichkeit tödlich wirken kann („**finaler Rettungsschuss**"[36]), ist schließlich nur zulässig, wenn er das einzige Mittel zur Abwehr einer gegenwärtigen Lebensgefahr oder der gegenwärtigen Gefahr einer schwerwiegenden Verletzung der körperlichen Unversehrtheit ist (vgl. § 63 Abs. 2 S. 2 PolG NW; § 54 Abs. 2 PolG BW).

---

33   BVerfG (K) NVwZ 1999, 290, 292.
34   OVG Greifswald NVwZ 1996, 488; VG Weimar NVwZ-RR 2000, 478.
35   Vgl. BVerwG NVwZ 1989, 872; VGH München BayVBl. 1988, 562.
36   Eingehend Buschmann/Schiller, NWVBl. 2007, 249; J. Dietlein, in: Dietlein/Burgi/Hellermann, § 3 Rn. 131, 244; Götz, § 13 Rn. 50; Gusy, Rn. 450 f.; Knemeyer, Rn. 374; Kugelmann, 11. Kap. Rn. 24 ff.; Pieroth/Schlink/Kniesel, § 24 Rn. 18 ff.; zur Rechtsprechung des EGMR Arzt, Die Polizei 2009, 52.

WIEDERHOLUNGS- UND VERSTÄNDNISFRAGEN

1. Welche Zwangsmittel sind zulässig? (Rn. 2 ff.)

2. Auf welche Ermächtigungsgrundlage kann das Abschleppen eines Kraftfahrzeugs gestützt werden? (Rn. 4–7)

3. Welche Anforderungen sind an die Ausübung unmittelbaren Zwangs zu stellen? (Rn. 14–18)

§ 13 Ausübungsvarianten des Verwaltungszwangs

I. Einführung

1 Verwaltungszwang kann nach den gefahrenabwehrrechtlichen bzw. allgemeinen vollstreckungsrechtlichen Regelwerken in **zwei Varianten** ausgeübt werden: Zum einen in einem regulären „gestreckten Verfahren", dem ein Verwaltungsakt zugrunde liegt, zum anderen in einem „abgekürzten Verfahren". In Nordrhein-Westfalen besteht neben dem gestreckten Verfahren die Möglichkeit eines Handelns im „sofortigen Vollzug". In Baden-Württemberg können die Behörden neben dem gestreckten Verfahren auf das Handlungsinstrument der unmittelbaren Ausführung zurückgreifen (§ 8 Rn. 139 f.). Im Folgenden wird im Schwerpunkt die nordrhein-westfälische Rechtslage dargestellt.

II. Gestrecktes Verfahren

2 Den „Normalfall" des Verwaltungszwangs bildet das sog. „**gestreckte Verfahren**" (vgl. § 50 Abs. 1 PolG NW, § 55 Abs. 1 OBG NW; vgl. auch § 18 VwVG BW). Es wird durchgeführt, wenn ein **vollstreckbarer Verwaltungsakt** („Grundverwaltungsakt", „Grundverfügung") als „Vollstreckungstitel" vorliegt, der auf ein Handeln, Dulden oder Unterlassen gerichtet ist. Vollstreckbar sind mithin nur solche „HDU"-Verfügungen, nicht jedoch beispielsweise ein feststellender Verwaltungsakt.

3 Diese Grundverfügung muss zunächst **wirksam** sein; dies richtet sich nach den Bestimmungen des allgemeinen Verwaltungsrechts. Sie darf also insbesondere nicht nichtig gemäß § 44 VwVfG sein (vgl. § 43 Abs. 3 VwVfG) und muss nach §§ 43 Abs. 1, 41 VwVfG (gegebenenfalls in Verbindung mit besonderen zustellungsrechtlichen Vorschriften, etwa aus dem jeweiligen Landes-Verwaltungszustellungsgesetz) ordnungsgemäß bekannt gegeben worden sein. Weitere Wirksamkeitsvoraussetzungen können sich aus der jeweiligen gesetzlichen Grundlage zum Erlass der Grundverfügung ergeben.

4 Die wirksame Grundverfügung muss ferner „**vollstreckbar**" sein. Dies setzt voraus, dass sie unanfechtbar geworden ist, dass Rechtsmittel keine aufschiebende Wirkung haben oder dass aufgrund gesonderter landesgesetzlicher Anordnung ein Vollzug des Verwaltungsakts vor Unanfechtbarkeit in Betracht kommt. Unanfechtbar wird ein Verwaltungsakt mit Eintritt der Bestandskraft, insbesondere dann, wenn ein Rechtsbehelf gegen ihn grundsätzlich nicht mehr erhoben werden kann, wenn alle Rechtsbehelfe erfolglos ausgeschöpft wurden, wenn die Rechtsbehelfsfristen ohne die Möglichkeit einer Wiedereinsetzung in den vorigen Stand verstrichen sind oder wenn der Betroffene explizit und endgültig auf Rechtsbehelfe verzichtet hat. Rechtsmittel haben **keine aufschiebende Wirkung**, wenn einer der Fälle des § 80 Abs. 2 S. 1 VwGO vorliegt. Für das Gefahrenabwehrrecht bedeutsam ist vor allem Nr. 2: Rechtsmittel haben bei **unaufschiebbaren Anordnungen und Maßnahmen** von Polizeivollzugsbeamten keine aufschiebende Wirkung. Unaufschiebbar sind Anordnungen und Maßnahmen, wenn die Abwehr einer Gefahr ohne die sofortige Vollziehung des Verwaltungsaktes nicht oder nicht rechtzeitig möglich erscheint. Polizeivollzugsbeamte sind die mit dem Vollzugsdienst der Polizeien betrauten Polizeibeamten im Dienste des Bundes bzw. der Länder. Nach der Rechtsprechung ist § 80 Abs. 2 S. 1 Nr. 2 VwGO auf Verkehrszeichen analog anwendbar; dies wird mit deren Funktionsgleichheit mit den unaufschiebbaren Anordnungen begründet.[1] Häufig entfällt die aufschiebende Wirkung auch wegen der Anord-

---

1 BVerwG NJW 1978, 656 f.; DÖV 1988, 694 f.; dazu Schenke, Rn. 544.

nung der sofortigen Vollziehung eines Verwaltungsaktes gemäß § 80 Abs. 2 S. 1 Nr. 4 VwGO.

In einigen Ländern sind zudem Fälle ausdrücklich gesetzlich geregelt, in denen ein   5
Vollzug des Verwaltungsakts auch vor Unanfechtbarkeit gestattet ist.

▶ Vgl. § 229 Abs. 2 LVwG SH; § 80 Abs. 2 SOG MV; § 54 VwZVG Thür. ◀

Nach diesen Bestimmungen kann beim Vollzug eines Verwaltungsaktes im Wege der Ersatzvornahme oder der Anwendung unmittelbaren Zwangs von der Notwendigkeit der Unanfechtbarkeit oder des fehlenden Suspensiveffekts von Rechtsbehelfen abgewichen werden,[2] wenn auf andere Weise eine gegenwärtige Gefahr für die öffentliche Sicherheit nicht abgewehrt werden kann oder eine rechtswidrige Tat oder mit Geldbuße bedrohte Handlung anders nicht verhindert werden kann. Diese Vollzugsmöglichkeit ist vom sofortigen Vollzug (im Regelfall ohne Verwaltungsakt) zu unterscheiden.

Zu den wesentlichen Grundentscheidungen des Vollstreckungsrechts gehört, dass der   6
zu vollstreckende Verwaltungsakt zwar wirksam, aber **nicht** zwingend **rechtmäßig** sein muss. Auf die Rechtmäßigkeit der Grundverfügung soll es im gestreckten Verfahren (s. aber die Besonderheiten beim sofortigen Vollzug Rn. 16 ff.) für die Rechtmäßigkeit der Vollstreckung nach überwiegender Auffassung nicht ankommen.[3] Dies entspricht dem Konzept des allgemeinen Verwaltungsrechts, dass ein Verwaltungsakt wirksam bleibt, also Rechtswirkungen entfaltet (und eben auch vollstreckt werden kann), solange (zeitlich) und soweit (inhaltlich) er nicht zurückgenommen, widerrufen, anderweitig aufgehoben oder durch Zeitablauf oder auf andere Weise erledigt ist (§ 43 Abs. 2 VwVfG).

Zutreffend ist diese Sichtweise jedenfalls dann, wenn ein Verwaltungsakt **unanfechtbar**   7
geworden ist; in diesen Fällen hat der Adressat regelmäßig die Rechtsbehelfsfristen ungenutzt verstreichen lassen, so dass ihn der Vollzug des Verwaltungsaktes nicht ohne eigene Verantwortlichkeit trifft. Zweifelhaft ist allerdings, ob die Rechtmäßigkeit auch dann irrelevant ist, wenn das gestreckte Verfahren auf der Grundlage eines wirksamen Verwaltungsaktes durchgeführt wird, der noch nicht bestandskräftig ist, dem gegenüber Rechtsmittel aber gemäß § 80 Abs. 2 VwGO **keine aufschiebende Wirkung** haben. Die Rechtsprechung lässt auch in diesen Fällen überwiegend die Vollstreckung rechtswidriger Verwaltungsakte zu.[4] Die Gegenauffassung weist darauf hin, dass eine gerichtliche Rechtmäßigkeitskontrolle der Grundverfügung noch nicht stattgefunden habe und bei lediglich nach § 80 Abs. 2 VwGO vollstreckbaren Verwaltungsakten auch noch erfolgen könne. In diesen Konstellationen durch eine Verwaltungsvollstreckung möglicherweise irreversible Tatsachen zu schaffen, sei für den Verfügungsadressaten nicht hinzunehmen. Ist die Grundverfügung also nicht unanfechtbar, sondern lediglich nach § 80 Abs. 2 VwGO vollstreckbar, müsse sie rechtmäßig sein.[5]

▶ **Hinweis für die Fallbearbeitung:** In der Fallbearbeitung ist bei unanfechtbaren Verwaltungsakten auf eine Rechtmäßigkeitsprüfung zu verzichten. Bei Verwaltungsakten, denen gegenüber Rechtsmittel keine aufschiebende Wirkung haben, ist die o.g. Kontroverse darzustellen. Sie kann unentschieden bleiben, wenn die Grundverfügung rechtmäßig ist. Andern-

---

2 Anschaulich daher der Begriff „beschleunigter Vollzug" bei Wehser, LKV 2003, 253; vgl. Götz, § 13 Rn. 3.
3 Pieroth/Schlink/Kniesel, § 24 Rn. 32.
4 BVerfG (K) NVwZ 1999, 290, 292; OVG Münster NWVBl. 1997, 218, 219; NWVBl. 2007, 26, 27; vgl. Geier, BayVBl. 2004, 389; Weiß, DÖV 2001, 275.
5 VGH Mannheim NVwZ 1989, 163; VG Bremen NVwZ-RR 1998, 468; Schoch in: Schoch (Hrsg.), 2. Kap. Rn. 391.

falls spricht vieles dafür, jedenfalls solche Vollstreckungsmaßnahmen, die irreversible Folgen haben werden, bei Rechtswidrigkeit der Grundverfügung für unzulässig zu halten. Die Problematik kann alternativ in die Prüfung der Verhältnismäßigkeit verlagert werden: So kann es mit Blick auf die Erforderlichkeit unbillig sein, den rechtswidrigen Verwaltungsakt zu vollstrecken. Dies setzt freilich voraus, dass den handelnden Beamten die Rechtswidrigkeit bekannt oder diese offenkundig ist; in diesen Fällen erscheint es sachgerecht, den Vollzug jedenfalls dann nicht für zulässig zu halten, in denen der Verwaltungsakt letztlich noch vom Verwaltungsgericht „kassiert" werden könnte. ◀

8   Das gestreckte Verfahren verläuft nach den gesetzlichen Bestimmungen nach folgendem Schema: Im gestreckten Verfahren muss das jeweilige Zwangsmittel (§ 12 Rn. 1 ff.) in rechtmäßiger Art und Weise **angedroht** werden. Die Androhung ist nach überwiegender Auffassung ihrerseits ein (belastender) Verwaltungsakt[6] (und muss damit den allgemeinen verwaltungsrechtlichen Vorgaben entsprechen) und bereits Teil der Verwaltungsvollstreckung (so dass etwa § 28 Abs. 2 Nr. 5 VwVfG gilt).[7] Die Einordnung als Verwaltungsakt ist zutreffend; der Regelungsgehalt liegt einerseits in der Auswahl eines konkreten Zwangsmittels, andererseits in der Fristbindung der Erfüllung der Pflicht aus der Grundverfügung; die Behörde verdeutlicht nunmehr, dass sie „Ernst macht". Die Anordnung kann mit der Grundverfügung verbunden werden, mit dieser etwa in ein und demselben Schriftstück enthalten sein. Im Regelfall muss (einige Landesgesetze: soll) die Androhung schriftlich erfolgen (vgl. § 63 Abs. 1 S. 1 VwVG NW: muss, § 56 Abs. 1 S. 1 PolG NW: möglichst) und nach den Vorgaben des Verwaltungszustellungsrechts förmlich zugestellt werden. Dies gilt selbst dann, wenn die Androhung mit der Grundverfügung verbunden wird und für diese keine förmliche Zustellung vorgesehen ist.[8]

9   Mit der Androhung ist meist eine **Fristsetzung** zu verbinden. Bei Duldungs- und Unterlassungsverfügungen ist dies nicht erforderlich.[9] Von der **Androhung** kann **abgesehen** werden, wenn die Umstände sie nicht zulassen, insbesondere wenn die sofortige Anwendung des Zwangsmittels zur Abwehr einer gegenwärtigen Gefahr notwendig ist (also ein Fall des „sofortigen Vollzugs" vorliegt; vgl. § 56 Abs. 1 S. 3 PolG NW, § 63 Abs. 1 S. 5 VwVG NW). In diesem Fall handelt es sich um ein „verkürztes Vollstreckungsverfahren". Diese häufig verwendete Bezeichnung (auch: „abgekürztes Verfahren") sollte aber nicht dahingehend missverstanden werden, dass es sich um eine eigenständige dritte „Verfahrensart" des Verwaltungszwangs neben dem gestreckten Verfahren und dem sofortigen Vollzug handelte. Vielmehr entfallen aufgrund besonderer Umstände einzelne Verfahrensschritte des gestreckten Verfahrens.

10   Die Androhung unterliegt ferner materiell in besonderer Weise den Bindungen des Bestimmtheitsgebotes. So muss sie sich auf ein **konkretes Zwangsmittel** beziehen und im Falle des Zwangsgeldes eine exakte Höhe bestimmen.

Beispiel: Es wäre rechtswidrig, würde eine Behörde mit einer Grundverfügung folgende „Androhung" verbinden: „Für jeden Fall der Zuwiderhandlung gegen diese Verfügung werden Zwangsmittel angedroht." Diese Androhung ist in zweierlei Hinsicht zu unbestimmt:

---

6 BVerwG DVBl. 1989, 362; Götz, § 13 Rn. 11; Möller/Warg, Rn. 214; Schenke, Rn. 546; Erichsen/Rauschenberg, Jura 1998, 31, 38 Fn. 114; Schoch, JuS 1995, 307, 311.

7 J. Dietlein, in: Dietlein/Burgi/Hellermann, § 3 Rn. 247.

8 Möller/Warg, Rn. 215.

9 J. Dietlein, in: Dietlein/Burgi/Hellermann, § 3 Rn. 247.

Zum einen fehlt eine genaue Bezeichnung des Verhaltens, das ein Zwangsmittel zur Folge haben soll,[10] zum anderen muss das Zwangsmittel exakt bezeichnet werden.

Die Androhung kann jedoch je nach Zwangsmittel unterschiedlich vorzunehmen sein. Zu beachten ist etwa, dass für die **Androhung unmittelbaren Zwangs** meist (zusätzliche) Sonderregelungen gelten (vgl. § 61 PolG NW, § 69 VwVG NW). Im Regelfall wird auf die Schriftform sowie auf die Fristsetzung verzichtet. Auch kann die Androhung entbehrlich sein (vgl. § 61 Abs. 1 S. 2 PolG NW, § 69 Abs. 1 S. 2 VwVG NW). Die Abgabe eines Warnschusses gilt z.B. nach § 61 Abs. 1 S. 3 PolG NW als Androhung eines (gezielten) Schusswaffeneinsatzes.[11]

▶ **Hinweis für die Fallbearbeitung:** Die rechtmäßige Androhung kann bei der Prüfung der Rechtmäßigkeit einer Vollstreckungsmaßnahme im gestreckten Verfahren alternativ an zweierlei Stellen behandelt werden: Entweder im Rahmen der formellen Rechtmäßigkeit der Vollstreckungsmaßnahme als Verfahrensvorgabe oder bei der materiellen Rechtmäßigkeit der Vollstreckungsmaßnahme unter dem Punkt „ordnungsgemäße Durchführung des Vollstreckungsverfahrens". Zu beachten ist, dass die Androhung eines unzulässigen Zwangsmittels ebenfalls rechtswidrig ist.[12] Fehler hinsichtlich der potenziellen Anwendung eines Zwangsmittels schlagen also bereits auf die Ebene der Androhung durch. ◀

Die Zwangsmittel sind (gegebenenfalls nach Ablauf der in der Androhung festgesetzten Frist) **festzusetzen.** In Nordrhein-Westfalen ist die Festsetzung nur für Vollstreckungsmaßnahmen der Ordnungsbehörden nach dem VwVG NW vorgesehen (vgl. § 64 VwVG NW); das PolG NW enthält keine Regelung zur Festsetzung. Nach h.M. ist sie jedoch als „Minus" gegenüber der unmittelbaren Anwendung des Zwangsmittels auch dann zulässig, wenn sie gesetzlich nicht vorgesehen ist; in diesem Fall besitzt sie jedoch keinen Verwaltungsaktcharakter, sondern ist bloße Mitteilung.[13] 11

Die Festsetzung ist nach h.M. ebenfalls ein **Verwaltungsakt** sowie Teil der Verwaltungsvollstreckung;[14] auch sie muss in rechtmäßiger Art und Weise erfolgen. Diese Einordnung ist zutreffend; die Festsetzung eines Zwangsgeldes begründet eine unmittelbare Zahlungspflicht durch „Leistungsbescheid", die Festsetzung von Ersatzvornahme und unmittelbarem Zwang enthält die Ankündigung der Behörde, das Zwangsmittel nunmehr anzuwenden, und erklärt die unmittelbare Vollstreckbarkeit der Grundverfügung. 12

In Nordrhein-Westfalen ist ein **Verzicht auf die Festsetzung** (seitens des Vollstreckungsschuldners) nicht vorgesehen. In der Rechtsprechung wurde gelegentlich davon ausgegangen, dass die Erklärung des Adressaten, der Grundverfügung trotz Androhung eines Zwangsmittels nicht Folge leisten zu werden, als konkludenter Verzicht auf eine Festsetzung des Zwangsmittels zu deuten sei.[15] Dies überzeugt nicht; die Annahme eines konkludenten Verzichts – ohnehin rechtsdogmatisch grundsätzlich nicht möglich[16] – umgeht die klaren gesetzlichen Vorgaben für die Verwaltungsvollstreckung, die nicht 13

---

10 Vgl. BVerwG NVwZ 1998, 393, 394; VGH München NVwZ 1987, 512; VGH Mannheim NVwZ-RR 2003, 238; Möller/Warg, Rn. 215.
11 J. Dietlein, in: Dietlein/Burgi/Hellermann, § 3 Rn. 247.
12 J. Dietlein, in: Dietlein/Burgi/Hellermann, § 3 Rn. 244.
13 OVG Koblenz NVwZ 1986, 762; J. Dietlein, in: Dietlein/Burgi/Hellermann, § 3 Rn. 250.
14 J. Dietlein, in: Dietlein/Burgi/Hellermann, § 3 Rn. 248; Möller/Warg, Rn. 218.
15 BVerwG NVwZ 1997, 381; dagegen Dünchheim, NVwZ 1997, 350; J. Dietlein, in: Dietlein/Burgi/Hellermann, § 3 Rn. 249.
16 J. Dietlein, in: Dietlein/Burgi/Hellermann, § 3 Rn. 249, verweist zu Recht auf den allgemeinen Rechtsgrundsatz, dass ein denkbarer Verzicht grundsätzlich nicht vermutet werden dürfe.

ohne Grund mehrere Hürden für die Behörde errichten, die ihrer Disziplinierung und der Gewährleistung möglichst sachlicher Entscheidungen dienen.

14   Auch die **Anwendung des Zwangsmittels** muss rechtmäßig (und festsetzungsgemäß, vgl. § 65 Abs. 1 VwVG NW) erfolgen. Dies betrifft zunächst die Auswahl des „richtigen" Zwangsmittels; insbesondere ist der unmittelbare Zwang „ultima ratio" (vgl. § 55 Abs. 1 S. 1 PolG NW, § 62 Abs. 1 S. 1 VwVG NW). Ferner müssen die spezifischen Voraussetzungen des jeweiligen Zwangsmittels erfüllt bzw. eingehalten sein (§ 12 Rn. 1 ff.). Schließlich muss die konkrete Anwendung des Zwangsmittels dem Verhältnismäßigkeitsgrundsatz entsprechen.

15   Der Vollstreckung können **Vollstreckungshindernisse** entgegenstehen. Ist der Vollstreckungsschuldner etwa aus zivilrechtlichen Gründen nicht in der Lage, die in der Grundverfügung angeordnete Maßnahme zu befolgen, kann dies die Vollstreckung sperren.

Beispiel: Der Zustandsstörer bei einer die Gefahr verursachenden Sache ist lediglich Miteigentümer. Werden ihm gegenüber sachbezogene Verfügungen erlassen, kann er diese nicht ohne Rücksicht auf seinen Miteigentümer befolgen.[17] Diesem gegenüber kann die Behörde allerdings eine Duldungsverfügung erlassen, die das Vollstreckungshindernis beseitigt.[18] Unterbleibt eine solche Verfügung, ist die Maßnahme gegen den Miteigentümer nicht rechtswidrig, aber auch nicht vollziehbar.[19]

In den Landesgesetzen sind Vollstreckungshindernisse teilweise ausdrücklich normiert (vgl. § 65 Abs. 3 S. 1 VwVG NW). In Nordrhein-Westfalen ist der Vollzug einzustellen, sobald sein Zweck erreicht ist, dem Betroffenen die Erfüllung der zu erzwingenden Leistung unmöglich geworden ist oder die Vollstreckungsvoraussetzungen nachträglich weggefallen sind. Dem Wegfall der Vollstreckungsvoraussetzungen ist es gleichzustellen, wenn ein öffentliches Interesse am durch die zu vollstreckende Verfügung vorgeschriebenen Verhalten wegen veränderter Sach- oder Rechtslage nicht (mehr) besteht.[20] Besonderheiten gelten aufgrund landesgesetzlicher Anordnung für das Zwangsgeld; so ist dieses gemäß § 65 Abs. 3 S. 2 VwVG NW i.V.m. § 60 Abs. 3 2. Halbs. VwVG NW beizutreiben, wenn einer Duldungs- oder Unterlassungspflicht zuwider gehandelt worden ist, deren Erfüllung durch die Androhung des Zwangsgeldes erreicht werden sollte.

III. Sofortiger Vollzug

16   Die in einigen Ländern vorgesehene Ausübungsvariante des **sofortigen Vollzugs** (auch: „Sofortvollzug") trägt der Tatsache Rechnung, dass nicht in jedem Fall zunächst eine Grundverfügung erlassen werden kann, die sodann mit Zwangsmitteln im gestreckten Verfahren, gegebenenfalls mit Androhung und Festsetzung, durchgesetzt wird (vgl. § 50 Abs. 2 PolG NW; § 55 Abs. 2 VwVG NW). In der Praxis entstehen häufig Situationen, in denen ein unverzügliches Handeln, auch durch den Einsatz eines Zwangsmittels, vor allem den unmittelbaren Zwang, zur Abwehr einer Gefahr unerlässlich ist. Das Durchlaufen des gestreckten Verfahrens wäre – selbst in seiner „abgekürzten" Variante (o. Rn. 9) – in solchen Fällen schlicht zu langwierig. Der sofortige Vollzug er-

---

17   Schoch in: Schoch (Hrsg.), 2. Kap. Rn. 391.
18   Vgl. VGH München NJW 2000, 3298; NVwZ-RR 2006, 389; OVG Münster DVBl. 1997, 674, 675.
19   BVerwGE 40, 101, 103; Pieroth/Schlink/Kniesel, § 9 Rn. 95.
20   Vgl. Erichsen/Rauschenberg, Jura 1998, 323, 324.

möglicht sozusagen ein „einaktiges" Gefahrenabwehrhandeln **ohne zugrundeliegende Grundverfügung**; es handelt sich nach h.M. um einen Realakt.[21]

Nach überwiegender Auffassung kommt der sofortige Vollzug jedoch auch dann als Ausübungsvariante in Betracht, wenn eine **Grundverfügung** tatsächlich vorliegt: Darf eine Behörde schon ohne Vorliegen einer Grundverfügung mit Zwangsmitteln tätig werden, weil die qualifizierten Anforderungen für den sofortigen Vollzug vorliegen, so muss sie im „Erst-recht-Schluss" auch entsprechend handeln dürfen, wenn sogar eine Grundverfügung vorliegt. Den sofortigen Vollzug wird die Behörde meist dann wählen, wenn für die Durchführung des gestreckten Verfahrens trotz Bestehens einer Grundverfügung keine Zeit bleibt und auch die gesetzlichen Dispense von Androhung bzw. Festsetzung im konkreten Fall allein nicht weiterhelfen. Zu beachten ist dann allerdings, dass das Verfahren durch die Grundverfügung nicht zu einem „gestreckten Verfahren" wird, sondern die Anforderungen des sofortigen Vollzugs gleichwohl gegeben sein müssen. Schwierigkeiten vor allem bei der Rechtmäßigkeitsprüfung ergeben sich dann allerdings in Bezug auf die Frage, ob die existente Grundverfügung auf ihre Rechtmäßigkeit hin zu prüfen ist, oder ob die im Rahmen des sofortigen Vollzugs zu erörternde „hypothetische Grundverfügung" maßgeblich ist (Rn. 20 ff.).   17

Nicht verwechselt werden darf der sofortige Vollzug als Ausübungsvariante des Verwaltungszwangs mit der „**sofortigen Vollziehung**". Bei dieser handelt es sich um eine gesonderte Anordnung einer Behörde, dass Widerspruch bzw. Anfechtungsklage gegen einen Verwaltungsakt in Abweichung von § 80 Abs. 1 S. 1 VwGO keine aufschiebende Wirkung haben, also keinen Suspensiveffekt entfalten. Die Anordnung der sofortigen Vollziehung ist näher in Spezialnormen bzw. in § 80 Abs. 2 S. 1 Nr. 4 VwGO normiert.   18

Nach den nordrhein-westfälischen Bestimmungen ist der Verwaltungszwang im „sofortigen Vollzug" zulässig, wenn das Handeln ohne vorausgehenden Verwaltungsakt zur **Abwehr einer gegenwärtigen Gefahr notwendig** ist (zum Begriff der gegenwärtigen Gefahr § 8 Rn. 67).   19

Die Verwaltungsvollstreckung im sofortigen Vollzug ist zudem nur rechtmäßig, wenn die Akteure „**im Rahmen ihrer (gesetzlichen) Befugnisse**" handeln (vgl. § 50 Abs. 2 PolG NW a.E., § 55 Abs. 2 VwVG NW a.E.). Dieses Merkmal wird nach wohl einheilliger Auffassung nicht als Zuständigkeitsaspekt eingeordnet; vielmehr soll bei diesem Kriterium die Rechtmäßigkeit einer **hypothetischen Grundverfügung** zu prüfen sein.[22] Anders als beim gestreckten Verfahren, bei dem eine tatsächliche Grundverfügung vorliegt, auf deren Rechtmäßigkeit es jedoch wegen ihrer eingetretenen Vollstreckbarkeit jedenfalls bei Unanfechtbarkeit nicht ankommt (Rn. 7), ist beim sofortigen Vollzug eine vollständige Prüfung vorzunehmen, ob eine hypothetische Grundverfügung, die sodann mit Zwangsmitteln vollstreckt werden könnte, rechtmäßig wäre.   20

Dem liegt die Überlegung zugrunde, dass dem gefahrenabwehrbehördlichen Handeln insbesondere beim sofortigen Vollzug klare Grenzen gesetzt werden müssen: Die Behörden sollen durch die Anwendung von Verwaltungszwang keine Folgen herbeiführen, die schon nicht rechtmäßig durch eine Grundverfügung angeordnet werden könnten. Im Rahmen ihrer Befugnisse handeln die Gefahrenabwehrbehörden bei der Anwendung des sofortigen Vollzugs mithin nur dann, wenn sie sozusagen das **materielle Gefahrenabwehrrecht** als „transparente Schablone" über die Vollstreckungsmaßnahme   21

---

21 J. Dietlein, in: Dietlein/Burgi/Hellermann, § 3 Rn. 254.
22 J. Dietlein, in: Dietlein/Burgi/Hellermann, § 3 Rn. 254.

legen und erwägen, ob eine Grundverfügung jedenfalls rechtmäßig erlassen werden könnte oder nicht. Dürfte schon keine Grundverfügung erlassen werden, ist auch eine Vollstreckungsmaßnahme im sofortigen Vollzug, die zu denselben tatsächlichen Konsequenzen führt, rechtswidrig.

22   Die Konstruktion der hypothetischen Grundverfügung im Kontext des Merkmals „im Rahmen ihrer (gesetzlichen) Befugnisse" stößt auf dogmatische und prüfungssystematische Schwierigkeiten, wenn eine **Grundverfügung tatsächlich ergangen** ist, die Beamten aber gleichwohl im Wege des sofortigen Vollzugs zu handeln beabsichtigen. Dass in diesem Fall erst recht der sofortige Vollzug statthaft sein kann, liegt nahe (Rn. 17). Auftreten kann das Problem vor allem dann, wenn die jeweils handelnde Behörde bei der Verwaltungsvollstreckung im gestreckten Verfahren gesondert androhen und festsetzen müsste und daher allein der sofortige Vollzug eine unmittelbare Handlungsmöglichkeit eröffnen würde. Sehr zweifelhaft ist dann allerdings, ob zur Beurteilung der Rechtmäßigkeit des Handelns im sofortigen Vollzug die Rechtmäßigkeit der realen Grundverfügung oder die Rechtmäßigkeit einer hypothetischen (möglicherweise von der realen Grundverfügung abweichenden) Grundverfügung entscheidend ist.

Beispiel: Die reale Grundverfügung ist wegen eines beachtlichen Verfahrensfehlers formell rechtswidrig (auf Heilungsmöglichkeiten, etwa bis zum Ende der letzten mündlichen Verhandlung im Verwaltungsprozess, kann es hier nicht ankommen, da die Rechtmäßigkeit zum Zeitpunkt der Entscheidung für die Vollstreckungsmaßnahme maßgeblich ist). Ist eine Vollstreckungsmaßnahme im sofortigen Vollzug gleichwohl rechtmäßig? Stellt man auf eine hypothetische Grundverfügung ab (Handeln „im Rahmen ihrer Befugnisse"), kann bei Prüfung der formellen Rechtmäßigkeit lediglich die fehlende Zuständigkeit zur Rechtswidrigkeit führen – wegen der nur „virtuellen" Eigenschaft der Grundverfügung sind Verfahrensvorschriften (z.B. über die Anhörung, § 28 VwVfG) irrelevant, weil davon ausgegangen werden kann, dass die Behörde sie bei einem „realen" Grundverwaltungsakt einhalten würde. Der sofortige Vollzug wäre, sofern die hypothetische Grundverfügung materiell rechtmäßig ist, mithin ebenfalls statthaft (sofern er nicht den Fehler der realen Grundverfügung teilt oder aus anderen Gründen rechtswidrig ist). Stellt man dagegen auf die tatsächliche Grundverfügung ab, würde die Behörde nicht im Rahmen ihrer Befugnisse handeln.

Im Ergebnis erscheint es sachgerecht, eine eventuell tatsächlich existente Grundverfügung bei der Bewertung der Rechtmäßigkeit der Vollstreckungshandlung schlicht zu ignorieren und **ausschließlich auf die hypothetische Grundverfügung** Bezug zu nehmen, also auf die Frage, ob die Behörde eine formell und materiell rechtmäßige Grundverfügung erlassen *könnte*. Die Gegenauffassung folgt einem „Erst-recht-Schluss" und will den sofortigen Vollzug auf die real existente Grundverfügung stützen.[23]

23   Der sofortige Vollzug steht in einigen Ländern neben der Handlungsform der **unmittelbaren Ausführung** (§ 8 Rn. 139 f.) und muss von dieser abgegrenzt werden. Wie bereits gezeigt, wird die unmittelbare Ausführung vor allem bei der Frage nach dem Adressaten gefahrenabwehrbehördlicher Maßnahmen relevant. Teilweise wird im Schrifttum danach differenziert, ob die Maßnahme gegen den Willen des Betroffenen erfolgt (dann: sofortiger Vollzug) oder nicht (dann: unmittelbare Ausführung).[24] Eine andere Auffassung weist der unmittelbaren Ausführung Anwendungsvorrang zu, u.a. weil sie einen engeren Anwendungsbereich aufweise und etwa nur vertretbare Handlungen ei-

---

23   J. Dietlein, in: Dietlein/Burgi/Hellermann, § 3 Rn. 256.
24   Schenke, Rn. 564.

nes Störer betreffe, während der sofortige Vollzug auch zur Durchsetzung von Maßnahmen gegenüber Nichtverantwortlichen herangezogen werden könne.[25]

WIEDERHOLUNGS- UND VERSTÄNDNISFRAGEN

1. Welche Ausübungsvarianten des Verwaltungszwangs gibt es? (Rn. 1)
2. Was sind Androhung und Festsetzung? (Rn. 8–9)
3. Bedarf es im „gestreckten Verfahren" der Rechtmäßigkeit der Grundverfügung, damit auch die Vollstreckungsmaßnahme rechtmäßig ist? (Rn. 6–7)
4. Wie sind der „sofortige Vollzug" und die „unmittelbare Ausführung" voneinander abzugrenzen? (Rn. 23)

---

25 Vgl. Götz, § 12 Rn. 18; Gusy, Rn. 440; Knemeyer, Rn. 359; Schoch in: Schoch (Hrsg.), 2. Kap. Rn. 394; ferner VGH Kassel DVBl. 1995, 370.

§ 14 Rechtmäßigkeitskontrolle des Verwaltungszwangs

1 Die **Rechtmäßigkeitskontrolle** hinsichtlich der Anwendung von Zwangsmitteln unterscheidet sich je nach Ausübungsvariante. Auszugehen ist von dem für alle behördlichen Maßnahmen relevanten Grundschema: Ermächtigungsgrundlage, formelle Rechtmäßigkeit, materielle Rechtmäßigkeit.

I. Ermächtigungsgrundlage

2 Hinsichtlich der **Ermächtigungsgrundlagen** kann auf die Ausführungen zu den Ausübungsvarianten verwiesen werden (§ 13 Rn. 1 ff.).

II. Formelle Rechtmäßigkeit

3 Die **formelle Rechtmäßigkeit** von Vollstreckungsmaßnahmen folgt ebenfalls dem gängigen Schema: Zuständigkeit, Verfahren, Form.

▶ Besonderheiten der jeweiligen vollstreckungsrechtlichen Ausübungsvariante wie etwa das Erfordernis von Androhung und Festsetzung sollten im Rahmen der materiellen Rechtmäßigkeit unter dem Prüfungspunkt „ordnungsgemäße Ausübung des Zwangsmittels" erörtert werden. Ihre Nichteinhaltung folgt Sonderregeln und unterliegt nicht den Heilungs- und Unbeachtlichkeitsvorschriften der §§ 45, 46 VwVfG. ◀

4 **Zuständig** ist die Vollstreckungsbehörde. Hier gilt als Grundregel, dass diejenige Behörde auch für die Verwaltungsvollstreckung zuständig ist, die den zu vollstreckenden Grundverwaltungsakt erlassen hat. Von dieser grundsätzlichen Konvergenz von Erlass- und Vollstreckungsbehörde, die z.B. in Nordrhein-Westfalen für die Ordnungsbehörden in § 56 Abs. 1 VwVG NW festgelegt ist, gibt es eine Reihe von Ausnahmen. Denkbar ist z.B. in Trennsystemen, dass die von einer Ordnungsbehörde erlassene Verfügung auf deren Antrag durch Polizeibeamte im Wege des unmittelbaren Zwangs vollstreckt wird; hierbei handelt es sich um einen Fall der Vollzugshilfe.

5 Für das **Verfahren** gelten Sonderregelungen der jeweiligen Ausübungsvariante, ansonsten die Bestimmungen des allgemeinen Verwaltungsrechts. Eine Anhörung ist, da es sich um eine Maßnahme in der Verwaltungsvollstreckung handelt, stets nach § 28 Abs. 2 Nr. 5 VwVfG entbehrlich, sofern es sich bei der Vollstreckungsmaßnahme um einen Verwaltungsakt handelt. Bei Realakten ist entweder § 28 VwVfG (einschließlich der Entbehrlichkeitsnorm) analog anwendbar, oder man greift auf allgemeine Rechtsgrundsätze zurück, die auch für den Realakt die Notwendigkeit einer Anhörung vor Vollstreckungsmaßnahmen ausschließen.

III. Materielle Rechtmäßigkeit

6 **Materiell rechtmäßig** ist eine Vollstreckungsmaßnahme, wenn 1. die Vollstreckungsvoraussetzungen der Ermächtigungsnormen zum gestreckten Verfahren bzw. für den sofortigen Vollzug vorliegen und 2. das Vollstreckungsverfahren ordnungsgemäß durchgeführt worden ist. Hinsichtlich der Vollstreckungsvoraussetzungen kann auf die Ausführungen o. § 13 Rn. 1 ff. verwiesen werden.

7 Das Vollstreckungsverfahren ist **ordnungsgemäß durchgeführt**, wenn 1. das richtige Zwangsmittel ausgewählt worden (zu den Anforderungen § 13 Rn. 3 ff.), 2. die besonderen Verfahrensvorschriften für die Vollstreckung eingehalten sind (im gestreckten

Verfahren: Androhung bzw. Festsetzung) und 3. das Zwangsmittel ordnungsgemäß angewandt wurde. Die ordnungsgemäße Anordnung setzt insbesondere die Beachtung des Verhältnismäßigkeitsgrundsatzes hinsichtlich des „ob" der Vollstreckung, gegebenenfalls auch hinsichtlich des „wie" voraus, ferner eine fehlerfreie Ermessensausübung sowie die Einhaltung der zwangsmittelspezifischen Anwendungsvorschriften, z.B. §§ 70 ff. VwVG NW bzw. §§ 62 ff. PolG NW für den unmittelbaren Zwang.

Damit ergeben sich folgende Prüfungsschemata:

▶ **PRÜFUNGSSCHEMA: RECHTMÄSSIGKEIT DER ANWENDUNG EINES ZWANGSMITTELS IM GESTRECKTEN VERFAHREN**

I. Ermächtigungsgrundlage (§ 50 Abs. 1 PolG NW bzw. § 55 Abs. 1 VwVG NW, ggf. i.V.m. den jeweiligen Zwangsmittelvorschriften)

II. Formelle Rechtmäßigkeit

    1. Zuständigkeit (der Vollstreckungsbehörde)

    2. Verfahren

    3. Form

III. Materielle Rechtmäßigkeit

    1. Voraussetzungen der Zwangsmittelanwendung

        a) Verwaltungsakt („Grundverfügung")

            aa) Auf Handeln, Dulden oder Unterlassen gerichtet

            bb) Wirksamkeit

            cc) Unanfechtbarkeit oder sofortige Vollziehbarkeit

            dd) Bei sofortiger Vollziehbarkeit: ggf. Rechtmäßigkeit der Grundverfügung (str.)

        b) Nichtbefolgung der Verfügung

    2. Ordnungsgemäße Zwangsmittelanwendung

        a) Voraussetzungen des jeweiligen Zwangsmittels (Einschränkungen v.a. für unmittelbaren Zwang)

        b) Androhung

        c) Ggf. Festsetzung

        d) Fehlerfreie Ermessensausübung

        e) Insbesondere: Verhältnismäßigkeit der Zwangsmittelanwendung ◀

▶ **PRÜFUNGSSCHEMA: RECHTMÄSSIGKEIT DER ANWENDUNG EINES ZWANGSMITTELS IM SOFORTIGEN VOLLZUG**

I. Ermächtigungsgrundlage (§ 50 Abs. 2 PolG NW bzw. § 55 Abs. 2 OBG NW, ggf. i.V.m. den jeweiligen Zwangsmittelvorschriften)

II. Formelle Rechtmäßigkeit

    1. Zuständigkeit (der Vollstreckungsbehörde)

    2. Verfahren

    3. Form

III. Materielle Rechtmäßigkeit

    1. Voraussetzungen der Zwangsmittelanwendung

    a) „Ohne vorausgehenden Verwaltungsakt" (nach h.M. jedoch auch bei Vorliegen einer Grundverfügung)

    b) Gegenwärtige Gefahr

    c) Erforderlichkeit des sofortigen Vollzugs zur Gefahrenabwehr

    d) Handeln „im Rahmen der Befugnisse" = Rechtmäßigkeit einer hypothetischen Grundverfügung (mit Modifikation v.a. bei der formellen Rechtmäßigkeit), selbst bei Vorliegen einer Grundverfügung (str.)

2. Ordnungsgemäße Zwangsmittelanwendung

    a) Voraussetzungen des jeweiligen Zwangsmittels (Einschränkungen v. a. für unmittelbaren Zwang)

    b) Androhung (im Regelfall entbehrlich)

    c) Ggf. Festsetzung (im Regelfall entbehrlich)

    d) Fehlerfreie Ermessensausübung

    e) Insbesondere: Verhältnismäßigkeit der Zwangsmittelanwendung ◄

TEIL 4. GRUNDLAGEN DES KOSTENRECHTS („TERTIÄREBENE")

§ 15 Überblick über die Rückforderung von Kosten der Verwaltungsvollstreckung

Die dritte Ebene gefahrenabwehrrechtlicher Maßnahmen nach Grundverfügung und Vollstreckung bildet die **An- bzw. Rückforderung von Kosten.** Grundsätzlich folgt die Kostentragungspflicht der gefahrenabwehrrechtlichen Verantwortlichkeit. Sind jedoch der Behörde bzw. ihrem Rechtsträger namentlich bei Maßnahmen der Verwaltungsvollstreckung, insbesondere bei der Ersatzvornahme oder bei der Anwendung unmittelbaren Zwangs, Kosten entstanden, ist fraglich, unter welchen rechtlichen Voraussetzungen sie diese vom Adressaten der Verfügungen erstatten lassen kann.

Dass diese Kosten bei Inanspruchnahme eines Störers nicht von der Behörde und damit von der Allgemeinheit getragen werden können, liegt dabei auf der Hand. Allerdings ist zu berücksichtigen, dass auch die Kostenauferlegung zulasten eines (Zustands-)Störers zu unbilligen Ergebnissen führen kann. Das Schrifttum betrachtet die Kostentragungspflicht als „Surrogat" der Pflicht zur Gefahrenabwehr.[1] Damit ist freilich nicht gesagt, dass diese Pflicht ohne Weiteres an die Stelle der durch Verfügung konkretisierten Gefahrenabwehrpflicht tritt. Die Rückforderung (bzw. die etwa bei der Ersatzvornahme mögliche vorherige Anforderung) von Kosten ist eine belastende Maßnahme und bedarf daher einer gesonderten **gesetzlichen Ermächtigungsgrundlage;** die Befugnisnormen für die eigentliche Gefahrenabwehrmaßnahme oder für die Vollstreckungsmaßnahme können dazu nicht herangezogen werden. In der Diskussion steht seit einiger Zeit die Frage, ob Einsatzkosten der Polizei bei Spielbegegnungen im Profi-Fußball auf die Vereine „übergewälzt" werden dürfen.[2] Eine durch eine Änderung des Gebühren- und Beitragsgesetzes (BremGebBeitrG) geschaffene und im November 2014 in Kraft getretene, umstrittene Regelung in Bremen zur Beteiligung kommerzieller Großveranstalter an den Kosten von Polizeieinsätzen sieht die Möglichkeit vor, gegenüber der Deutschen Fußball Liga GmbH (DFL) bzw. Werder Bremen einen entsprechenden Gebührenbescheid zu erlassen.

Derartige Ermächtigungsnormen finden sich im Landesrecht vor allem in sog. „Kostenordnungen", auf die teilweise in vollstreckungsrechtlichen Bestimmungen verwiesen wird. Im Regelfall werden die Gefahrenabwehrbehörden dazu ermächtigt, ihnen entstandene Kosten durch Verwaltungsakt anzufordern („**Kostenbescheid**").[3] In Nordrhein-Westfalen bildet § 77 VwVG NW die „Zentralnorm" für die Kostenanforderung (vgl. den Verweis in § 52 Abs. 1 S. 2 PolG NW für die Ersatzvornahme). Der Vorschrift zufolge werden für Amtshandlungen nach dem Verwaltungsvollstreckungsgesetz von

1

2

3

---

1 Vgl. Schoch in: Schoch (Hrsg.), 2. Kap. Rn. 399; Martensen, DVBl. 1996, 286, 291; s. auch VGH München 1987, 404; eingehend Kugelmann/Alberts, Jura 2013, 898.
2 Etwa Heise, NVwZ 2015, 262; Hermann/Buljevic, NordÖR 2015, 198; Klein, DVBl. 2015, 275; Schiffbauer, NVwZ 2014, 1282; Siegel, DÖV 2014, 867.
3 Die Rückforderung durch Verwaltungsakt ist gängiges Mittel des Verwaltungsrechts, vgl. etwa auch § 49a VwVfG hinsichtlich der Rückforderung von Leistungen, die auf der Grundlage aufgehobener Verwaltungsakte gewährt wurden. – Zur praktisch besonders bedeutsamen Problematik der Kostenanforderung für die polizeiliche „Einhegung" sog. „Facebook"-Parties vgl. Levin/Schwarz, DVBl. 2012, 10.

dem Vollstreckungsschuldner bzw. dem Pflichtigen Kosten (Gebühren und Auslagen) erhoben.

▶ In Baden-Württemberg gilt § 31 VwVG BW, auf den auch § 52 Abs. 4 PolG BW für die Anwendung des unmittelbaren Zwangs verweist. Nach § 31 Abs. 1 VwVG BW werden für Amtshandlungen nach diesem Gesetz Kosten (Gebühren und Auslagen) erhoben. ◀

§ 77 VwVG NW verweist ferner auf die „Kostenordnung"; Regelungen hierzu finden sich (nunmehr) in der *Verordnung zur Ausführung des Verwaltungsvollstreckungsgesetzes*. § 20 VO VwVG NW normiert, welche Auslagen der Vollstreckungs- und Vollzugsbehörden vom Vollstreckungsschuldner bzw. vom Pflichtigen zu erstatten sind. Auslagen sind Aufwendungen, die die Behörde im Zusammenhang mit einer Amtshandlung tätigt.

Beispiel: Die Behörde nimmt die Dienste eines privaten Abschleppunternehmens in Anspruch und legt die Kosten dafür aus.

Demgegenüber werden Gebühren für die Vornahme gefahrenabwehrbehördlicher Amtshandlungen bzw. für die Benutzung von Einrichtungen erhoben.[4] Zu den **erstattungspflichtigen Auslagen** gehören nach § 20 Abs. 2 S. 1 VO VwVG NW insbesondere Beträge, die bei der Ersatzvornahme oder bei der Anwendung unmittelbaren Zwanges an Beauftragte und an Hilfspersonen zu zahlen sind, sowie Kosten, die der Vollzugsbehörde (§ 56 VwVG NW) durch die Ersatzvornahme entstanden sind (Nr. 7). Ebenfalls zu erstatten sind sonstige durch Ausführung des unmittelbaren Zwanges, durch Anwendung der Ersatzzwangshaft, durch Sicherstellung oder Verwahrung entstandene Kosten.

4   Gläubiger der Kostenforderung („**Kostengläubiger**") ist nach den landesgesetzlichen Bestimmungen regelmäßig der Rechtsträger, dessen Behörde die Amtshandlung vornimmt; bei Auslagen darüber hinaus der Rechtsträger, dessen Behörde die Auslagen entstanden sind („Entstehungsprinzip", vgl. § 77 Abs. 1 S. 2 VwVG NW).

5   **Kostenbescheide**, mit denen auf der Grundlage dieser Ermächtigungsnormen Kosten zurückgefordert werden, gehören nicht (mehr) zu den „Maßnahmen in der Verwaltungsvollstreckung" gemäß § 28 Abs. 2 Nr. 5 VwVfG, so dass vor ihrem Erlass eine Anhörung nicht nach dieser Vorschrift entbehrlich ist (freilich gelten die Regelungen über die Heilung durch Nachholung, insbesondere § 45 Abs. 1 Nr. 3, Abs. 2 VwVfG). Auch sind die für Amtshandlungen nach dem VwVG NW erhobenen Kosten nach h.M. keine „öffentlichen Abgaben oder Kosten" im Sinne des § 80 Abs. 2 S. 1 Nr. 1 VwGO, so dass Rechtsmittel gegen Kostenbescheide aufschiebende Wirkung besitzen;[5] die Kostentragungspflicht ist eine außerhalb des Abgabenrechts bestehende öffentlich-rechtliche Geldleistungspflicht eigener Art.[6]

6   Ein Anspruch auf Kostenerstattung setzt zunächst eine „**Amtshandlung**" voraus (vgl. § 77 Abs. 1 S. 1 VwVG NW). Nach überwiegender Auffassung muss es sich um eine rechtmäßige Amtshandlung handeln.[7] Erfolgt die Kostenforderung also auf der Grundlage einer Vollstreckungsmaßnahme, muss diese **rechtmäßig** sein. Der Kostenbescheid muss sich ferner gegen den richtigen **Kostenschuldner** richten. Die **Kosten** müssen er-

---

4   Pieroth/Schlink/Kniesel, § 25 Rn. 6.
5   J. Dietlein, in: Dietlein/Burgi/Hellermann, § 3 Rn. 259.
6   Pieroth/Schlink/Kniesel, § 25 Rn. 3; Götz, DVBl. 1984, 14 f.
7   OVG Münster DVBl. 2008, 803 Ls.; J. Dietlein, in: Dietlein/Burgi/Hellermann, § 3 Rn. 260. – Zur Kostenforderung der Bundespolizei für die Befreiung einer Person von einem Bahngleis im Nachgang einer Versammlung OVG Schleswig, Urt. v. 3.9.2015, 4 LB 13/14.

stattungsfähig und fällig sein. Schließlich muss die anfordernde Behörde ihr **Ermessen** hinsichtlich des Kostenbescheids fehlerfrei ausgeübt haben; hier besteht unter Umständen Anlass, aufgrund der besonderen Gegebenheiten des Einzelfalls ganz oder teilweise von einer Kostenforderung abzusehen (vgl. die Regelung über das Absehen von der Kostenanforderung in Fällen unbilliger Härte, § 24 Abs. 2 VO VwVG NW).

Beim Ermessen kann es ferner zu berücksichtigen sein, dass auf Primärebene eine Inanspruchnahme von vermeintlichen Störern bei der Anscheinsgefahr, aber auch bei Maßnahmen zur Aufklärung eines Gefahrenverdachts stattgefunden hat. Wie bereits gezeigt, ist die **Anscheinsgefahr** nach der maßgebenden „ex ante"-Sicht „Gefahr", so dass Gefahrenabwehrmaßnahme und gegebenenfalls auch Vollstreckungsmaßnahmen gegen den Anscheinsstörer (§ 8 Rn. 57 f.) zulässig sind. Auf Ebene der Kostentragung muss dagegen die **„ex post"-Sicht** entscheidend sein;[8] es wäre unbillig, einer Person, die sich im Nachhinein als „Nichtstörer" erweist, Kosten aufzuerlegen. Zudem entfällt bei der Kostenentscheidung der Zeitdruck, unter dem die Entscheidung hinsichtlich der Gefahrenabwehrmaßnahme bzw. der Vollstreckungsmaßnahme steht.[9] Ein Abstellen allein auf die Rechtmäßigkeit der Gefahrenabwehrmaßnahme wäre eine (zu) formalistische Betrachtungsweise.

Beispiele: Die Kosten sind etwa dann nicht zu tragen, wenn sich später herausstellt, dass überhaupt keine Gefahr bestanden hat, aber auch dann nicht, wenn offenbar wird, dass zwar eine Gefahr vorlag, der Adressat der Gefahrenabwehrmaßnahme aber nicht „Störer" war und auch nicht als Nichtstörer in Anspruch genommen werden durfte.

Gleiches gilt für den **Gefahrenverdacht**:[10] Stellt sich nach Durchführung der Gefahrerforschungsmaßnahme heraus, dass eine Gefahrenlage tatsächlich vorliegt, wird man die Kosten für die Gefahrerforschungsmaßnahme rechtmäßiger Weise ebenfalls dem Adressaten der folgenden Gefahrenabwehrmaßnahmen auferlegen dürfen. Besteht jedoch „ex post" gar keine Gefahrenlage, so sind die Kosten von der Behörde bzw. ihrem Rechtsträger zu tragen. Führen solche Maßnahmen zur Erkenntnis, dass zwar eine Gefahr besteht, für diese aber ein anderer als der etwa zur Duldung von Erforschungseingriffen Verpflichtete verantwortlich ist, kann letzterer ebenfalls nicht mit den Kosten belastet werden.[11] Ausnahmen von diesen Grundsätzen sind nur zu machen, wenn der Adressat des Kostenbescheids die Anscheinsgefahr bzw. die Umstände, die den Gefahrenverdacht begründen, **in zurechenbarer Weise verursacht hat.**[12]

In diesem Kontext ist auch zweifelhaft, ob bei Vorliegen einer Anscheinsgefahr umgekehrt auch derjenige kostenrechtlich in Anspruch genommen werden darf, der sich erst **im nachhinein** („ex post") als Verursacher der Anscheinsgefahr herausstellt, ohne dass bei der maßgeblichen „ex ante"-Betrachtung ein kausaler Verursachungsbeitrag festzustellen war. Denkbar sind etwa Fälle, in denen eine andere Person als Anscheinsstörer erscheint, während eine dritte Person denjenigen Sachverhalt objektiv zu verantworten hat, der von den handelnden Beamten als Gefahr qualifiziert wurde. Die h.M. gestattet

---

8 VGH München BayVBl. 1999, 99, 100; OVG Münster DÖV 2001, 215; Schoch in: Schoch (Hrsg.), 2. Kap. Rn. 406; Martensen, DVBl. 1996, 286, 291.
9 Vgl. Schoch in: Schoch (Hrsg.), 2. Kap. Rn. 406.
10 Eingehend Bürmann, Der Gefahrenverdacht. Kostentragung in der Eingriffsverwaltung, 2002.
11 Vgl. OVG Berlin NVwZ-RR 2002, 823; OVG Münster DVBl. 1996, 1444.
12 Schoch in: Schoch (Hrsg.), 2. Kap. Rn. 407; Finger, DVBl. 2007, 798, 800 f.; s. auch J. Dietlein, in: Dietlein/ Burgi/Hellermann, § 3 Rn. 107.

eine Auferlegung der Kosten auf den objektiven, erst „ex post" zu Tage tretenden Verursacher einer Anscheinsgefahr.[13]

9   Sonderprobleme entstehen bei der Rückforderung von Kosten für die Verwahrung von **abgeschleppten Kraftfahrzeugen** bei der Behörde selbst bzw. bei einem privaten Abschleppunternehmer. Auf welche Rechtsgrundlage sich die Behörde dabei berufen kann, hängt davon ab, wie man die Abschleppmaßnahme selbst qualifiziert. Geht man von einer Sicherstellung und Verwahrung aus, ergibt sich die Kostentragungspflicht unmittelbar aus der landesgesetzlichen Ermächtigungsnorm für diese Vorschrift. Folgt man der überzeugenderen Einordnung als Ersatzvornahme (§ 12 Rn. 4 f.), ist fraglich, ob man im Anschluss an die Ersatzvornahme eine Sicherstellung und Verwahrung des abgeschleppten Fahrzeugs annehmen kann oder ob es sich um ein anderweitig begründetes öffentlich-rechtliches Verwahrungsverhältnis handelt. Die landesrechtlichen Vorschriften über die Kostenforderung differenzieren je nach Art der Amtshandlung.

10   Hat ein Kostenschuldner bereits in Erfüllung des Kostenbescheids eine Zahlung geleistet und begehrt nunmehr eine Rückzahlung (etwa, weil sich die Amtshandlung, für die die Kosten erhoben wurden, im Nachhinein als rechtswidrig erweist), steht ihm unter gewissen Voraussetzungen ein **Rückforderungsanspruch** zu. In Nordrhein-Westfalen ist dies in § 77 Abs. 4 VwVG NW i.V.m. § 21 Abs. 1 GebührenG geregelt. Der Anspruch setzt indes die **Aufhebung des Kostenbescheids** voraus, da dieser – soweit nicht nichtig – eine wirksame Rechtsgrundlage für die seitens des Kostenschuldners geleistete Zahlung bildet (vgl. § 43 Abs. 2 VwVfG).[14] Diese Aufhebung kann der Kostenschuldner im Wege der Anfechtungsklage (§ 113 Abs. 1 S. 1 VwGO) verfolgen und sein Klagebegehren gemäß § 113 Abs. 4 VwGO mit einer Leistungsklage auf Rückzahlung verbinden.[15] Ist der Kostenbescheid bereits bestandskräftig geworden, kommen Rücknahme und Erstattung nur noch aus Billigkeitsgründen in Frage (vgl. § 21 Abs. 1 2. Hs. GebührenG).

▶ **PRÜFUNGSSCHEMA: RECHTMÄSSIGKEITSPRÜFUNG EINES KOSTENBESCHEIDS**

I.   Ermächtigungsgrundlage (vgl. § 77 VwVG NW, § 20 VO VwVG NW; ggf. Verweis aus § 46 Abs. 3, § 52 Abs. 1 S. 2 PolG NW)

II.   Formelle Rechtmäßigkeit

1.   Zuständigkeit (Vollstreckungsbehörde)

2.   Verfahren

3.   Form

III. Materielle Rechtmäßigkeit

1.   Rechtmäßige Amtshandlung (im Regelfall: Vollstreckungsmaßnahme)

2.   Richtiger Adressat (Kostenschuldner)

3.   Erstattungsfähigkeit und Fälligkeit der geltend gemachten Kosten

4.   Fehlerfreie Ermessensausübung ◀

---

13 OVG Münster NJW 1993, 2698; kritisch J. Dietlein, in: Dietlein/Burgi/Hellermann, § 3 Rn. 108, der eine gesetzliche Regelung favorisiert.
14 J. Dietlein, in: Dietlein/Burgi/Hellermann, § 3 Rn. 262.
15 J. Dietlein, in: Dietlein/Burgi/Hellermann, § 3 Rn. 262.

WIEDERHOLUNGS- UND VERSTÄNDNISFRAGEN

1. Welche Ermächtigungsgrundlage ist für einen Kostenbescheid zu wählen? (Rn. 2–3)
2. Welche Auslagen kann die Vollstreckungsbehörde erstattet verlangen? (Rn. 3)
3. Welche Besonderheiten sind bei der Anscheinsgefahr und beim Gefahrenverdacht zu beachten? (Rn. 7–8)

TEIL 5. GEFAHRENABWEHRBEHÖRDLICHE VERORDNUNGEN

§ 16 Einführung

1 Die Ausführungen in den vorhergehenden Teilen befassten sich mit Einzelfallmaßnahmen bei Vorliegen einer konkreten Gefahr einschließlich ihrer Rechtmäßigkeitsprüfung. Neben Verwaltungsakte und Realakte tritt eine weitere Handlungsform der Gefahrenabwehrbehörden, der besondere praktische Bedeutung zukommt: die **gefahrenabwehrbehördliche Verordnung** (in einigen Ländern auch: „Polizeiverordnung").[1]

2 Während Einzelfallmaßnahmen auf eine konkret-individuelle Situation zugeschnitten sind, handelt es sich bei gefahrenabwehrbehördlichen Verordnungen um **Rechtsnormen**, die von den Gefahrenabwehrbehörden erlassen werden, um typischerweise auftretenden Gefahrenlagen schon im Vorfeld zu begegnen. Sie knüpfen dabei an das Kriterium der **abstrakten Gefahr** (§ 8 Rn. 71, § 17 Rn. 5 f.) an. Gefahrenabwehrbehördliche Verordnungen sind damit eine Handlungsform der exekutiven Normsetzung, die den Vorgaben des Art. 80 GG bzw. den ergänzenden Vorschriften der Landesverfassungen unterliegt.

Beispiele: In der Praxis werden solche Verordnungen z.B. zur Untersagung des Fütterns von Tauben, zur Unterbindung des Bettelns[2] oder zur Anordnung von Leinen- und Maulkorbzwang für – alle oder besonders gefährliche – Hunde eingesetzt.

Demzufolge stellen die landesverfassungsrechtlichen Bestimmungen über den Verordnungserlass (etwa Art. 70 LVerf NW) auch die verfassungsrechtliche Grundlage für den Verordnungserlass durch Gefahrenabwehrbehörden dar. Sie sehen zumeist vor, dass eine ausdrückliche Verordnungsermächtigung nur durch Gesetz erlassen werden kann („Totalvorbehalt").[3] Daher muss im Rahmen der Rechtmäßigkeitskontrolle einer Gefahrenabwehrverordnung stets geprüft werden, ob eine wirksame gesetzliche Verordnungsermächtigung besteht (§ 17 Rn. 2).

3 Der Rechtscharakter der gefahrenabwehrbehördlichen Verordnungen als Rechtsnormen führt dazu, dass sie – soweit sie rechtmäßig sind – Bestandteil der **objektiven Rechtsordnung** sind, die wiederum als Schutzkomponente der öffentlichen Sicherheit Schutzgut der gefahrenabwehrrechtlichen Aufgaben- und Befugnisnormen ist (§ 8 Rn. 10 ff.). Ein bereits erfolgter und fortbestehender bzw. drohender Verstoß gegen eine wirksame Bestimmung einer gefahrenabwehrbehördlichen Verordnung stellt damit zugleich eine für den Einzelfall relevante konkrete Gefahr für die öffentliche Sicherheit dar. Damit wird der Behörde ein Einschreiten insoweit vereinfacht, als nicht für den Einzelfall das Vorliegen einer konkreten Gefahrensituation für Individualrechtsgüter etc. zu begründen ist; der Verstoß gegen die Verordnung genügt zur Erreichung der „Eingriffsschwelle" jedenfalls bei Ermächtigungsnormen, die lediglich eine Gefahr voraussetzen.

▶ **Hinweis für die Fallbearbeitung:** Dieses Zusammenwirken von abstrakter Rechtsnorm (gefahrenabwehrbehördliche Verordnung) und konkreter Einzelfallmaßnahme (Verfügung) macht die Verordnung zu einem beliebten Prüfungsgegenstand, kann sie doch „einge-

---

1 Vgl. Hamann, NVwZ 1994, 669; Schoch, Jura 2005, 600; Gusy, Rn. 404 ff.
2 VGH Mannheim DVBl. 1999, 333; VBlBW 1999, 101; vgl. auch Höfling, Die Verwaltung Bd. 33 (2000), S. 207 ff.
3 J. Dietlein, in: Dietlein/Burgi/Hellermann, § 3 Rn. 230.

schachtelt" in die Rechtmäßigkeitsprüfung einer Gefahrenabwehrmaßnahme beim Merkmal der Gefahr ihrerseits auf ihre Rechtmäßigkeit hin zu prüfen sein. Die Bearbeiter haben
sodann unter Beweis zu stellen, dass ihnen die Unterschiede zwischen der Rechtmäßigkeitskontrolle einer Rechtsnorm und der eines Verwaltungsaktes geläufig sind. ◄

Beispiel: Eine Gemeinde erlässt eine Gefahrenabwehrverordnung, die es verbietet, Hunde
unangeleint und ohne Maulkorb im Gemeindegebiet umherlaufen zu lassen.[4] Hält sich ein
Hundehalter nicht an dieses Verbot, so kann die Ordnungsbehörde ihm gegenüber einen
Verwaltungsakt auf die Grundlage der Generalklausel erlassen. Dies setzt eine Gefahr für
die öffentliche Sicherheit voraus; sofern die Verordnung rechtmäßig und damit wirksam ist,
gehört sie zur objektiven Rechtsordnung, so dass der Verstoß gegen das von ihr aufgestellte
Verbot unmittelbar eine Gefahr für die öffentliche Sicherheit begründet.

Die Nutzung des Handlungsinstrumentes der Gefahrenabwehrverordnung kann den   4
zuständigen Behörden verwehrt sein, wenn der **Parlamentsvorbehalt** greift, normative
Regelungen also aus verfassungsrechtlichen Gründen nur durch den (Landes-)Gesetz-
geber in einem formellen Gesetz geschaffen werden können. Das Bundesverwaltungsgericht hat dies etwa – nachdem sich in der Praxis die Regelung durch Gefahrenabwehrverordnungen etabliert hatte – für Vorschriften zum Schutze der Bevölkerung für
gefährliche Hunde bestimmter Rassen („**Kampfhunde**") angenommen.[5] Die Zugehörigkeit zu einer bestimmten Hunderasse begründe nach dem wissenschaftlichen Er-
kenntnisstand nicht eo ipso eine Gefährlichkeit, so dass entsprechende Schutzbestim-
mungen dem Bereich der Gefahrenvorsorge, nicht demjenigen der Gefahrenabwehr zuzuordnen seien. Zur Normsetzung sei daher das Parlament zuständig. Einige Länder
haben im Nachgang dieser Entscheidung entsprechende gesetzliche Bestimmungen geschaffen. Das Bundesverfassungsgericht hat diesen Thesen des Bundesverwaltungsgerichts in einer späteren Entscheidung allerdings eine Absage erteilt;[6] aufgrund bisheriger Erfahrungen mit bestimmten Hunderassen könne durchaus von einer Gefährlichkeit allein wegen der Rassezugehörigkeit geschlossen werden. Der Gesetzgeber dürfe
daher im Rahmen seines Entscheidungsspielraums entsprechende Vorschriften schaffen. Geht das Bundesverfassungsgericht für den Bereich der Parlamentsgesetzgebung
damit von einer „abstrakten Gefahr" (und nicht von einem bloßen Risiko) durch die
Rassezugehörigkeit aus, kann man diese Wertung auch auf Gefahrenabwehrverordnungen übertragen.[7] Ein Parlamentsvorbehalt greift damit nicht. Regelungen zum
Schutze der Bevölkerung vor gefährlichen Hunden können mithin also weiterhin in der
Handlungsform der Gefahrenabwehrverordnung erlassen werden; bei Verstößen gegen
deren Vorgaben können die zuständigen Behörden insbesondere auch auf die Generalklausel zurückgreifen.

WIEDERHOLUNGS- UND VERSTÄNDNISFRAGEN

1. Welche Anforderungen sind an eine „abstrakte Gefahr" zu stellen? (Rn. 2, § 17 Rn. 5 f.)
2. Weshalb können gefahrenabwehrbehördliche Verordnungen, die Ge- und Verbote für
   die Halter von Kampfhunden regeln, rechtlich problematisch sein? (Rn. 3–4)

---

4 Vgl. BGH DÖV 1991, 697; VGH Mannheim NVwZ 1992, 1105; VBlBW 2008, 134; OVG Lüneburg NVwZ 1991,
   693; OVG Koblenz DÖV 2007, 82.
5 BVerwGE 116, 347; NVwZ-RR 2005, 626; ferner OVG Lüneburg NdsVBl. 2005, 130 (s. aber noch OVG Lüneburg
   2001, 742, 743). A.A. etwa VerfGH RP NVwZ 2001, 1273, 1274; VGH Mannheim VBlBW 2002, 292 f. – Fallbearbeitung bei Albers/Roetting, Jura 2007, 218; vgl. Gusy, Rn. 409; Möller/Warg, Rn. 260a; Schenke, Rn. 611 ff.
6 BVerfGE 110, 141.
7 Schoch in: Schoch (Hrsg.), 2. Kap. Rn. 379.

§ 17 Rechtmäßigkeit gefahrenabwehrbehördlicher Verordnungen

1   Die **Wirksamkeit einer gefahrenabwehrbehördlichen Verordnung** bzw. der fraglichen Einzelnorm hängt davon ab, ob diese rechtmäßig ist. Dies ist nur dann der Fall, wenn die Verordnung auf einer wirksamen gesetzlichen Ermächtigungsgrundlage beruht (Rn. 2) und sie formell (Rn. 3 f.) und materiell (Rn. 5 ff.) rechtmäßig ist.

I. Gesetzliche Ermächtigungsgrundlage

2   Gefahrenabwehrbehördliche Verordnungen dürfen nur erlassen werden, wenn eine ausdrückliche gesetzliche Vorschrift dazu ermächtigt. Art. 80 GG bzw. die einschlägigen Vorschriften der Landesverfassungen stellen zudem besondere Anforderungen an die gesetzliche Verordnungsermächtigung. Eine solche kann sich aus spezialgesetzlichen Bestimmungen ergeben. Einige landesrechtliche Gefahrenabwehrgesetze enthalten teilweise sehr detaillierte Verordnungsermächtigungen (vgl. etwa §§ 39 ff. OBG Thür: Verordnungen zur Regelung von Skifahren und Rodeln, zur Bekämpfung verwilderter Tauben, zum Schutz vor „wildem" Plakatieren usw.). Die Landesgesetze enthalten jedoch überwiegend eine (diesen Spezialermächtigungen gegenüber subsidiäre) **Verordnungs-„Generalklausel"**. In Nordrhein-Westfalen ist der Erlass ordnungsbehördlicher Verordnungen in den §§ 25 ff. OBG NW geregelt; § 27 Abs. 1 OBG NW enthält eine allgemeine Ermächtigung der Ordnungsbehörden zum Erlass von Verordnungen zur Abwehr von (abstrakten) Gefahren für die öffentliche Sicherheit oder Ordnung.

▶ In Baden-Württemberg können die allgemeinen Polizeibehörden gemäß § 10 Abs. 1 PolG BW zur Wahrnehmung ihrer Aufgaben nach dem PolG BW polizeiliche Gebote oder Verbote erlassen, die für eine unbestimmte Anzahl von Fällen an eine unbestimmte Anzahl von Personen gerichtet sind („Polizeiverordnungen"). ◀

II. Formelle Rechtmäßigkeit

3   Die formellen Anforderungen an gefahrenabwehrbehördliche Maßnahmen variieren je nach Landesrecht teilweise erheblich. **Zuständig** für den Erlass von Gefahrenabwehrverordnungen sind im Regelfall die Gemeinden als örtliche Ordnungsbehörden, wobei die innergemeindliche Zuständigkeitsverteilung zu beachten ist (vgl. § 27 Abs. 4 i.V.m. § 3 OBG NW; in Baden-Württemberg die allgemeinen Polizeibehörden, vgl. § 10 Abs. 1 Abs. 1, § 13 PolG BW). So wird meist von einer **Verbandskompetenz** der Gemeindeebene, von einer **Organkompetenz** der jeweiligen Vertretungskörperschaft auszugehen sein (z.B. Gemeinderat); die Verordnungen müssen sodann entsprechend den (kommunalrechtlichen) Bestimmungen über die Beschlussfassung in den zuständigen Organen erlassen worden sein. Die Kreise bzw. die Vertretungskörperschaften sind nach den landesgesetzlichen Bestimmungen nur im Ausnahmefall zuständig zum Erlass gefahrenabwehrbehördlicher Verordnungen – in Nordrhein-Westfalen ist etwa Voraussetzung, dass eine einheitliche Regelung für den Kreis oder für Gebiete, die mehr als nur eine Gemeinde umfassen, geboten ist (§ 27 Abs. 3 OBG NW). Ist wiederum eine einheitliche Regelung über ein Kreisgebiet hinaus erforderlich, können auch die Bezirksregierungen Verordnungen erlassen (vgl. § 27 Abs. 2 i.V.m. § 3 Abs. 2 OBG NW). Bei Notwendigkeit landeseinheitlicher Regelungen können schließlich auch die Landesministerien verordnungsgebend tätig werden (§ 26 Abs. 2 OBG NW). Zuständig ist im Regelfall das Innenministerium, es können jedoch für ihre jeweiligen Ressorts auch andere Ministerium gefahrenabwehrrechtliche Verordnungen erlassen, sofern sie sich mit

dem Innenministerium „ins Benehmen" setzen.[1] Ministerielle Verordnungen müssen dem Landtag vorgelegt werden (vgl. § 26 Abs. 3 OBG NW).

Darüber hinaus zählen die Landesgesetze bestimmte Inhalte auf, die zwingend in einer gefahrenabwehrbehördlichen Verordnung enthalten sein müssen („**Mindestinhalt**"). Es handelt sich um Formerfordernisse (vgl. § 30 OBG NW; § 12 PolG BW). So muss beispielsweise der Inhalt, also der **Sach- und Regelungsgehalt**, bereits aus der Überschrift bzw. Bezeichnung der Verordnung erkennbar sein. Dies dient der Rechtssicherheit und der Transparenz. Darüber hinaus muss die Verordnung ausdrücklich und eindeutig als „**Ordnungsbehördliche Verordnung**", „Polizeiverordnung" (bzw. nach Landesrecht variierendes Synonym) bezeichnet werden. Die Normadressaten sollen Klarheit dahin gehend haben, dass die Verordnung Normen mit Ge- oder Verbotscharakter enthält, die auf eine Gefahrenabwehr abzielen. Das **ermächtigende Gesetz** muss benannt werden. Dabei sind sämtliche einschlägige Normen zu benennen, ohne dass die Einzelbestimmungen der Verordnung konkret jeweils einer Ermächtigungsnorm zugeordnet werden müssten.[2] Der **örtliche, zeitliche und sachliche Geltungsbereich** der Verordnung muss eindeutig benannt werden. Hinsichtlich der Geltungsdauer sehen die Landesgesetze teilweise Höchstgrenzen vor (z.B. § 32 OBG NW: 20 Jahre). Das **Erlassdatum und die erlassende Behörde** müssen klar erkennbar sein. Das Erlassdatum besitzt Relevanz für Inkrafttreten und Geltungsdauer. Sofern andere Behörden aufgrund gesetzlicher Anordnung mitwirken mussten, ist auf die Zustimmung dieser Behörden hinzuweisen.

III. Materielle Rechtmäßigkeit

Bei gefahrenabwehrbehördlichen Verordnungen handelt es sich um Rechtsnormen, die auf die Abwehr **abstrakter Gefahren** gerichtet sind. Dementsprechend sehen die Verordnungsermächtigungen teilweise auch vor, dass Verordnungen zur Abwehr von Gefahren für die öffentliche Sicherheit oder Ordnung erlassen werden können (vgl. § 27 Abs. 1 OBG NW; weiterer Tatbestand in § 10 Abs. 1 PolG BW). Anders als bei der konkreten Gefahr im Einzelfall sind dies Sachlagen, in denen bei abstrakt-genereller Betrachtung nach allgemeiner Lebenserfahrung oder den Erkenntnissen fachkundiger Stellen bzw. Personen bestimmte Verhaltensweisen oder Zustände typischerweise zu einer konkreten Gefahr führen können. Eine abstrakte Gefahr liegt nach der Rechtsprechung des Bundesverwaltungsgerichts vor, wenn

> „eine generell-abstrakte Betrachtung für bestimmte Arten von Verhaltensweisen oder Zuständen zu dem Ergebnis führt, dass mit hinreichender Wahrscheinlichkeit ein Schaden im Einzelfall einzutreten pflegt und daher Anlass besteht, diese Gefahr mit generell-abstrakten Mitteln, also einem Rechtssatz, zu bekämpfen; das hat zur Folge, dass auf den Nachweis der Gefahr eines Schadenseintritts im Einzelfall verzichtet werden kann. Auch die Feststellung einer abstrakten Gefahr verlangt mithin eine in tatsächlicher Hinsicht genügend abgesicherte Prognose".[3]

---

1 J. Dietlein, in: Dietlein/Burgi/Hellermann, § 3 Rn. 231. Dieses „Benehmen" setzt keine Zustimmung, auch keine einheitliche Auffassung voraus („Einvernehmen"); vielmehr genügt es, wenn das Fachministerium das Innenministerium vor Erlass der Verordnung in Kenntnis setzt.
2 J. Dietlein, in: Dietlein/Burgi/Hellermann, § 3 Rn. 232.
3 BVerwG NVwZ 2003, 95, 96; s. auch Götz, § 22 Rn. 4. Instruktive Fallgruppen ebd. Rn. 22 ff.

Es müssen mithin hinreichende Anhaltspunkte dafür vorhanden sein, dass sich aus der in der Verordnung durch Ge- oder Verbote geregelten Sachlage konkrete Gefahren ergeben können.

Beispiel: In einer gefahrenabwehrbehördlichen Verordnung wird das Baden in einem im Gemeindegebiet gelegenen, sehr tiefen See reglementiert; ebenso das Betreten bzw. Befahren einer darauf entstehenden Eisfläche. Damit werden typischerweise im Zusammenhang mit dem Baden und mit möglicherweise brechenden Eisdecken auftretende abstrakte Gefahren zu bewältigen versucht (vgl. § 48 OBG Thür).

Wie bei der konkreten Gefahr sind jedoch an die Wahrscheinlichkeitsprognose hinsichtlich der Gefahrenneigung des regulierten Verhaltens desto geringere Anforderungen zu stellen, je hochrangiger das potenziell gefährdete Rechtsgut bzw. je größer das Ausmaß des zu erwartenden Schadens ist.[4]

Beispiel: Eine gefahrenabwehrbehördliche Verordnung untersagt das Füttern von verwilderten Haustauben im öffentlichen Straßenraum und in öffentlichen Parkanlagen.[5] Die abstrakte Gefahr liegt darin, dass Tauben in ihrem Brutverhalten maßgeblich vom Nahrungsangebot gesteuert werden, so dass bei einem Füttern mit einer starken Vermehrung der Tiere zu rechnen ist. Da Tauben Krankheiten übertragen und ihr Kot erhebliche Schäden an Gebäuden anrichtet, liegt in einer gesteigerten Taubenpopulation eine abstrakte Gefahr für Individualrechtsgüter, die Volksgesundheit (str., s. § 8 Rn. 28 f.) und das Eigentum an den Gebäuden. Zur Abwehr dieser abstrakten Gefahren kann das Füttern von Tauben durch ein entsprechendes Verbot in einer gefahrenabwehrbehördlichen Verordnung unterbunden werden. Ein Verstoß gegen dieses Verbot begründet als Verletzung der objektiven Rechtsordnung eine konkrete Gefahr für die öffentliche Sicherheit und kann im Einzelfall Gefahrenabwehrmaßnahmen zur Folge haben.

6   Diese Gefahrenprognose ist in jüngerer Vergangenheit in einigen durch Gefahrenabwehrverordnung geregelten Fallgruppen in Zweifel gezogen worden. Zu nennen sind hier vor allem **Alkoholverbote**[6] bzw. „**Glasverbote**" in bestimmten räumlichen Gebieten und zu festgesetzten Zeiten.

Beispiele: Die Rechtsprechung hat z.B. eine Polizeiverordnung der Stadt Freiburg, die an Wochenenden zwischen 22.00 h und 6.00 h den Konsum und das Mitführen alkoholischer Getränke auf öffentlich zugänglichen Flächen außerhalb konzessionierter Freiflächen untersagte, für unwirksam gehalten, weil der behauptete Ursachenzusammenhang zwischen Alkoholkonsum und gewaltsamen Ausschreitungen nicht hinreichend belegt sei und damit (noch) keine abstrakte Gefahr vorliege.[7] Es müssten konkrete Anhaltspunkte dafür vorliegen, dass das untersagte Verhalten regelmäßig und typischerweise zu einer Beeinträchtigung durch das Gefahrenabwehrrecht geschützter Rechtsgüter führe.[8]

Nicht als Gefahrenabwehrverordnung, sondern als Allgemeinverfügung geregelt ist das im Innenstadtbereich der nordrhein-westfälischen Stadt Köln zur Karnevalszeit geltende Verbot von Glasflaschen und Gläsern; Kioske dürfen z.B. Bier lediglich in Plastikbechern verkau-

---

4   VGH Mannheim VBlBW 2008, 134, 135; OVG Koblenz DÖV 2007, 82; Schoch in: Schoch (Hrsg.), 2. Kap. Rn. 377; Möstl, Jura 2005, 48, 51.

5   Vgl. dazu BayVerfGH BayVBl. 2005, 172; VGH Mannheim DÖV 1992, 19; NVwZ-RR 2006, 398; OVG Lüneburg NdsVBl. 1997, 137.

6   VGH Mannheim NVwZ-RR 2010, 55; vgl. Kugelmann, 9. Kap. Rn. 27 ff.; Möller/Warg, Rn. 260b; Brückner, LKV 2012, 202; Faßbender, NVwZ 2009, 563; Hebeler/Schäfer, DVBl. 2009, 1424; Hecker, NVwZ 2010, 359; Winkelmüller/Misera, LKV 2010, 259.

7   VGH Mannheim NVwZ-RR 2010, 55.

8   So auch OVG Magdeburg DVP 2011, 211.

fen. Die Rechtsprechung hat das Verbot im Ergebnis bestätigt.[9] Anders als bei den Alkohol-verboten kann ein Risiko von Verletzungen sowie von Beschädigungen an den Reifen von Rettungs- und Polizeifahrzeugen durch die erfahrungsgemäß bei solchen Veranstaltungen im Zusammenhang mit der Verwendung von Glasflaschen auftretende Scherbenbildung empirisch belegt werden, so dass ein zeitlich und räumlich eng begrenztes Verbot rechtmäßig ist. Der Verkauf von Alkohol in Glasflaschen bildet nach der Rechtsprechung eine „natürliche Einheit" mit dem Einbringen von Glas in die Feierzonen. Ein umfassendes Alkoholverbot zum Zweck, Gefahren zu verhindern, die möglicherweise von zum Alkoholkonsum verwendeten Glasbehältern ausgehen, ist dagegen unverhältnismäßig.[10] Auch ist zweifelhaft, ob die Verwendung von Glasflaschen auch eine „abstrakte Gefahr" darstellt (und damit statt einer Allgemeinverfügung auch eine Gefahrenabwehrverordnung zulässig wäre), wenn kein empirischer Hintergrund und keine zeitliche und räumliche Begrenzung bestehen wie im Kölner Fall. Der VGH Mannheim hat die Anordnung eines in den Abend- und Nachtstunden geltenden „Glasverbots" für mehrere Abschnitte des Bodensee- und des Rheinufers in einer Polizeiverordnung mangels Vorliegens einer abstrakten Gefahr für rechtswidrig erklärt. Untersagt war das Mitführen zerbrechlicher Behältnisse, wenn aufgrund der konkreten Umstände die Absicht erkennbar war, dass deren Inhalt beim dauerhaften Verweilen konsumiert werden sollte; Zweck war der Schutz vor Verletzungen durch verstreute Glasscherben. Der VGH verdeutlicht, dass reine Vorsorgemaßnahmen durch die Ermächtigung zum Verordnungserlass nicht gedeckt seien.[11] Die Beispiele illustrieren die Unterschiede zwischen konkreter Gefahr (Regelung durch Allgemeinverfügung, also: Verwaltungsakt, vgl. § 35 S. 2 VwVfG), abstrakter Gefahr (Regelung durch Gefahrenabwehrverordnung) und Risiko (Steuerung durch den Gesetzgeber).

Ge- und Verbotsanordnungen in gefahrenabwehrbehördlichen Verordnungen sind – auch wenn dies nicht ausdrücklich angeordnet ist – nur dann materiell rechtmäßig, wenn sie sich an Personen richten, die nach den allgemeinen **Bestimmungen über die Verantwortlichkeit** mit Maßnahmen belegt werden dürfen, also „Störer" sind, oder hinsichtlich derer die strengen Anforderungen an die Inanspruchnahme eines Nichtverantwortlichen gegeben sind (vgl. §§ 17–19 OBG NW).[12] Freilich kann es auf die Verantwortlichkeit für eine konkrete Gefahr nicht ankommen, da die Verordnungen an abstrakte Gefahren anknüpfen.[13]   7

Die Rechtsprechung hat im Zusammenhang mit Gefahrenabwehrverordnungen regelmäßig die besondere Bedeutung des rechtsstaatlichen **Bestimmtheitsgebotes** betont.[14] Einige Landesgesetze ordnen dessen Geltung gesondert an (vgl. § 29 Abs. 1 OBG NW). So muss den potenziellen Adressaten hinsichtlich deutlich werden, welches Verhalten konkret untersagt oder reglementiert wird. Verordnungen können beispielsweise hinsichtlich ihres räumlichen Geltungsbereichs nicht hinreichend bestimmt sein; sofern nicht das gesamte Gemeindegebiet erfasst ist, wird man fordern müssen, dass etwa Straßen(teile) und Plätze ausdrücklich benannt werden.[15]   8

---

9 OVG Münster JuS 2010, 1132; anders aber VG Köln JA 2010, 398; vgl. Kugelmann, 9. Kap. Rn. 36; Heckel, NVwZ 2012, 88; allgemein Heckel, NVwZ 2012, 88; Kibele, VBlBW 2013, 88.
10 OVG Magdeburg DVP 2011, 211.
11 VGH Mannheim DÖV 2012, 817.
12 J. Dietlein, in: Dietlein/Burgi/Hellermann, § 3 Rn. 235; Götz, § 22 Rn. 6; Gusy, Rn. 407; Pieroth/Schlink/Kniesel, § 11 Rn. 17; Schenke, Rn. 627.
13 Zur Möglichkeit eines „abstrakten Notstands" Pieroth/Schlink/Kniesel, § 11 Rn. 17; Schenke, Rn. 627.
14 BVerfG (K) NVwZ 2004, 975, 976; VGH Mannheim VBlBW 1999, 101, 102; OVG Schleswig NVwZ 2001, 1300, 1305; Schoch in: Schoch (Hrsg.), 2. Kap. Rn. 382.
15 Vgl. J. Dietlein, in: Dietlein/Burgi/Hellermann, § 3 Rn. 235.

9   Auf Rechtsfolgenseite besteht ein **Ermessen** der zum Verordnungserlass ermächtigten Behörden hinsichtlich des Verordnungserlasses.[16]

▶ Je nach Tragweite der abstrakten Gefahr können sich jedoch Ermessenseinschränkungen ergeben. Vgl. dazu anschaulich § 29 OBG Thür: Danach kann die Aufsichtsbehörde die Verordnung erlassen, wenn eine zuständige Behörde eine ordnungsbehördliche Verordnung, für deren Erlass eine Ermächtigung besteht, nicht erlässt, obwohl es das Wohl der Allgemeinheit zwingend erfordert, und wenn die Behörde einer entsprechenden Aufforderung der Aufsichtsbehörde zum Verordnungserlass nicht nachkommt. ◀

Wie bei den gefahrenabwehrbehördlichen Maßnahmen zur Abwehr konkreter Gefahren ist die Ermessensausübung nur eingeschränkt, nämlich auf Ermessensfehler hin gerichtlich überprüfbar (§ 8 Rn. 155 ff.). Auch der **Verhältnismäßigkeitsgrundsatz** gilt, wobei darauf zu achten ist, dass die fragliche Regelung der Verordnung auf ihre Geeignetheit, Erforderlichkeit und Angemessenheit zur Vermeidung aus der abstrakten Gefahr resultierenden konkreten Gefahrenlagen hin zu prüfen ist.

IV. Rechtsschutz

10   Rechtsschutz gegen ordnungsbehördliche Verordnungen kann ein Betroffener unmittelbar im Wege des **Normenkontrollverfahrens** gemäß § 47 Abs. 1 Nr. 2 VwGO begehren; dies ist jedoch nur in denjenigen Ländern möglich, die von der in der Norm geregelten Ermächtigung Gebrauch gemacht haben.[17] In Baden-Württemberg ist dies in § 4 AGVwGO BW erfolgt, in Nordrhein-Westfalen (ferner in Berlin und Hamburg) scheidet der Normenkontrollantrag dagegen aus. Alternativ kann eine **Inzidentkontrolle** der Verordnung im Rahmen einer verwaltungsgerichtlichen Klage gegen einen Verwaltungsakt erfolgen, der aufgrund eines Verstoßes gegen eine Bestimmung der Verordnung ergangen ist. Gegen diesen wird im Regelfall ein Widerspruch (sofern landesrechtlich noch erforderlich) bzw. eine Anfechtungsklage gemäß § 42 Abs. 1 VwGO in Betracht kommen. Ist noch keine konkrete Verfügung ergangen, ist eine vorbeugende Feststellungsklage gemäß § 43 VwGO denkbar, die freilich ein berechtigtes Interesse an der Feststellung erfordert. Dies dürfte nach h.M. jedenfalls dann anzunehmen sein, wenn sich aus der Verordnung unmittelbare Verhaltenspflichten ergeben; es ist dem Adressaten dieser normativen Pflichten nicht zuzumuten, zunächst den Erlass einer konkreten Verfügung abzuwarten und erst gegen diese verwaltungsgerichtlich vorgehen zu können.[18]

---

16   Schoch in: Schoch (Hrsg.), 2. Kap. Rn. 380.
17   Schenke, Rn. 630 ff.
18   Möller/Warg, Rn. 270.

▶ PRÜFUNGSSCHEMA: RECHTMÄSSIGKEIT EINER GEFAHRENABWEHRBEHÖRDLICHEN VERORD-NUNG

I. Ermächtigungsgrundlage (Verordnungsermächtigung)

II. Formelle Rechtmäßigkeit

    1. Zuständigkeit (insb. Verbands-/Organkompetenz)

    2. Verfahren (insb. Vorschriften über die Beschlussfassung im zuständigen Organ)

    3. Form (strikte Formvorschriften, vgl. § 30 OBG NW)

III. Materielle Rechtmäßigkeit

    1. „Abstrakte" Gefahr

    2. Verantwortlichkeit der Ge- und Verbotsadressaten

    3. Fehlerfreie Ermessensausübung

    4. Insbesondere: Verhältnismäßigkeit ◀

Teil 6. Grundlagen des Versammlungsrechts

§ 18 Einführung

1   Eine in rechtswissenschaftlicher Ausbildung und Praxis bedeutsame Spezialmaterie des Gefahrenabwehrrechts stellt das **Versammlungsrecht** dar, das hier in einem knappen Überblick dargestellt werden soll.[1] Die wesentlichen Bestimmungen finden sich im *Versammlungsgesetz* des Bundes. Die Gesetzgebungszuständigkeit für das Versammlungsrecht ist im Zuge der Föderalismusreform auf die Länder übergegangen; einige Länder haben von der Legislativkompetenz bereits durch die Schöpfung eigener Versammlungsgesetze Gebrauch gemacht; die Regelwerke sind dabei teilweise umstritten.[2] In den übrigen Ländern, in denen (noch) kein eigenes Landesversammlungsgesetz ergangen ist, gilt das Versammlungsgesetz des Bundes fort (Art. 125a Abs. 1 GG).

▶ Die Aufgabennormen der Länder weisen der Polizei durchgehend solche Aufgaben zu, die ihr durch andere Rechtsvorschriften übertragen sind. Dazu gehört die Wahrnehmung der Aufgaben nach dem Versammlungsgesetz, wie sich etwa in Nordrhein-Westfalen auch aus der Verordnung über die Zuständigkeiten nach dem Versammlungsgesetz vom 2. Februar 1987[3] ergibt. ◀

2   Das Versammlungsgesetz ist ein Spezialgesetz (§ 6 Rn. 4 ff.) und sperrt daher die Anwendung des allgemeinen Gefahrenabwehrrechts (§ 6 Rn. 4). Die Versammlungsfreiheit gilt insoweit als „**polizeifest**",[4] was auch dem besonderen verfassungsrechtlichen Schutz der Versammlung gemäß Art. 8 Abs. 1 GG geschuldet ist. Das **Versammlungsgesetz** gestaltet die verfassungsrechtliche Materie „Versammlung" allerdings nur partiell einfachgesetzlich aus und ist insoweit **unvollständig**.[5] Weil es das Versammlungswesen nicht abschließend regelt, kann die Polizeifestigkeit nicht in dem Sinne verstanden werden, dass Eingriffe in Bezug auf Versammlungen stets ausschließlich auf der Grundlage der Bestimmungen des Versammlungsgesetzes zulässig wären. Entscheidend ist allein die konkrete Reichweite seiner Regelungen.[6] Das Versammlungsgesetz beschränkt sich auf die Regelung versammlungsspezifischer Gefahren und versammlungsbezogener Maßnahmen.[7]

3   Sowohl der verfassungs- als auch der einfachgesetzliche **Versammlungsbegriff** sind noch immer umstritten. Nach der Definition des Bundesverfassungsgerichts handelt es sich bei einer Versammlung um eine örtliche Zusammenkunft mehrerer Personen zur gemeinschaftlichen, auf die Teilhabe an der öffentlichen Meinungsbildung gerichteten

---

1 Einführungen und grundlegende Aufsätze: Battis/Grigoleit, NVwZ 2001, 121; Gröpl, Jura 2002, 18; Hermanns, JA 2001, 79; Grundfälle zu Art. 8 GG bei Lembke, JuS 2005, 984 und 1081. Fallbearbeitungen bei Kahl, JuS 2004, 894; Riedel, Jura 2010, 114; Steinhorst, JuS 2005, 813; s. ferner Pieroth/Schlink/Kniesel, § 20 Rn. 1 ff.; Fallsammlung bei Krajewski, JuS 2012, 241; neuere Entwicklungen bei Dahm/Peters, LKV 2012, 443; Anders/Cedra, SächsVBl. 2012, 190.
2 S. etwa Schäffer, DVBl. 2012, 546; Scheidler, NVwZ 2011, 924; Ullrich, NdsVBl. 2011, 183; Gusy, JZ 2011, 564; Bücken-Thielmeyer, LKV 2010, 107.
3 GVBl. NW S. 62.
4 Dazu von Coelln, NVwZ 2001, 1234; Kötter/Nolte, DÖV 2009, 399.
5 Pieroth/Schlink/Kniesel, § 20 Rn. 13.
6 Pieroth/Schlink/Kniesel, § 20 Rn. 14.
7 Pieroth/Schlink/Kniesel, § 20 Rn. 16; zur Zulässigkeit der Identitätsfeststellung bei „Demonstrationsbeobachtern" VGH Mannheim, Beschl. v. 10.3.2015, 1 S 1225/14; zur unzulässigen Identitätsfeststellung bei Versammlungsteilnehmern, die Polizeikräfte filmen, BVerfG K&R 2015, 719.

Erörterung oder Kundgebung.[8] Diese Begriffsbestimmung wirft indes weitere Fragen auf. So ist bereits zweifelhaft, ob für eine Versammlung bereits zwei[9] Personen ausreichen oder ob mindestens eine dritte hinzutreten muss.[10] Jedenfalls eröffnet eine Person allein nicht den Schutzbereich des Art. 8 Abs. 1 GG;[11] vielmehr ist Art. 5 Abs. 1 GG einschlägig.[12] Der besondere Schutz der Versammlungsfreiheit beruht auf dem Bedürfnis nach kollektiver Meinungskundgabe. Wegen der zwangsläufigen Beschränkung der Kommunikation zwischen zwei Personen auf die Individualkommunikation erscheint eine Mindestzahl von **drei Personen** sachgerecht – auch deshalb, weil typischerweise erst ab dieser Anzahl im Vorfeld der Versammlung besondere Vorkehrungen für die Organisation zu treffen sind.

Einigkeit herrscht ferner dahin gehend, dass die Teilnehmerinnen und Teilnehmer einen bestimmten **gemeinschaftlichen Zweck** verfolgen müssen. Die bloße **Ansammlung** von Personen ist keine Versammlung.[13]　　　　　　　　4

Beispiele: Die „Gaffer" an einem Unglücksort, Teilnehmer an einer „Outdoor"-Party.

Auch diese Auffassung ist mit gewissen Unsicherheiten behaftet, fehlt es doch an einer eindeutigen Definition der Ansammlung. Definiert man sie als Zusammentreffen von Menschen ohne gemeinsamen Zweck, bleibt der Anwendungsbereich sehr klein. Denn auch Menschen, die sich sozusagen zufällig an einem Ort versammeln, verfolgen jeweils einen Zweck, der sich mit dem der anderen decken kann. Am Beispiel von Massenveranstaltungen wie Konzerten oder Parties wird dies deutlich.

▶ Die Rechtsprechung qualifiziert Musikveranstaltungen jedenfalls dann als Versammlungen, wenn nicht die Unterhaltung im Vordergrund steht, sondern die Veranstaltung etwa dazu genutzt wird, für eine bestimmte Ideologie neue Mitglieder zu gewinnen oder die Haltung der Anhänger zu bestärken.[14] – Schwierigkeiten wirft in jüngerer Zeit der rechtliche Umgang mit sog. „Facebook"-Parties auf, zu denen Einzelne einladen und zu der – meist gegen den Willen des Veranstalters – eine sehr große Anzahl an Personen erscheint.[15] Rechtliche Probleme bestehen auch bei der Behandlung sog. „Flashmobs", bei denen sich eine Vielzahl von Personen nach vorheriger Ankündigung für eine meist kurzzeitige „Aktion" zusammenfinden.[16] ◀

Für eine Versammlung muss man jedoch einen nicht nur deckungsgleichen, sondern auch **gleichgerichteten** (und als gemeinschaftlich empfundenen) **Zweck** fordern müssen. Die Trennlinie zwischen Ansammlung und Versammlung ist mithin davon abhängig, welche Anforderungen man an das Vorliegen einer Versammlung stellt – alles andere gilt dann eben als Ansammlung. Als Kriterium zur Definition der Versammlung bzw. als Gegenbegriff taugt die Ansammlung daher nicht. Insbesondere erscheint es den modernen Freizeitgewohnheiten der Menschen nicht mehr angemessen, Veranstal-　　5

8 BVerfG NJW 2001, 2459. – Zu polizeilichen Maßnahmen bei Veranstaltungen, die keine Versammlungen i.S. dieser Definition sind, vgl. Trurnit, Jura 2012, 365.
9 So explizit Art. 2 Abs. 1 BayVersG; VGH Mannheim VBlBW 2008, 60; vgl. Schenke, Rn. 361.
10 Im (älteren) Schrifttum wird teilweise unter Berufung auf §§ 56, 73 BGB eine Mindestzahl von sieben Personen gefordert; dies überzeugt schon deshalb nicht, weil das einfachgesetzliche Zivilrecht für die Auslegung des Art. 8 GG keine bindende Wirkung entfalten kann und eine Anknüpfung an das Vereinsrecht aufgrund der unterschiedlichen Zielsetzungen von Vereinen und Versammlungen abwegig erscheint.
11 S. aber noch BVerfG NJW 1987, 3245: Einzelmahnwache als Versammlung.
12 Gusy, Rn. 412.
13 J. Dietlein, in: Dietlein/Burgi/Hellermann, § 3 Rn. 296.
14 VGH Mannheim VBlBW 2010, 468 – „Skinhead"-Konzert.
15 Vgl. Levin/Schwarz, DVBl. 2012, 10; Trurnit, Jura 2012, 365.
16 Eingehend Lenski, VerwArch. 2012, 539; Ernst, DÖV 2011, 537.

tungen, die schlicht einer Vielzahl von Personen „Spaß" bereiten sollen, von vornherein aus dem Versammlungsbegriff auszunehmen und diesen lediglich auf ernsthafte Zielsetzungen zu verengen. Die Rechtsprechung folgt indes dieser Linie.

Beispiel: Das Bundesverfassungsgericht hat eine „Fuckparade" als bewusste Gegenveranstaltung zur „Love Parade", die als kommerzialisiert kritisiert werden soll, als Veranstaltung mit einem Schwerpunkt bei der Unterhaltung gewertet und eine Einordnung als öffentliche Versammlung abgelehnt.[17]

6   Welche Anforderungen an den gemeinschaftlichen Zweck anzulegen sind, wird ebenfalls kontrovers diskutiert. Im Wesentlichen lassen sich drei Gruppen ausmachen:[18] Nach einem „**engen**" Verständnis ist eine Versammlung nur dann anzunehmen, wenn es um eine kollektive Meinungskundgabe geht, die öffentliche Themen betrifft – Versammlungen haben nach dieser Betrachtungsweise stets einen „politischen" Einschlag. Nach dem „**erweiterten**" (oder „mittleren") Versammlungsbegriff sind solche Zusammenkünfte als Versammlungen zu qualifizieren, die durch eine gemeinschaftliche, auf Kommunikation angelegte Entfaltung im Sinne einer kollektiven Meinungskundgabe ausgerichtet sind.[19] Auf den Inhalt der Meinungskundgabe, also etwa seine Zuordnung zum Bereich des „Politischen" oder des „öffentlichen Interesses", kommt es dabei nicht an. Die Vertreter eines „**weiten**" Versammlungsbegriffs verzichten auf das Erfordernis einer gemeinschaftlichen Meinungskundgabe. Am überzeugendsten erscheint die vermittelnde Ansicht, die eine kollektive Meinungskundgabe fordert, ohne zu hohe Anforderungen an die Zielrichtung dieser Meinung zu stellen – diese Deutung entspricht auch der gängigen Definition der Meinung in Art. 5 Abs. 1 GG, der zufolge es (sofern es sich nicht um „Schmähkritik" handelt) auf die Qualität und den konkreten Inhalt des Werturteils nicht ankommt. Vom Versammlungsbegriff erfasst sind damit auch nonverbale Kommunikations- und Ausdrucksformen wie stille Mahnwachen oder Sitzstreiks.[20] Nicht in der gängigen Definition erfasst, aber gleichwohl anerkannt ist als weitere Voraussetzung, dass die Versammlung „vorübergehender Natur" sein muss, so dass etwa dauerhafte Zeltlager und Wohnwagensiedlungen von Nichtsesshaften nicht als Versammlung zu qualifizieren sind.[21]

7   Art. 8 Abs. 1 GG schützt nur die **friedliche Versammlung**. Friedlich ist eine Versammlung, wenn weder ihr Zweck noch ihr Verlauf die Begehung oder den Versuch von Straftaten gegen Leib, Leben, Freiheit oder sonstige erhebliche Rechtsgüter Dritter oder der Allgemeinheit mit sich bringen.[22] Eine nicht friedliche Versammlung kann mit Sanktionen belegt, also etwa verboten oder aufgelöst werden. Zu berücksichtigen ist jedoch, dass einzelne gewaltbereite Personen nicht die gesamte Versammlung unfriedlich werden lassen, sofern sich nicht die Versammlungsleitung oder die Mehrheit der Teilnehmerinnen und Teilnehmer mit den Gewaltbereiten solidarisiert;[23] Maßnahmen können in diesem Falle unverhältnismäßig sein, haben aber jedenfalls im Hinblick auf die friedlichen Teilnehmer die Voraussetzungen des polizeilichen Notstands zu beachten (§ 8 Rn. 130 ff. sowie zu den Voraussetzungen im Einzelnen § 8 Rn. 134 ff.). Das

---

17   BVerfG NJW 2001, 2459, 2460; J. Dietlein, in: Dietlein/Burgi/Hellermann, § 3 Rn. 296.
18   Vgl. J. Dietlein, in: Dietlein/Burgi/Hellermann, § 3 Rn. 296.
19   BVerfGE 104, 92, 104; J. Dietlein, in: Dietlein/Burgi/Hellermann, § 3 Rn. 296; Götz, § 17 Rn. 19; Gusy, Rn. 412.
20   J. Dietlein, in: Dietlein/Burgi/Hellermann, § 3 Rn. 296.
21   J. Dietlein, in: Dietlein/Burgi/Hellermann, § 3 Rn. 297. A.A. aber OVG Münster NVwZ-RR 1992, 185; vgl. auch VGH Mannheim NVwZ-RR 1992, 246.
22   BVerfGE 104, 92, 105 f.; NVWZ 2005, 80; Gusy, Rn. 417.
23   Gusy, Rn. 417.

Versammlungsgesetz nutzt verschiedene Synonyme: „unfriedlich", „gewalttätig" und „aufrührerisch" (vgl. §§ 5 Nr. 3, 13 Abs. 1 Nr. 2 VersG); ihre Bedeutung deckt sich mit dem Verständnis der friedlichen Versammlung.[24]

Ebenso ist verfassungsrechtlich lediglich die Versammlung **ohne Waffen** geschützt. Dies setzt voraus, dass die Teilnehmerinnen und Teilnehmer keine Gegenstände mit sich führen, welche ausschließlich oder überwiegend dem Zweck dienen, zur Begehung von Straftaten verwendet zu werden.[25] § 2 Abs. 3 VersG erweitert das Verbot auf Gegenstände, die ihrer Art nach zur Verletzung von Personen oder zur Beschädigung von Sachen geeignet oder bestimmt sind.

8

Das **Versammlungsgesetz** enthält ausschließlich Regelungen für **öffentliche Versammlungen** und Aufzüge, regelt also nur einen Ausschnitt aus dem verfassungsrechtlichen Schutzbereich des Art. 8 Abs. 1 GG. „Öffentlich" ist eine Versammlung, zu der jedermann, also nicht nur ein (namentlich oder auf sonstige Weise) individualisierbarer Personenkreis zugelassen ist. Wenn der Zutritt dabei an Voraussetzungen wie den Erwerb einer Eintrittskarte geknüpft ist, schließt dies die Einordnung als öffentliche Versammlung nicht aus.[26] Für nicht öffentliche Versammlungen gilt das Versammlungsgesetz nicht; soweit nicht einzelne Bestimmungen entsprechend anwendbar sind, ist (freilich unter Berücksichtigung des besonderen Schutzes durch Art. 8 Abs. 1 GG) auf das allgemeine Polizei- und Ordnungsrecht zurückzugreifen. Eine Sonderform bilden die **öffentlichen Aufzüge**, bei denen es sich um „mobile" Versammlungen handelt.[27]

9

Das Versammlungsgesetz unterscheidet schließlich zwischen Versammlungen in geschlossenen Räumen und unter freiem Himmel. Diese Differenzierung ist unabhängig von der Qualifikation einer Versammlung als öffentlich oder nicht öffentlich. Für Versammlungen **unter freiem Himmel** ist nicht entscheidend, ob der Ort der Versammlung überdacht ist oder nicht.[28] „Unter freiem Himmel" findet eine Versammlung statt, wenn ihr Ort nicht durch feste Außenwände oder Begrenzungen von der Umwelt abgegrenzt wird.[29] Es geht also nicht um eine Begrenzung „nach oben", sondern „seitwärts".[30]

10

WIEDERHOLUNGS- UND VERSTÄNDNISFRAGEN

1. Was versteht man unter einer „Versammlung"? (Rn. 3–8)
2. Was bedeutet „Polizeifestigkeit" der Versammlung? (Rn. 2)
3. Wann sind Maßnahmen gegen eine Versammlung nach allgemeinem Polizei- und Ordnungsrecht zulässig? (Rn. 2)

---

24 Knemeyer, Rn. 541.
25 Gusy, Rn. 417.
26 VGH Mannheim NVwZ 1998, 761, 763; Schenke, Rn. 362.
27 J. Dietlein, in: Dietlein/Burgi/Hellermann, § 3 Rn. 297.
28 J. Dietlein, in: Dietlein/Burgi/Hellermann, § 3 Rn. 298.
29 Gusy, Rn. 418.
30 Vgl. Pieroth/Schlink/Kniesel, § 20 Rn. 10.

Definitionen

Tatbestandsmerkmal	Definition
abstrakte Gefahr	Sachlage, in der bei abstrakt-genereller Betrachtung nach allgemeiner Lebenserfahrung oder den Erkenntnissen fachkundiger Stellen bestimmte Verhaltensweisen oder Zustände typischerweise zu einer **konkreten Gefahr** führen können
Androhung	Erklärung der Gefahrenabwehrbehörde, dass bei Nichtbefolgung einer Verfügung ein bestimmtes Zwangsmittel angewandt werde
Aufenthaltsverbot	an eine Person gerichtetes Verbot, für eine bestimmte Zeit einen bestimmten örtlichen Bereich zu betreten oder sich dort aufzuhalten
Durchsuchung (von Personen)	planmäßiges und zielgerichtetes Suchen nach verborgenen Gegenständen am Körper einer Person, in ihrer Kleidung oder anderen am Körper getragenen Sachen
Durchsuchung (von Sachen)	planmäßiges und zielgerichtetes Suchen an und in körperlichen Gegenständen, die der Adressat nicht am Körper trägt
Durchsuchung (von Wohnungen)	planmäßiges und zielgerichtetes Suchen nach Personen oder Sachen in einer **Wohnung** mit dem Ziel, etwas aufzuspüren, was der Inhaber von sich aus nicht offenlegen oder herausgeben will
Erheben (von Daten)	das Beschaffen von Daten über den Betroffenen
erhebliche Gefahr	Gefahr für ein bedeutendes Rechtsgut, insbesondere Leben, Gesundheit, körperliche Unversehrtheit, Freiheit oder bedeutende Vermögenswerte
erkennungsdienstliche Maßnahmen	Maßnahmen zur Erfassung äußerer körperlicher Eigenschaften, wie z.B. Abnahme von Finger- und Handflächenabdrücken, Aufnahme von Fotografien, Feststellung äußerer körperlicher Merkmale und Messungen
Ersatzvornahme	Vornahme einer vertretbaren Handlung durch die Gefahrenabwehrbehörde oder einen Dritten anstelle des gefahrenabwehrrechtlich Verantwortlichen
Gefahr im Verzug	Sachlage, in der der in allernächster Zeit bevorstehende Eintritt eines Schadens zu erwarten ist, wenn nicht anstelle der zuständigen Behörde sofort eine andere Behörde (oder Person) tätig bzw. wenn nicht von rechtlichen Verfahrensvorgaben abgewichen wird
(konkrete) Gefahr	Sachlage, in der mit hinreichender Wahrscheinlichkeit (oder mit Sicherheit) bei ungehindertem Fortgang der Ereignisse ein Schaden für die jeweils geschützten Rechtsgüter (meist **öffentliche Sicherheit** bzw. **öffentliche Ordnung**) eintreten wird oder in der ein Schaden bereits eingetreten ist
gegenwärtige Gefahr	Gefahrenlage, bei der der Eintritt des Schadens bereits begonnen hat oder mit an Sicherheit grenzender Wahrscheinlichkeit zeitlich unmittelbar bevorsteht
Gewahrsam	Aufrechterhaltung der Festnahme im Rahmen eines in Ausübung hoheitlicher Gewalt hergestellten Rechtsverhältnisses
Ingewahrsamnahme	kurzfristige Freiheitsentziehung; Akt der Festnahme

Tatbestandsmerkmal	Definition
latente Gefahr	Sachlage, die zunächst keine Gefahr darstellt, jedoch später durch eine Veränderung der tatsächlichen Gegebenheiten die Gefahrenschwelle überschreitet (bzw. überschreiten kann)
Löschen (von Daten)	das dauerhafte Unkenntlichmachen gespeicherter personenbezogener Daten
Nutzen (von Daten)	jede Verwendung personenbezogener Daten, soweit es sich nicht um Verarbeitung handelt
öffentliche Ordnung	die Gesamtheit der (im Rahmen der verfassungsmäßigen Ordnung liegenden) ungeschriebenen Regeln für das Verhalten des Einzelnen in der Öffentlichkeit, deren Beachtung nach den jeweils herrschenden Anschauungen als unerlässliche Voraussetzung für ein gedeihliches menschliches Zusammenleben erachtet wird
öffentliche Sicherheit	die Unverletzlichkeit der objektiven Rechtsordnung, der subjektiven Rechte und Rechtsgüter des Einzelnen und des Bestandes und der Funktionsfähigkeit des Staates und anderer Träger hoheitlicher Gewalt, ihrer Einrichtungen und Veranstaltungen
Platzverweisung	Gebot an eine Person, einen bestimmten Ort für eine vorübergehende Zeit zu verlassen bzw. für vorübergehende Zeit geltendes Verbot, einen bestimmten Ort zu betreten
Sicherstellung	Beendigung der tatsächlichen Gewalt des Eigentümers oder eines sonstigen Berechtigten über eine (bewegliche oder unbewegliche) Sache und Begründung neuer tatsächlicher Gewalt durch die Gefahrenabwehrbehörde oder einen Beauftragten
Speichern (von Daten)	das Erfassen, Aufnehmen oder Aufbewahren personenbezogener Daten auf einem Datenträger zum Zwecke ihrer weiteren Verarbeitung oder Nutzung
Sperren (von Daten)	das Kennzeichnen gespeicherter personenbezogener Daten, um ihre weitere Verarbeitung oder Nutzung einzuschränken
Übermitteln (von Daten)	das Bekanntgeben gespeicherter oder durch Datenverarbeitung gewonnener personenbezogener Daten an einen Dritten in der Weise, dass a) die Daten an den Dritten weitergegeben werden oder b) der Dritte zur Einsicht oder zum Abruf bereitgehaltene Daten einsieht oder abruft
unmittelbare Ausführung	Vornahme einer Maßnahme durch die Polizei, wenn deren Zweck durch Inanspruchnahme der gefahrenabwehrrechtlich Verantwortlichen nicht oder nicht rechtzeitig erreicht werden kann
unmittelbarer Zwang	(Erzwingung einer Handlung, Duldung oder Unterlassung gegen den Willen des Betroffenen durch) Einwirkung auf Personen oder Sachen mit körperlicher Gewalt, ihren Hilfsmitteln oder mit Waffen
Verändern (von Daten)	das inhaltliche Gestalten gespeicherter personenbezogener Daten
Verarbeiten (von Daten)	das **Speichern**, **Verändern**, **Übermitteln**, **Sperren** oder **Löschen** personenbezogener Daten
Versammlung	örtliche Zusammenkunft mehrerer (mindestens dreier) Menschen zur gemeinschaftlichen, auf die Teilhabe an der öffentlichen Meinungsbildung gerichteten Erörterung oder Kundgabe

Tatbestandsmerkmal	Definition
Vorladung	Aufforderung an eine Person, bei der Behörde oder an einem anderen Ort zu erscheinen, um sachdienliche Angaben zu machen oder um **erkennungsdienstliche Maßnahmen** durchzuführen
Wohnung	umfasst die Wohn- und Nebengebäude, Arbeits-, Betriebs- und Geschäftsräume sowie anderes befriedetes Besitztum

Verzeichnis abgekürzt zitierter Literatur

Bialon, Jörg/Springer, Uwe, Eingriffsrecht. Eine praxisorientierte Darstellung, 2. Aufl. 2014.

Dietlein, Johannes, Nachfolge im öffentlichen Recht. Staats- und verwaltungsrechtliche Grundfragen, 1999.
Dietlein, Johannes, Polizei- und Ordnungsrecht NRW (§ 3), in: Dietlein/Burgi/Hellermann, Öffentliches Recht in Nordrhein-Westfalen. Verfassungsrecht, Kommunalrecht, Polizei- und Ordnungsrecht, Öffentliches Baurecht, 5. Aufl. 2014.

Götz, Volkmar, Allgemeines Polizei- und Ordnungsrecht, 15. Aufl. 2013.
Gusy, Christoph, Polizei- und Ordnungsrecht, 9. Aufl. 2014.

Knemeyer, Franz-Ludwig, Polizei- und Ordnungsrecht, 11. Aufl. 2007.
Kugelmann, Dieter, Polizei- und Ordnungsrecht, 2. Aufl. 2012.

Lisken, Hans/Denninger, Erhard, Handbuch des Polizeirechts. Gefahrenabwehr, Strafverfolgung, Rechtsschutz, 5. Aufl. 2012.

Möller, Manfred/Warg, Gunter, Allgemeines Polizei- und Ordnungsrecht mit Verwaltungszwang und Bescheidtechnik, 6. Aufl. 2012.

Pieroth, Bodo/Schlink, Bernhard/Kniesel, Michael, Polizei- und Ordnungsrecht mit Versammlungsrecht, 8. Aufl. 2014.
Preu, Peter, Polizeibegriff und Staatszwecklehre, 1983.

Schenke, Wolf-Rüdiger, Polizei- und Ordnungsrecht, 8. Aufl. 2013.
Schoch, Friedrich, Polizei- und Ordnungsrecht, in: ders. (Hrsg.), Besonderes Verwaltungsrecht, 15. Aufl. 2013, Zweites Kapitel.

Thiel, Markus, Die ‚Entgrenzung‘ der Gefahrenabwehr. Grundfragen von Freiheit und Sicherheit im Zeitalter der Globalisierung, 2011.

Wehr, Matthias, Examens-Repetitorium Polizeirecht. Allgemeines Gefahrenabwehrrecht, 3. Aufl. 2015.

Stichwortverzeichnis

Die Angaben verweisen auf die Paragrafen des Buches (**fette Zahlen**) sowie die Randnummern innerhalb der einzelnen Paragrafen (magere Zahlen).
Beispiel: § 9 Rn. 10 = **9** 10

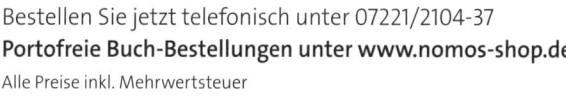